トロツキーは無罪だ！

モスクワ裁判［検証の記録］

ジョン・デューイ調査委員会 編著

梓澤 登 訳

Léon Trotsky

現代書館

凡例

本書は、*Not Guilty* Report of the Commission of Inquiry into the Charges Made Against Leon Trotsky in the Moscow Trials (published by Harper & Brothers, New York, 1938) の邦訳である。

訳書出版にあたって、以下の編集を行った。

一　原著では補遺一、二として巻末に収められている「小委員会の構成」及び「被告の略歴」を、本書では巻頭部に配列した。

二　原著本文は、第Ⅰ部から第Ⅴ部までを通して§一～§二四七の文章他院にで構成されており、本書でもこれを踏襲した。

三　原著の§一八五～§一八八、補遺三「コベツキー大使への覚え書」、巻末索引及び引用文献の出典データの一部を割愛した。

四　原著の〝　〟表示部及び論文名は「　」で、書籍・紙誌名は『　』で囲み、（　）表示部は同様に（　）表示した。イタリック体による強調個所は傍点で、訳者による補足は［　］で表示した。

五　原著の脚注及び訳者による注記は各章末にまとめた。

トロツキーは無罪だ！

モスクワ裁判［検証の記録］

＊目次

第Ⅲ部　モスクワ裁判　32

ジノヴィエフ＝カーメネフ裁判

ジノヴィエフ＝カーメネフ裁判

ピャタコフ＝ラデック裁判

序文

調査委員会は、一九三七年九月二十一日の会議で、本書の序論をなす認定を作成し、署名した。引き続きこれらの認定に従って最終報告書を執筆する編集委員会（ジョン・デューイ、スザンヌ・ラ・フォレット、ベンジャミン・ストルバーグ）が設立された。報告書は一〇名の委員全員によって承認され、ここに出版されるに至った。

報告書の実際の執筆ばかりでなく、委員会に提出された幾多の記録資料や証拠資料を検証し、訴訟記録の起訴内容及び証言と比較考察する綿密な骨の折れる調査の大部分は、スザンヌ・ラ・フォレットの手になるものである。

我々両名は、ラ・フォレット嬢に深い恩義の念を表明したい。真実を知ることを欲し真実を恐れないすべての人々に、彼女への謝意をお伝えしながら語りかけることができることを、大変嬉しく思う。

今般の仕事の重要性は、どんなに誇張しても過ぎることはないと思われる。その遂行にあたって、ラ・フォレット嬢は不屈の勤勉さと稀に見る知的誠実さを発揮された。

ジョン・デューイ
ベンジャミン・ストルバーグ

調査委員の紹介

ジョン・デューイ

教育学者、著述家。コロンビア大学名誉教授（哲学）。「合衆国進歩主義的教育《プログレッシブ》」の創始者。アメリカ・プラグマティズムの指導的存在。サッコ＝ヴァンゼッティ(訳注一)及びトム・ムーニー(訳注二)擁護委員会に参加。哲学、心理学、教育学ならびに社会問題に関する著書多数。

ジョン・R・チェンバレン

著述家、ジャーナリスト。『ニューヨークタイムズ』文芸批評担当、コロンビア大学スクール・オブ・ジャーナリズム講師、『サタデー・レビュー・オブ・リテラチャ』協力編集委員を歴任。

アルフレッド・ロスメル

著述家、労働問題ジャーナリスト。一九二〇～二一年、共産主義インターナショナル執行委員。二〇年、同インターナショナル第二回大会の最高会議常任幹部会員。二三～二四年、『ユマニテ』編集長。

エドワード・アルスワース・ロス

教育学者、著述家。ウィスコンシン大学名誉教授（社会学）。『ロシア・ボリシェヴィキ革命』、『ロシア・ソヴィエト共和国』など、経済学、社会学、政治学分野の著書多数。

オットー・リューレ

著述家、カール・マルクスの伝記作者。元ドイツ社会民主党員。一九一八年十一月、ドイツ・ザクセン革命の指導者。

ベンジャミン・ストルバーグ

著述家、ジャーナリスト。元労働問題誌・文芸誌編集者。『アメリカン・レイバー』に長年にわたり寄稿。

ヴェンデリン・トーマス

一九一八年十一月七日のドイツ・ウィルヘルムスハーフェン蜂起の指導者。二〇年～二四年、ドイツ独立社会党員、後に共産党員。一九年～二二年、日刊紙『フォルクスウィル』編集者。後に、政党・組合機関紙の編集者・寄稿者。

カルロ・トレスカ

アナルコ・サンジカリスト指導者。『イル・マルテロ』編集者。メサビ鉱脈、フローレンス、パターソン(訳注三)などのストライキを指導。サッコ＝ヴァンゼッティ擁護委員会で活動。

フランシスコ・サモラ

ラテン・アメリカの左翼評論家。『エル・ユニヴァサル』論説委員。元メキシコ労働者同盟全国委員会委員。

スザンヌ・ラ・フォレット

著述家、ジャーナリスト。『ザ・フリーマン』・『ザ・ニュー・フリーマン』編集者。

（顧問弁護士）

ジョン・F・フィナティ

サッコ＝ヴァンゼッティ及びトム・ムーニーを弁護。

【訳注】

（一）一九一九年、マサチューセッツ州で起きた強盗殺人事件で、イタリア移民の無政府主義者ニコラ・サッコとバルトロメオ・ヴァンゼッティが証拠不十分のまま有罪とされて、死刑宣告を受けた。欧米で抗議運動が高まる中、二七年に処刑された。

（二）労働運動指導者。サンフランシスコで起きた爆破事件の首謀者として死刑を宣告されたが、大規模な抗議運動の中、一九三九年、釈放された。

（三）いずれも一九〇〇年代初めから一〇年代にかけて、大規模な労働ストライキが闘われたアメリカの地名。北欧系移民労働者が固有の権利と公正な賃金を求めたメサビ鉱脈（ミネソタ州）。繊維工が賃上げを要求したフローレンス（マサチューセッツ州）。絹織物労働者が労働強化に抗議したパターソン（ニュージャージー州）。

小委員会の構成

調査準備委員会

（メキシコ市のコヨアカンにおける聴聞会、一九三七年四月十日〜十七日）

【参加者】
ジョン・デューイ　委員長
カールトン・ビールズ（中途辞任）
スザンヌ・ラ・フォレット　書記
オットー・リューレ
ベンジャミン・ストルバーグ

【弁護人】
ジョン・F・フィナティ
アルバート・ゴールドマン　レオン・トロツキーの顧問弁護士

【証人】
レオン・トロツキー
ヤン・フランケル

フランス調査委員会

（パリにおける聴聞会、一九三七年五月十二日〜六月二十二日）

【参加者】
G・E・モディリアニ　弁護士、労働・社会主義インターナショナル執行委員、イタリア社会党指導者、委員長
セザール・シャブラン　政治犯救援委員会代表
モーリス・デレピンヌ　パリ弁護士会、フランス社会党常設運営委員会委員、社会主義弁護士集団代表
ジャン・ガルティエ・ボアシエール　『クラプイヨ』ライター兼編集者
ジャック・マドール　大学教授
ジャン・マテ　元全仏郵便配達人労働組合書記

【弁護人】
ジェラル・ロゼンタール　レオン・セドフの顧問弁護士

【証人】
レオン・セドフ
ヴィクトル・セルジュ
オイゲネ・バウアー
フランツ・プフェムフェルト

アレクサンドラ・プフェムフェルト

ニューヨーク小委員会

（ニューヨークにおける聴聞会、一九三七年七月二十六日〜二十七日）

【参加者】（聴聞開催時にニューヨークにいた委員会メンバー）

スザンヌ・ラ・フォレット　書記
アルフレッド・ロスメル
ベンジャミン・ストルバーグ
カルロ・トレスカ
ヴェンデリン・トーマス

【弁護人】

ジョン・F・フィナティ
アルバート・ゴールドマン

【証人】

エスター・フィールド
B・J・フィールド
A・J・ミュスト
サラ・ウェーバー
マックス・シャハトマン
ハーバート・ソロウ
マックス・スターリング
デイヴィス・ヘロン
ハロルド・アイザックス
ヴィオラ・ロビンソン

被告の略歴

［訳注］原著では、補遺として巻末に収録されているが、訳者の判断でここに収めた（五十音順に並べ替え）。本文を読む中で名前が登場した時に、ご覧いただく方法もあると思う。なお、原著に没年の記載がない被告が数名いる。一九三八年の原著出版時に存命もしくは生死不明であったことによるものと推定される。判明する場合は［ ］を付けて記し、不明の場合は［没年不詳］と記した。

モスクワ裁判の被告に関する以下の情報は、利用可能な公式のソ連邦資料を編集したものである。名前に＊が付いている被告は、公式資料になく、調査委員会として真正性を確証できないが、正確であると信じる根拠を有するものである。

各被告が関与した裁判を、氏名の後に付けた略号で示す。

ＺＫ（ジノヴィエフ＝カーメネフ裁判、一九三六年八月）

ＰＲ（ピャタコフ＝ラデック裁判、一九三七年一月）

【起訴され、裁判で有罪を宣告された者】

アルノリド、ヴァレンティン・ヴォルフドヴィチ（ＰＲ）

一八九四〜［没年不詳］

エフドキモフ、グリゴリ・エレミエヴィチ（ＺＫ）

一八八四〜一九三六年。労働者出身のオールド・ボリシェヴィキ。一五歳で船員になる。一九〇三年に入党。一九〇八年に逮捕。一三年までオムスクで党活動に従事。その後、ペテルブルグで逮捕され、追放。一六年に逃亡し、再逮捕。一七年二月革命後はペトログラードで大衆扇動。第七軍政治部門代表。ユデニッチ打倒に参画。二二年、ペトログラード労働組合協議会副代表。二五年、レニングラード委員会書記。党大会代議員（第八回、一二回〜一四回）。レーニン（訳注一）葬儀で党代表として演説。ジノヴィエフ信奉者。左翼反対派ブロックのメンバー。二七年、一五回党大会で除名、屈服。三一年、穀物・家畜センターの低位ポストに就く。三四年十二月十六日逮捕、翌年一月十五〜十六日初公判。

オルベルク、ヴァレンティン・パヴロヴィチ（ZK）

一九〇七〜一九三六年。ラトヴィア人。一九二七年、ベルリンに渡り、共産主義インターナショナル機関誌『インプレコール』で働く。三〇年、ランダウ・グループの一員としてベルリンの左翼反対派に参加。三一年、同グループ所属を問われて除名。個人として再入党を申請するが却下される。三三年、ヒトラー政府に好ましからぬ外国人として国外追放の動きがあり、ロシアに渡る。スタリナバドで歴史教師の職に就く。三三年七月、ロシアを出てプラハに移り、ホンデュラス市民権を得る。三五年ロシアに戻り、ゴーリキーで歴史教師の職に就く。三六年一月もしくはその後に逮捕される。

カーメネフ、レフ（レオン）ボリソヴィチ（ZK）

一八八三〜一九三六年。オールド・ボリシェヴィキ。一九〇一年、モスクワ工科大学の学生として入党。〇二年三月、デモで逮捕され、大学を退学処分、警察の監視下におかれる。同年秋、パリに渡る。〇三年に分裂後のボリシェヴィキに参加。ロシア帰国。〇五年〜〇七年、サンクト・ペテルブルグで活動。〇八年に逮捕後、再び国外に。一四年、中央委員会の指令でロシア帰国、『プラウダ』編集者及び国会党派闘争の先導者として貢献。同年、国会党派闘争で逮捕、一五年、追放。一七年の四月協議会から二七年まで中央委員。第二回ソヴィエト大会で中央統制委員会議長に選出、後にスヴェルドロフに譲った。レーニン代理の党政治局議長を務める。ブレスト＝リトフスク派遣団の一員。一八年、モスクワ・ソヴィエト議長（〜二六年）。一九年、人民委員会議副議長。二七年、イタリア大使。左翼反対派に参加。二七年十二月、一五回党大会で除名、屈服、二八年復党。三二年十月、除名・追放。屈服し、翌年五月、モスクワに帰還。三四年十二月に逮捕され、三五年一月十五〜十六日初公判。七月第二回公判。レーニン全集の編集者。

クニャーゼフ、イワン・アレクサンドロヴィチ（PR）

一八九三〜一九三七年。一九一八年、共産党入党。二〇歳で鉄道労働に就く。南ウラル鉄道の代表。鉄道人民委員部・中央輸送部局の副代表。

シェストフ、アレクセイ・アレクサンドロヴィチ（PR）

一八九六〜一九三七年。労働者出身のオールド・ボリシェヴィキ。東部・シベリア鉱山トラスト経営委員会委員。

ジノヴィエフ、グリゴリ・エフセイエヴィチ（ZK）

一八八三〜一九三六年。オールド・ボリシェヴィキ。一九〇一年、入党し、〇三年の分裂以後、ボリシェヴィキ。〇二年、国外移住。〇五年のロシア帰国以後、ペテルブルグで活動。〇七年、党中央委員（〜二七年）。〇八年に逮捕され、再度、国外移住。第一次世界大戦中は国際主義者の立場。レーニンの密接な協力者。ツィンメルワルトとキーンタールの会議（訳注二）に参加。一七年、レーニンに同行してロシア帰国。七月中はレーニンとともにフィンランドの隠れ家に潜伏。十月革命後、ペトログラード・ソヴィエト議長。一九年、共産主義インターナショナル議長（〜二六年）。二七年、左翼反対派の一員として一五回党大会で除名、屈服、翌年復党。三二年十月、除名・追放。翌年五月、屈服してモスクワに帰還。三四年十二月、逮捕され、翌年一月十五〜十六日初公判。

ストロイロフ、ミハイル・ステパノヴィチ（PR）

一八九九〜［没年不詳］。無党派の技師。クズバス鉱山トラスト筆頭技師。一九三五年七月、赤旗勲位で叙勲。同年十月、鉱脈からの石炭産出を指揮した功績により、中央統制委員会で再び叙勲。全ロシア中央統制委員員代理。

スミルノフ、イワン・ニキティチ（ZK）

一八八一〜一九三六年。労働者出身のオールド・ボリシェヴィキ。職業革命家。一八九八年、革命運動に参加。九九年に入党。〇三年の分裂以後、ボリシェヴィキに参加。九九年、逮捕・追放。〇三年、逃亡、翌年、逮捕。〇五年、モスクワ武装反乱に参加。一〇年、逮捕、ナリムに追放。一二年、逃亡、翌年、逮捕、再びナリムに追放。逃亡と再逮捕を繰り返した後、（シベリアから）帰還。一六年、軍に移籍。内乱期の著名な群像の一人。東部革命軍事委員会委員。シベリア軍指導者として、コルチャックに対する第五軍の勝利を確かなものにする。その後、シベリア革命委員会議長。二三〜二七年、通信人民委員。二七年、左翼反対派として一五回党大会で除名。二九年、屈服・復党して、ニジニ・ノヴゴロドの自動車工場管理者に任命される。三三年一月、逮捕・投獄され、三六年八月の裁判まで拘留される。

セレブリャコフ、レオニード・ペトロヴィチ（PR）

一八九〇〜一九三七年。オールド・ボリシェヴィキ。九歳で金属工として工場労働に就く。一九〇四年、革命運動に参加。翌年逮捕。〇九年以降、職業革命家の道に入り、ボリシェヴィキのプラハ大会に参加。一二年、サマラで逮捕、ナリムに追放される。一四年に逃亡、モスクワに帰還してメーデー行進を組織。再逮捕、ナリム送還。一六年、追放期限を終えて、トムスクに行く。一七年二月革命後、コムストロムスキー・ソヴィエトを組織。一七年中頃、モスクワに行き、モスクワ中央委員会で働く。十月革命後、最高会議常任幹部会会員、モスクワ・ソヴィエト委員、モスクワ委員会書記。一九～二〇年、共産党書記、全ロシア・ソヴィエト中央統制委員会書記。内乱に積極的に参加、二一年、南方戦線革命軍事委員会委員。その後、通信人民委員。二七年、左翼反対派として一五回党大会で除名。二九年六月、屈服。三〇年一月、復党。多くの高官ポストを歴任後、最後は通信人民委員次官。

ソコルニコフ、グリゴリ・ヤコヴレヴィチ（PR）
一八八八～［一九三九年］。オールド・ボリシェヴィキ。一九〇三年、革命運動に参加。〇五年、入党、モスクワで扇動宣伝（～〇七年）。オルガナイザー。〇五年のモスクワ武装反乱に参加。〇七年、逮捕、〇九年、追放、逃亡。一七年まで国外移住。第一次世界大戦中は国際主義者の立場。一七年四月、党のモスクワ委員会委員。十月革命後、銀行国有化を指揮。一七年、共産党中央委員（～一九年、二二～三〇年）。一八年、ブレスト＝リトフスクのソヴィエト派遣団代表として条約に調印。一八～二〇年、第二、第八、第九、第十二軍の革命軍事委員会委員。二一年、財務人民委員次官、二二年、財務人民委員。二二年、ハーグ会議に派遣。二六年、国家計画委員会議長代理。二八年、石油シンジケート議長。二九年、イギリス大使。二五年～二六年、「合同反対派」を支持したが、スターリン(訳注三)＝ブハーリン(訳注四)に屈服した直後に離脱。三〇年、一六回党大会で中央統制委員会候補者に選出。三四年、外務人民委員次官。三六年夏、逮捕。

＊ダヴィッド、フリッツ（イリヤ＝ダヴィッド・イスライルヴィチ・クルグリャンスキ）（ZK）
一八九七～一九三七年。ポーランド系ロシア人。少数派のドイツ共産党員。一九三一年、ドイツ共産党機関紙『ローテ・ファーネ』編集者。極左的労働組合政策を理論化した『改良主義の破産』の著者。三三年三月、ロシアに渡り、フリーランサーとしてソヴィエト報道機関に寄稿を始めた。ピーク（ドイツ共産党指導者、共産主義インターナショナル執行委員会ドイツ代表）の秘書を務める。死後、ドイツ共産党を除名。

テュロック、ヨシフ・ドゥミトゥリエヴィチ（PR）
一九〇〇～一九三七年。党員歴二十年。内乱に参加。ペルムの輸送部局とウラル鉄道の次席管理者。

＊テル=ヴァガニャン、ヴァガルシャク・アルチュノヴィチ（ZK）
一八九三～一九三六年。オールド・ボリシェヴィキ。アルメニア共産主義者、アルメニア・ソヴィエト革命の指導者。マルクス主義国家論などに関する多数の著書を執筆。レーニン指揮下にあった党の主要科学雑誌『マルクス主義の旗の下に』の創刊者で首席編集者。一九二七年、左翼反対派として一五回党大会で除名。二九年、屈服。三三年、追放処分。

ドゥロブニス、ヤコフ・ノモヴィチ（PR）
一八九〇～一九三七年。労働者出身のオールド・ボリシェヴィキ。一五歳で運動に参加。一九一八年、ウクライナで最も危険かつ責任の重い仕事に選任され、地下組織、ペトリューラとドイツ軍に対する遊撃パルチザン部隊で役割を果たす。一九～二〇年、デニキン戦線で活躍。白衛軍に二度死刑を宣告され、一度は銃弾を受けて死に瀕した。「民主的中央集権主義者グループ」に参加。二七年、一五回党大会で除名。二九年に屈服。復党して、シベリアで活動に従事。ケメロヴォ共同工場建設事業の副代表。三六年八月、逮捕。

＊ドレイツェル、エピム・アレクサドロヴィチ（ZK）
一八九四～一九三六年。内乱期の赤軍将校。赤旗勲位で二度叙勲。コルチャックと戦い、ポーランド宣伝工作で活躍。一九二七年、左翼反対派、トロツキーの護衛を務める。同年、一五回党大会で除名。二九年に屈服。

ノルキン、ボリス・オシポヴィチ（PR）
一八九五～一九三七年。ケメロヴォ共同工場建設事業の代表。ソ連共産党西シベリア地区委員兼市委員会事務局員。三六年九月、逮捕。

バカエフ、イワン・ペトロヴィチ（ZK）
一八八七～一九三六年。オールド・ボリシェヴィキ。一九〇五年、革命運動に参加。〇六年、入党。同年、カミシン武装反乱のオルガナイザー。一七年、ペトログラード十月蜂起に参加。第三軍事区（ウラル戦線）と第二軍事区（ペトログラード戦線）の人民委員。一七年、ペトログラード・ソヴィエト地区執行委員。一九～二〇年、チェーカ（訳注五）のペトログラード地区議長。その他重要ポストを歴任。ジノヴィエフ信奉者。二七年、一五回党大会で党除名、後に屈服。三四年十二月、逮捕され、翌三五年一月十五〜十六日に初公判。

＊ピケル、リチャルド・ヴィトルドヴィチ（ZK）
一八九六〜一九三六年。文学者。ジノヴィエフの元秘書。一九二七年、一五回党大会で除名、屈服。

ピャタコフ、ユリ（ゲオルギ）・レオニドヴィチ（PR）
一八九〇〜一九三七年。一九〇四年、革命運動に参加。一二年、逮捕、一三年、追放処分。一四年、外国逃亡（日本経由）。ボリシェヴィキのベルン大会に参加。一七年二月革命後、ボリシェヴィキ・キエフ委員会議長。十月革命後、国立銀行人民委員次官から人民委員に。内乱期はウクライナで従軍。一八年十二月、ウクライナ第一次ソヴィエト政府議長。第十三軍の軍事革命委員会議長。二〇年、軍事アカデミー人民委員。二〇年五月、ポーランド戦線の第一六軍革命軍事委員を経て、ウランゲリ戦線の第六軍革命軍事委員。二一年、ドン川流域鉱工業管理本部長官。二三年、国家経済最高評議会副議長。左翼反対派の一員として二七年、一五回党大会で除名、二八年、屈服、復党。以後、様々な高官ポストを歴任、最後は重工業人民委員部次官。レーニンの「遺書」に六回名前が登場、「党内で最も有能な二人の若者」の一人として、ブハーリンと並び称されている。

プシン、ガヴリール・イェフレモヴィチ（PR）
一八九六〜一九三七年。共産党員。化学工業中央本部で働く。一九三六年十月、逮捕。

フラシェ、イワン・ヨシフォヴィチ（PR）
一八八六〜一九三七年。一九一七年、共産党入党。三二年、外務部局のソヴィエト窒素工業代表。三四年春以後、化学工業中央本部役員を兼務。

＊ベルマン＝ユリン、コノン・ボリソヴィチ（ハンス・シュタウア）（ZK）
一九〇一〜一九三六年。ロシア人。共産党員。一九二三年、ソヴィエト共産主義青年同盟機関紙の通信員としてドイツに渡る。ドイツ共産党入党。二九年に採用された超左翼的政策に反対して以来、いかなる立場にも組みせず。ドイツでの最後の十年間、機関紙の常時通信員でなく、フリーランサーとして寄稿した。三五年三月もしく

は四月、ロシア共産党代表部の命令でソ連に帰国。三六年五月末、逮捕。死後、ドイツ共産党除名。

ボグスラフスキー、ミハイル・ソロモノヴィチ（ＰＲ）

一八八六〜一九三七年。労働者出身のオールド・ボリシェヴィキ。一九〇四年から革命運動に参加、同年、ハリコフで逮捕。〇五年十月、ストライキに参加。第一次ウクライナ中央執行委員会及びソヴィエト政府の一員。一九年、全ウクライナ・ソヴィエト中央執行委員会及びウクライナ人民委員協議会の書記に選出。モスクワに転任し二一年、モスクワ執行委員に選出。「民主的中央集権主義者グループ」に参加。二七年、一五回党大会で除名、ノヴォシビルスクに追放。二九年に屈服し、三六年八月の逮捕まで、ノヴォシビルスクで労働に従事。

＊ホルツマン、エドゥアルド・ソロモノヴィチ（ＺＫ）

一八八二〜一九三六年。オールド・ボリシェヴィキの行政官。一九二六〜二七年、左翼反対派シンパ。反対派には直接加わらず。

＊ムラチコフスキー、セルゲイ・ヴィタレヴィチ（ＺＫ）

一八八三〜一九三六年。一九〇五年、ボリシェヴィキ入党。一七年、ウラル労働者蜂起を組織化。ソヴィエト勝利後、ウラル軍事区域の司令官となる。積極的な左翼反対派活動家。二七年、一五回党大会で除名。二九年、屈服。三三年、追放処分。

ムラロフ、ニコライ・イワノヴィチ（ＰＲ）

一八七七〜一九三七年。労働者出身のオールド・ボリシェヴィキ。一九一七年十月モスクワ蜂起の指導者の一人。内乱期の英雄として名高い。モスクワ軍事区域司令官。中央統制委員。二七年、左翼反対派として一五回党大会で除名、西シベリアに追放。公式には屈服を経ずに、反対派を離脱。三六年四月、逮捕。

＊レインゴリド、アイザック・イサエヴィチ（ＺＫ）

一八九七〜一九三六年。元財務人民委員部次官。カーメネフと政治的関係が深い。一九二七年、一五回党大会で除名、屈服。

ラタイチャク、スタニスラフ・アントノヴィチ（ＰＲ）

一八九四〜一九三七年。労働者出身。共産党員。化学工業中央本部代表。

ラデック、カール・ベルンガルドヴィチ（PR）
一八八五〜［一九三九年］。一四歳で革命運動に参加。一九〇四〜〇八年、オーストリア領ポーランドとガリシアで活動。〇八年、ドイツに行き、ローザ・ルクセンブルグとともに、『ブレーマー・アルバイターポリティック』を軸にドイツ社会民主党の左派を形成。第一次世界大戦中は国際主義者の立場。ツィンメルワルトとキーンタールの会議に参加。ツィンメルワルト左派事務局で活動。一七年、レーニンに同行してストックホルムに行くが、ロシア入国を拒否される。十月革命後、モスクワに到着。ブレスト=リトフスク講和の後、外務人民委員部の中欧担当部署の責任者となる。一八年ドイツ革命の後、非合法で入国。ドイツ共産党（「スパルタクス団」）創立第一回大会に参加。一九年二月、ドイツで逮捕され、十二月釈放、ロシアに帰国。レーニン指揮下の共産主義インターナショナルの活動に積極的に参加。二〇年、同執行委員会書記。二七年、左翼反対派として一五回党大会で除名。二九年、屈服。三〇年、復党。『イズヴェスチヤ』で働く。ジノヴィエフ=カーメネフ裁判の後、逮捕。

リフシッツ、ヤコフ・アブラモヴィチ（PR）
一八九六〜一九三七年。ソ連邦鉄道人民委員部次官。

リューレ、ナタン・ラザレヴィチ（ZK）
一九〇一〜一九三六年。ポーランド系ロシア人。ドイツ共産党員。一九三二年、外国人がドイツで働く権利を政令で奪われた後、ロシアに渡る。

リューレ、モセイ・イリイチ（アレクサンデル・エメル）（ZK）
一八九七〜一九三六年。ドイツのトロツキー主義反対派。『インプレコール』の寄稿者。三三年三月、ロシアに渡る。

【起訴され、有罪を宣告されたが、裁判に出廷していない者】

セドフ、レフ（レオン）・リヴォヴィチ（ZK、PR）
一九〇六〜一九三八年。父レフ（レオン）・ダヴィドヴィチ・トロツキーと母ナターリャ・イワノヴァ・セドフ=トロツキーの息子。両親の国外追放に同行し、オーストリア、スイス、フランス、アメリカと移住。一九一七年、両親とともにロシア帰国。共産主義青年運動で活動。二八年のアルマ・アタ追放、二九年のトルコ追放に両親と同行。レオン・トロツキーの最も密接な協力者。三一〜三三年、ベルリンの工科大学で学び、『反対派会報』

編集に従事。三三年三月、ヒトラーの政権掌握でドイツ出国を余儀なくされ、パリに移る。ソルボンヌで学び、三八年二月十六日の死の直前まで、『反対派会報』編集に従事する。

トロツキー、レフ（レオン）・ダヴィドヴィチ（ZK、PR）

一八七九～［一九四〇年］。
「L・D・トロツキーは一八八一年（正しくは一八七九年）生まれ。［黒海沿岸の］ニコラエフの労働者サークルで活動、九八年、シベリア追放。時をおかず国外逃亡、『イスクラ』編集に参加。第二回党大会にシベリア同盟代表として参加。党分裂後、メンシェヴィキを支持。一九〇五年の革命に先立ち、独自の、今日特に注目される永続革命の理論を展開。その中で、〇五年のブルジョア革命は直接に社会主義革命に展開し、国際革命のさきがけとなるに違いない、と主張した。同年十一月から十二月にかけてペテルブルグで出版されたメンシェヴィキ派の中央機関紙『ナチャーロ』でこの理論を展開。フルスタレフ＝ノサールの逮捕後、第一次ペテルブルグ労働者代表ソヴィエトの議長に選出。〇五年十二月三日、他の執行委員とともに逮捕、オブドルスクに追放されるが、途上で国外に逃亡。ウィーンに居を定め、大衆的な労働者新聞『プラウダ』を発行し、ロシア国内に配布する。メンシェヴィキと決別し、すべての党派から独立したグループの結成を試みる一方、国外での党派闘争の間に、解党派と闘うレーニンとプレハーノフのブロックに対抗して、メンシェヴィキと『フペリョード』グループのブロックを形成。帝国主義戦争の初期から明確な国際主義の立場をとり、パリで『ナーシェ・スローヴォ』の発行に参加、ツィンメルワルトを支持した。フランスを追われて、アメリカに渡る。二月革命後、帰国途中でイギリス政府に逮捕されるが、ペテルブルグ・ソヴィエトの圧力を受けて動いた臨時政府の要求で釈放。ペテルブルグでメジライオンツィの組織化に着手。一七年七月の第六回党大会でボリシェヴィキに合流。七月事件の後、ケレンスキー政府に逮捕され、『反乱を指導した』として起訴されるが、ペテルブルグ労働者の圧力ですぐに釈放される。ペテルブルグ・ソヴィエトのボリシェヴィキ移行後、議長に選出され、十月二十五日の蜂起を組織し指導にあたる。一七年以降、共産党中央委員。ブレスト＝リトフスクの調印まで外務人民委員、後に軍事人民委員」。（二一年に国立出版所から発行された『レーニン全集』初版一四巻の注記から引用）

一七～二七年、共産党中央委員会政治局の一員。共産

主義インターナショナルの結成に貢献。内乱期武装勢力のオルガナイザーにして指導者。二三年以後、左翼反対派。二七年、一五回党大会で除名、二八年、アルマ・アタ、二九年、トルコに追放。三二年、ソ連邦市民権剝奪。三三年七月、フランス、三五年、ノルウェーに移動。三六年十二月、メキシコに追放。理論的・歴史的テーマについての著作多数。

【訳注】

（一）ウラジーミル・イリイチ・レーニン（一八七〇〜一九二四）。大学在学中に政治運動で逮捕、退学処分。九五年、再逮捕でシベリア流刑。一九〇〇年亡命し、全国的政治新聞『イスクラ』創刊。〇三年、社会民主労働党第二回大会でボリシェヴィキ分裂を主導。〇五年亡命し、以後、国外での活動が続く。第一次世界大戦では戦争協力に埋没した第二インターナショナルを批判して、自国政府への非協力・敗北主義を明確にするとともに、一六年『帝国主義論』で帝国主義の経済的基礎を分析。一七年二月革命後、封印列車でドイツを横断して、帰国。「四月テーゼ」で社会主義革命への移行を訴える。十月革命で成立したソヴィエト政府の人民委員会議の初代議長。戦時共産主義―ブレスト講和―ネップの政策展開を主導。二二年以降、数度にわたり脳梗塞発作を起こし、一線を退く。二四年一月死去。

（二）一五年九月にスイスのツィンメルワルト、翌一六年四月にキーンタールで開かれた国際社会主義者会議。世界大戦において自国政府に非協力を貫く国際主義・反戦の立場を明確にした。

（三）ヨシフ・ヴィサリオノヴィチ・スターリン（一八七九〜一九五三）。グルジア出身。神学校時代に社会民主主義サークルに参加。九八年、グルジア社会民主党に入党。〇二年以降、逮捕とシベリア追放を繰り返す。一二年、党中央委員。革命内乱期は赤軍政治委員として、グルジアで指揮。一七年〜二三年、民族人民委員。党政治局員を経て、二二年党中央委員会書記長に就任。書記長解任を提案したレーニンの遺書（§一七七）は伏せられ、禁書とされた。レーニン没後、政治局の中でカーメネフ、ジノヴィエフと組んだトロイカ体制でトロツキーを孤立させ、その後、ブハーリンと連携してトロツキー、カーメネフ、ジノヴィエフの合同反対派と対立する。ほぼ独裁的権力を確立したと見られたが、三四年のキーロフ暗殺を契機に、大規模な粛清に着手する。五六年、党二〇回大会のいわゆるフルシチョフ秘密報告により批判される。

（四）ニコライ・イワノヴィチ・ブハーリン（一八八八〜一九三八）。〇五年、ボリシェヴィキ入党。若くして理論家として頭角を現し、寵児と称賛される。経済学等の理論的著書多数。一七年、党中央委員。一八年〜二九年、『プラウダ』編集長。二四年、党政治局員。二六年、コミンテルン執行委員会議長。三七年逮捕され、第三次モスクワ裁判で銃殺刑に処せられる。

（五）一七年十二月に設立された「反革命・サボタージュ取締全ロシア非常委員会」（〜二二年）。

引用資料について

引用に際して、次のように略号表示する。

小委員会の議事録
準備委員会＝ＰＣ
フランス調査委員会＝ＣＲ
ニューヨーク小委員会＝ＮＹ

公式の訴訟記録
ジノヴィエフ＝カーメネフ裁判（一九三六年八月）＝ＺＫ
ピャタコフ＝ラデック裁判（一九三七年一月）＝ＰＲ

〔訳注〕原著の議事録と訴訟記録にある細別連番は省略しました。

序論　認定の要約

裁判の運営

外在的証拠の影響を排し、委員会は認定する。

(一) モスクワ裁判の運営は、真実を確かなものにするための努力がなされていないことを、先入観のない人々に確信させるものであった。

(二) 自白とは最大限の熟慮を経てなされるべきものであるが、この裁判の被告による自白の数々はありそうもないことを含んでおり、当委員会としては、自白を得るためにいかなる手段が用いられたかは別として、自白が真実を表現していないことを確信する。

起訴内容

(三) すべての証拠類を基に、トロツキーはスミルノフに対して、セドフないし別の者を通じたテロ攻撃の指令を下していない、と我々は認定する。

(四) すべての証拠類を基に、トロツキーはドレイツェルに対して、セドフないし別の者を通じたテロ攻撃の指令を下していない、と我々は認定する。

(五) すべての証拠類を基に、ホルツマンはテロの謀議を目的として、スミルノフとセドフの間の仲介役を務めていない、と我々は認定する。

(六) ホルツマンはコペンハーゲンでセドフに会っていない、ならびにセドフに同行してトロツキーに会いに行っていない、セドフはトロツキーのコペンハーゲン滞在中、当地に不在である、ホルツマンはコペンハーゲンでトロツキーに会っていない、と我々は認定する。

(七) オルベルクはトロツキーないしセドフからのテロ指令を携えてロシアに行っていない、と我々は認定する。

(八) ベルマン=ユリンはコペンハーゲンでトロツキーからテロ攻撃の指示を受けていない、ベルマン=ユリンはコペンハーゲンでトロツキーに会っていない、と我々は認定する。

（九）ダヴィッドはコペンハーゲンでトロツキーからテロ攻撃の指令を受けていない、コペンハーゲンでトロツキーに会っていない、と我々は認定する。

（一〇）モセイ・リューレとナタン・リューレをトロツキー主義者の謀議なるものに結び付ける試みにはいかなる根拠もない、と我々は認定する。

（一一）トロツキーはウラジーミル・ロムにブローニュの森で会っていない、トロツキーはロムにラデックへの伝言を託していない、と我々は認定する。トロツキーとセドフは、ロムといかなる結び付きもない、と我々は認定する。

（一二）ピャタコフは一九三五年十二月にオスロに飛行していない、当地でトロツキーに会っていない、トロツキーからいかなる種類のいかなる指令も受けていない、と我々は認定する。この決定的な点についてのピャタコフ証言に対する反証は、彼の自白全体に価値がないことを明らかにしている、と我々は認定する。

（一三）ピャタコフ被告の自白に対する反証は、ブハルツェフ証人の証言を完全に無効にするものである、と我々は認定する。

（一四）ウラジーミル・ロム及びピャタコフの証言に対する反証は、ラデック被告の証言を完全に無効にするものである、と我々は認定する。

（一五）スミルノフ、ピャタコフ、ラデック三名の自白に対する反証は、シェストフ及びムラロフの自白を完全に無効にするものである、と我々は認定する。

（一六）トロツキーからモスクワ裁判の様々な被告達に陰謀の指令を伝えたとされる手紙は実在しない、この手紙に言及した証言はまったくの作り話である、と我々は確信する。

（一七）トロツキーはその経歴全体を通じて個人的テロに一貫して反対している、と我々は認定する。委員会はさらに、トロツキーはモスクワ裁判のいかなる被告・証人に対しても、政治的反対者の暗殺を指示していない、と認定する。

（一八）トロツキーはモスクワ裁判の被告・証人に対して、いかなるサボタージュ、破壊活動も指示していない、と我々は認定する。反対に、彼はソヴィエト連邦における社会主義的な農工業の構築を常に一貫して主張し、現政権の施策がロシアにおける社会主義経済の構築に有害であると批判を加えてきた。彼はいかなる政治体制に対しても、サボタージュを反対のための手段とすることを支持していない。

（一九）トロツキーはモスクワ裁判のいかなる被告・証人に対しても、ソヴィエト連邦に敵対する外国列強と提携するよう指示をしていない、と我々は認定する。反対に、彼は常に断固としてソヴィエト連邦の防衛を唱えている。彼はまた、共同謀議の相手とされた外国列強に代表されるファシズムに対して真っ向からイデオロギー的に反対している。

（二〇）すべての証拠類を基に、トロツキーはソヴィエト連邦における資本主義の復活を奨励していない、復活の陰謀を企んでいない、復活の試みをしていない、と我々は認定する。反対に、彼は常に断固としてソヴィエト連邦への資本主義の復活と他国におけるその存在に反対している。

（二一）検察官は、十月革命以前、革命の最中、革命以後におけるトロツキーの役割について根も葉もない偽造をしている、と我々は認定する。

結論

（二二）したがって我々は、モスクワ裁判はでっち上げである、と認定する。

（二三）したがって我々は、トロツキー及びセドフは無罪である、と認定する。

ジョン・デューイ（委員長）
ジョン・R・チェンバレン
アルフレッド・ロスメル
エドワード・アルスワース・ロス
オットー・リューレ
ベンジャミン・ストルバーグ
ヴェンデリン・トーマス
カルロ・トレスカ
フランシスコ・サモラ
スザンヌ・ラ・フォレット（書記）
ジョン・F・フィナティ（顧問弁護士）

一九三七年九月二十一日　ニューヨーク

第Ⅰ部　調査委員会

一章　委員会の設立理由

§一　モスクワ裁判におけるレオン・トロツキーの起訴内容に関する調査委員会は一九三七年三月、レオン・トロツキー擁護全米委員会によって設立された。この全米委員会は、アメリカ国内の会員のために活動するとともに、フランスのモスクワ裁判調査委員会、イギリスのレオン・トロツキー擁護委員会、チェコスロバキアの正義と真実のための国際委員会の委任を受けて活動している団体である。以降、当調査委員会は独立した機関として活動し、会員と財政を統制し、小委員会に証言をとる権限を与え、設立目的を達成するために委員が最善とみなした方法に従い、調査を実施したのである。

§二　委員会の設立理由は広く知られているから、ごく簡単に述べるにとどめる。

一九三六年八月及び一九三七年一月のモスクワ裁判において、レオン・トロツキー〔原著の呼称は一定しないが、以下では、トロツキーとする。ただし、引用に登場する場合は原文の通り〕と彼の息子のレオン・セドフ〔以下、セドフとする〕は、ソヴィエト連邦とその指導者に対する重大な犯罪について起訴され、聴聞の機会も与えられないまま、有罪を宣告された。両人は世界中の報道を通じて罪を否認し、逆に、捏造された証拠を「有罪判決」の根拠にしているとしてソヴィエト政府を告発した。一九三六年八月の裁判〔以下、原則として第一次裁判とする〕の折に、トロツキーはソヴィエト政府に異議を唱え、当時の亡命先であるノルウェーから本国に送還するよう、ノルウェーの裁判所に正式手続きを求めた。翌年一九三七年一月の裁判〔以下、原則として第二次裁判とする〕の折にも、亡命先メキシコから繰り返し異議を唱えた。ソヴィエト政府がトロツキーとセドフの本国送還を試みることもせず、また正規の法廷で両名に対する数々の起訴内容への弁明の機会も与えない状況の中、トロツキーとセドフは、自らが証言台に立つことによって、無罪であることの証拠資料を検討する国際的な調査委員会の設置を要請した。

第一次裁判は国際的な論議を巻き起こし、翌年の第二次裁判はさらに論議の高まりを見せた。司法裁判の形をとった政治的迫害の疑惑が広まり、歴史的真実のためには徹底した調査の実施が求められて当然であった。委員会メンバーは、様々な政治的・社会的な見解の持ち主であり、トロツキーの信奉者は一人もいない。この問題の徹底した調査と事実の立証を唯一の目的とすることで一致協力した。

§三　課題の重要性と世論に対する責任の重大性は、調査が進められた数カ月の間に大いに増した。テロリズム、破壊、サボタージュ、「トロツキー主義」等々の容疑に基づく、ソヴィエト政府高官や一般市民の逮捕・迫害は依然として続いている。現ソヴィエト政権は政治的反対者をソヴィエト連邦と民衆に対する犯罪活動に結び付けようとしているのではないか、という疑惑が多くのロシア民衆の誠実な友人達の間に強まってきた。ロシア国外でも、こうした疑惑や非難が誰の口にものぼり、労働者大衆の分裂の原因となった。例えばスペインでは、マルクス主義統一労働者党（ＰＯＵＭ）の指導者の一人であるアンドレス・ニンは、この分裂がもとで、多くの同志達とともに逮捕された後、拉致され、虐殺された。ＰＯＵＭの他の指導者達は今も投獄されている。中国では共産党の政策への反対者が、スペインのいわゆるトロツキー主義者に向けられたのと同じ言葉遣いで非難された。それゆえこの問題は、過去の歴史的なドレフュス裁判(訳注一)、サッコ＝ヴァンゼッティ裁判、ディミトロフ＝トルグラー裁判(訳注二)にもまして、国際的な視点で評価される必要がある。無数の人間生活が危険に晒されており、また人類が政治的抑圧から個人を守り抜くために、痛みに耐えながら築き上げてきた正義の規範が危険に晒されているのであるから。

当委員会は、自らが取り扱った問題の歴史的かつ現代的な意義を深く認識するとともに、何カ月にもわたる綿密な調査の成果が問題の核心を明らかにすることを期待して、この報告書をあらゆる国々の人々に提出するものである。

【訳注】

（一）一八九四年、フランスで起きた冤罪事件。陸軍参謀本部勤務のユダヤ人大尉アルフレッド・ドレフュス（一八五九〜一九三五）が情報漏洩の容疑で逮捕され、終身刑を科せられた。作家エミール・ゾラなどによる人権擁護運動・反軍国主義の運動は、共和制をめぐる世論二分の政治闘争となった。特赦を経て、〇六年、無罪が確定した。

（二）一九三三年二月のドイツ国会議事堂火災の放火容疑で、ブルガリア共産党員ゲオルギ・ディミトロフ（一八八二〜一九四九）、他二名とドイツ共産党員エルンスト・トルグラーが逮捕、起訴された。国際的な抗議と支援の中で、果敢な裁判闘争が展開され、全員無罪となった。ディミトロフは三五年、人民戦線戦術を採択したコミンテルン第七回大会で書記長に就任した。

二章　委員会の運営手続き

§四　当委員会の運営手続きは、アメリカ上院の調査委員会や全米労働関係委員会、あるいはドイツ国会議事堂炎上事件の調査にあたった非公式の国際委員会などの組織運営にならうものとされた。その唯一の目的はトロツキーとセドフに対する起訴内容についての真実を明らかにすることであり、両名にとって有利、不利にかかわりなく、この件について得られるあらゆる事実に光をあてることであった。証拠類の受理に際しては、いわゆる「最良証拠規則」［証拠として原本が提出されるべきであるという基本原則］に基づくこととし、入手し得る最良の証拠のみを受け容れることとした。二度のモスクワ裁判の被告三三名のうち二九名を処刑したソヴィエト政府の行為は、被告の自白とされるものの真実について反対尋問を行うことにより、最良の証拠を手にする道を永久に閉ざした。ソヴィエト政府の非協力的態度は、禁固刑の判決を宣告された残り四名の被告に対する反対尋問を妨げている。この態度はまた、裁判に先行して行われたはずの調査・取り調べの記録や、実行者が持っていたとされる機密記録の証拠類の検証を不可能にさせている。外国政府機関が保有しているトロツキーの動向についての警察記録などの直接的証拠を、委員会のために入手する試みが繰り返されたものの結実しなかった。にもかかわらず我々は、豊富な直接的証拠や補完的な間接的証拠を蓄積できた。オリジナルな記録資料が使われていないという趣旨の、委員会に対する党派的批判に対し、我々はここに、証拠として提出された膨大な量の原本及び重要な記録資料を保有している、と強く主張する。

§五　我々の調査は三つの小委員会で深められた。委員の氏名は先に掲げた通りである。準備委員会として知られる第一の小委員会は、メキシコ市のコヨアカンで、一九三七年四月十日から十七日までの間に十三回にわたって証言聴取を行った。トロツキー及び彼の秘書ヤン・フランケルの証言を聴き、それについて反対尋問を行い、トロツキーの議論に耳を傾けた。その際、彼は自分に向けられた多くの起訴内容に対してソヴィエト政府に反論し、申し立てが真実であることの宣誓をした上で、求められた証拠記録の提出に同意した。六〇〇頁を超える聴聞の報告書と議事録は『トロツキー訴訟』の表題で出版された(訳注一)。フランスのモスクワ裁判調査委員会(訳注二)によって設立された特別調査委員会（調査事務受託）は、パリで一九三七年五月十二日から六月二十二日まで十一回の会議を開催し、レオン・セドフ、他四人の証人から証言をとり、セドフ提出の証拠資料を受理した。同三七年七月二十六日、二十七日にニューヨークの小委員会は五回（三回は公開、二回は非公開）の証言聴取を行い、一一名（訳注三）の証人から証言をとった。すべての小委員会の議事録は当委員会によって承認され、本報告書の基礎をなす資料類に含まれている。

§六　準備委員会及びフランスの調査委員会は、外交代表部を通じて、ソヴィエト政府代表者が聴聞会に出席し、証人への反対尋問と証言に反駁する証拠提示の権利を行使するよう招聘した。また準備委員会はソヴィエト政府に対し、二度にわたるモスクワ裁判の予備審理の記録を委員が利用できるよう要請した。こうした招聘も要請も無視された（資料PC・CR）。また準備委員会はアメリカ共産党、メキシコ共産党、ニューヨークの著名な共産主義者である弁護士ジョセフ・ブローツキー、メキシコ労働者連合書記長でありトロツキーの優れた論敵であるロンバルド・トレダノなどに対して、調査に参加するよう招請したが、無視されるか、あるいは丁重に断られた（資料PC）。フランスの調査委員会は、同様の招聘をフランス共産党や人権同盟にも拡げたが、結果は同様であった（資料CR）。

訴追側代表の出席を得られない中で、小委員会の委員及び顧問が証人を反対尋問する責任の重みが増した。

§七　調査の準備的作業が達成され、すべての小委員会の報告、及び小委員会もしくは当委員会に提出された証拠資料が蓄積された段階で、調査委員会はニューヨークに集結し、証拠を検証した。第三部以降は、その最終報告である。

【訳注】

（一）*The Case of Leon Trotsky* : report of hearings on the charges made against him in the Moscow trials (New York, 1937)
同書の内、トロツキーの最終弁論の部分が一九五六年に邦訳されている（『スターリンの暗黒裁判』山西英一訳、東洋経済新報社）。

（二）フランスのモスクワ裁判調査委員会は小委員会を特設し、調査事務を委任した（commission rogatoire）。訳文中の「フランスの調査委員会」は、この小委員会を指す。五章§一一（六）参照。

（三）「小委員会の構成」に記述されている証人は一〇名であるが、この他に、匿名扱いとされた証人がいる（§一九一参照）。

第Ⅱ部　調査の基本原理

三章　調査の範囲

§八　準備委員会が報告書で指摘したように（資料ＰＣ）、調査の範囲及び内容はモスクワ裁判の訴訟手続きによって必然的に決定される。検察官Ａ・Ｙ・ヴィシンスキー[訳注一]によれば、証拠には二つの種類があった。

第一に、歴史的な人間関係のつながりがあり、これがトロツキー主義者の過去の活動に基づく起訴状の論点を裏付ける。第二に、それ自体が証拠として非常に重要な意義を有する被告の証言に、我々は注意を向ける。（資料ＰＲ）

したがって、調査委員会の調査はトロツキーとセドフに対する最終的な起訴内容についての事実関係だけでなく、検察官の論告や被告の自白に登場する「歴史的な人間関係のつながり」とされるものについても検証しなければならなかった。我々には関連する歴史的資料を調査する必要が生じ、明らかになった諸事実に照らして「歴史的なつながり」なるものを見極めなければならなかった。このことから、トロツキーの伝記を研究する必要性が生じ、モスクワ裁判の被告達との過去の関係やレーニンとの関係、十月革命、ソヴィエト国家建設ならびにソ連共産党の多数派に対抗する反対派の闘争における彼の役割について特別の注意を払うこととなった。また、彼の著作を研究する必要が生じ、モスクワ裁判における起訴事実、自白、及び最終論告の信頼性に特別の注意を払うことになった。

【訳注】

（一）アンドレイ・ヤヌアリエヴィチ・ヴィシンスキー（一八八三～一九五四）。一九〇二年、メンシェヴィキ入党。二〇年、ボリシェヴィキに転じる。モスクワ大学教授として刑事訴訟法を教え、学長を務める。三五年、検事総長、司法人民委員代理。一連のモスクワ裁判の検察官。三七年からソ連科学アカデミー国家法研究所長として、「ソヴィエト社会主義法学」確立を主導。第二次大戦中の副首相就任を経て、戦後は、外務大臣、国連首席代表を歴任し、冷戦期のソヴィエト外交を推進。死後、スターリン批判の対象となった。

四章　資料

§九　ソヴィエト政府が調査委員会に対し、モスクワ裁判の予備審理の記録や保有しているといわれる証拠文書の提出、あるいは代表団を派遣して証人に反対尋問を行い、その証言に反駁する証拠を提示するなどの協力を行わなかったことに比べると、公刊された訴訟記録は訴訟当事者にとってこの訴訟の意味するものを具体的に明らかにしている。訴訟記録は公式文書であるから、第一次裁判のもので一八〇頁しかない要約版ではあるが、世界にこれを提示したソヴィエト司法人民委員部としては、訴訟記録が訴追側にとっての訴訟の意味を充分に説明し、裁判官の判決の正当性を示していると見なしているように推測される。我々はこの推測に基づいて、訴訟当事者側の考察を進めることにする。(一)

§一〇　トロツキーとセドフに対する訴訟は、以下の資料類によって究明される。

（一）公式の訴訟記録。ただし不作為、矛盾、偽造、問題の多い手続き、などの疑念を生じさせるものである。

（二）小委員会の議事録と報告書。

（三）証人の宣誓供述書、手紙、電報、パスポート、その他の公式書類。トロツキーとセドフから調査委員会もしくは小委員会に直接提出された報道記事や他の資料類。

（四）タロフとアントン・シリガ博士の証言。これはフランスのモスクワ裁判調査委員会が聴取し、当委員会に送付されたものである。

（五）調査委員会もしくは小委員会に提出された、トロツキー、セドフ、レーニン、スターリン、ラデック、ジノヴィエフ、その他の著作。また、起訴内容や自白、及び検察官のいう「歴史的なつながり」に関連する歴史的な資料類。

（六）数千に及ぶ文書を収蔵したトロツキーの文書保管所。(訳注一)当委員会は制約なしでこれに立ち入ることができた。

【原注】

（一）委員会が使用した公式の訴訟記録は、ソ連邦司法人民委員部が英語版で発行したものである。

【訳注】

（一）現在は、ハーバード大学ホートン図書館のトロツキー文庫に集約されている。

五章　文書の証明

§一一　委員会が受理した文書類は、以下のカテゴリーに分類される。

（一）公式文書あるいはその写真複製。

（二）自筆の文書あるいはその写真複製。これについては国内法において、署名した証人や公証人の押印などによる証明を必要条件とすることなく真正であることが認められている。特定の訴訟手続きに拘束されない国際的な会議体である当委員会は、国内法に従って、このような文書を真正物として受理し、出所の信頼できる証拠以上の証明を求めていない。

（三）相当の期間にわたって公的記録物とみなされ、その真正性が疑われていない文書類。

（四）報道記事の切り抜き。新聞、雑誌等の抜粋は出所を参照することにより容易に立証が可能である。本報告書に引用されている抜粋も同様の立証を経ている。

（五）認証された宣誓供述書、あるいは他の認証された文書類。

（六）フランスのモスクワ裁判調査委員会が特設した委員会によって署名が本人のものであることが確認された証人の証言録取書。この特設委員会のメンバーは、アルフレッド・ロスメル、フェルナン・シャルビ、アンドレ・ブルトン（訳注一）の三名である。

（七）地方自治体の長、警察本部長、あるいは公的労働機構によって署名が本人のものであることが確認された証人の証言録取書。

（八）当委員会の委員一名以上によって署名が本人のものであることが確認された証人の証言録取書。委員会の委員一名以上によって証明された文書類。

（九）フランスのモスクワ裁判調査委員会あるいはチェコスロバキアの正義と真実のための国際委員会によって証明された文書。

（一〇）トロツキー、セドフその他の証人から委員会に提供された、手紙、論文、その他の文書類の原本、写真複製あるいは証明された複写物。

§一二　真正なものとして認証された文書類の受理は、当然、証拠としての関連性あるいは証拠価値についての評価が完了していることを意味する、と当委員会は強調したい。当委員会が各々の文書の関連性及び証拠価値を評価するに際しては、以下の一般に容認された証拠規則に従った。

訴訟との関連性の判断。
直接的証拠と伝聞証拠の識別。
入手した状況の把握。

【訳注】
(一) アンドレ・ブルトン(一八九六～一九六六)。フランスの文学者。二四年、『シュールレアリスム宣言』を発表し、シュールレアリスム芸術運動を主導。三八年、メキシコのコヨアカンにトロツキーを訪ね、面談。ブルトン自身の言葉によれば、「生涯最大の渇望の一つ」を実現した。

第Ⅲ部　モスクワ裁判

六章　起訴内容の全般的性格

§一三　第一次裁判［一九三六年八月］の被告に対する起訴内容は、国家権力の掌握を目標に、ソ連共産党とソヴィエト国家の指導者を暗殺する目的でトロツキー派＝ジノヴィエフ派テロリスト・センターを組織、指揮し、一九三四年十二月一日の人民委員S・M・キーロフ（訳注一）暗殺の計画を準備したことであった（資料ZK）。

§一四　第二次裁判［一九三七年一月］の被告に対する起訴内容は、予備センターないし並行センターを組織、指揮したことであった。

センターの活動目標は、ソ連邦の軍事力の低下を目的として、犯罪的な反ソ行動、スパイ、破壊、その他様々なテロリスト活動を先導し、ソ連邦への武力攻撃を加速させ、領土を侵す外国の侵略者を支援することであり、ソヴィエト権力を分断し、転覆して資本主義とブルジョアジーの支配を復活させることにあった。（資料PR）

彼等はまた、諸外国の代表部と交渉をする裏切り行為を果たしたこと、諸外国になりかわってスパイ行為を働き、破壊的な「反政府」活動を計画し、実行したこと、ソ連共産党とソヴィエト政府の指導者に対するテロ行為を計画し、実行を試みたこと、などで起訴された（資料PR）。

§一五　トロツキーとセドフの起訴状によれば、両名に対する最終的な起訴内容は、他の被告達が起訴された犯罪活動を扇動し、指導したことであった。「トロツキー派＝ジノヴィエフ派センター訴訟［第一次裁判］裁判記録報告書（一）」には、起訴内容の定義の項で起訴事実が次のように記述されている。

L・トロツキーと息子L・L・セドフの両名は国外に身柄があるが、ソ連共産党とソヴィエト国家の指導者に対するテロ行動をソ連国内で組織化する工作を直接に準備し、あるいは個人的に誘導したことが本訴訟の資料によって暴露され、ソ連領土内で身柄が発見された場合には、ソ連邦最高裁判所軍事法廷によって直ちに逮捕状を執行され、裁

判に付されて然るべきである。（資料ＺＫ）

「反ソヴィエト・トロツキー派センター訴訟［第二次裁判］裁判記録報告書（二）」では、起訴内容の定義の項で次のように記述されている。

レオン・トロツキーと息子レオン・セドフは現在国外にいるが、本訴訟の資料によって、トロツキー派センターの反逆活動の直接的指導者であることが再び確認され、ソ連領土内で身柄が発見された場合には、ソ連邦最高裁判所軍事法廷によって直ちに逮捕状を執行され、裁判に付されて然るべきである。（資料ＰＲ）

【原注】

（一）ソ連邦司法人民委員部刊（一九三六年）

（二）同右（一九三七年）

【訳注】

（一）セルゲイ・ミロノヴィチ・キーロフ（一八八六～一九三四）。〇四年、革命運動に参加。二〇年～二一年、ザカフカース各地に革命政権を樹立。二三年、党中央委員。二八年、レニングラード州委員会書記。三〇年、政治局員。農業集団化で力を奮い、大衆的人気もあり、スターリンの側近として後継を目されていたが、党員レオニード・ニコラエフに暗殺され、スターリンによる大粛清の契機とされた。

七章　ソヴィエトの裁判の手続き

§一六　モスクワ裁判の運営を擁護する観点からしばしば述べられた議論は、裁判はソヴィエトの司法手続きに準拠しており、外国で持たれた不正の印象はソヴィエトと他の国々における手続きの違いによる、というものである。

当委員会の見解では、特定の司法手続きに忠実であることは裁判を判断する際の基本的な尺度にはなり得ない。基本的尺度は、真実を確かめる試みの公正性と誠実性である。歴史が証明しているように、刑事裁判を規制する法律の条文に基づくことなしに、被告が誤って有罪とされる、ということがしばしば起こり得る。この問題へのアプローチは、なんらかの法体系における刑事処分の理論――特定の訴訟において確証し得る真実の立証を可能とすることを目的とする理論――に照らしてのみ可能である。いかなる手続きも、この目的を満たす限りにおいてのみ正当であり、また検察官と裁判官は条文通りの法的に正当な手続きの精神に準拠する限りにおいてのみ、被告の権利、すなわち被告が真実の根拠に基づいて有罪あるいは無罪の宣告を受ける権利を擁護できる。

§一七　仮にモスクワ裁判の手続きがソヴィエト法に事実上準拠していたとしても、我々の見解では、ソヴィエトの法手続きが、確証し得る真実を展開させる仕組みになっていないという結論は避けられないだろう。だが事実として、裁判の運営はいかなる重要な点においても、刑事処分に関するソヴィエト法に違反していた。

（二）被告は、価値ある証拠文書の裏付けがないままに、被告自身の自白や自罰的な証人の供述に基づいて有罪を宣告された。

ソヴィエト法において自白に理論的に付加された価値については、M・S・ストロゴヴィチ教授が著書『刑事裁判——ロー・スクールと司法研修のためのテキスト（三）』の中で、次のように述べている。なお、この本はモスクワ裁判で検察当局の訴訟指揮をふるった検事総長A・Y・ヴィシンスキーが編集にあたっている。

正式証拠に関する学説では、被告による罪の自白は、「現存する最良の証拠品」「証拠の中でも最も重要な証拠」とみなされた。今日では、被告の自白の絶対的な正しさに対する信頼は大いに損なわれている。被告は偽って有罪を認める可能性がある（例えば、他の人物をかばう場合、あるいは重大な犯罪の告発を逃れるために小さな犯罪を認める場合）。したがって、被告の自白は他の証拠と同様、訴訟の状況全体の中での立証と評価に従属すべきものである。

被告の証言の主たる意義は、取り調べ中の事件についての諸事実及び状況に関連する被告の弁明であることに基づいており、集約された事件の状況全体に即した立証と評価に従属する法廷での弁明によって検討がなされるのである。

被告の証言の証拠としての意義を再評価することも、基本的な最重要な証拠としてこれに依拠することも、ソヴィエトの刑事裁判の原理には決して合致しない。ソヴィエトの裁判においては、被告の証言はこうした重要性を有していないし、有することもできない。被告の証言、特に罪の自白は、他のすべての証拠と同様に、その訴訟において集められたすべての証拠との比較対照を経た、立証と注意深い評価に従属すべきものである。

先に述べたように、ファシストの刑事裁判は被告による罪の自白に依存して裁判が進行しており、あらゆる種類の暴力あるいは拷問によって強引にこの自白を引き出すのである。

二度の裁判で、検察側は被告の自白に「基本的な最重要な証拠」として依拠しただけでなく、両裁判の記録は、ストロゴヴィチ＝ヴィシンスキーの学説によればソヴィエトの刑事裁判の原則に決して適合しないはずの証言再評価の事例に満ち満ちている。事例を以下に示す。

ラデック　何人かの「トロツキー派」の指導者について言えば、彼等が帰国した時に、心の裏側に一物を隠していることを私はごく初期から確信し、その確かな兆候が既に現れていました。例えば、政府機関紙『イズヴェスチャ』の事務所から歩いて帰宅する時に、スミルノフが「モスクワの」トゥヴェルスカヤ通りでかつての「チーフ・スタッフ」ともいわれるギンズブルクと一緒にいるのを見かけました。私に気が付くと、彼等は別の通りに方向を変えました。即座に私は何かが準備されている、何か企みがある、と覚りました。彼等は私に近付こうとしなかったし、打ち解けて話しかけてくることもなかったのです。

ヴィシンスキー　ひと言でいえば、彼等が既にその時点で、なんらかの非合法活動の準備にかかっている、と気付いたのですね？

ラデック　何か激しさを増すものがあって、激した感情がどこかに向かっている、と気付きました。彼等が打ち解けて話しかけてこなかった理由は、一九二九年のトロツキーとの決別にあり、私とトロツキーの関係悪化によるものでした。トロツキーは自派の分裂の責任が私にある、少なくとも最大の責任者の一人である、と考えていました。それで、彼等は私に話しかけるのを警戒し、トロツキーと私の関係改善を待つしかないと様子見していたのです。どう考えても、私の気持を知った彼等がトロツキーに知らせて、近付きやすくなるような環境作りを求めたようです。

ヴィシンスキー　つまり、こういうふうに整理できますね。あなたがムラチコフスキーとスミルノフになんらかの企みが生まれつつあると気付いた後、彼等は彼等であなたが何かを企んでいると知った、と？

ラデック　彼等は私の気分が落ち込んでいて、この気分が決定的な行動へと駆り立てるかも知れない、と感じたのです。

ヴィシンスキー　言い換えると、あなたもまた、ある程度まで何らかの行動を起こしやすい状況にあったのですか？

ラデック　そうです。

ヴィシンスキー　これで、あなたとトロツキーの往復書簡がなぜ始まったのか、はっきりしました。（資料ＰＣ）

この訴訟記録の別の個所には、検察官と被告フラシェとの間で交わされた注目すべきやり取りが見られる。

ヴィシンスキー　いわゆるトロツキー主義について、この法廷で述べてください。

フラシェ　私はトロツキー主義とかかわりをもったことは決してありません。

ヴィシンスキー　まったくないのですか？

フラシェ　スパイ行為と破壊活動をもとに、トロツキー主義と接触するようになりました。

ヴィシンスキー　ああ、わかりました！　スパイ行為からトロツキー主義へ進んだ、それ以外の道はあり得なかったわけですね。

（二）我々は、被告に不利な証言を行うために召喚された証人が自らの証言によって自分自身に罪を負わせる事態について述べた。実際、彼等自身は既に逮捕された身で、護衛を付けられ、力づくで法廷に連れてこられたのであり、被告席に座ったほうがより適切だと思われたはずである。こうした状況下で、強要の疑いを排除するのは極めて困難だろう。以下に引用する「証人の証言」と題する章のストロゴヴィチ＝ヴィシンスキーの叙述は、格別に重要なものである。

証人の証言は刑事訴訟の圧倒的大多数において主要な証拠資料となる。他の証拠の重みはかなり低い。このことからも、証人の証言の見極めには最大限の困難を伴う。

ブルジョア法理論においては長期にわたって、宣誓に拘束された証人の証言に完璧な信頼がおかれてきた。一方では、裁判官の「主観的な信念」は証人の証言価値を見極める際の過ちを的確に予防する、と見なされた。しかし、現実はこの信頼を粉々に打ち砕き、実際には、いかに頻繁に虚偽が語られ、「信頼に値する」証人が過ちを犯していることか。

……実際の法廷でしばしば遭遇するのは、証人が法廷で与える印象に基づいて、証人の証言を評価する事例の数々である。印象は根拠薄弱で当てにならないものである。良心的かつ誠実な証人は、法廷という不慣れな環境の中で、証言しながら混乱し自己矛盾に陥るかもしれない。これに対して、役割を心得た不誠実な証人は、断定的で明快なキャラクターで大いに人を引き付ける証言が可能である。

（三）別の被告あるいは自罰的な証人の証言による被告の証言の裏付けが、陰謀の事実を充分に立証することがあるとしても、トロツキーとセドフの役割なるものに関する限り、怪しげな価値しか認められない。これはいわゆる民主主義国家の法体系においてばかりでなく、ソ連邦の法体系においても真実であることは、以下に引用するストロゴヴィチ＝ヴィシンスキーの叙述でも明らかである。

被告による証言という特別の形態は、往々にして非難の応酬に陥りがちである。すなわち、被告同士の罪のなすりあいや無関係な個人を罪に陥れるような被告の証言、被告自身の責任を減じる効果を意図した証言である。当然のことながら、こうした事例では、被告は自分の不利益になるような証言はせず、専ら他の仲間達の活動について証言を行うのであり、証人の証言についても同様である。こうした証言にはあまり価値が認められない。証拠価値の低さは、被告が別の関係者を非難する際には通常、個人的な利害の動機に基づいて行動し、他人に自らの罪を転嫁して自分自身の責任を軽減させる、という現実に基づいている。

両裁判においてトロツキーとセドフに不利益な証言を行った被告ならびに証人は、陰謀を扇動し、指揮したとして両名を非難した。こうした供述以外には、検察官が申し立てた確定的な「歴史的なつながり」の証拠を除けば、いかなる証拠もないのだから、先に引用した一節に照らして、有罪判決の根拠となった証言は、ソヴィエト法の下で「まったく価値のない」部類に属することは明らかである。

（四）先の引用に照らして、重要な証拠資料を提出しない検察当局の怠慢は特別な意味を帯びている。再度、ストロゴヴィチ＝ヴィシンスキーから引用する。

既に指摘したように、被告の証言は訴訟において主要な中心的な証拠ではない。取り調べの基本方向は、客観的な証拠の収集の線に沿わなければならず、決して被告の証言に基づいたり、これを中心にして進めることがあってはならない。

さらに、検察官は自らが提出した証拠の取り扱いに際しても、重要証拠について規定するソヴィエト法の原理をほとんど考慮に入れていない。ストロゴヴィチ＝ヴィシンスキーはこう述べている。

ここでは重要証拠に関して詳しくは論じない。……ただし、重要証拠として使われるあれこれの事物は、他の証拠と同様に、裁判の慣行に従って明確に記述されなければならないことだけは指摘しておく。重要証拠は詳細に記述されなければならないし、これを入手した状況や環境が明示されなければならない。

a　第一次裁判で、検察官はオルベルク被告がソ連邦入国の際に使ったと証言したホンデュラスのパスポートを実物確認のため本人に提示した（資料ＺＫ）。「重要証拠を入手した状況や環境」は、公刊された訴訟記録を見る限り明らかではない。訴訟記録に加えられたかどうかも示されていない。だが、起訴状は「本訴訟において証拠物件をなす」と述べている（資料ＺＫ）。ヴィシンスキーは最終論告で、トロツキーの公開書簡（一九三二年）に言及しているが、その中でトロツキーはこう書いている。

「反革命の憤激で……爆発し……『スターリンを解任する』狙いで」

この書簡が「本訴訟において証拠物件をなす」と検察官は主張し、その入手状況（「ホルツマンのスーツケースの二重底の間から発見された」）を述べているが、当の書簡は法廷には提出されなかった。

オルベルク被告のパスポートが証明するのは、彼がホンデュラスの市民としてソ連邦に入国したことだけである。テロを目的としてトロツキーに派遣されたという彼の証言を裏付けるものではない。トロツキーの公開書簡に関しては、本報告書の二〇章で検討する。ここでは、それがソ連邦以外の多くの国々で出版され、多くの言語に翻訳されたことだけを述べておく。

b　第二次裁判では、幾つかの文書資料が少数の被告に関連して提出された。

フォン・ベルクなる人物の電話番号が書かれているストロイロフ被告のノートが被告本人に示され、ノートと記載事項の確認が求められた。検察官は入手経路を明らかにせず、記録に加えられたかどうかも明らかにされていない。サヴォイホテル（都市は不明だが、モスクワと推測される）からの伝言が記録に加えられており、ドイツの商人であるフォン・ベルクが一九三〇年十二月一日から十五日までそのホテルに宿泊したこと、彼の電話番号を伝えていたことがわかる（資料ＰＲ）。暗赤色のバインダーに綴られたノートがストロイロフのものであること、ヴィステルなる人物の住所は彼が記載したものであることが本人によって確認された（資料ＰＲ）（ストロイロフは一九三一年三月末にヴィステルと接触したことを証言した）。ヴィシンスキーは入手経路を明らかにせず、記録に加えたかどうかも明らかにされなかった。また、ストロイロフが自分の日記であることを確認した黒色のノートは、一九三〇年から翌年にかけて国外で書き込みがされ、ベルク、ヴィステル、ゾンメリーガーなる人物に言及していることが本人によって確認された。訴訟記録は、それがいかなる状況下で入手されたかを示していない。しかし、検察官は証拠資料ファイルに加えられたと述べている（資料ＰＲ）。

ヴィステルのベルリンの住所が載っているドイツ人名録（資料ＰＲ）及び数人のドイツ人の居住地が記載されている四冊の閲覧可能ファイルが記録に加えられた（資料ＰＲ）。裁判所による閲覧の日付が、一九二九年十月から一九三五年四月まで五回記録されている
二〇枚の写真がストロイロフ被告とシェストフ被告に、一〇枚の写真がラタイチャク被告とフラシェ被告に示され、そこに写っている数人のドイツ人が彼等の証言に登場する人物であることが確認された。これらの写真が記録に加えられたかどうか一切明らかにされていない。

ヴィシンスキーはクニャーゼフ被告にミスターＸからの手紙の写真複製を示した。同被告はこの手紙を一九三六年八月に受け取り、彼の机に置かれていたが紛失したことを認めた。ヴィシンスキーとクニャーゼフの問答から、ミスターＸが政府機関で働く彼と会うためにモスクワに向かっている、と手紙に書かれていたことが分かる（資料ＰＲ）。ヴィシンスキーは写真複製を入手した状況について述べず、記録に加えたかどうかも示していない。

ミスターＸから一九三一年に届いたとクニャーゼフ被告が認定した手紙の原本についても同様である。この手紙で、ミスターＸは明らかにクニャーゼフに対し何かを送付するよう求めている（資料ＰＲ）。

ヴィシンスキーはフラシェ被告に一九一九年のチェコスロヴァキアのパスポートを見せて確認を求めている。また、同年出された在キエフ・オーストリア＝ハンガリー人戦犯ソヴィエトの声明文を示している。これはフラシェがオーストリア＝ハンガリーの国民であることを表すものである。また、やはり同年の動員委員会の声明文を示しているが、彼が兵役に不合格であったことが分かる。それらが入手された状況は特定されていないし、記録に加えられたかどうかも定かではない（資料ＰＲ）。

ヴィシンスキーはまた、クニャーゼフの証言によれば「トロツキー主義者」の組織が起こしたシュミハ駅の列車事故（日付の特定なし、一九三五年十月二十七日と推測される）に関する報告（出所は示されず）を訴訟の事実認定に含めるよう裁判官に求めた。

オスロ郊外のヒェレル空港が年間を通して外国機に開放され、冬期にも離着陸が可能、との外務人民委員部の公式声明文が記録に加えられた（資料ＰＲ）（§一三五、一四一を参照）。

「反ソヴィエト・トロツキー派センター」訴訟［第二次裁判］の文書による証拠固めはこの程度のものであり、ほとんど訴訟の名に耐えない代物だ。ストロイロフがあるドイツ人と接

触したことを示す記録資料は、並行センターどころか主要センターなるものの結成時より以前のものである。同様に、一九三一年末の列車転覆に向けてシェストフがストロイロフの「トロツキー派」加入を認めたとされる件についても記録資料の日付が逆転していて、シェストフの帰国以後のことである（資料PR）。

一九三一年のミスターXからクニャーゼフへの手紙についても同じことが言えるかもしれない。本人の証言によれば、クニャーゼフは一九三四年に謀議に参加したのであり（資料PR）、一九三六年の手紙も含めて、日本人エージェントと接触したという証言の立証材料として持ち出されたものかもしれないが、トロツキー派の謀議に関する彼の証言を立証するには至っていない。フラシェ被告に示されたパスポート及び他の証拠資料は、謀議より約十三年も前のものである。さらに、トロツキー主義とは一切関係したことがないというフラシェの陳述に注目すべきである（資料PR）。

これらの証拠資料類のいずれをとっても、トロツキー派の謀議の存在あるいは被告達の謀議とのつながりに関して、いかなる価値も認められないものである。実際に、陰謀罪の根拠となる証拠記録が被告の確認を求めて提示されることもなければ、記録に加えられることもなかった。しかしながら被告は、その証言によれば、発覚の危険を顧みずに恥ずべき犯罪行為に関する手紙を書き送ったというのである。我々はトロツキーがラデックにテロ指令を下したとされる手紙を引用してもよいのだが、ウラジーミル・ロム証人によると、この手紙はパリのソヴィエト通信社（タス）にいたセドフが、受取側の代理人によって開封される危険を冒して投函したものという（資料PR）。同様に、郵便でセドフと交信したというスミルノフの自白の例もある（資料ZK）。確かに、ソヴィエト国内外の何百人もの人々が犯罪活動にかかわる手紙を自由にやり取りしたら、警戒中の秘密警察の手元に共謀の証拠が大分溜まったことだろう。この推測は、検察官の陳述書を見ると重要性を帯びてくる。

……再び、ソヴィエト政府の公職に侵入し……、今や疑いの域を超えて立証されたように、隠れ家のアパートに、武器、暗号コード、パスワード、秘密組織、中核部隊などとともに古くからのトロツキー派活動家や反ソ活動の道具を隠匿していた。（資料PR）

さらに検察官は、陰謀罪に関する訴訟においては物的証拠を要求されることはないと論じているにもかかわらず、検察当局が立証材料である多数の文書を入手しているとわざわざ述べている（資料PR）。これが事実であるならば、その文書を提出しなかったのは奇妙である。というのも検察官は、特定のあまり重要でない被告の訴訟では、苦労した挙句に価値の疑わしい証拠文書を提出し、重要かつ価値の高い証拠固めの決定的な欠如を露呈する結果を招いているのである。

(五) 検察官は物的証拠を欠いている状態で、ストロゴヴィチ=ヴィシンスキーのいう「主観的な信念」の「ブルジョアの」理論に陥らざるを得なかった。第二次裁判の最終論告で、彼はこう述べた。

裁判において真実と虚偽を峻別するために、司法は言うまでもないことだが充分な経験を積んでいる。幾多の裁判にかかわってきた裁判官、検察官、弁護士は、被告が真実を語っている時と、何らかの目的で真実から遠ざかっている時の違いを知っている。(資料PR)

しかし、ストロゴヴィチ教授は検察官自身の編集による著書でこう述べている。

……ブルジョア裁判における主観的な信念は、ソヴィエトの刑事裁判においては決して通用しない。古典的・ブルジョア的証拠理論の主観的・個人主義的・観念論的性格はソヴィエトの刑事裁判の原理と鋭く対立している。この原理は唯物論的であり弁証法的である。

(六) 重要な証人を召喚しようとしない検察当局の怠慢は、ストロゴヴィチ=ヴィシンスキーによるソヴィエト法の定義にも違反している。

一、法廷には、被告を告発し、あるいは自身の罪を減じようとする証人、また被告に有利なことを話して赦免する証人が、証言の機会を与えられて召喚されなければならない。

二、法廷には、その証言が互いに食い違い、あるいは被告の証言と対立する証人が召喚されなければならない。

三、法廷には、その証言が被告に対する起訴状の根拠となった証人が召喚されなければならない。

a 第一次裁判の起訴状に、実弟のヴァレンティンに不利な証言をしたポール・オルベルクの名前が引用されているが(資料ZK)、法廷に召喚されていない。N・A・カーレフがバカエフに不利な証言をしたとして引用されているが(資料ZK)、法廷に召喚されていない。「かつてジノヴィエフの私設秘書であった」N・M・マトリンがジノヴィエフに不利な証言をしたとして引用されているが(資料ZK)、法廷に召喚されていない。検察官は最終論告でスミルノフ被告に向かって話した。

……あなたはテロに関する指令を受けたことを否認したが、ガヴェンに関与を暴露され、自白しました。(資料ZK)

この一節によると「その証言が被告に対する起訴状の根拠となった証人」の一人であるユリ・ガヴェン証人は、法廷に召喚されていない。

b. 第二次裁判においてラデック被告は、かつて彼の事務所のマネージャーであったティヴェルと予備審理で対面したか、というヴィシンスキーの問いに答えた。

彼は真実も真実でないことも語りましたが、私は一切を否認しました。(資料PR)

ティヴェルは法廷に召喚されなかった。テロ活動の指示を下したことを認めたプリゴジンについての証言で、ラデックは言った。

一九三五年に私に会ったという彼の陳述は真実でありません。(資料PR)

明らかにプリゴジンはラデックに不利な証言を行ったが、法廷に召喚されなかった。ソコルニコフはカーメネフとの対面審理を受け入れた(資料PR)。そのカーメネフは第二次裁判の法廷に証人として召喚されなかった。彼は銃殺されていた。ソヴィエト当局は、「トロツキー派」センターに対する重要な証人を銃殺したことに明らかに気付いている。

以下同様である。公刊された供述書によると、一九三七年一月の［第二次］裁判の被告であるラデック、セレブリャコフ、ソコルニコフは、前年八月の［第一次］裁判でカーメネフ、ジノヴィエフ、エフドキモフ、レインゴリドによって告発され、セレブリャコフとラデックはカーメネフによって告発されていた。八月二十一日夕刻の法廷でヴィシンスキーは、冒頭の三人にピャタコフを加えた面々が、ジノヴィエフ、カーメネフ及びレインゴリドによって連座させられたことを述べた(資料ZK)。第二次裁判の主要被告を連座させた第一次裁判の被告は、法廷に召喚されることがなかった。彼等は全員、第一次裁判の直後に銃殺されていた。

§一八　モスクワ裁判の運営において、度を越した欠点と思われる事例をさらに挙げる。

(一) 検察当局の怠慢(その一)——訴訟記録が示し、一般にも広く知られているように、検察当局は、起訴状と供述書に名前がある背信的陰謀の二人の指導者、すなわちトロツキーとセドフを法廷に登場させようとしなかった。トロツキーが両名の起訴に反証する目的で、世界中の報道機関を通じて公表した証拠に対する説明をせず、またノルウェー・オスロ郊外のヴェクサールでトロツキーと面談したと証言するピャタコフ被告に突きつけた質問リストについても説明をしなかった。

（二）検察当局の怠慢（その二）――幾人かの被告ならびにウラジーミル・ロム証人がトロツキーに会ったと主張する時期のトロツキーの所在と活動内容に関する公式記録を、彼が滞在していた国々の政府から入手しなかった。トロツキーは亡命中、警察の常時監視下におかれていたから、こうした記録は疑いもなく存在するし、ソヴィエト政府が要請すれば恐らく入手可能であった。またトロツキーを訪ねて国と国の間を移動したと証言した被告達の移動に関する公式記録を入手し、法廷に提出しようとしなかったことも同様である。これらの記録には次のようなものが含まれていたはずである。

一　一九三二年十一～十二月、トロツキーがコペンハーゲンに滞在した期間のデンマーク警察による移動記録。

二　トロツキーに会うためにベルリンからコペンハーゲンへの移動を証言した被告達のデンマーク入国記録。

三　ブローニュの森でロムと会ったとされる一九三三年七月末のトロツキーの動向に関するフランス警察の記録。

四　一九三五年十二月にノルウェーに入国したというピャタコフの公式記録及び彼が乗ったという特別機の到着と出発の記録。

（三）検察官の怠慢――第二次裁判でピャタコフ被告に、コンラッド・クヌートセンの電報を見せなかった。この電報は、一九三五年十二月にノルウェーに着陸した外国機の存在の公式な否定を検察官に通知し、またトロツキーとピャタコフの会見は一切なかった、と伝えるものであった。

（四）検察官と裁判官の怠慢――被告と証人に対してその証言自体が抱える矛盾、あるいは彼等の証言と一般に知られる事実との食い違い、あるいは陰謀なるものの信憑性に関する極めて重要な事柄についての被告や証人による証言の矛盾に、注意を向けなかった。確かに、証人は日付や名前などに関する間違いを犯すことがよくある。しかし、この訴訟においては、陰謀の事実とされるものの立証は被告と証人の供述に全面的に依存しており、また被告の利益が弁護人によって守られていないのであるから《(訳注一)》（弁護人を依頼する権利を行使した三名の場合は、辛うじて例外とみなされる）、証拠が総体として不合理との印象を与えることのないよう尋問を重ねることは、検察官ならびに裁判官の義務であったと思われる。非常に多くの矛盾が見られることは、これまで頻繁に述べてきた。我々としては特に本報告書の九章と一六章における二つのセンターについての記述に言及したい。我々の見解では、この二つの章に露呈している矛盾は、妥当性のある物的証拠がまったく欠如している事態と照らし合わせると、第二次裁判における検察官の次の主張が真実でないことを証明するものである。

証拠類の一つが被告自身の自白である裁判にあっては、被告の供述を法廷で聴取するだけでなく、この供述の真実性を確かめるために可能な限りあらゆることを行った。かつ、公平な良心と可能な限りの注意深さでこれを行った、と断言する。（資料ＰＲ）

（五）検察官による歴史の偽造――被告及びトロツキーに対する訴訟のために、広く知られている歴史の事実について系統的な歪曲と偽造を行った。同様に証拠として使う引用句を恣意的に編集した。本報告書は多くの事例を記述している。読者には、特に二五章に注目してほしい。ここでは一例として、改竄《かいざん》された引用句を挙げるにとどめる。

第一次裁判の期間中に発表された論文の中で、ラデックはこう書いている（『イズヴェスチャ』一九三六年八月二十一日付）。

……トロツキー主義者のブルムキンに対して、ソ連国内への宣伝材料の搬入を組織化するよう以前から説得していたトロツキーは一九二九年、彼のホテルに息子のセドフを使者として送り込み、反ソ工作の資金を入手する目的でソヴィエト貿易使節団を国外で襲撃する使命を託した。……（資料ＰＣ）

ヴィシンスキーは第二次裁判の最終論告にこの章句を引用する際に、「彼（ブルムキン）のホテルに息子セドフを送り込み」を「息子セドフをラデックのホテルに送り込み」とすり替えた（資料ＰＲ）。トロツキーとセドフはブルムキンにトルコで会ったのであり、一方、ラデックは恐らくシベリアの流刑地もしくはモスクワにいたのであるから、この変更はナンセンスである。ところが、検察官はこれを使って、「ソヴィエト貿易使節団を国外で襲撃する」指令をトロツキーから受けたことを認めたとしてラデックを起訴し、こう言う。

被告席ではなく、ソヴィエト報道陣の見守る中、ソヴィエトの世論の前でなされた信頼できる告白を、我々は疑うわけにはいかないと考える。（資料ＰＲ）

ラデック被告にはヴィシンスキーの歪曲から身を守るすべがないことは、この裁判の全般的性格と重大な関連がある。

§一九　これまでに述べてきたことから、訴訟記録はトロツキーとセドフの有罪を立証するどころか、重大な疑問を抱かせるものである。この疑問は、彼等に対する起訴内容の数々を、あらゆる適切な証拠に照らして検証することによってのみ、解決し得る。

【原注】
（一）改訂増補第三版（国立出版所刊、一九三六年）

【訳注】
（一）第一次裁判は弁護人なしで行われたが、第二次裁判は訴訟手続きを幾分か遵守する形で行われた。大多数の被告には、国家によって弁護士が付けられた。しかし、これらの弁護士は誰一人として、根拠のない告訴から被弁護人を守ろうと試みなかった。法廷での弁論は検察官の論告といくらも違わなかった。公開審理も、すぐに非公開に切り換えられた。（メドヴェーデフ著『共産主義とは何か』より）

八章　「屈服者」

§二〇　両裁判で検察官は、トロツキーと主要な被告とのかつての政治的関係に証拠としての意義をもたせた。実際、こうした過去の関係及び陰謀が行われたとされる時期にトロツキーが被告に示した態度が、彼の起訴内容の信憑性を立証する重要なものとなった。後の章で、彼の最終的な起訴内容を検証する際に、特定の被告との関係を論じる機会があるだろう。だが、両裁判で最も重要な被告は、ソコルニコフを例外として（§二四参照）、トロツキー派のいう「屈服者」の政治的範疇に属するので、トロツキーならびに彼の支持者達の「屈服者」に対する態度を検証する必要がある。

まずは、「屈服者」の政治的範疇を定義しなければならないが、一九二三年以降のロシアにおける政治的提携関係を要約すると分かりやすい。

§二一　一九二二年、レーニンが最初に病に倒れた時に、スターリン、ジノヴィエフ、カーメネフの三者が、政治局にソ連共産党中央委員会の最高執行機関を設立した。トロイカの名で知られるブロック［連合］である。一九二三年にレーニンの病気が再発した時、このトロイカは公然と認知された組織になり、党を統制する集団となった。トロツキーと彼の支持者に対抗して結成されたものであった。後に形成される左翼反対派あるいは「ボリシェヴィキ＝レーニン主義者」の名で知られるトロツキー反対派による、党の支配的多数派に対する闘争は、この時から始まっている。トロイカは一九二五年十二月の一四回党大会まで継続した。大会後、ジノヴィエフとカーメネフはスターリンと決別し、左翼反対派とブロック［いわゆる合同反対派］を結成した。一九二七年十二月の一五回党大会で、左翼反対派、トロツキー主義者、ジノヴィエフ主義者は党から除名された。ジノヴィエフ＝カーメネフのグループは、十二月十八日の、いわゆる二三条の声明で支配的多数派に「屈服」したが、追放は免れなかった。大会から半年後、ジノヴィエフ、カーメネフ、その支持者達は再度「屈服」し、反対派綱領を否定し、自分達の誤りとスターリンの正しさを容認し、党への復帰を認められた。二度にわたる裁判の被告となったトロツキー派の指導者も同様に「屈服」し、党に復帰した。正式に反対派を否定することなく離脱したムラロフは例外である。

§二二　両裁判で検察官は、「屈服者」は宣誓に誠実でなかった、と論じた。第一次裁判の最終論告で、ヴィシンスキーは述べている。

……彼等は顔をマスクで覆い隠して、過去と決別し、犯罪につながる過去の誤った道や間違いを悔い改める罪人のポーズを装った。（資料ＺＫ）

第二次裁判の最終論告では、こう述べている。

トロツキー派は地下に潜行し、あるいは後悔を装い、武装を解除したように見せかけた。トロツキー、ピャタコフや他の犯罪ギャングの指導者に付き従って、裏表を演じ分け、カムフラージュしながら再び、党に侵入し、ソヴィエト政府の公職に侵入し、あちこちで国家の責任ある地位に苦労の末、潜入した。今や疑いの域を超えて立証されたように、隠れ家のアパートに、武器、暗号コード、パスワード、秘密組織、中核部隊などとともに、古くからのトロツキー派活動家や反ソ活動の道具を隠匿していた。（資料ＰＲ）

§二三　検察官のこうした陳述の一部は証言によって裏付けられた。ジノヴィエフ被告の証言について第一次裁判の記録は次のように記述している。

「一五回大会当時、トロツキーは私とカーメネフに『裏切り』という言葉を使っていましたが、大会以後の我々とトロツキーの違いは、ちょっとした食い違いや小さな意見の不一致といったものでした。我々はその時、トロツキーを裏切ってはいませんでしたが、我々の所属するボリシェヴィキ党に対する裏切り行為を一度ならず犯してしまったのです」、とジノヴィエフは述べている。

基本線として、かつて一九二六年と一九二七年に実行済みで知り尽くした二面政策を採用していたのはその時点で明らかであった、とジノヴィエフは証言を続けた。……（資料ＺＫ）

レインゴリド被告は、ジノヴィエフとカーメネフについて、次のように証言した。

「党に這いつくばってでも忍び込み」……、党の信頼、特にスターリンの信頼を勝ち取るという目的に即して、合法的な潜入の可能性を最優先することを強く主張しました。こうして信頼を勝ち得た後、断固たる秘密のテロ工作を公然活動と並行して実行するのだ、と……。（資料ＺＫ）

ロギノフ証人は第二次裁判で、次のように証言した。

ピャタコフとの間でこう取り決めました。もし闘争が長期化するなら、反対派と決別したという趣旨の声明を提出する。これを合図に地方の同志達が同様の声明を続けざまに出す。我々がやったのは、こういうことです……。（資料ＰＲ）

ピャタコフはこの陳述を「事実として」確認したが、「計画的な裏表二面作戦」は否認した。

ボグスラフスキー被告は、二面作戦をトロツキーの起案によるものとした。

……一九二九年にスミルノフがトロツキーの指令を伝達しました。指令は、武器を降ろしてはならない、イデオロギー的な武装を解除してはならない、武装解除は組織的に行う必要があり、分派行動を停止して党に復帰すると宣言し、その宣言にスミルノフと私が抱いてきたトロツキー的な考え方をできる限り盛り込んだ時に初めて武装解除できる、というものでした。……（資料ＰＲ）

§二四　トロツキーの証言——彼が面識のある両裁判の被

告一九名のうち、ソコルニコフとホルツマン両名は左翼反対派に所属していなかったが、ホルツマンは一九二六年から二七年にかけてシンパであった。ソコルニコフは左翼反対派を除名した一四回大会で党との間にいかなる意見の違いもないと宣言し、中央委員に選出された。一六名が左翼反対派ブロックとして、除名された(二)。このうち六名（ジノヴィエフ、カーメネフ、レインゴリド、バカエフ、ピケル、エフドキモフ）は、ジノヴィエフ派であった。二名（ドゥロブニス、ボグスラフスキー）は極左（サプローノフ）グループを支持していた。ラデックは一九二六年になって左翼反対派に所属した（資料PC）。

トロツキーは、これらの面々が裁判以前の数年は彼の敵対者であったと証言し、ジノヴィエフ及びカーメネフとのブロックの解体後に、自らの支持者と彼等の支持者の連合センターを組織する可能性について、誰とも議論を交わしたことがないと主張し、次のように述べている。

> ……私の論文を読めば、そんなことがあり得るはずがないと分かる。彼等に対する私の評価、屈服した彼等への深い軽蔑感と敵意、加えて私に対する彼等の敵意などがその可能性をなくした。（資料PC）

準備委員会でトロツキーは、面識のある裁判の被告達との以前からの関係ならびに「屈服者」に対する敵対感情について証言している。この中でトロツキーは、「屈服者」となった被告の誰とも交信がなかったこと、彼と左翼反対派は彼等を敵と見なしたこと、彼等とは一貫して公然と闘ったことを主張した。

> ……味方同士が分裂をすると、対立は支配的集団と反対派の関係以上に厳しいものになる。反対派と屈服者の関係は、反対派とスターリン主義者の関係よりもこの期間を通じてより厳しいものになったが、これは歴史的にも政治的にもよくあることだ。（資料PC）

§二五　この証言を補強するために、トロツキーは大量の資料を証拠として提出した（資料PC）。一九二八年十二月十五日から一九三六年六月六日までの期間に、『ミリタント』（ニューヨーク）に掲載された屈服に関連する八四の論文ならびに同じ主題を扱った一二の著書や冊子のリストが証拠資料の一部として、「屈服者との闘い」との表題を付して提出された。リストにある諸論文の抜粋が読み上げられ、準備委員会の議事録に収められた。我々はリストアップされた資料を検証し、事実に基づくものと認定した。次の引用は、「屈服者」

に対する基本的態度を充分に説明している。

ここで言及したい二番目の点は屈服者達のことだ。宣言は、完全なる正義をもってかつ無慈悲に、屈服者が「党と労働者階級の信頼を得る権利をすべて」失ったと認定する。（ロシア・ボリシェヴィキ＝レーニン主義者の宣言序文、『ミリタント』、一九三一年一月十五日付）

屈服者の中でも完全に腐敗したラデックやピャタコフのタイプ、ジャーナリストや小役人のごとく常に勝者に仕える（社会主義に仕えるという口実の陰で）ことしか知らない人間は無視するとしても、屈服者は政治的集団として、「リベラル」で温和な中間政党を代表していると見られる。ある時には左に突っ走り（あるいは右に）、後になって官僚支配と折り合いをつける道に戻るのである。（「ジノヴィエフの除名」、『ミリタント』、一九三二年十一月二十六日付）

そして彼等は再び屈服した。これをソヴィエトの報道機関は勝ち誇った論評で報じる一方、タス通信は世界中にこのニュースを広めた。屈服者にとっても、またこうした犠牲的な生贄を必要とする体制側にとっても、これ以上残酷に体面を汚すような事実を想像するのは難しかろう。……

最初の屈服の時、彼等はまだ「党の活動」や「党との和解」「大衆への影響力」などの幻想を抱いていた。今日では、こうした幻想の痕跡も見出せない。ジノヴィエフとカーメネフは反対派から党に復帰したのではなく、追放地からモスクワへ戻っただけなのである。メーデーのデモ行進の間は観覧席に姿を見せたブハーリン及びルイコフ《(訳注一)》と同様の目的で、スターリンが二人の復帰を必要とした。

「指導者」周辺の空席が満たされるまでは、恐らく覆いが掛けられていたのである。（「ジノヴィエフとカーメネフについて」一九三三年五月二十三日執筆。『反対派会報』三五号。『ミリタント』一九三三年六月十日付）

§二六　反対派のラデックに対する敵意は特に激しかったことが、これらの資料から分かる。トロツキーによれば、これはラデックの性格に対する反対派の軽蔑感に由来する。特に、イスタンブールにトロツキーを訪問した元反対派ブルムキンの追放が、ラデックの告発によるものであることに対する侮蔑は深い。ラデックを信頼したブルムキンはトロツキー訪問のことを彼に教えたのだが、ラデックはすぐさま彼をゲーペーウー《(訳注二)》に告発し、ブルムキンは銃殺された（資料ＰＣ）。一九二九年十二月二十五日付の手紙（一九三〇年二月二十二日付『ミリタント』掲載）から引用する。

……ブルムキンがモスクワに帰って最初にしたことは、

反対派のリーダーとみなしていたラデックを捜し出すことだった……反対派は既にラデックを道義心の最後の痕跡さえ失い、いかなる嫌悪すべきことも実行する執念深い敵と見ていたが、ブルムキンはまだ実感できないでいた。……ブルムキンは思想をかけた非合法の闘争の必要性に関するトロツキーの考え方と計画をラデックに告げた。これに対して、ラデックは彼の言葉によれば、すぐにゲーペーウーに出頭して、すべてを告白するようブルムキンに求めた。これに応じないなら即座に告発する、とラデックがブルムキンを脅迫したことを数人の同志が語っている。ヒステリーじみた変幻自在の話し方から判断すると、大いにありそうなことだ。……公式記録によれば、この後、ブルムキンは「考えを悔い改め」、ゲーペーウーに自ら出頭し、人柄を敬愛していた同志トロツキーからの手紙を披露した。それればかりか、彼は自らの銃殺刑を求めた。

一九三二年六月、トロツキーは、ドイツの新聞『ベルリーナー・タゲブラット』に載ったラデックの論文に対して、『反対派会報』二八号で応酬した。「重大な疑問に関して不誠実な者」という副題の付されたトロツキー論文から引用する。

真摯な発言がラデックから聞かれるのは、極めて稀な例外でしかないことを、レーニンは至極当然のことと理解していた。過去数年を経過して、この実態は少しも改善されなかった。髪の毛は薄くなったが、内面の不誠実は増悪している。

ラデック屈服後の、トロツキーとの相互敵対感情を示すものとして、一九三三年十月三日にトロツキーがバルセロナの日刊紙『アデラントゥ』の編集者宛に書いた手紙の写しがある。その一節を引用する。

スペインから知らせがあり、私の名前がカール・ラデック及びプレオブラジェンスキー（訳注三）と一緒に登場する寄稿が『アデラントゥ』に掲載されるようだ。今は同紙への投稿を依頼されていないから、誰も事前承諾を求めてこない。亡命中のプレオブラジェンスキーについて言えば、彼の名前の誤用は彼を傷付けるばかりだ。カール・ラデックというまったく尊敬すべからざる名前は、このリストのまったく不合理かつ説明しようのない性格を印象付ける。先に述べた諸事実に照らして、私の名前の誤用をこれ以上継続しないよう貴紙に要請する。（委員会資料）

この他にも、一九三三年十一月三日、モスクワ発、カール・

ラデックとプレオブラジェンスキーの署名入りで同紙編集者に送信された電報が載っている『アデラントゥ』の切り抜きがある。

　十月五日付『ラ・バタイア』に、我々両名の名前が寄稿者リストに含まれる日刊『アデラントゥ』の出版広告が掲載された。同紙への寄稿者として我々の名前が使われることについて、事前に知らされていないし、許可もしていない。ブランドラー、タールハイマー、トロツキー、スヴァリーンなどのごとき共産主義の裏切り者とともに同じ新聞に寄稿することについて決して同意できない。……（前掲資料）

　準備委員会の証拠資料の一つであるロシアからトロツキーが差し出したはがきには、ラデックが一九二九年に反対派を離脱してモスクワに戻る途中のシベリア鉄道のある駅で、彼に出会った追放中の反対派の一団のことが書かれている（資料ＰＣ）。はがきには、トロツキーについて語るラデックの言葉が出てくる。

　私はトロツキーとは完全に決別した。これからは、我々は政治的敵対者だ。……ビーヴァブルック卿（訳注四）という協力者が登場して、我々に共通するものは一切なくなった。

　ラデックと左翼反対派の関係を物語る章句は準備委員会議事録の随所にあるが、一八章で改めて取り上げることとする。我々はこの主題について、第二次裁判における彼の証言の決定的重要性のために長々と論じてきたが、検察官の次のような議論も理由の一つである。

　ラデックは最も傑出した、公正にみて最も有能な、節を曲げないトロツキー信奉者の一人である。
……彼は頭目であるトロツキーから最も信頼された親しい間柄の人物の一人である。（資料ＰＲ）

§二七　一九三二年二月十三日にソ連共産党中央委員会と統制委員会に向けてジノヴィエフとカーメネフが発した声明が、屈服後の両名とトロツキーの関係について多くを語っている。準備委員会議事録に収録されているものである。

　同志ヤロスラフスキーと同志シュキリアトフは、一九三二年一月四日付のトロツキーの文章に我々の注意を促した。それはトロツキー陣営の恥ずべき作り話で、一九二四年から翌年にかけてトロツキーを倒すテロ行動の機会について我々が同志スターリンと議論し、その後反対派に寝返った時にこの議論のことを彼に教えた、と偽っている。これらすべては、わが党を危うくする目的が明らかな嘘である。ブルジョア聴衆の前でセンセーションを起こしたい渇望で頭がおかしくなり、我が党に対する羨望と憎悪をいつでも漏らしかねないトロツキーのような不健全な知性だけが、このような恥ずべき嘘を思い付くのである。我々が決して論じようのない、党のサークルで言及することさえおぼつかない問題外のことであり、我々は決してこのようなことをトロツキーには言っていない。

一部始終が彼の考案であり、もはや過去のことになったが反革命の利益と快楽のためにレーニンの党とそのリーダーシップに反対して起こした悪名高い闘争で採用された方法の一つであった。ボリシェヴィキ党においてはこの問題に関しては虚偽の発言をせざるを得ない、と偽るトロツキーの声明は恐喝の親玉のやり口を立証するものである。（資料PC）

§二八　無論、こうした敵対感情の表明のすべては、陰謀を覆い隠す目的で公表されたのではないかという疑問は生じる。けれども公正にみて、先のトロツキーの引用文の幾つかは、彼が発行している新聞、つまり彼の証言によればロシア国内に持ち込もうと懸命に努力していた『反対派会報』に掲載されたものであることは考慮に入れなければならない（資料PC）。この点に関する彼の証言は我々が入手した他の証拠によっても裏付けられる。そのうち四点の『会報』の写真複製は、ソ連への非合法持ち込みのために極端にサイズを小さくしている。先に［§二五］引用した『反対派会報』三五号の論文「ジノヴィエフとカーメネフについて」は、この縮小複製の一つに載ったものである（委員会資料）。再び権力を回復しようとしていたトロツキーが、ロシアの人々の間での威信を傷つけかねないことを、政治的に適切とみなしていたかどうか、少なくとも疑問は残る。トロツキーの「屈服者」に対する公然たる政治的憎しみが、一九三一年にセドフからスミルノフに提案されたといわれるテロリズムの「新路線」よりもかなり以前からのものであることは銘記すべきである。

§二九　反対派と「屈服者」相互間の敵対感情に関連するトロツキーの証言を裏付けるのは、政府に屈した同志達に対するソ連国内の反対派の敵意に触れている資料で、準備委員会に提出されたものである（資料PC）。これは、アントン・シリガ博士ならびにA・タロフの証言を裏付けるものでもある。

元ユーゴスラヴィア共産党政治局員（資料PC）のシリガ

博士は、トロツキー＝ジノヴィエフのブロックの崩壊後、一九二八年夏にロシアの反対派に参加し、より急進的な分派のグループとともに離脱する一九三二年後半まで反対派を支持していた、と証言している。彼は、トロツキー主義者とジノヴィエフ主義者の関係について次のように証言した。

一九二八年夏から一九三〇年に逮捕されるまで、私は知り合いのジノヴィエフ主義者と何度か会話を交わしたことがあります。彼等は屈服したものの、反対派の政策の核心をスターリンが実行していると信じて、屈服を正当化していました。同時に、彼等はトロツキーに対して極端に消極的な態度をとるようになったのです。……彼等はスターリン主義者との不一致にもかかわらず、自分たちもスターリン主義者も「レーニン主義者」であるとみなして、トロツキー主義者のグループについては除外しました。ロシアで私が観察したところでは、ジノヴィエフ主義者とトロツキー主義者の疑いようもない親近性にかかわらず、両者間には相互不信と敵意が存在する明確な印象を得ました。（委員会資料）

シリガによれば、「屈服者」は四つのカテゴリーに分類できるという。

一　完璧に降伏し、ゲーペーウーの挑発者になることさえ引き受ける人々。
二　スターリンに明確に宗旨替えをしたが、挑発者になることを拒否している人々。
三　反対派のイデオロギー的な延命に関心をもち続けているが、いかなる反対派の活動も拒否する人々（このグループが最大多数）。
四　少数ではあるが、反対派の活動に復帰した人々。

§三〇　A・タロフ（実名は秘す）の証言による経歴――一八九八年十一月、石工の息子として生まれ、職業は機械工。一九一七年に入党、内戦を闘う。二三年、党からトランスコーカサス共産主義大学に派遣、二五年に左翼反対派として退学処分。二七年、反対派の活動を問われて党を除名。二八年九月、反対派工作で逮捕、三カ月の投獄後、シベリア送り。三一年一月に再逮捕、追放処分。禁固刑三年の判決でヴェルフネ＝ウラルスクの隔離収容所で労役に服す。刑期の最後に、中央アジアのアンディジャンに送られたが、五カ月後にペルシャに逃亡。その地で二度逮捕され、最初は刑務所、二回目は奥地のアマダンに送られた。三七年、ヨーロッパへの脱出に成功。

タロフによれば、屈服した反対派活動家は同志の摘発を求められ、協力しなければ告発、ゲーペーウーへの引き渡し、処刑が待っていると宣告される。

一九二七年にエリヴァンで、統制委員会書記のタティアンからこうした脅しを受けた後、屈服者トノフ（正確な名前を覚えていない）は家に帰り、自分の頭を銃で撃ち抜いたのです。（委員会資料）

この出来事はタティアン自身が新聞に書いた記事で公にされたが、その号を半分ほど売った後に販売停止となった、とタロフは言う。

……屈服者の大多数は、ゲーペーウーの野蛮な弾圧に抗しきれずに反対派を離脱したのです。……屈服者は皆、はじめのうちは例外なく、反対派の中傷や、彼等の信念を「反革命的な」ものとみなすことを望みません。彼等は、分派活動を二度としないとまず誓います。働きの場を奪うこと、逮捕、国外追放、処刑、収容所送り、牢獄での拷問など、ありとあらゆることが中央委員会のトップから特別命令として下され、最も残酷な形でゲーペーウー機関の手によってボリシェヴィキ＝レーニン主義反対派に加えられたのです。（前掲資料）

反対派を屈服させるための、そして「屈服者」に反対派の同志を裏切らせるための抑圧は次のような結果をもたらした、とタロフは言う。

ゲーペーウーによるこうした残酷な抑圧に直面して、反対派がメンバー内部のちょっとした動揺にも耐えられないことは明らかでした。……反対派は、屈服者が反対派離脱の決断をゲーペーウーに通知する前に、彼等との関係をすべて絶ちます。……獄中では、屈服者にはより厳しく接しています。少しでも動揺の兆しが見えると、我々は彼等を雑居房から……追い出しました。日々の運動からも除外するよう要請しました。（前掲資料）

タロフの証言によれば、「屈服者」は即座に牢獄から釈放されたわけではない。彼等は反対派の教義が反革命、反共産主義、メンシェヴィキであり、トロツキーが「反革命ブルジョワジーの手先」であることを宣言するよう求められた。彼等は懲役期間満了後も獄中に留め置かれて、多くの声明文を書かされ、繰り返し尋問されたのである。

屈服者は神経衰弱の状態で獄房に戻ってきて、ゲーペーウーを罵り、自分自身を罵り、それでも出口は見つからない。反対派に戻る道はなかった。反対派は例外なく彼等をスパイないしゲーペーウーの手先と見なし、彼等と同じ房にいることも容赦しなかった。……ついに屈服者の背骨は折れ曲がり、昨日までの堅固な反対派活動家はゲーペーウーの掌中でボリシェヴィキ＝レーニン主義反対派に敵対する道具と化した。（前掲資料）

タロフは、ゲーペーウーが「屈服者」に通報者になるよう圧力をかける試みや、彼等と反対派の最終的決別を説明する際に、自らのケースを引き合いに出している。一九三四年、ファシストの攻撃に抗してすべての労働者、共産主義者、革命的部隊の結集を呼びかけたラコフスキーの電信に、彼は署名した。ファシストの脅威に直面して、中央委員会もラコフスキーの電信に対して少しは応えるだろうと信じていた、とタロフは語った。だがゲーペーウーはすぐさま、タロフに反革命的な信念を表明するよう求め、拒否すると、役職を解かれた。さらに反対派の同志の名前を求めたゲーペーウーの圧力を拒むと、ゲーペーウーの常時監視下におかれ、妻や友人達との通信の機会を奪われ、反対派との連絡も取れなくなった。タロフは、この状況から逃れる唯一の道は国外逃亡しかないと決断し、最終的に実現させたのである（前掲資料）。

§三一　スターリンとのブロックが崩壊した後、トロツキーがジノヴィエフ及びカーメネフとの間でスターリンに対抗するブロックを形成した事実に照らすと、トロツキーが二人を再度政治的反対派に参加させ、彼等も路線が一致する限りで反対派を再組織した、との推測が成り立つように思われる。しかしながら、公然たる政治的対立と秘密のテロリストの陰謀の間には、大きな差異がある。後者の危険度の高い目的のためには、その忠誠度に完全な信頼をおける共謀者の存在が不可欠である。トロイカの時期にジノヴィエフ及びカーメネフと闘い、一五回党大会で彼等によって追放されたトロツキーが、二人を信用して非合法謀議と同程度に危険な提携を組むと考えるのは根拠に乏しく思われる。同様のことが、ラデック、ピャタコフなど、左翼反対派を離脱したかつてのトロツキー主義者についても言える。

一方で、もし、先に引用した証言、及び「屈服者」はトロツキーの指令に従って党に復帰したのだとする検察官の論点を受け容れると、次のような疑問が生じる。彼等のうち最も重要な何人かは、なぜ、屈服せずに国外追放や投獄という痛みに耐えたのか？　なぜ、トロツキーの最も古い友人の一人であり、第二次裁判で罪を着せられたラコフスキーは一九三四年までもち堪えたのか？　なぜ、トロツキーの友人であり第二次裁判で起訴されたムラロフは公式に屈服することなく、反対派を離脱したのか？　ムラロフが反ソヴィエト陰謀の当事者とすれば、トロツキーの指令に従い、共同謀議者の言う反ソヴィエト工作を党員の身分で覆い隠すほうが有利と判断したに違いない。さらに、もしトロツキーが実際にこうした指令を出したとして、なぜ、ロシア国内にいる彼の支持者たち全員が党に再入党しなかったのか、そのほうが亡命地やゲーペーウーの政治的拘禁の下にいるよりもトロツキーに役立ったのではないか？　もしもこの指令を指導者層にしか知らせなかったとすると、トロツキーは党ばかりか彼の支持者も欺いたことになり、彼に対する計り知れないほどの献身性を無意味に使い果たしたことになる。

このような推測はまた、両裁判における自白の矛盾を示唆するものである。つまり、謀議にかかわったトロツキー派「指導者」は一般の活動家の支えなしに、テロやサボタージュの強力な計画を実行しようと試みたことになる。そうでなければ、自白と矛盾する別の仮説――ソ連全土に及ぶ多数のテロリストと破壊組織が非トロツキー派のみで構成されているという――を採用せざるを得ない。

このように、トロツキー主義者の復党は、トロツキー自身が新たに考案した用心深い二面作戦によるものという主張は、立証する証拠もなく、批判に耐える理論の支えもない。一方では、反証として提出された証拠は、屈服がしばしばゲーペーウーの抑圧によって引き起こされたことを示唆している。「屈服者」は反対派の通報者になるようゲーペーウーから系統的に圧力が加えられた。これに対し反対派活動家は自分達の安全のために反対派との関係から身を引き、反対派を敵とみなすことを余儀なくされる。また反証証拠は、トロツキー主義者とジノヴィエフ主義者の間に相互不信が強く、逃亡先の国外や牢獄にまで影響が及んでいたことを明らかにしており、テロ陰謀を目的として新たな「トロツキー派＝ジノヴィエフ派」ブロックが結成される可能性を疑わせる根拠となっている。我々は、これらすべての証拠が、両モスクワ裁判の起訴内容や自白との比較を含め、「屈服者」を政治的敵とみなしたというトロツキーの主張を正当に考察すべきことを促していると認定する。

【原注】

（一）トロツキーがV・オルベルクと認識する一九番目の被告に関するトロツキー証言については一三章を参照。

【訳注】

（一）アレクセイ・イワノヴィチ・ルイコフ（一八八〇～一九三八）。〇三年、ボリシェヴィキ入党。一〇月革命後、人民委員。二四年、レーニン死去に伴い、人民委員会議議長。二九年、右翼反対派とされ失脚。三八年、第三次裁判でブハーリンとともに銃殺刑。

(二) チェーカの廃止・縮小を受けて一九二二年二月に設立された国家政治保安部の略称(GPU)。ソ連邦成立に伴い、翌二三年、合同国家政治保安部(OGPU=オーゲペーウー)に改組されたが、これも一般にはゲーペーウーと呼ばれることが多い。原著にならい、ゲーペーウーと訳す。なお、三四年には内務人民委員部(NKVD)に吸収される。

(三) エフゲニー・アレクセヴィチ・プレオブラジェンスキー(一八八六~一九三七)。〇三年、ボリシェヴィキ入党。二〇年代を通じて、トロツキー派の経済政策面での理論家。いわゆる社会主義的原始蓄積論を展開した。二七年の党除名後、復党と除名を繰り返す。三七年逮捕され、処刑。

(四) マクスウェル・ビーヴァブルック(一八七九~一九六四)。イギリスの政治家、新聞経営者。第二次世界大戦期にチャーチル内閣の下で航空機生産相、兵站相を務めた。

ジノヴィエフ=カーメネフ裁判

九章 「トロツキー派=ジノヴィエフ派テロリスト・センター」

§二二 トロツキー派=ジノヴィエフ派テロリスト・センターの裁判[第一次裁判]の被告一六名のうち、五名はセンター結成過程にまったくかかわりがなく、一名はその活動との軽微な関係を問われている。起訴状には明確にこう書かれている。

同志キーロフ殺害を契機とするトロツキー派=ジノヴィエフ派センターの崩壊後、トロツキーは自らソ連国内のテロ活動の指導権を意のままにして、同志スターリンとヴォロシーロフの暗殺計画に向けて強い圧力をかけ始めた。彼はソ連国内にテロリスト・グループを戻し、国外から多数の信頼できる代理人を送り込み、また表向きは政府の仕事で外国に出張する国内の非合法トロツキー派組織に所属する者達を使うなどの措置を講じた。調査の結果、様々な時期に次に挙げる被告達がベルリンからモスクワにこうした代理人として送り込まれたことが判明した。V・オルベルク、ベルマン=ユリン、フリッツ・ダヴィッド(クルグリヤンスキー)、モセイ・リューレ、ナタン・リューレ、他数名……(資料ZK)

テロリスト工作を指導する組織が国内には残っていなかったことを明確に示唆するこの陳述は、カーメネフ被告の証言の一節と対比させて注目すべきものである。

我々（連合センター）は発覚する可能性を承知で、小さなグループを組織してテロ活動を継続しました。目的遂行のために、我々はソコルニコフを任命しました。トロツキー派でのこの役割はセレブリャコフとラデックがうまく演じるだろう、と思いました。（資料ZK）

無論、トロツキーが「予備センター」の存在を知らなかったということはあり得る。しかし、メンバーが発覚した場合に備えてテロ活動継続に向けた指導体制をとるという重大な事項である予防措置について、主センターが扇動者や指導者に知らせずにおく、ということは考えにくい。第二次裁判の起訴状は、予備センターが「トロツキーの直接指令に基づき」結成された、と主張する（資料PR）。仮にその通りだとしても、トロツキーならば、「国内のテロリスト・グループ」を「修復する」には得体の知れない五人の外国人よりも、ラデックやソコルニコフやセレブリャコフなど気心のよく知れた革命家を使った方が早道だと考えたはずだ。確かに、起訴状はこれら五名の人物が「代理人として」送り込まれた（「国内のテロリスト・グループを修復し、活動を促進する」ために）、と述べているが、一方では、この五名がソヴィエト指導者の暗殺を準備するようトロツキーとセドフから指示を受けていた、と述べている個所がある。無論、この一節は前の陳述を否定するものではないが、この五名の被告がソ連に着いたとされる日付から判断するとおのずと「暗殺の準備」ということになる。

キーロフ暗殺は一九三四年十二月一日に起きた（資料ZK）。起訴状によれば、トロツキー派＝ジノヴィエフ派テロリスト・センターの崩壊は、この事件の後のことである。しかしながら、トロツキーがこの崩壊の後に、「テロリスト・グループを修復する」ために送り込んだとされる五名は全員、その日よりも以前にロシアに着いているのである。オルベルク、ダヴィッド、ベルマン＝ユリンらは全員が三二年にテロの使命を帯びてロシアに行くようトロツキーから指示され、三三年三月、モスクワに向け出発したと証言している（資料ZK）。言い換えれば、起訴状によると連合センターが結成されたちょうどその時に、彼等はトロツキーから指示を受けたのである。モセイ・リューレ［以下、M・リューレ］も、ソ連共産党とソヴィエト政府の指導者に対するテロ行為の準備を急ぐようマスロフとルート・フィッシャー［ドイツ共産党指導者］から指示されて、三三年三月四日にモスクワに向けてベルリンを発った、と述べた。ナタン・リューレ（訳注一）［以下、N・リューレ］は三二年四月にM・リューレからの指示でソ連に行った、目的はドイツで知り合ったトロツキー派活動家とともにテロ工作を実行することだった、と述べた（資料ZK）。つまり、彼がソ連に渡ったのは連合センター結成の半年前であった。これらの被告達の証言には、「テロリスト・グループを修復する」という指示はまったく聞かれない。実際、彼等のうちダヴィッドとベルマン＝ユリンの両名はトロツキーから、他のトロツキー派メンバーと接触しないで行動するように指示された、とはっきり語っている（資料ZK）。センターとの関係に言及したのはM・リューレであるが、ジノヴィエフと会ったのは（資料ZK）、三二年四月以後のことであった、と述べている。

ファシストのフランツ・ワイツが組織したナタン・リューレのグループは、仕事に精通し、センター及びジノヴィエフ個人の許可を得て行動していました。（資料ZK）

§三三　他の一一名の被告のうち、トロツキーないしセドフと直接に接触したことがあると言明したのは三名しかいない。スミルノフ被告は一九三一年にセドフとベルリンで面談する機会があった。その折に、セドフは「個人的な意見」として、ソ連共産党とソヴィエト政府の指導者を抹殺することなしにソ連の状況を変えることはできないと表明したこと（資料ZK）、さらに三二年にユリ・ガヴェンを通じてトロツキーからテロ指令を受けたことを自白している（資料ZK）。

ドレイツェル被告は、三一年秋にベルリンでセドフと会話する機会が二度あり、ジノヴィエフ派とのブロック結成に関するトロツキーの態度を確かめるようスミルノフから指示されていたこと（資料ZK）、さらに三四年十月、テロリズムと敗北主義に関する指示に触れているあぶり出しインクで書かれたトロツキーの手紙を受け取ったことを自白している（資料ZK）。ホルツマン被告は、三二年にスミルノフから託されたレポートと秘密コードをセドフに手渡したこと、セドフとは何回か会話をしており、彼の提案で三二年十一月、トロツキーに会うためにコペンハーゲンに行ったこと、そこでスターリンを殺害すべしという趣旨の口頭指令をトロツキーから受けたこと、などを証言した。

この目的達成のため、この仕事向きの責任感のある中核部隊を選定する必要がある。（資料ZK）

三被告によるトロツキーとセドフに不利益な証言は以上のようなものであった。その中に、テロリスト・センターの結成に対する態度を示唆するものはない。訴訟記録には、ブロックに関するドレイツェルの質問に対するトロツキーの回答は書かれていない、ただ次のことだけが分かる。

トロツキーの指示は後で伝えられるだろう、とセドフは彼に告げた。（資料ZK）

訴訟記録は、ユリ・ガヴェンを通してトロツキーがスミルノフに送ったという手紙の正確な内容も、ガヴェンがどのようにしてこの手紙を入手したかも明らかにしていない。トロツキーともセドフとも直接の交信はなかったと主張しているムラチコフスキーの審理において、この手紙（一九三二年秋の受領とされる）は、トロツキーがジノヴィエフ派と連合する決定に同意したもの、と言われている。さらに、

合同はテロリズムを基盤になされるべきである、と彼の使者ガヴェンを通じて伝えられたのもこの時である。（資料ZK）

奇妙なことだが、検察官はこの「ジノヴィエフ派と連合する決定への同意」の確証をスミルノフに求めなかった。代りに彼は尋ねている。

ヴィシンスキー　一九三二年にあなたがガヴェンを通してトロツキーからの返答を受け取った、というムラチコフスキーの証言をあなたは確かなものと認めますか?

スミルノフ　私はガヴェンを通して、トロツキーから返事を受け取りました。……

ヴィシンスキー　あなたは一九三二年に、トロツキーからのテロ行為の実行指令を、ガヴェンを通じて受け取りましたか?

スミルノフ　はい。（資料ZK）

さらに、ガヴェン経由の指令に関する次のような検察官の問いに、スミルノフは肯定的に答えている。

これらの指令には、党の指導部に対するテロリスト的な闘争に着手する必要性に直接言及した個所はありましたか?

この問いは、連合センターの結成に対するトロツキーの態度には一切触れていない。訴訟記録には、こう書かれている。

にもかかわらず被告の証言からはこう推定できる……ブロックの組織化に向けたこれらの交渉は、一九三一年にセドフを通じてトロツキーからスミルノフに発せられた最初の指令に基づいて行われたのだ、と。

しかしながらスミルノフによれば、これらの指令はテロリズムが必要であるというセドフの「個人的意見」だけで成り立っており、これに基づく折衝が、ブロック結成へのトロツキーなりセドフの直接的、個人的参加を示すものと理解するのは困難である。

したがって、先に述べたように、ブロック結成に対するセドフやトロツキーの態度を直接に示す証拠は何もない。たとえあるとしても、その結成における二人の役割に関連するものはないのである。それゆえ、以下に引用するセンター結成の論議は、トロツキーとセドフに関係する限り、いかなる直接的証拠によっても立証されていない風聞の類というべきである。

§三四　連合センター結成の日付は、例外なく「夏」、「秋」、「一九三二年末」といった曖昧な表現になっている。だが、この重要な点に関する証言には根本的な矛盾がある。起訴状は、「一九三二年末に」結成されたと明確に述べている（資料ZK）。ムラチコフスキーも同様に証言している（資料ZK）。ヤコブレフ証人は結成を「一九三二年秋」とした（資料ZK）。ドレイツェル被告は、三二年秋にスミルノフからブロック結成を知らされたと述べた。だが、ドレイツェルの証言に従えば、スミルノフは三一年の秋には既に、ブロック結成に関するトロツキーの意見をベルリンのセドフに照会するよう、彼に手紙を送ってきたのである（資料ZK）。ムラチコフスキーの語るところでは、ジノヴィエフ派との連合の必要性についての疑問が三二年の後半にスミルノフから発せられ、同時期にスミルノフはホルツマンを通じて連合の問題を問いただす手紙をトロツキーに送ったのである（スミルノフもホルツマンもこの証言を立証しなかった）。秋になって、連合を認めるトロツキーの手紙が届いた、とドレイツェルは言う（資料ZK）。テル＝ヴァガニャンは、ブロック結成交渉の始まった日付を二通り挙げて、交渉の仲介役をスミルノフから指示されたと言う。八月二十一日午前の法廷では、この交渉が三一年秋に開始されたと述べたが（資料ZK）、既に二日前の午前の法廷で、交渉は「一九三二年のどんなに遡っても六月」に開始したと証言しているのである（資料ZK）。

ジノヴィエフは、「トロツキーの指令に基づく」ブロック結成交渉の始まりの時期を三一年秋とし（資料ZK）、実際の結成を三二年夏とした（資料ZK）。カーメネフは、三二年夏に「我々の別荘」で開催されたジノヴィエフ派センターの会合で、ジノヴィエフが連合を「既定の事実」と報告した、と述べている（資料ZK）。

§三五　こうした矛盾のごた混ぜを通して少しずつ分かっ

てくるのは、ブロックが二つのまったく別の時期、つまり一九三二年夏と同年の年末に、結成されたのではないか、ということだ。必然的に疑問が生じる。なぜこの二つの時期が挙げられ、なぜ検察官と裁判官は疑問もなしにこれを認めたのか？　センターなるものの結成と活動は裁判全体の中心テーマである。したがって、この点に関する正確さはセンターの実在を立証する証拠として間違いなく重大な意義を有する。実際、センターの存在を肯定する被告達よりも、繰り返し否定したスミルノフに対して、より多くの論駁が加えられて然るべきである。様々な自白によってスミルノフ被告に帰せられた活動の途轍もない幻想的な不合理を緻密に検討するならば、訴訟記録が露呈している矛盾が明らかになる。自白した被告達はスミルノフが陰謀の発議者であり、「トロツキーの第一の後継者にして、ソ連国内の代理人である」と告発したのである（資料ＺＫ）。これらの証言を要約する。

一九三一年秋、スミルノフはベルリンのセドフからテロ指令を受けた後、「トロツキーの指示に基づき」、ジノヴィエフその他と、ジノヴィエフ派及び「左翼主義者」（資料ＺＫ）とのブロック結成に向けた交渉を開始した。その一方で、ブロック問題についてのトロツキーの意向をセドフに会って確かめるよう、ドレイツェルをベルリンに派遣した。その際、ドレイツェルは、トロツキーの指示は後で送る、とセドフから告げられた（資料ＺＫ）。同時期にスミルノフは、テル＝ヴァガニャンに対してブロックに向けての交渉に着手するよう指示した（資料ＺＫ）。三二年六月、交渉が開始されたが、テル＝ヴァガニャンがスミルノフとジノヴィエフ、さらにカーメネフとロミナーゼの仲介役を演じた（資料ＺＫ）。三二年夏、カーメネフの別荘の会合でジノヴィエフが、ブロックは既定の事実だと発言した（資料ＺＫ）。ところが同じ三二年の後半に、スミルノフはトロツキー派組織の指導トリオに対して、ジノヴィエフ派及び左翼主義者とのブロックの問題を提起し、この問題に関するトロツキーの見解を尋ねる手紙を、ホルツマン経由でセドフに送っている（資料ＺＫ）。三二年秋、連合決定に同意するトロツキーからの手紙が届いた。その際、トロツキーは、使者ガヴェンを通じて、合同はテロリズムを基礎としなければならないと伝えた。これらの指示を受けて、スミルノフはブロック結成の実行をテル＝ヴァガニャンに指示した（資料ＺＫ）。三二年末、ブロックは二回目の結成をみた（資料ＺＫ）。三三年元旦、スミルノフは逮捕されて投獄されたが、検察官によればその後もトロツキー派と暗号で交信を続けた（資料ＺＫ）。恐らくは、トロツキー＝ジノヴィエフ連合の結成が賢明な策かどうか、あるいはその同意に向けてトロツキーを説得し得るかどうか、といった問題についてのやり取りがあったのだろう。

§三六　ここでは次のことに注目する必要がある。もしブロックが一九三二年末に結成されたとすると、ジノヴィエフとカーメネフの参画なしで行われたということになる。一方、スミルノフは逮捕と第一次裁判まで続く投獄の寸前で辛うじて結成に立ち会えたということだろう。ジノヴィエフとカーメネフは三二年十月に共産党を除名され、十一月にシベリア追放、カーメネフはミヌシンスクに、ジノヴィエフはクスタナイに送られている。彼等が連合センターの結成に参画したとするならば、追放以前の時期に結成されたことになる。センター結成が「三二年末ではなく」、三二年夏のことと述べているのは、ジノヴィエフとカーメネフ両人である。一方、三二年十一月のコペンハーゲンへの移動以前に、トロツキー個人を「テロリスト路線」と結びつける直接的証拠はなにもない(二)。

一方、ホルツマンはジノヴィエフとカーメネフの追放と同じ時期あるいは少し後に、トロツキーに会ったと主張した。彼はこうした主張をした一一人のうちの一人に過ぎないことに留意すべきである。しかし彼の証言には、懸案のトロツキー=ジノヴィエフ連合に対するトロツキーの態度を示唆するものは何もない。結成をその時期と仮定すると、普通に考えれば、ホルツマンあるいはトロツキーの心中で至上命題であったに違いないのだが。スミルノフからセドフに宛てた手紙の内容――ムラチコフスキーによればブロックの問題をトロツキーに突きつけた手紙――を、ホルツマンが知っていたかどうか、訴訟記録は何も記していない。もし彼が知っていたとして、さらにはその内容がムラチコフスキーの言う通りと仮定すると、この問題について彼はトロツキーと会話したであろうと考えられる。しかし彼の説明によれば、会見の内容は、スターリンをテロの手段によって抹殺しなければならず、はトロツキーからスミルノフへの口頭指令であり、その趣旨信頼できる中核部隊を選抜すべきである、というものであった。この指令は、多くの被告によれば、スミルノフが既に一年以上も前にセドフから受けており、それ以来入念に実行に取り組まれてきたものであった。わざわざベルリンからコペンハーゲンに赴く必要があるとは思えないのである。

§三七　訴訟記録はまた、数人の被告が証言したセンター活動の継続期間と中断の時期について矛盾を露呈している。起訴状を信じるならば、センターはキーロフ暗殺との関係で崩壊した（資料ZK）。一方、ジノヴィエフは、「一九三六年まで現実に」機能したと述べている。レインゴリド被告は次のように証言した。

一九三二年秋から三三年夏までの間、ジノヴィエフとカーメネフがリューチン裁判（訳注二）との関係で妥協した事実によって、テロ活動が中断しました。その関係で、三三年の初め頃に……ジノヴィエフとカーメネフが追放先から帰還して自己批判し、党に復帰して一定の信頼を勝ち取るまでテロ工作を中断するようにとの指示を、エフドキモフが連合センターの名において伝えました。（資料ＺＫ）

しかし訴訟記録によれば、

一九三三年春、ムラチコフスキーはドレイツェルにテロ行為を促進せよ、とのトロツキー派=ジノヴィエフ派センターの指示を繰り返し伝えてきた。……（資料ＺＫ）

バカエフはジノヴィエフとカーメネフの追放後のことについて、証言した。

しばらくの間、テロ活動を中断することが決議されました。三四年秋に活動は再開されました。（資料ＺＫ）

ジノヴィエフの供述。

追放先から戻った後、我々の最初の一歩は、いわばテロ活動の弱体化と共謀者の失敗を清算し、さらにテロ活動継続を可能にするために信頼を取り戻すことでした。（資料ＺＫ）

カーメネフの供述。

自分とジノヴィエフの追放はテロ計画の実行を多少停滞させました。（資料ＺＫ）

センター結成に関するムラチコフスキーの証言ならびにセンターの一時休止に関するバカエフの証言を受け容れるならば、結成直後あるいは結成寸前の可能性もあるが、センターの活動は停止されたことになり、起訴状によれば、彼等の活動再開の直後に、センターが崩壊したことになる。一方、結成が一九三二年夏、活動再開が三三年夏の説を受け容れると、三二年の三～四カ月、三三年夏以後は約一年半にわたって活動していたことになる。モスクワ裁判の研究者は、様々な解釈の組み合わせが可能である。センターに帰せられている唯一の実際の犯罪は三四年十二月一日のキーロフ暗殺であり、特定の犯罪との整合を心配する必要もないのである。研究者は自白全般の信憑性や裁判の手続きとの関連性への関心を深めることになろう。

【原注】
（一）一九三二年秋に、トロツキーからユリ・ガヴェン経由でスミルノフに送られた手紙に関する議論は、§四七を参照。

【訳注】
（一）苗字が同一で紛らわしいが、二人のリューレに縁戚関係はない。
（二）三〇年代初め、危機的な経済破綻を背景に、前共産党中央委員リューチンを中心としてモスクワに党内反対派が組織された。いわゆる「リューチン政綱」を出版し、党内民主主義の復活とスターリンの指導部解任を訴えた。三二年秋にリューチンなどが逮捕されたが、銃殺刑は回避され、党除名、追放処分となった。ジノヴィエフとカーメネフは、政綱の内容を知りながら、報告しなかったとして「三二年十月、除名・追放処分。翌年五月、屈服してモスクワに帰還」（巻頭「被告の略歴」）。

ジノヴィエフ＝カーメネフ裁判
トロツキー及びセドフに対する最終的起訴内容

一〇章　I・N・スミルノフの証言

§三八　第一次裁判におけるトロツキー及びセドフに対する起訴の第一の根拠は、I・N・スミルノフ被告の自白であった。それによると、一九三一年、公務でベルリンにいる時に偶然セドフに出会って面談した際に、セドフが次のような見解を披露したというのである。

　党に対する闘いの古い方法論を変更する必要がある。テロリストの方法論を採用する時が到来した。……（資料ZK）

さらに、スミルノフはモスクワに帰るとトロツキー派にこの見解を伝えた。一九三二年にはトロツキーからユリ・ガヴェンを通じてテロリズムの指令を受けた。同意はしなかったが、テル＝ヴァガニヤン被告を通じてこの指示をジノヴィエフ派に、さらにトロツキー派にも伝えた（資料ZK）。スミルノフはトロツキーに手紙を書き、返事を受け取った（資料ZK）。「トロツキーの息子との文通があった」（資料ZK）。スミルノフはこうした手紙の性格について証言していないし、検察官もそれに関する質問はしなかった。

§三九　ホルツマン被告の証言。一九三二年、ベルリンに向けて出発する前に、スミルノフからトロツキー宛の報告をセドフに伝えるよう託され、セドフの電話番号と「ガリャからの挨拶状を持参した」という合言葉を教えられた。訴訟記録によれば、

スミルノフとホルツマン両名とも認める通り、この報告はトロツキーに渡すべく、セドフに直接に託された。（資料ZK）

だが訴訟記録には、この報告の内容に関する両者の供述は記述されていないし、ヴィシンスキーがその点を質した形跡もない。また訴訟記録には次のようにある。

スミルノフがトロツキーとの間で使う暗号コード――「アラビアン・ナイト」の数頁が種本として使われた――をホルツマンに教えた事実は、証拠で立証されている。（資料ZK）

§四〇　準備委員会におけるトロツキーの証言――スミルノフは友人であり、反対派のメンバーであり、一五回党大会［一九二七年］で反対派として党を除名され、一九二九年十一月に屈服した。トロツキーはこの屈服について『反対派会報』に、「十一月三日、スミルノフとボグスラフスキーによる悲惨な論文がプラウダに載った」との一節で始まるコメントを寄せた（『会報』七号、一九二九年十一・十二月）。スミルノフの屈服後は直接の交信を絶っていたが、息子のセドフが一九三一年、ベルリンの路上でスミルノフに出会った。息子からの手紙に、スミルノフは不幸な男であり政治的適応に欠けるが、古い仲間達の動向を教えてくれたとあった（資料PC）。トロツキーはガヴェンを通じてスミルノフと連絡を取ったことを否認し、一九二六年以来会っていないと証言した（資料PC）。

§四一　フランス調査委員会におけるセドフの証言――青年期からスミルノフを知っており、家族ぐるみの付き合いだったが、反対派の仕事にかかわってつながりが密接なものになった。一九二九年にスミルノフが屈服した後は、政治的敵

対者とみなして交信を絶った。一九三一年七月、ベルリンで偶然会った。スミルノフのアパートで面談した際に二つの住所と一つの電話番号を渡し、同志達の移動を利用して、ソ連国内の状況に関する情報を送るようスミルノフに提案した。スミルノフは、今後セドフに会いに来る者は、最初に会った際同行していた少女の名前ガリャを名乗ることになろう、と冗談めかして言った（資料CR）。二人の出会いの偶然性に関するセドフならびにスミルノフの証言は、セドフの妻ジャンヌ・マーティン・パリエールの証言録取書によって立証されている。彼女が、二人の出会いの際にセドフの傍らにいたことを彼女自身ならびにセドフが証言した（資料PC・CR）。セドフはさらに、一九三二年の九月末か十月初め頃にホルツマン被告が会いに来たが、自己紹介の際、「ガリャからの挨拶文を持参した」と口にし、スミルノフのトロツキー宛文書を眼鏡ケースに入れて運んできた、と証言した（資料CR）。セドフはまた、ホルツマンに数回会ったことを証言した（資料CR）。

§四二　このように、一方のセドフ、他方のスミルノフとホルツマン、双方とも以下の点で一致している。

（一）一九三一年のセドフとスミルノフの偶然の出会い。スミルノフの住居での二回目の会合。セドフ側の住所・電話番号とスミルノフ側の暗号の交換。

（二）一九三二年、ベルリンでのホルツマンとスミルノフの会合。トロツキー宛の通信文のスミルノフからセドフへの手渡し。数回にわたる会合。

スミルノフとセドフの会話の性格については、まったく一致点がない。セドフによれば、会話の大半はソ連国内の経済状況に関するものであった。右翼反対派の挫折やブルムキンの告発・処刑においてラデックが演じた役割など、幾つかの政治的事柄も論議された。セドフはまた、スミルノフが左翼反対派との不一致を強調することはなかったとも証言した（資料CR）。

（セドフ証言の続き）ホルツマンから渡された文書はソ連国内の経済状況に関する無署名の報告であり、セドフは一九三二年十一月の『反対派会報』三一号で公表した（資料CR）。既に述べたように、スミルノフもホルツマンもこの報告の内容について証言していない。セドフは公表にあたって、「Ｋｏ」という署名を書き添えたが、これはトロツキーがかつてスミルノフとの論戦時に「［教会の］鳴鐘者」呼ばわりしたことに掛けたものであった（kolokol＝鈴からの連想）、と述べている（資料CR）。我々はこの記事を検証し、陳述の通りと認定した。

セドフはまた、ホルツマンが会話の中でソ連の農工業の状況に関連する情報を伝えた上で、次のような話も出たと証言した。

さらに右派のリューチン、ジノヴィエフ、カーメネフなど特定個人に関連する事実や出来事を論じ合いました。彼の言によれば、彼等はまったく何もせず、周囲から軽蔑されていました。（資料ＣＲ）

セドフは、公刊された訴訟記録がホルツマンに関する彼の議論について何も記載していない事実に注意を促し、検察官がこの会話に関連する尋問を怠ったのは、ホルツマンが彼の起訴内容について何も発言できなかったからに違いない、と主張した。また、ホルツマンからの暗号解の受け取りを否認し、渡された文書は直筆で書かれていたと述べた（資料ＣＲ）。

§四三　スミルノフ被告について、第一次裁判の記録の要約版が極めて不充分なことは明白である。スミルノフは、自分自身や他の被告に関する証言の要約報告を見てもわかるが、ひどく扱いにくい証人である。彼に帰せられた役割は、陰謀の存在ならびにトロツキーが扇動者であるとの主張において決定的に重要であるから、訴訟記録のうわべの誠実性は、証言の逐語的な報告にも表れている。スミルノフが検察当局の極めて重要な申し立てを繰り返し否認し、あるいは否認を試み、場合によっては前言を翻していることが訴訟記録から分かる。一例を挙げると、彼がモスクワのトロツキー派センターにトロツキーのテロに関する指令を伝えたというムラチコフスキーの証言を否認し、別の機会にも否認を繰り返している。センターが、トロツキーの指令を含めセドフとの会話に関連する彼の情報を期待していたとの見方を否認する。またある時には、トロツキー派への指示伝達を否認し、さらにはセンターの存在まで否認して言う。

私は脱退するつもりはありませんでした。脱退するも何も、組織がなかったのです。

ある時には、トロツキー派組織の指導者であったことを否認している。また、トロツキー派＝ジノヴィエフ派ブロックの一員であったことを否認している。検察官は最終論告で、スミルノフの頑固な否認について長々と述べた。その一節は、本報告書の一六章で再度取り上げよう。ヴィシンスキーによれば、スミルノフは最も頑強に否認する被告であった（資料ＺＫ）。このヴィシンスキーの陳述は、スミルノフの自白が大きな圧力に強いられたものであることを明瞭にうかがわせる陳述個所や、トロツキーやセドフに関する彼の証言ならびに彼を告発する他被告の証言にみられる極めて不確かな性格を考えるならば、訴訟記録だけを根拠としても、彼の無内容な自白の適法性に関して重大な疑問を抱かせる。この疑問は、スミルノフが「トロツキー派センター」の「指導者」とされたのは予備審理の期間だけとする検察官の説明によっても減じることはない（あるいは訴訟記録の未公表部分に関連する表記があるのかも知れない）。

> （スミルノフは）トロツキー派の非合法反革命センターの指導者だったことについてのみ有罪であると答弁した。確か、幾分かおどけた感じでこう言ったのだ。テル＝ヴァガニャン、ムラチコフスキー、ドレイツェルのほうに向き直って言った。「指導者が必要なのか？　よし、私が引き受けよう」。しかし、スミルノフ被告よ、あなたは実際に指導者だったのだ。（資料ＺＫ）

§四四　スミルノフ被告の協調性を欠いた態度は、的外れの質問を繰り返す検察官の怠慢に向けられていると疑われて当然である。本報告書の後の章で幾つかの例に言及するが、ここでは以下の例を挙げる。

（一）ヴィシンスキーは、スミルノフからホルツマンを経由して届いた手紙の内容に関するムラチコフスキー証言の確認を、スミルノフからもホルツマン（スミルノフほどではないが、扱いにくい証人）からも得ようとしなかった。

> （証言によれば、手紙は）トロツキーに組織の現状を知らせ、ジノヴィエフ派との連合の問題を提起するものであった。（資料ＺＫ）

（二）ホルツマン証言によれば、スミルノフが彼を介してセドフに送った暗号コードの件について、訴訟記録を見る限り、ヴィシンスキーはスミルノフに問い質していない。コードを送ったというからには、スミルノフにコード記述能力があるのだから、ホルツマン証言に相当な重みを加えたことだろう。

（三）検察官と数人の被告は、スミルノフが一九三三年元旦の逮捕後も連合センターの指揮を活発に続けていた、と主張した（資料ＺＫ）。最終論告で検察官は、獄中から外の同志と交信したコードが発見されたと述べたが、そのコードは証拠として提出されず、スミルノフに尋問を向けることはなかった。最終論告で、あっさりとしかも一度だけ、言及されているにすぎない。

ヴィシンスキーは、スミルノフが否認した共謀者の役割を、苦労の末に他の被告に確証させたのであるから（資料ＺＫ）、他の被告の証言や検察官自身の陳述が明瞭にした問題を当の本人に尋問しないのは奇妙だ。この手抜きは、陰謀におけるスミルノフの役割や彼がトロツキーとセドフに負わせた役割に関して、訴訟記録への疑問を助長する。

§四五　検察官に他の被告達の証言の裏付けが必要になった時に、スミルノフを用心深く扱っているように見えるのは、検察官がスミルノフの否認一点張りへの反駁ばかりでなく、スミルノフの役割に関する他被告の証言確保に相当苦心していたからである。これらの証言は後に本人が認めた範囲を越えて、直接的かつ行動的で重要な役割を担っていたとしてスミルノフを告発した。ホルツマン経由でスミルノフがセドフに送った手紙の内容に関する、ムラチコフスキーの次の証言については先に言及した。

> 私はスミルノフの認知のもとにすべてのことを遂行しましたし、私（ムラチコフスキー）が準備を進めていたテロ行為の対象者をスミルノフは知っていました。（資料ＺＫ）

ドレイツェルの証言――スミルノフは一九三一年、ブロック結成についてのトロツキーの意向を確かめるために、自分を使者としてセドフのもとに派遣した。また、一九三二年にはスターリンとヴォロシーロフ（訳注一）に対するテロ行為に着手せよとの直接指令を自分に下した（資料ＺＫ）。

ジノヴィエフは、スミルノフがトロツキー個人の代理人、ソ連国内の代表者であり、連合センターの結成においてトロツキー派の指導的役割を担い、抜きん出た活動力を発揮した、と言明した。（資料ＺＫ）

カーメネフは次のように証言した。

> トロツキー派＝ジノヴィエフ派テロリスト・センターのトロツキー派サイドで、Ｉ・Ｎ・スミルノフが担った指導的役割を充分に確信しています……。（資料ＺＫ）

ジノヴィエフ派は、スミルノフが外国でトロツキーと連絡を取っていることを知って、スミルノフとムラチコフスキーがもたらすテロ指令が「まさにトロツキーの指令である」と確信していた、とジノヴィエフは述べた（資料ＺＫ）。

これらの陳述から、テロリスト・センター結成へのスミルノフの積極参加は、センターが実在したという起訴内容に照らして決定的なものであったことが明瞭になる。さらに、トロツキーがセンターの結成・指揮に関係したとの起訴内容に関して、トロツキー代理人としてのスミルノフの役割が、決定的であったことも明らかだ。§三五でも指摘したように、謀議を率先するスミルノフの積極性なるものを途轍もなく不合理なものに見せてしまう矛盾がなければ、証言はもっと印象深いものになったことだろう。ただし、スミルノフに対する直接的証拠とはなり得ても、トロツキーとセドフに対する直接的証拠としての価値はないことにも留意すべきである。スミルノフがトロツキーを代弁して発言していたことを他の被告達が信じる（ふりをする）かどうかは、実際に起きたこととまったく無関係である。セドフが彼等に権威をもっていたかどうかということと（資料ZK）、セドフがスミルノフにテロ指令を下したか、仮に下したとしても、トロツキーからの指示であったかどうか、とはまったく無関係なのである。スミルノフは、セドフのテロリズムに関する「見解」がトロツキーの指示を代弁するものであることを頑強に否認した。したがって、被告やサフォノヴァなどの証人による（資料ZK）、セドフの指令の元はトロツキーだとスミルノフから知らされたとの証言は、スミルノフの否認に直面すると価値のないものとなる。証人が口にするのは、トロツキー、セドフ、スミルノフの言葉を操った伝聞に過ぎないのだから。

§四六　テロリズムに関する一九三一年の会話の件で、スミルノフ証言はセドフに対する唯一の直接証言であった。したがって争点は、この会話に関するスミルノフの陳述とセドフの陳述のいずれを採用するかにあった。セドフの証言は当然自分に有利なものだが、訴訟記録の中にさえ、彼の説明に大いに有利に見える証拠がある。住所と暗号を交換した目的がスミルノフからセドフへの情報伝達にあったことは、両者の間で一致している（資料ZK・CR）。だが、その情報が陰謀にかかわるものであったという認識につながる証拠は何もない。ホルツマンあるいはスミルノフによる裏付けを欠いた伝聞証拠は、セドフがホルツマン経由でスミルノフから受け取った報告の内容に関するセドフ証言と矛盾する。セドフは主としてソヴィエト情勢を扱うトロツキーの機関紙（『反対派会報』）に強い関心があった。セドフとトロツキーの証言によれば、ロシア国外での情報収集は大変困難になりつつあった（資料PC・CR）。したがってセドフが、敵対者にはなったが情が残っているスミルノフから情報を得る機会を利用したことは容易に理解し得る（資料CR）。スミルノフが危険を顧みずに接触したことは理解しがたい。だが、彼がかつてセドフとトロツキーの同志であり（資料PC・CR）、反対派の一員でもあり、政治的には決別したが依然としてトロツキーに一定のシンパシーを感じていた事実が彼を突き動かした、とも考えられる。この想定の根拠は、引用したばかりのセドフの陳述、ならびに主要被告のうちでスミルノフだけが、最終抗弁でトロツキーにファシズムないし反革命の烙印を押さなかったという注目すべき事実によっている。
「なぜ私が反革命の道を選んだのか？　トロツキーとのつながりに他なりません」とムラチコフスキーは言った。「かくして我々はファシズムに仕えたのです」、とカーメネフは、ジノヴィエフ及びトロッキーを含めて語った。「わが欠陥多きボリシェヴィズムは反ボリシェヴィズムに変形し、やがてトロツキー主義を通じてファシズムに到達したのです」（資料ZK）、とジノヴィエフは語った。ところが、スミルノフには、これらの発言に比べると驚くほど対照的な一節が訴訟記録に残されているのである。

我が国には今もただ一つの道しかない。歴史が我々に与えた指導部の他には何もなく、あるはずもなかった。テロリズムに関する指導と助言・命令を行い、我々の国をファシスト国家と評価するトロツキーは敵である。彼はバリケードの向こう側の人間であり、打倒されなければならない。（資料ZK）（傍点は委員会による）

最後に、「屈服者」スミルノフは、トロツキーとセドフから政治的敵対者とみなされたのであるから（資料PC・CR、本書八章）、スミルノフの屈服後、最初に会話したセドフが自制心を欠いて、新しいテロ路線の必要性を説き、スターリン殺害を求めたとの推測には無理がある。
したがって、セドフはスミルノフに対して、ソヴィエト指導者へのテロ攻撃の必要性ならびに自分とトロツキーの側のなんらかの「見解」なり、指示を伝えてはいない、と我々は確信する。

§四七　トロツキーのユリ・ガヴェン経由でのスミルノフとの交信なる問題が残されている。先の§一七でも言及したが、この証人を召喚しなかったことは、我々の考えでは、モスクワ裁判の訴訟手続きにおける最大の欠陥の一つである。ガヴェンからの確認もなく、彼を通じてトロツキーのテロ指令を受けたとのスミルノフの自白は、直接的証拠による立証を欠いたままである。スミルノフ証言によれば、この交信とはガヴェンとの「口頭でのやり取り」の他に、一通のトロツキーからの手紙を指しているらしい（資料ZK）。
証拠として引用されても法廷に提出されない書面は、内容を偽る人物によって悪用される可能性に注意が向けられるべきである。記憶に頼る説明は最良の場合でも語り手の解釈次第でどうにでもなり、肝心の文書との突き合わせによる立証はされないままである。したがって、文書内容を偽る人物の証言は、伝聞証拠にすぎない。さらに、語り手の証言を立証するために伝聞証拠を使うことは、文書の不在に関する説明がなかったり、散失・毀損がもち出されたりで、その解釈どころか文書の実在さえ疑われて当然である。この例のように、文書を渡したとされる人物が、文書の実在について立証するために召喚されていないケースでは、疑いは一層増すばかりである。ガヴェンを介したトロツキーとの交信に関する検察官とスミルノフの問答を読んでも、スミルノフはいつ手紙の内容を伝えたのか、いつガヴェンの言う「口頭のやり取り」をしたのか、定かでない。したがって我々が言えるのは唯一、証言は手紙に関する限りは伝聞であり、証言が疑われるもとになっているということである。ガヴェン経由でトロツキーから伝えられたという口頭指令については、疑いようもなく伝聞である。トロツキーの言ったことをガヴェンが語り、それについてスミルノフが証言する、という具合である。

この交信に関するスミルノフ証言の性格に加え、検察官がユリ・ガヴェン証人を召喚しなかったこと、トロツキーの証言を確保しようとしなかったこと等々に照らして、我々は、トロツキーを告発するスミルノフの証言には価値がないものとみなす。

§四八　あらゆる証拠類と展開してきた考察に基づいて、我々は、スミルノフが自白したトロツキー及びセドフとの謀議に向けての交信に関する限り、ヴィシンスキーの最終論告の次の一節はまさに正当である、と結論を下す。

スミルノフ自身はここでは真実をひと言も発していない。

……（資料ＺＫ）

【訳注】

（一）クリメント・エフレモヴィチ・ヴォロシーロフ（一八八一～一九六九）。〇四年、ボリシェヴィキ入党。革命期から内乱期にかけて軍事面で活躍。二一年、党中央委員。二五年、陸海軍人民委員、ソ連軍事革命評議会議長、二六年、政治局員。三〇年代の粛清にスターリンの側近として大きく関与。

一一章　Ｅ・Ａ・ドレイツェルの証言

§四九　第一次裁判におけるトロツキー及びセドフに対する起訴の第二の根拠は、ドレイツェル被告の証言である。訴訟記録には次のようにある（ドレイツェルの証言かどうか、定かでないが）。

ドレイツェルは最も卓越したトロツキー派活動家の一人であり、トロツキー護衛隊の筆頭格を務めていた。

一九二七年十一月七日、トロツキーとともに反革命デモ（§二二九参照）を組織した。トロツキーのアルマ・アタ（訳注一）追放中、トロツキーとモスクワのトロツキー派センター間の交信手段を確立した。（資料ＺＫ）

とはいえ、この主張を裏付ける証拠は何もない。ドレイツェルは、一九三一年秋のことを証言している。

ベルリン出張の機会を利用して、Ｉ・Ｎ・スミルノフの指示によりトロツキーとの連絡体制を確立しました。スミルノフの指示は明快で、トロツキー派とジノヴィエフ派のブロックの案件に関するトロツキーの意向を確かめることでした。ベルリンのカフェで二度、セドフ（トロツキーの息子）と会いました。その際、セドフからトロツキーの指令が追って届くだろうと告げられました。（資料ＺＫ）

彼の証言は続く――一九三四年十月、彼の妹がセドフの代理人から渡されたドイツの映画雑誌をワルシャワから持ち帰った。トロツキー直筆のあぶり出しインクで書かれた手紙が、雑誌の中から「簡単に見つかった」。その手紙にはスターリンとヴォロシーロフに対するテロ行為を直ちに実行せよ、との指令が書かれていた。

ドレイツェルは直ちに手紙をムラチコフスキーに渡し、彼はそれを読み終わると秘密保持のため燃やしました。（資料ＺＫ）

燃やした手紙は証拠として提出しようもないが、ドレイツェルもムラチコフスキーもその内容を伝聞に頼って証言しており、ドレイツェルにいたっては耳にしたことだけの部分もある（資料ＺＫ）。ムラチコフスキーはこの手紙をカザフスタンで受け取った、と証言した（資料ＺＫ）。

§五〇　スミルノフがドレイツェルに関して唯一認めたことは、自分のアパートにトロツキー派の活動家である彼を迎え入れたことだった。

だが申し立てによれば、議論はテロリズムについてではなく、「国の状況全般」についてであった。（資料ＺＫ）

したがって、スミルノフがドレイツェルに指示して、ベルリンでセドフに会い、ブロック結成についてのトロツキーの見解を確かめさせたことに関する唯一の証人がドレイツェルである。実際、「ムラチコフスキーはドレイツェル証言を全面的に認めている」との記述を除けば、公刊された訴訟記録を見る限り、この点に関しては唯一の証言なのである。

§五一　トロツキーはドレイツェルについて以下のように証言した。彼は、若い世代に属する赤軍将校であった。トロツキーが党を除名されてクレムリンを後にする時に護衛を組織してくれた赤軍将校の一人だった。左翼反対派に属して、一五回党大会［一九二七年］で除名され、その後、屈服した。一九二八年以降は、交信がない。決して親しい間柄ではなく、妻に言われるまでは名前さえ忘れていた（資料ＰＣ）。一九三一年にドレイツェルが連絡をしてきたことはないし、セドフから彼について何か聞いたことはない。ドレイツェルが証言したあぶり出しインクの手紙を送ったことはない、といずれも否認した（資料ＰＣ）。

§五二　セドフはドレイツェルについて以下のように証言した。一九二七年のトロツキー国外追放の直前まで未知の人物であった。トロツキー護衛の一員であり、一九二三年か翌年以降、左翼反対派に属していた。一九三一年ないし別の時に、二人で会ったことはない。ドレイツェルが受け取ったと主張するあぶり出しインクの取消し手紙を否認し、ドレイツェルが手紙の手渡し場所あるいはセドフの代理人の正体に関連する細部を正確に説明できなかったことを指摘した。また、ドレイツェルが手紙を読むにはインク処理が必要であり、四千㎞も離れた（二）追放地でソヴィエト警察の監視下にいたムラチコフスキーへの転送に際しては、あぶり出しインクで複写すべしとの警告が当然書かれていただろう、と指摘した。もしその手紙が再複写されたとすると、ムラチコフスキーにはトロツキーの直筆かどうか、彼が証言したようには（資料ＺＫ）、識別できなかったろう。したがって、手紙は明らかにでっち上げであり、トロツキーとセドフを陥れる虚偽の証拠づくりが目的である、と論じた（資料ＣＲ）。

§五三　ドレイツェルがトロツキー護衛団の一員であった点については、訴訟記録とトロツキー、セドフの意見は一致している。とはいえ、護衛団の責任者であったとはトロツキーもセドフも言っていない。スミルノフの指令についてセドフと会話したとのドレイツェル証言は、スミルノフ自身が認めず、セドフも否認している。一九三二年にトロツキーからの手紙を代理人経由で受け取ったというドレイツェル証言を、ムラチコフスキーは確認したが、トロツキーとセドフによって否認された。

§五四　既に触れたように（§四九）、ドレイツェル証言は、一九三一年秋のセドフへの使者派遣の目的がトロツキー派とジノヴィエフ派のブロック問題に関するトロツキーの態度を確かめることにあったと主張したものであり、これが使者派遣（§五〇）に関する唯一の証言であった。この証言をブロック結成について告発された他の被告達の証言との関連で考察する必要がある。謀議なるものの信憑性に関係することであり、この証言の幾つかの矛盾点については先に指摘した（§三四〜三六）。ここでは、ドレイツェルの自白の信憑性に関連する事柄に限定して話を進める。

ジノヴィエフとテル＝ヴァガニャンによれば、ブロック結成に向けての交渉は一九三二年に開始された。ジノヴィエフは、その時期に、テロリズムを基盤とする連合に関連してトロツキーの指令を受けたスミルノフと協議した、と証言した（資料ZK）。テル＝ヴァガニャンは、「スミルノフがベルリンから戻った後」の一九三二年秋に、トロツキー派はジノヴィエフ派との連合交渉を始めたが、テロリストとしての立場は「既に指令が届いていたので」明瞭であった、と証言した（資料ZK）。訴訟記録によれば、スミルノフの審理中に、

ブロック結成は直接交渉の成果であった……ことが明らかになる……土台となったのは一九三二年にセドフを通じてスミルノフに伝えられたトロツキーの最初のテロ指令であった。（資料ZK）

この証言が真実ならば、スミルノフがセドフのもとにドレイツェルを派遣し、ブロック結成についてトロツキーの意向を確かめる理由はなくなると思われる。

一方、一九三二年中頃のスミルノフの行動に関するムラチコフスキーの証言が起訴状に引用されていて、

（スミルノフは）我々指導トリオに、ジノヴィエフ、カーメネフならびにシャツキン＝ロミナーゼのグループと我々の組織を合体させる必要性の問題を突き付けました……トロツキーに相談して、指示を仰ぐことが決定されたのです。……（資料ZK）

公判中のムラチコフスキーの証言によれば、スミルノフは一九三二年後半にこの問題を提起してブロックを支持する議論を展開し、同時にトロツキーに問題を投げかける手紙をホルツマン経由で送った（資料ZK）。

仮に、ムラチコフスキーの証言（起訴状によれば、ドレイツェル本人によって「全面的に確認された」ものである――資料ZK）が真実であるにせよ、スミルノフが一九三二年秋にトロツキー宛の手紙をドレイツェルに送った、ということはまず考えられない。ホルツマン経由の手紙でトロツキーに照会しておきながら、仲間の「トロツキー派」には一年半以

上も黙っている、というのはあり得ないことだ。

このように前述の二つの説明との関連性において、ドレイツェルの派遣は訴訟記録自体からみても、無意味で現実性がないように思われる。ドレイツェルの言うことを信じようにも、虚偽であることを知っていたはずのムラチコフスキー証言を反証もせずに「全面的に確認」したことで、信憑性の一片も残っていない。さらに証言をありのままにみると、セドフとの接触手段や「トロツキーの指示が追って届くだろう」というセドフの保証の他には、二人の会話に関する細部の説明がない。スミルノフからのメッセージをセドフへ実際に伝えたホルツマンは、どのようにして接触を図ったかを説明し、身元を証明する暗号を言うことができた。もしスミルノフがドレイツェルをセドフの元に派遣したのであれば、ホルツマンに渡した電話番号と暗号を伝えていなければならない。

§五五　セドフ訪問に関するドレイツェル証言はこのように、外在的証拠は考慮の外におき、訴訟記録だけで考えても重大な疑問に晒されている。

その真偽の最終検討は、スミルノフの起訴内容の真偽にかかっている。§四六で既に述べたように、我々の下した結論は、セドフがテロリズムに関する自身ないしトロツキーの「見解」や指令をスミルノフに伝えたことはない、したがって、指令実行のために「トロツキー派=ジノヴィエフ派ブロック」構想を企てることはなかった、というものである。以上のことから我々は、一九三一年のスミルノフによるセドフへの使者派遣に関するドレイツェル証言は虚偽であると認定する。

§五六　トロツキーのあぶり出しインクの手紙なるものに関して、検察官は明確かつ必要な尋問を行おうとしなかった。起訴状には、ドレイツェルがムラチコフスキーに手渡した、とある（資料ZK）。ドレイツェルの証言から、彼は一九三四年十月に受け取って「すぐに」ムラチコフスキーに引き渡したことが分かっている（資料ZK）。しかし、ムラチコフスキーはカザフスタンにいた同年十二月に受け取ったと証言した（資料ZK）。ドレイツェルは一体どこで受け取ったのか？　「すぐに」ムラチコフスキーに手渡したというなら、なぜムラチコフスキーの受け取りが十二月になってしまうのか？

ドレイツェルがムラチコフスキーに手渡しでなく、送付したというならどのような手段を使ったのか？　ドレイツェルが手紙を「読める状態にする」には処理を施す必要がある、とセドフは論じているが、正当である。さらに、もし彼が読まなかったとすれば、その内容を記憶しているはずがない。一方、ムラチコフスキーは手紙の原物を手にしなければ、トロツキーの書いたものと認識できなかったはずだ。しかし、このような手紙を数千キロも離れた、しかも流刑地に送るのは極端に危険なことであったに違いない。

この重要な問題について、証人が喚問されることはなかった。ヴィシンスキーはドレイツェルの妹も召喚しなかった。セドフのいかなる代理人が手紙を届けたのか、その人物はどのようにして接触してきたのか、ワルシャワにいることをセドフはどのように知ったのか、などを聞き出そうとしなかった。このように我々は、極めて疑わしい状況下で二度にわたり伝達されたらしい有罪証拠の手紙の内容に関して、二つの伝聞話を信じるよう求められている。読者には本報告書の§四七を参照していただきたい。スミルノフが受け取った手紙について言われていることが、この手紙にも当てはまる。訴訟記録のみを根拠に、ドレイツェルへの手紙なるものは実在しないと推定しても間違いないであろう。ところで、ドレイツェルはスミルノフを通じて「テロリスト部隊」とつながっていたとされるのであるから（資料ZK）、スミルノフをテロ部隊と関連付ける証言が虚偽であるとするなら（§四六、四八）、ドレイツェルがスミルノフによってテロ陰謀に引きずり込まれたという想定は根拠がなくなり、そのことを信じる根拠もない、ということになる。このように、テロ指令を盛り込んだトロツキーからの手紙に関して訴訟記録自体が呼び起こす疑念は、こうした手紙は実在しなかったという確信に変わるのである。

§五七　すべての証拠に基づいて我々は、ドレイツェルがテロ陰謀の目的でスミルノフとセドフの仲介役を務めたことはない、セドフその他の人物を通してトロツキーからテロ指令を受け取ったことはない、と認定する。

【原注】

（一）ドレイツェルはワルシャワで妹から手紙を受け取ったと証言している、とセドフが言うのは誤りである。訴訟記録によれば、ドレイツェルの妹はワルシャワから手紙を持参したが、ドレイツェルがどこにいたか訴訟記録には記述がない。

【訳注】

（一）現カザフスタン共和国の最大都市アルマトゥ。

一一章　E・S・ホルツマンの証言

§五八　第一次裁判におけるトロツキー及びセドフに対する起訴の第三の根拠は、E・S・ホルツマン被告の自白である。先の一〇章で考察したように、ホルツマン証言の趣旨は、スミルノフからセドフのもとに使者として派遣されたというものである。我々は一〇章に記した結論に基づき、ホルツマンはテロ謀議に向けてスミルノフとセドフの仲介をしていない、と認定した。

§五九　ホルツマンはさらに、セドフの提案で一九三二年秋、トロツキーが滞在するコペンハーゲンで会う手はずを整えたと証言した。ホルツマンによれば、

> セドフは私に言いました。「ソ連に行く途中、父のいるコペンハーゲンに自分と一緒に来てくれるとよいのだが」。……私は同意しましたが、機密上の観点から一緒には行けないと伝えました。数日中にコペンハーゲンに赴き、宿泊先のブリストルホテルでトロツキーに会う算段をセドフとともに整えました。駅からホテルに直行し、ラウンジでセドフに会いました。午前十時頃、トロツキーに会いに行きました。（資料ZK）

ホルツマンの証言によれば、トロツキーはテロ指令を授け（§三六）、スミルノフへの手紙を書いているところだと告げたが、辞去するまでには書けなかったので、

> ……私は口頭で指令を受け取り、正確な趣旨をモスクワに到着次第、伝えたのです。（資料ZK）

彼はその趣旨を誰に伝えたか言及しなかった。しかし、トロツキーからスミルノフその人に間違いなく指令を伝えるよう告げられた、と証言している。検察官は、スミルノフへの尋問の際、ホルツマンからメッセージを受け取ったかどうか聞こうとしなかった。そして、最終論告ではスミルノフとホルツマン両者の信用を傷つける狙いで、訴訟記録を不正確に伝えている

> ホルツマン……は、指令を受け取ったが人々に伝えなかったと言った。信じがたいことだ。（資料ZK）

ホルツマン証言によれば、トロツキーとの面談中、

> トロツキーの息子セドフは頻繁に部屋を出入りしていました。（資料ZK）

面会の終わりを告げたのはセドフだった、とホルツマンは言う。

その時、セドフが入ってきて、会話を急いで終わらせました。……（資料ZK）

§六〇　トロツキーの証言――一九三二年十一月二十三日から十二月二日までコペンハーゲンに滞在した。社会民主主義学生集団の招きでトルコから当地に赴き、ロシア革命についての講演を行った。同行者は、妻、秘書ヤン・フランケル、フランスの友人P・フランク、ドイツの友人オスカール（フルネームは秘す）で、アメリカ人のフィールド夫妻も加わった。一行はトルコから海路マルセイユに渡った。コペンハーゲンでは、彼等一行は五、六部屋の別荘で過ごし、偽名の使用を徹底していた。友人達五、六名による護衛団を昼夜問わず組織し、すべての訪問者を規制して、面会希望者が勝手に部屋に入ることはできない状態であった（資料PC）。ホルツマンを以前から知っていたかどうかは、定かでない。ボリシェヴィキ党には同名の人物が数名いるが、追放以来、いずれの人物とも一切交信していない（資料PC）。だが、ホルツマンは一九三二年にベルリンで息子のセドフに会い、後で知ったことだが、ソ連国内の状況についての幾つかの報告（『会報』で公表）をしていたため、このことが間接的な交信と解釈されたかもしれない（資料PC）。コペンハーゲン滞在中にホルツマンという名の人物と会ったことはない。その期間に生活を共にした、あるいは来訪した二七名を確認したところ、唯一のロシア語を話す訪問者がセーニン某（ソボレヴィシウス）であった。後にベルリンのトロツキー派組織を分裂させた二人兄弟の一人である（資料PR）。

トロツキーはコペンハーゲン滞在中、息子のセドフはいなかったと否認したが、息子の妻がいたことは認めた。彼の証言では、息子は当時ベルリンにいて、日々電話でやり取りをしていた。一九三二年十二月六日、パリで会ったセドフは、トロツキー夫人がフランスのエリオ首相に電信依頼したおかげで発行されたフランス政府のビザを手にしていた。セドフが一九三一年二月にプリンキポからベルリンに向けて出発して以来、初めての再会であった（資料PC）。

一行が住んだ別荘はダンサーの所有で、風変わりな家具類に訪問客の誰もが強い印象を得たはずだが、コペンハーゲンに彼を訪ねたと口にするモスクワ裁判の被告の誰一人としてこの居住環境に触れていない（資料PC）。また、当時の報道を賑わしたテロ陰謀指導者ジノヴィエフ死亡の誤報騒ぎについて証人が言及していないことにも注意を向けた（資料PC）。

§六一　トロツキー証言は秘書のヤン・フランケルによって充分立証されている。彼は、トロツキーに同行してコペンハーゲンに移動し、当地滞在中は常時、傍らにいたことを準備委員会で証言し、護衛団の組織を説明した。訪問者の入場許可はトロツキー、レイモン・モリニエ及び秘書フランケルの三人ですべて決定していたから、知らない人物が面会することはあり得なかった。また、コペンハーゲンのダルガス大通りのトロツキーの居場所を知っているのはボゲイル氏だけだった、と述べた。ボゲイル氏は既に故人であるが、デンマーク社会民主党員で、警察長官及びトロツキーの親しい友人達を対象とするトロツキーの講演を世話した人物であった。

フランケルによれば、トロツキー夫妻は別荘上層階の寝室を使い、もう一つの寝室をセドフの妻ジャンヌ・マーティン・デ・パリエールがルシエンヌ・テデスキと共同で使用した。残りのごく小さな部屋がトロツキーの書斎だった。トロツキー一人で会う客もいたが、書斎入室前に身元を確かめたうえで名前を呼ばれ、一階にいる五、六名の護衛の側を通らなければならなかった。トロツキー単独の外出はなかった。ある日、報道記者がトロツキーの居場所を探り当てた時、トロツキーはレイモン・モリニエ、オスカール、ジェラル・ロゼンタールに付き添われて小さなペンションに行っていた。フランケルはベルリンのセドフとしばしば電話で会話し、セドフがコペンハーゲンに来る機会を探っていた、と証言した（資料PC）。

§六二　セドフの証言――コペンハーゲン行きをホルツマンに要請したことはないし、生まれてこのかたコペンハーゲンには行ってない（資料CR）。ベルリンで支給された外国人向けパスポートの有効期間は一九三二年八月三十一日から十一月一日であり、期限後はドイツ居住許可の更新なしに、デンマーク当局の通常ビザではドイツを出国できなかった。一九三二年十二月三日、つまりトロツキーがコペンハーゲンを後にした翌日まで、居住許可の更新はしなかった。同日、母親がフランスの首相エリオに電信要請をしてフランスのビザを入手し、パリに行って両親と再会した。両親がコペンハーゲンにいる間、毎日ベルリンから電話をかけて連絡をとっていた。セドフはパスポートをフランスの調査委員会に提出したが、委員会は検証して、彼の主張の正しさをパスポート記載の日付から確認した。（資料CR）

セドフの証言は続く。

……コペンハーゲンのブリストルホテルは一九一七年に閉鎖しており、三二年にその名前のホテルはコペンハーゲンに実在しなかったことは疑いようもありません。三二年にコペンハーゲンに実在した菓子店と実在しないホテルを混同して間違いが生じたのだ、という話が裁判の数カ月後に聞こえてきました。だが、私の見解では、ホルツマンの明らかな嘘を訂正する試みは、ホテルのロビーで待ち合わせたという非常に鮮明な主張と符合しないのは明らかです。菓子店にはロビーなどありません。（資料ＣＲ）

彼はさらに、訴訟記録のある一節に注意を促し、準備委員会の場で引用した。オルベルク被告の証言個所であるが、ベルリンで知り合った当時のセドフの消息に関しては他の被告達よりも詳しい立場にいたのだ。

> 私がソ連に出発する前に、セドフに同行してコペンハーゲンに行き、トロツキーに会う予定でした。
>
> 我々の訪問は実現しませんでしたが、セドフの妻スザンナ[訳注一]が既に先に行っていました。……（資料ＺＫ）

オルベルク証言とホルツマン証言の両立しがたい矛盾を解こうとしなかった検察官の怠慢に、セドフは注意を促した（資料ＣＲ）。

§六三　フランスの調査委員会で三名の証人が、セドフのコペンハーゲン行き、ならびにトロツキーとセドフの起訴に関連する他の事項について証言した。

オイゲネ・バウアー[一]（パリ在住のドイツ人内科医）の証言――一九三四年までトロツキー派の運動に参加していたが、「過熱気味の論争の後、離脱し」、ドイツ社会主義労働者党に加入した。トロツキーがコペンハーゲンにいた時期は、セドフと親密な関係にあり、ベルリンにいるセドフと毎日のように電話で話し、トロツキーがコペンハーゲンに到着してからは、セドフ自身のコペンハーゲン行きの計画に関連した話題が出た。セドフは最終的に同行を断念したが、十二月一日にコペンハーゲンに向け、ソボレヴィチ某（セーニン・ソボレヴィシウス、§六〇参照）と一緒に出発した。その人物は、当時同志だったが、後にゲーペーウーの手先となった人物である。

コペンハーゲンには十二月二日の午前六時に到着し、十一時にはトロツキーとともに、エスビャに向けて出発した。翌三日の朝にはベルリンに向けてエスビャを出発した。ベルリン到着直後、セドフに電話をかけた。バウアー証人は、小委員会にドイツのパスポートを提示したが、そこには一九三二年十二月二日付と翌日付のデンマーク警察のスタンプがあった。ドイツのスタンプはなかった[二]（資料ＣＲ）。

特別委員会が証明した証言録取書の中でバウアーは、セドフが十二月一日夕刻、ベルリンの駅で見送ってくれたこと、十二月三日夕刻にベルリンでセドフに電話をかけたこと、さらにセドフがベルリン滞在中エスビャには行っていないことを証言している（資料ＰＣ）。

§六四　アレクサンドラ・プフェムフェルト（アレクサンドラ・ラム。トロツキーのドイツ語翻訳者）の証言――セドフがベルリンで暮らした二、三年の間、彼宛の郵便物は自分達夫妻の住所に届けられた。郵便物は主として父親からの手紙であり、手紙を取りに来ない日や電話の問い合わせが来ない日は一日たりともなかった。トロツキーのコペンハーゲン滞在中、セドフは日に二度足を運んだ。パレスチナで亡くなった有名なコーン弁護士がセドフのビザを取ろうと努力したが実らなかった（トロツキー証言を参照。資料ＰＣ）。セドフがパリに向けてベルリンを発ったのは、トロツキーのコペンハーゲン滞在が終わって以後であることは絶対に間違いない（資料ＣＲ）。

§六五　フランツ・プフェムフェルトの証言――ベルリンには長年暮らしている。第一次世界大戦終了直後、共産党に所属したが、一九二一年か翌年に除名された。以来、スパルタクス(訳注一)運動を支持しているが、現在は政治運動には参加していない。彼は、妻アレクサンドラの証言をすべて確認した。

§六六　Ｂ・Ｊ・フィールドならびにエスター・フィールド夫妻のニューヨーク小委員会における証言――自分達はアメリカ共産主義者連盟のメンバーであった。連盟は、トロツキーが所属した国際左翼反対派の一組織であった。一九三一年に加盟、三四年に除名された。三二年八月にトロツキーの仕事を手伝うためにプリンキポ(訳注二)に行き、十一月中旬まで滞在した後、コペンハーゲンに向けてトロツキーと同じ船で発った。マルセイユからコペンハーゲンに向かうトロツキーと一旦別れ、コペンハーゲンには十一月二十三日に着いた。当地では毎日、朝食を終え次第、トロツキーの家に行き、夜八時か九時頃まで手伝いをした。ずっと屋内にいたが、ホルツマンという名の訪問者はいなかった。ロシア人の訪問者がいなかったのは間違いない。セーニンが訪ねてきたが、彼はドイツ人トロツキー派組織のメンバーであり、ロシア人ではない。三二年の六月か七月にベルリンでセドフに遭遇し、二週間の滞在中は頻繁に会った。コペンハーゲンではセドフの妻と会ったが、セドフはいなかった。知る限りでは、トロツキーはその期間、ベルリンのセドフとしばしば電話を交わしていた（資料ＮＹ）。

コペンハーゲン滞在中はグランドホテルに宿泊した。ホテルと同じ通りにキャンディ菓子店があった。ホテルの玄関とキャンディ菓子店の入り口の間には数軒の店があり、隣接はしていなかった。夫人によれば、キャンディ菓子店は「ブリストル」という名前であったが、フィールド氏は店名を記憶していない（資料NY）。フィールド夫人は小委員会に提出された『今日のソヴィエト・ロシア』の複写を見せられたが（資料PC）、そこにはコペンハーゲンのグランドホテルとキャンディ菓子店ブリストルの写真が載っているとされていた。夫人には、写真が改竄されているように見え、グランドホテルとブリストルの位置関係が正確でなかった。ブリストルとグランドホテルの間は写真よりも距離があり、ホテルには王冠を乗せた大きな看板があったが、写真でははっきり分からないと述べた。また、ホテルに接続しているカフェを覆い隠しているような写真画面の黒い汚れに注意を促した。

§六七　コペンハーゲンでトロツキーに会ったと主張した第一次裁判の証人の証言に関連して、準備委員会とフランスの調査委員会に提出された文書資料は膨大なものになった。コペンハーゲンについてのデンマークの新聞からの多数の抜粋は別として、準備委員会だけで六七にのぼる文書が証拠として採用された。したがって、本報告書では最も重要なものしか引用できない。この裁判の他の文書記録を利用する際にも、同じ手法がとられるだろう。

§六八　ホルツマン証言に関連して我々が入手している最も重要な記録資料は以下のものである。

（一）教師達のスタンプとサインがある二冊のノートと試験回答用紙。セドフが一九三二年十一月二十五日と二十七日にベルリンの技術工科大学に出席したことを示している。試験は十一月二十六日に行われ、採点と授与された等級の表記が返されたのが二十七日、とセドフは証言し（資料CR）、これらの文書をフランスの調査委員会に提示した。後にトロツキーによって証拠提出された（資料PC）。

（二）セドフの出席簿。表紙には、学業出席簿、技術工科大学、ベルリンと印刷され、三カ所にハンネル教授の署名、一九三二年十一月二十九日付のスタンプがある。他に十一月二十五日付のスタンプ、判読不能の署名もある。

（三）セドフがフランス調査委員会に提示したパスポートの写真複製。一九三二年八月三十一日付ドイツ滞在許可の記載があり、有効期限は同年十二月一日。同月三日の更新、期限は翌年一月二日。一九三二年十二月三日付のドイツ出国と再入国許可。期限は同月十七日。一九三二年十二月三日付のフランスのビザ、有効期限は五日間。一九三二年十二月四日付フランス国境の入国スタンプ（資料PC）。

（四）トロツキー直筆のセドフ宛の手紙。ノートを切り取って書かれた手紙の冒頭と結び。

親愛なるリョーヴァに。再会に向け、うまく事が運ばないようだ。マルセイユからの船がダンケルクに着き、出港するまでの時間が長く、フランス縦断ができてしまう程。次の船便まで待つ（まるまる一週間！）、無論、我々には余裕などない。……

母親が君によろしくと言っている（朝七時だから、睡眠中）。多分、今日手紙を書くことだろう。

署名の上に、一九三二年十二月三日の日付があり、乗船中の船室から、とある。

（五）ナターリア・セドフ＝トロツキー［以下、トロツキー夫人］から息子宛のポストカード（直筆）。「エスビャルト一九三二年十二月三日」の消印があり、プフェムフェルト夫人のベルリンの住所に差し出されている（このポストカードは、セドフ宛の郵便が自分の所に送られていたというプフェムフェルト夫妻の証言を裏付ける。——§六四、六五）。

親愛なる息子に。今朝、パパは急いで書いた短い手紙を、エルヴィン(三)に託したからね。

トロツキー夫人はコペンハーゲンで息子に会えなかった悲しみを表明し、こう結んでいる。

あなたの手紙が待ち遠しい。どこに送ったのやら？……「奇跡」が起きて、再会できる日を心待ちにしています。（前掲資料）

（六）セドフがコペンハーゲンの母親に送った六通の直筆の手紙。うち五通がフランス調査委員会にセドフから提示され（資料CR）、後に六通すべてがトロツキーから当委員会に送り届けられた。トロツキー夫人から当委員会宛に、「これらの手紙のすべてではないが数通は、最終的に手元に届いた。郵便によらないものは同志達を通じて。コペンハーゲン宛以外のものはプリンキポに」との書状が届いた。夫妻がフランスから国外退去された際（資料PC）、息子に預けた保管庫にこれらの手紙は保管されていた。手紙の日付は一九三二年十一月二十一日、同月二十六日（三通）、同月二十八日、十二月二日である（資料PC）。最初の一通の冒頭。

親愛なるご両親！　三六時間以内には、ベルリンから間近の所にお着きになることでしょう。でも会いに行けない！　ドイツ政府はいまだに在住継続許可を出しません、それなしではデンマークのビザも取れないし、ベルリンに戻ることもできません。

十一月二十六日の一通には次のような章句がある。

そちらのビザの延長が可能なら、二週間位のうち、多分早めの機会に、お二人のもとに行けると願っています。

（七）トロツキー夫人からフランスのエリオ首相に送信した電報のコピー。コペンハーゲン、一九三二年十二月一日付。フランス国内を通過する際に会えるよう息子へのビザ発給を依頼する内容。もう一通はフランス外務当局からベルリンのフランス領事館宛、同月三日付。内容はビザ発給通知。（四）

（八）トロツキーのコペンハーゲン滞在期間中、ベルリンでセドフに接触したという人々の証言録取書。この中に、アンナ・グリレヴィチの宣誓供述書（プラハ）がある。彼女の供述――夫のアントン・グリレヴィチはベルリンのトロツキー派組織のリーダーであり、トロツキーが著述した多くの冊子やセドフによる『反対派会報』の発行人であった。多くの関連情報が寄せられた夫妻の住まいはドイツ人グループの事務所としても使われ、夫妻は連日セドフと直接あるいは電話で連絡をとっていた。夫がコペンハーゲンを不在にした期間、つまり一九三二年十一月二十二日から十二月一日まで、セドフは毎日電話をかけてきて、彼女も届いた郵便物を伝えた。したがって、その期間、セドフがベルリンにいたことを知っている。夫が戻って数日後、セドフはパリに行き、一週間程滞在した。

（九）トロツキーのコペンハーゲン滞在中、生活を共にした人々の証言録取書。次のような人々である。

（a）レイモン・モリニエの証言（特別委員会が証明済み）。編集者、現在はトロツキーの政治的敵対者である（資料PC）。トロツキーのコペンハーゲン滞在の準備に奔走し、当地に向かう途中のベルリンでセドフと相談をした。その際、セドフはコペンハーゲンに行けないと伝えた。

プロシアの社会民主党政府当局との関係が不安定な状況を考慮して、非合法でデンマークに行くのはやめる、と彼が言ったのを鮮明に覚えています。

モリニエは一九三二年十一月十九日にコペンハーゲンに到着し、ダルガス大通りの家具付き別荘を自分の名前で借りた。その家は数カ月不在のアーティストの所有であった。家の中でも、トロツキーが一人になることはなかった。

滞在中は常にヤン・フランケルと私が身辺警護の責任者でした。トロツキーとの協議で、すべての訪問客に関連する事項の整理に二人であたることになりました。したがって、インタビューをした同志達や訪問客を正確に把握していました。ホルツマンという人物の訪問はなかったし、身元不明の人物の訪問もあり得ません。

モリニエはジノヴィエフの死を伝えた報道に言及し、幾人かの同志がトロツキーにジノヴィエフについての見解を求めたという。反応は簡単なものだった。

……ロシア革命へのジノヴィエフの貢献の数々を思い起こしていましたが、革命期間中ならびに反対派の闘争期間中のジノヴィエフの動揺に愛想をつかして決定的な絶縁を表明しました。

モリニエはトロツキー夫妻を何度かドライブに連れ出した。社会民主協議会会長のシュタウニング訪問の際に同行したが、ビザの期間延長問題を議論するためであった。彼はコペンハーゲンにおけるトロツキーの活動についてのフランケル証言や郊外のペンションを訪ねたこと、さらにベルリンのセドフとの電話などについて立証した。トロツキーが当地を離れると、彼はパリのル・ブールジェに飛び、ダンケルクで合流してマルセイユまで同行した。一行はパリ北駅でセドフと落ち合い、揃ってマルセイユに向かった（資料ＰＣ）。

（ｂ）パリのジャーナリスト、ピエール・ナヴィユの証言録取書（特別委員会が証明済み）。彼はトロツキーのコペンハーゲン滞在中、生活を共にした。トロツキーのデンマーク到着をエスビャで出迎えた。汽船「ベルンスドルフ」号でダンケルクに戻るトロツキーに同行した。この証言は、コペンハーゲンでの生活、活動ならびに護衛組織に関するトロツキー証言を立証する。彼は家屋の細部に至るまで描写し、趣味の悪い装飾物と雑多な家具が溢れた部屋の壁にたくさんかかっていたダンサーの写真は忘れられない、と述べた。電話が小さな玄関に置いてあり、この電話でトロツキー夫妻はベルリンのセドフと何度か会話をした。バウアーとセーニンは十二月二日の朝に着いたが、出発の準備で議論が充分にできないまま、バウアーがエスビャまでトロツキーに同行した。

この証言録取書の陳述は、以下の人々によって間違いのないことが確認されている。ドゥニーズ・ナヴィユ、ジュリアン（フルネームは秘す）、ルシエンヌ・テデスキ、フェローチ、ジェラル・ロゼンタール。トロツキーは準備委員会での証言時に、これら全員を確認した（資料ＰＣ）。

（ｃ）オスカール（オットーの名で知られる。§六〇参照）の証言録取書（特別委員会の証明済み）。トロツキーのイスタンブールからデンマークへの移動の際、秘書団の一員として同行したと述べている。オスカール証言は先の引用を裏付けるものである。
ほぼ常時トロツキー宅にいましたから、すべての訪問客にお目にかかりました。ホルツマン、ベルマン＝ユリン、フリッツ・ダヴィッドは絶対に訪問客の中にいません。……セドフはコペンハーゲンには来ていません。……彼のことは個人的によく知っています……セドフがコペンハーゲンに来たのを私が知らないでいたなんて絶対にあり得ません。十二月六日朝、パリのリヨン駅でトロツキーの客車に入ってきた彼に会いました。セドフはマルセイユまでトロツキーに同行しました。（資料ＰＣ）

（ｄ）セドフの妻ジャンヌ・マーティン・デ・パリエール［以下、セドフ夫人］は、特別委員会が証明した証言録取書で、先に引用した関連証言を裏付けている。セドフはコペンハーゲンに行けなかったが、彼女は行ったこと、トロツキーの滞在生活の様子と活動、護衛組織、トロツキー夫人のエリオ首相への電信などである。到着時には秘密扱いの夫妻の住所がわからずに、案内役の同志に会うまで長時間待たされた。ベルリンの夫に数回電話をかけた。トロツキーの当地滞在が終わると、ルシエンヌ・テデスキと一緒に、ハンブルク経由でパリに向かった。パリで夫と落ち合い、共にトロツキー夫妻に同行してマルセイユに向かい、そこからイタリア国境に出た（資料ＰＣ）。ハンブルク経由でパリに行ったという証言は、ポストカードで裏付けられている。「ハンブルク一九三二年十二月三日」の消印があり、パリの住所の本人宛で「ジャンヌ」と署名されている（資料ＰＣ）。

（ｅ）コペンハーゲンからパリへの移動に関するセドフ夫人の証言を、ルシエンヌ・テデスキの証言録取書（特別委員会が証明済み）が裏付けている。彼女は何度か、コペンハーゲンのトロツキー夫人からベルリンのセドフへの電話を取り次いだ、と述べた（前掲資料）。

（ｆ）アントン・グリレヴィチは宣誓供述書（プラハ）で、一九三二年十一月二十三日から十二月一日までコペンハーゲンでトロツキーと一緒だったと述べている。訪問者を引き入れる方法に関する先の証言を立証し、ロシア語を話す訪問者はいなかったと述べて、セドフの不在について説明している。

トロツキーの息子セドフはコペンハーゲンにいなかった、誓って言うが間違いない事実だ。トロツキーと同じ家にいて、トロツキー夫妻、セドフ夫人が毎日セドフに電話をかけていたのを知っている。自分もその機会に二度セドフと会話した。私の妻は私がコペンハーゲンにいて不在にしている間は毎日セドフと直接会うか電話で話を交わしていて、私宛に何度も手紙を寄こしてその会話を伝えてきた。
（前掲資料）

（g）トロツキーのフランス人弁護士（資料PC）であるジェラル・ロゼンタールは証言録取書（特別委員会が証明済み）で、トロツキーのコペンハーゲン行きに付き添った後、フランスに戻った、と証言している。先に引用したトロツキーのコペンハーゲンでの生活、護衛などに関する証言を裏付けている。しかし、他の証人とは違い、トロツキーが書斎としていた二階の小部屋には触れず、時間の大半を過ごしたという寝室について説明している。セドフとは個人的な知り合いでもありセドフの不在、ならびにトロツキー夫人がエリオ首相に送信した電報に関連する先の証言を裏付けている（前掲資料）。

（一〇）コペンハーゲン市ダルガス大通りの別荘の写真と建築設計図面の複製。計画図が当時の実物を忠実に表現していることが公立科学技術監督所によって証明されている。この資料は多くの証人による別荘の描写を裏付けるものである。

（一一）アルフレッド・クルーセの宣誓供述書（コペンハーゲン）。デンマーク財務省中央税務管理局の助手であるクルーセは、共産主義者あるいはロシア問題の精通者であっても、コペンハーゲン滞在中のトロツキーへの接触が困難だったことを証言した。彼は大戦初期にブハーリン、ピャタコフなどボリシェヴィキ党のメンバーと親交があり、ボリシェヴィキへの秘密の使者として二度ロシアに渡った経験があるが、コペンハーゲンでのトロツキーへのインタビュー依頼に回答が得られずにいた。トロツキーの講演会《訳注四》のチケットを手に入れるのは大変難しく、最終的に報道員証を手にして聴くことができた。トロツキーにコペンハーゲンで会うのは、周辺の人物の許可なしでは不可能であったから、ホルツマンがコペンハーゲンでトロツキーに会ったという証言を、認めるにせよ否定するにせよ、大勢の人間がかかわっているはずだと断定した（前掲資料）。

（一二）ブリストルホテルの問題に関連する文書類。

（a）アルフレッド・クルーセの宣誓供述書――コペンハーゲンに生まれ、ホテルのあった街区で育った。外国人旅行客によく知られたホテルで、ロシア帝国の船舶が寄港した際、上級船員がそのレストランに立ち寄った。したがって、帝政期ロシアの政府関係者にはよく知られていたはずだし、旅行案内書にも多分載っていたことだろう。ホテルは一九一七年に閉鎖し、建物はオフィスに改造された（前掲資料）。

（b）一九一七年版の『昔と今』に載っているホテルの写真。説明文に、一九〇一年から翌年にかけて建築され、十五年後に破産、建物はアプサロン保険会社に売却され、オフィスに改造予定とある（前掲資料）。

（c）『今日のソヴィエト・ロシア』（ニューヨーク、一九三七年三月発行）にコペンハーゲンのブリストルキャンディ菓子店とグランドホテルの電送写真が載っている（前掲資料）。フィールド夫人に提示された写真である（§六六）。

（d）ブリストルキャンディ菓子店とグランドホテルの二枚の写真。コペンハーゲンのA・ヴィケルソウ・イェンセンから委員会に送付されたものである。写真には菓子店とホテルの間にキヨスクの新聞販売店と二軒の店が写っているが、ホテルの部分には前述の黒い汚れがあり、入り口には水平方向に「グランドホテル」の電飾ネオンがかかっていて、二つの大きな窓の間にカフェの入り口があるが、これは『今日のソヴィエト・ロシア』の写真にはなかった（前掲資料）。

この二枚の写真は、ホテルと菓子店あるいはカフェの位置関係に関するフィールド夫妻の証言を裏付けているが、イェンセンは、一九三二年にその菓子店は現在二つの店が並ぶ場所に位置していたと記憶している、と書面で回答を寄せた。

（e）A・ヴィケルソウ・イェンセンの宣誓供述書（コペンハーゲン）。トロツキーをコペンハーゲンに招待した社会民主主義学生集団の一員であった。一九三七年一月二十九日の『アーバイダブラーデットゥ』（デンマーク共産党機関紙）に掲載されたブリストル菓子店とグランドホテルの配置図に言及し、両施設の位置関係の表記が誤っている、と証言している。彼によれば、菓子店の入り口は、ホテルの入り口との間に見える新聞スタンド売店のすぐ横ではなく、もっと右に寄っており、菓子店に入るには通りから見て右側の数軒の店の前を通過しなければならない。菓子店のオーナーはホテルのオーナーの妻であったが、両企業の運営はまったく別個だった。当時は、ホテルのロビーと菓子店の従業員専用室をつなぐドアがあったが、主にホテルの従業員が使用し、客が使うことはごく稀であった。ホテル検査官によれば、両施設の関係を混同することは普通考えられず、「ブリストルホテル」は混同で生じたものとは言えない。一九三六年、菓子店は右に一軒移動し、空きスペースに三つの店舗ができた（前掲資料）。

この宣誓供述書は先に引用したイェンセンの手紙と食い違うように思える。もし、一九三二年当時、現在二つの店舗がある場所にカフェがあったとすれば、しかもイェンセン及びフィールド夫妻が言うように、ホテルの入り口とカフェの入り口の間に複数の店舗が存在するためには、店舗はカフェの前面にあったことになる。

§六九　我々の見解では、ホルツマンがコペンハーゲンへの移動時に使用したパスポートの種類と入手方法を尋問しなかった検察官の怠慢を、トロツキーが非難し、裁判と検察官への不信を表明しているのは正当である。ソヴィエトの役人であるホルツマンは、公務で外国にいたのであり（資料ZK）、上司に無断で移動し、パスポートを使うことはできなかったはずだ。

さらに、彼がパスポートを使用したのであれば、一九一九年のオルベルクのホンデュラスのパスポート、フラシェのチェコのパスポートと同様に、ヴィシンスキーは移動を証明するためにパスポートを証拠として提出できたはずだ。仮にホルツマンが偽造パスポートを使用したのであれば、いかなる名前を用い、どこの国籍だったのかを立証することは検察官の義務である。トロツキーはこう論じている。

ホルツマン証言の真偽は、ベルリンからコペンハーゲンへの移動時に使用したパスポートを調べれば即座に分かることだ。こうした状況にあっても、被告にパスポートのことを尋問しない検察官が居座る裁判手続きを想像できようか？（資料PC）

オルベルクとホルツマン両者のセドフに関連する証言に重大な食い違いがあることに言及しない検察官の怠慢にも、我々は注意を向ける。常識を身につけ、真実の追及に関心のある検察官なら見逃すはずのない食い違いである。訴訟記録を見るならば、オルベルクの翌日に証言したホルツマンが、セドフ証言の虚偽性を世界に知らせる狙いでセドフの身をコペンハーゲンに置いたのではないか、という疑惑に駆られる。ホルツマンはトロツキーの住所も、セドフと二人でどうやって辿り着いたかも、言えなかった。トロツキーの置かれた環境や滞在生活を共にする人々についても何一つ説明しなかった。検察官も何も聞こうしなかった。セドフの示唆によるコペンハーゲン行きを証言したベルマン＝ユリン及びダヴィッドに、セドフが当地にいたかどうか尋ねなかった。さらにヴィシンスキーはホルツマンがトロツキーの「口頭指令」を伝えたかどうかスミルノフに尋問せず、ホルツマンがそうした行為を否認したと記述している訴訟記録と食い違いをみせている。このように訴訟記録は、証言者が当人しかいないホルツマンのコペンハーゲン行きの問題を解明するには程遠いものである。

§七〇　一九三二年当時のコペンハーゲンにブリストルホテルはなかったという事実は今では共通認識となっている。したがって、ホルツマンがブリストルホテルのロビーでセドフに会うのは不可能であった。だがホルツマンはブリストルホテルに「宿泊する」手はずを整え、そのラウンジでセドフに会った、と明確に述べている。

委員会は、ソヴィエト政府に調査への参加を懇請したが反応がなかった。したがって、検察当局のこの訴訟に対する考え方が訴訟記録に具現されているものとみなさざるを得ないことは既に述べた（§九）。コミンテルンの定期刊行物やソヴィエト体制に好意的な出版物に広く行きわたっている見方は、コペンハーゲンにブリストルホテルはなかったけれども、ホルツマンはブリストル菓子店ないしカフェを実際には指したのだという趣旨であるが、根拠のない推測に過ぎず、ソヴィエト政府がホルツマンを処刑し永久に口封じをした今となっては解決の術もない。とはいえ、そうした見方は、偽証する文書資料と併せて広範に存在しているので、厳密に言えば訴訟手続きに関係しないものの、半ば公的な弁明の性格を有するので、この問題を考察する。

以下のような説明が可能である。
（一）ホルツマンはあるホテルでセドフと会うことが決まっていたが、ホテルの名前を間違ってブリストルと記憶していたのかも知れない。
（二）ホルツマンはブリストル菓子店でセドフと会うことが決まっていたのかも知れない。だが、訴訟記録の英語版が正しければ、ブリストルホテルに「宿泊する」手配をした――菓子店に「宿泊する」ことはできない。さらに、彼はラウンジ（ロビー）でセドフに会った、と言っている。ブリストル菓子店とグランドホテルの一九三二年における位置関係を示す配置図（コミンテルン機関誌『評論』六号、一九三七年二月から引用）が準備委員会に提出されている（資料PC）。この図面は、ホルツマンがブリストル菓子店に言及した証言の根拠として掲載されたものであるが、菓子店にロビーはない。トロツキーが言うように、会合が行われたのは、「ブリストル以外の入り口ロビーなのか、それとも、入り口ロビーのないブリストルなのか」、確定が求められる。
（三）ホルツマンがグランドホテルをブリストルカフェと混同している可能性もある。
だが、こうした間違いは、コペンハーゲンの地理を知らないセドフを当惑させたに違いない。彼がホルツマンに会おうとしてブリストルホテルに向かっていると想定する。ところが、「ブリストル菓子店」あるいは「グランドホテル」にホルツマンの姿を見つけて――少し難しい想定なのだが――、さぞかし驚きの声をあげたことだろう。トロツキーが奇しくも論じているように、こうした状況下では、ホルツマンの取り違えは会合の前だけ可能である。取り違えが心に刻まれた会合の後で、法廷の場にブリストルホテルを持ち出すことはできないだろう。
（四）『評論』の見解は同一視の理論である。「ブリストルカフェ」は以前から国内外のトロツキー派の会合場所として使われ、トロツキー派の活動家にとってこのカフェの名前はホテルの名前と同一のものであるという結論を引き出している。しかしながら、第一に、先に引用した証言が示すように二つの施設はまったく別個のものであった。第二に、『評論』が主張するように、そのカフェがトロツキー派によく知られていたのであれば、名前も違う別個の商業施設との混同はあり得ないと思われる。例えば、非常に多くの外国人がパリのグランドホテルの一階にあり、カフェとホテルの住所番地が同じであることを客の多くは知らないはずである。このようにたまたま両者が切れ目なく隣接しているような場合でも、馴染みのカフェと別名のホテルを同一視してしまうということは、めったにない。用途が全然違うのだから。この場合のホテルとカフェの同一視は、ホルツマンがセドフとブリストルカフェで会ったという証言を裏付けるために、ラウンジでの会合の証言価値が損なわれないように配慮して、考案されたものであることは明らかである。

ホルツマンが外国出張中、「トロツキーへの忠誠が格別に深い秘密に包まれた」ソヴィエトの公務員として、「機密上の観点から」同行の移動を断った後に、悪名高いトロツキーの息子に会う手はずを整えるなどということを信じるのは検察官しかいない。ブリストルカフェが国際的に知られていたとすれば、『評論』がその存在と評判を知るのに五カ月を要したのも不思議な話だ。

§七一　こうして、ホルツマンの虚偽の推論による修正は納得できるものではない。しかし、一つだけ確かなことがある。それは、ホルツマンはコペンハーゲンにいないセドフに、当地で会えなかったということだ。トロツキー滞在中、セドフがコペンハーゲンにいなかったことを示す多数の証拠が確実にある。第一、本人及びトロツキーの陳述。第二、毎日、彼とベルリンで会話を交わしたという四人の証言。第三、コペンハーゲンからベルリンに電話をして彼と会話を交わした、あるいはその会話を聞いた人々の証言。第四、工科大学で使っていた彼のノート、練習問題用紙及び出席簿。第五、彼の証言を完璧に裏付けるパスポート。第六、一緒にいなかったことが明白な母への手紙。第七、トロツキーからセドフに宛てた十二月三日の手紙。コペンハーゲンで両親に会っていないことをその文面は示している。第八、エスビャ三二年十二月三日消印のトロツキー夫人のはがきも同様で、トロツキーの手紙に言及している。第九、トロツキーと寝食をともにした人々の陳述。彼等はよく知るセドフにコペンハーゲンで会っていない、と証言している。第一〇、オルベルク被告の陳述。セドフと一緒にコペンハーゲンに行く計画は「実現しなかった」という内容である。最後に、トロツキー夫人のエリオ首相に宛てた電信文とフランス外務当局のベルリン領事館に宛てた電信文がある。後者はセドフのビザ発給を許可する旨のものである。

トロツキーが傍らで常時仕えた同志達に知られずにホルツマンに会ったと仮定しても、セドフがホルツマンを案内したのではないという事実は残る。しかし、この点についてはホルツマンの証言は非常に明確であり、セドフが頻繁に会話に割り込んできたと言っている。

§七二　したがって、我々は以下の事柄に関する決定的な証拠を保有している。

（一）セドフは、トロツキーのコペンハーゲン訪問中、当地にいなかった。

（二）ホルツマンはセドフに会っていない、及びトロツキーのもとに同行していない。

（三）ホルツマンはコペンハーゲンでトロツキーに会っていない。

【原注】

（一）政治的亡命者につき仮名、委員会は実名を把握している。

（二）我々の調査によれば、ドイツ当局は通常この国境ではパスポートにスタンプを押さない。

（三）「オイゲネ・バウアー」のファースト・ネーム（§六三）

（四）コピーを提供した外務当局はこれらの証明を拒否した（書簡は手元にある）。一般に公表されており、外務当局も実物と差異のないことは否定していないので、委員会は証拠として受理することを正当とみなす。

【訳注】

（一）ジャンヌが正しい。オルベルクの間違いを、セドフが指摘している（§七五）。

（二）カール・リープクネヒト（一八七一～一九一九）とローザ・ルクセンブルグ（一八七一～一九一九）が中心になって結成したドイツ社会民主党左派分派。一九一八年末に創立されるドイツ共産党の中核となった。

（三）イスタンブールの南、マルマラ海に浮かぶプリンス諸島最大の島ブユク=アダのこと。

（四）演説するトロツキーの姿を捉えたロバート・キャパ（一九一三～一九五四）の写真が残っている。十代の報道写真家デビュー作。

一三章　ヴァレンティン・オルベルクの証言

§七三　第一次裁判におけるトロツキー及びセドフに対する起訴の第四の根拠は、ヴァレンティン・オルベルク被告の証言である。

オルベルクの証言――一九二七年か翌年にドイツのトロツキー派組織に加わり、セドフとの接触はアントン・グリレヴィチが仲介して一九三〇年に始まった。セドフとの交信は手紙のやり取りによるものであり、トロツキーの委任状を渡されていた。セドフがベルリンに来た一九三一年三月以来、ニュルンベルク広場のカフェかセドフのアパートで、頻繁に会った（資料ＺＫ）。

起訴状には、一九三〇年初めにトロツキー派の活動を積極的に開始し、ドイツにおけるトロツキーの特使を務め、セドフから受け取った住所録を使ってソ連国内との連絡を確保した、という予備審問中の証言が引用されている（資料ＺＫ）。

私のソ連行きについてセドフが最初に話したのは、トロツキーのソ連邦市民権剝奪（§一七、一七七参照）に関する声明文が出された後でした。この声明の中で、トロツキーはスターリンを暗殺する必要があるとの考えを展開していました。この考えは「スターリンを解任しなければならない」という言葉で表明されていました。

セドフは声明文をタイプしたものを私に見せて言いました。「そう、はっきりとは表明できないから、婉曲な表現だよ」。セドフはまた、ソ連国内に多くの人間を送り込む必要があると言いました。私のソ連行きを持ちかけてきたのは、この時です。私がロシア語を話すのを知って、ソ連で足場を作れるだろうとセドフは確信していました。（資料ＺＫ）

（オルベルク証言の続き）確定した国籍がなかったためパスポート発給に手間取ったが、間もなくフロイディグマンという名前のパスポートを手に入れることができた。ロシアに行く前にセドフとともにコペンハーゲンに行き、トロツキーに面会するつもりでいた。これは実現しなかったが、セドフの妻が代わりに行き、トロツキーの手紙を持ち帰った。文面は、ソ連行きに賛意を示し、使命を首尾よく遂行するよう期待感を表明したものであった（資料ＺＫ）。一九三三年三月末にロシアに渡り、六週間モスクワで過ごしてからスターリナバド（訳注一）に行き、歴史教師の仕事にありついたのだが、

軍役に関する証明書類がなかったため、国外に出ざるを得ず、プラハに行ったのです。（資料ZK）

（プラハ行きの目的は）同志スターリンの暗殺を準備し、実行することでした。（資料ZK）

プラハでホンデュラスのパスポートを首尾よく手に入れることができたのは（§一七）、「ファシスト秘密警察の手先」であるツカレフスキーという人物の援助によるもので、弟のポールの知り合いであった。こうした事の運びをトロツキーは容認し、パスポート代としてセドフから現金が支給された。再度ロシアに行く前にベルリンを訪ね、ツカレフスキーの忠告でスロモヴィッツに会った。以前から知っていた人物で、ドイツのトロツキー主義者はファシストと協定を結んだと教えてくれた（資料ZK）（§一九四、二〇一参照）。

一九三五年三月、オルベルクはロシアに再度入国した。しかし旅行者用ビザのため、数日後にはドイツに戻らざるを得なかったとされている。証言によれば、三カ月後にセドフが別の襲撃を命じてきて、一九三五年七月ロシアに再々入国し、ミンスクにしばらく滞在してから、ゴーリキー(訳注二)に行った。

間もなく、ゴーリキー教育学研究所で仕事を得て、逮捕されるまでそこにいました。同志スターリンの生命にかかわる襲撃計画が実行されたのは、この地でした。（資料ZK）

ゴーリキーに来る前から、ソ連国内に非合法のトロツキー派運動があり、指導者はスミルノフとムラチコフスキーであることをセドフから教わっていた。バカエフについても知らされていた（資料ZK）。

§七四　トロツキーはオルベルクに関連して次のように証言した。

彼はベルリンから手紙をくれました――確か一九二九年のことと思うが、翌年の初めかもしれません。様々な国の多くの若者たちと同様に、ドイツとロシア国内の情勢に関する情報が欲しいという文面でした。数カ月間の手紙のやり取りで、彼の手紙はすべて保管してあり、こちらの返答も複写してあります。息子セドフがベルリン滞在中、行き来するようになり、図書館から借りたロシア語書籍からの引用やその他の手伝いを時折していました。しばらくして、私の手伝いをさせて欲しいと言ってきました。ちょうど、ロシア語の秘書を必要としていたので、ベルリンの友人で編集者のフランツ・プフェムフェルトとその妻で私の著述のドイツ語翻訳者であるアレクサンドラに、この若者についての見解を尋ねました。夫妻は一度会いに来るように彼に知らせて面会しましたが、その際に最悪の印象を得たようです。その手紙二通は手元にあります。非常にいかがわしい若者であり、ゲーペーウーの手先かもしれないと書いてありました。（資料ＰＣ）

（トロツキー証言の続き）オルベルクには会ったことがない。政治的、理論的な手紙のやり取りが関係のすべてだ（資料ＰＣ）。ソ連との交信について聞いたところ、はがきに意見を書いてトラストや有名な会社に送るのが彼のやり方だった。時々、返信が届き、数名のロシア人同志が現れて、シベリアにいる反対派同志に一般のニュースを含めてはがきを送る支援をしてくれるとのことであった。『反対派会報』の論文の複写も、このやり方で送られた。はがきは書状に比べると当局の検閲が厳しくなかったのだ。一九三一年までは順調だったが、監視が厳しくなり、交信がほとんど不可能になった。『反対派会報』に書かない事項は、ロシアの同志にも一切語らずにいたが、こうしたやり取りによる意思伝達はソヴィエト当局の検閲に触れ、押収されるという意味においては陰謀めいたものであった（資料ＰＣ）。

§七五　セドフは、オルベルクとの関係の始まりと進展について、フランスの調査委員会で証言した。

一九三〇年にオルベルクは自ら思い立ち、ベルリンからトロツキー宛に政治的な性格の手紙を出しました。結果的には、この時からオルベルク、トロツキー、私の三者間の調和に変化が生じたのです。……後に、まだ一九三〇年のことですが、オルベルクはトロツキーに自分を秘書として雇うよう催促しました。そこでトロツキーはプフェムフェルト夫妻に手紙を書き、オルベルクに関する情報収集を要請しました。一九三〇年四月一日、夫妻から回答があり、すべての情報から判断して誰もオルベルクを信用していない、ゲーペーウーの手先である可能性が高いからだ、とのことでした。当然、トロツキーは秘書にしませんでした。その後、一九三一年二月末にイスタンブールからベルリンに戻った時に、オルベルクに会い、父親に数冊の本を購入する必要があったので、この買い物のために彼の元に足を運びました。（資料ＣＲ）

セドフはオルベルクとの関係の親密さを否認したが、最初はプフェムフェルト夫妻の懸念が信じられなかったと言う。

どちらかというと、少し精神病質の誇大妄想狂気味であり、あまり近い関係になるのはまずい、とは考えていました。（資料ＣＲ）

（セドフ証言の続き）オルベルクに用件を依頼したのは、本の購入とか、校正といった手仕事だった。家に迎え入れることはせず、警戒して住所は教えなかった。プフェムフェルト夫妻がオルベルクとの間を取り持ち、オルベルクが私宛に手紙を書く際も夫妻の監視下であった。オルベルクは私の妻の名前を知らずに、裁判ではスザンナと呼んだが、実際はジャンヌだ。妻はコペンハーゲンから直接ベルリンに戻らず、一旦パリに行ったのであり、帰路トロツキーの手紙を持ち帰ったとのオルベルク証言は明らかに嘘である。もしトロツキーがベルリンにいる息子に手紙を届けたいのであれば、直接ベルリンに向かう二人の同志に託したことだろう。もし私の妻に託した手紙であれば、パリで受け取り、自分の手でベルリンに持ち帰ったことだろう。ただし、「こうした手紙が実在したのであれば」という条件付きだ（資料ＣＲ）。

ソヴィエト市民権剝奪に関連するトロツキーの「声明文」発表の後、セドフが速記録を見せたとのオルベルク証言について、セドフはコメントを加える。この声明文は、ソ連邦の中央執行委員会に宛てたトロツキーの抗議文であり、『反対派会報』二七号（一九三二年三月発行）で公にされていたのだから、まったくあり得ない話だ。

オルベルクの左翼反対派との関係を尋ねられて、セドフはこう述べている。

……オルベルクは運動への参加を断わられた後で、ベルリンのヴェディンク地区の地元の集団に参加した。記憶違いでなければおよそ五〇人規模でランダウ・グループとして知られていた集団だ。一九三〇年秋に、このグループが集団のまま我々の運動に参加することが認められた。こうして、この時を境に、オルベルクは個人としてではないが、我々の勢力に所属することとなった。だが、一九三一年四月か五月に、ランダウ・グループ全体が排除され、翌年の二月にオルベルクが個人的に運動参加承認を求めてきた。だが彼の申請は却下された。（資料ＣＲ）

（セドフ証言の続き）自宅が警察の手入れを受けた後、正確な日付は覚えていないが警察署長室に赴き、長時間の尋問を受けたことがあったが、その最中に、繰り返し何度もオルベルクとの関係を尋ねられている事実に思い当たった。このことが、一九三二年中頃にオルベルクとの関係を断とうと決心する一因となった。オルベルクのホンデュラスのパスポート取得にはかかわっていない（資料ＣＲ）。オルベルクのスミルノフ、ムラチコフスキー、バカエフに関する証言は信じられない（§七三）。自分は当時（一九三五年七月）、スミルノフが投獄され、ムラチコフスキーが一九三三年一月以降、国外追放され、バカエフが一九三四年十二月に逮捕されていた（資料ＣＲ）ことなど、すべて知る由もなかった。

§七六　オイゲネ・バウアー（§六三参照）のオルベルクについての証言。

ドイツにおける運動（一）が組織された一九三〇年には、我々の運動の支持者でした。当時オルベルクは、ほとんどの支持者と同様に、ドイツ共産党に所属していました。一九三一年の初め、オルベルグが所属したグループが運動を離脱して以後は、関係がなくなりました。翌年暮れに、運動に戻る意思を表明してきたので面談しましたが、要請を拒絶したことをはっきり覚えています。その後は、モスクワ裁判の時まで、彼の消息を聞きませんでした。私は一九三三年七月までベルリンにいましたから、オルベルクが運動に接点をもったとか、セドフが彼と接触した可能性について否定できる立場にいます。というのはセドフがベルリンを離れた時に、彼と接触があるが党員でない人物のことは洩れなく教えてくれたし、オルベルクはそれには含まれていませんでした。もしオルベルクが該当する人物ならば、セドフが口にしたはずです。（資料ＣＲ）

（バウアー証言の続き）セドフは、他の同志達と同様に、オルベルクと関係があるならば再入党要請を認めるよう言ってくるはずだが、そういうことはなかった。ドイツの反対派とゲシュタポの間には、これっぽっちのつながりもなかった（資料ＣＲ）。

§七七　アレクサンドラ・プフェムフェルト（§六四参照）の証言――トロツキーが、秘書になりたがっているオルベルクについて可能な限りの情報収集を求めてきた。その時、初めてオルベルクに会ったが、第一印象はひどく悪かった。多くの質問を投げつけてきたが、機転が利かず、協調性のない、ヒステリックな気質のように見えた（資料ＣＲ）。

オルベルクが［私達の住所宛で］セドフにはがきを送ってきた場合でも、セドフが電話越しにオルベルクの手紙を読み上げるよう求めてきた場合でも、私はロシア語が分かったので、二人の交信をじっくり観察できました。

セドフの言う通りオルベルクにセドフの住所を教えなか

ったことは事実で、はっきりと覚えているのは、オルベルクが何度もセドフに会う場所を決めるよう求めてきたことです。セドフがオルベルクによる直接の電話を許可した時には、オルベルクが我が家で電話をかける時間帯を知らせたりもしました。こんな具合でしたから、オルベルクが我が家でセドフに会おうと試みた、という記憶はありません。我々が距離をおこうとしていることは間違いなく気付いたはずです。はがきや手紙の内容は、校正の手直しなど些細な事柄だったと記憶しています。（資料ＣＲ）

§七八　フランツ・プフェムフェルトの証言――トロツキーがトルコに国外追放された時に、情報整理が自分にできる分野と考え、広範囲にわたる記録文書を使い勝手が良いように整理するなどの手伝いをしていた。トロツキーの求めに応じて人物や出来事に関する情報収集に携わることがしばしばあったが、オルベルクの場合もその一例であった。

オルベルクと最初に会った時の妻の証言を立証したうえで、付け加えた。

　オルベルクが我が家に姿を現した時が、彼との最初の出会いでした。『インプレコール』(二)で働いているが、共鳴するトロツキーの秘書になりたい、と言いました。たくさんの質問を浴びせてきました、特に待遇条件について……。私はトロツキーに、オルベルクはゲーペーウーの手先ではないとしても、必要とする人物ではなく、二度と来させないように促す手紙を書きました。妻も、同じ趣旨の手紙をトロツキーに出しました。（資料ＣＲ）

§七九　オルベルク被告に関連して我々の入手した最も重要な証拠資料を以下に掲げる。

（一）オルベルクからトロツキー宛の、ロシア語で書かれた直筆の手紙。日付は、一九三〇年一月十日から翌年三月四日まで。六通のタイプ打ちの返信（複写）、日付は一九三〇年一月三十日から同年四月二十七日まで（資料ＰＣ）。

オルベルクの最初の手紙は、次のように始まっている。

　幾つかの重要な問題に関する反対派の見解に理解が届かず、貴殿に一筆書いている次第です……

そして彼が態度を鮮明にしない共産党の路線とは別の角度から、反対派の見解を検討している。結びには、「貴殿の助けをお借りして、事柄の現実が理解できるよう願っています」、とある。（番号一）

トロツキーの返信の冒頭と結び。

あなたの手紙は、まとまった論文で答えるべき基本原理にかかわる多くの問題を提起されました。これらの問題については これまで反対派が多くの論説を展開しています。あなたがこれらのいずれを読んだのか分かりません。ご自身について少しでも書いていただくとよいのですが。運動へのかかわりは長いのですか？ ここ数年はどこにいましたか？ 反対派のどの論文を読みましたか？

『反対派会報』ロシア語版は読んでいますか？ そこにあなたが投げかけたたくさんの問題への回答が載っています。いずれにせよ、我々の意見交換をうまく継続するためにも、自伝風の自己紹介をお待ちしています。（番号二）

オルベルクの一月二十八日の返信。

……私はラトヴィア人です。運動歴五年のうち、最初の三年はラトヴィアにいました。一国における社会主義の勝利というスターリンの理論は受け容れがたく、中国政策はひどく誤ったものに思えました。「トロツキー主義」の存在は信じませんでした。……一九二七年夏、ベルリンに来て、反対派の文献や解説書を探し始めました。『プラウダ』を読んで、反対派の正当性を確信し、ドイツの反対派の指導者であるマスロフ（§七六参照）に会いに行きました。……彼は、私を避けました。……

ドイツ反対派の出版物を読みました（その綱領には少しの誤りもありませんでした）。側面から運動に付いていくことにしました。

同志から『反対派会報』を入手し、読んでいるところです。基本的問題について反対派と一致する限り、共に進んで行きたいと思っています。……

追記　書き忘れていましたが、過去二年間、ジャーナリズムで働いていました。『インプレコール』に記事を書いていました。（番号三）

文通は継続し、ドイツ反対派の内部状況などの政治的問題、反対派文献の配布に関する問題、左翼反対派にオルベルクが貢献できることなどについて議論が交わされた。オルベルクのロシア語の知識はベルリンの反対派に非常に有用なものとトロツキーは示唆した（番号四）。オルベルクは反対派内部の不一致を論じて、「当然のことですが、新しい参加者には、すべてのことを教えてはもらえません……」とも書いている（番号七）。ドイツ反対派の一員が連絡体制確立のためにソ連に短期滞在してもよいのでは、との提案に対するトロツキーの返信。

……こうした企てには経験豊かな、注意力の深い、機知に富んだ同志が必要です。ぴったりとあてはまる人物を見出すのは、そんなに簡単なことではありません。……当分の間は、データや記録資料の運搬役に、未熟者でもよいから使うことが必要でしょう。「公開書簡(三)」の複写が然るべき人物の手元に届けば、道は開けることでしょう。(番号一〇)

一九三〇年五月二日のオルベルクの手紙(番号一三)は追伸で、一九三〇年四月二十七日付のトロツキーからの最後の手紙(番号一二)に言及している。以後、トロツキーからの手紙に触れることはない。手紙は例外なく、トロツキーからの手紙の到着を知らせている。

(二)オルベルクからセドフ宛に送られたロシア語直筆の手紙が十六通あり、日付は、一九三〇年三月一日から翌年二月二十三日まで。及びセドフからオルベルク宛に送られた一通のロシア語タイプ打ちの手紙(複写)、日付は一九三〇年七月十一日(資料PC)。これらの手紙のほとんどは、反対派文献の出版・配布やオルベルクの貢献を論じたものである。オルベルクは、ドイツ人かフランス人によるソ連滞在がロシア国内の『反対派会報』の普及には欠かせないと提案し(番号二)、カリーニン、スターリン、ブハーリンの文章の引用を送り(番号五)、国外追放された同志に手紙を書く意向を表明し(番号四、六。§七四参照)、トロツキーの公開書簡全体の複写が不可能と分かったので妻が二通のはがきに書き写し、分けて投函する予定である、とはがきで知らせている(番号四)。セドフからオルベルクに宛てた手紙は、郵便物が届かないのでベルリンの住所をチェックするよう求めている。またオルベルクが送付を約束した幾つかの文章の引用の件で催促している(番号一〇)。

(三)オルベルクの個人的特徴、ホンデュラスのパスポート、過去の経歴などに関連する文書資料。

(a)フランツ・プフェムフェルトからトロツキー宛のドイツ語の手紙、日付は一九三〇年四月一日。

……オルベルクの印象は最悪で、隠しようがないものでした。……なんとか私の仕事部屋に席を設けましたが……気を利かせることもなく、幾つかまとまった質問を浴びせてきたので、逆に質問を返す羽目になりました。例えばこんな具合です。いつ、ドイツに来られたのですか?(彼の答=もう長くなりました)。仕事は?(彼の答=一月まで、『インプレコール』の編集スタッフでした)。本当に、うん

ざりでした。兵役を終えたばかりで、今までは消極的な
……スターリン主義者であった一人の男が、急速に変貌を遂げ、騒ぎに飢えたジャーナリストのあらゆる特徴を身につけて、トロツキーと反対派についての秘密事項を調べ尽くそうと試みている事実に痛々しい印象をもちました。
……オルベルクに相応しい仕事はありません。二四時間も経たないうちに、彼が耐えがたいお荷物ともいえる人材であることが分かってしまいます、確かにのろまです。彼は訪問記を「大量の記事」に仕上げようとするのですから。彼ゲーペーウーへの報告文書ではないとしても。（資料PC）

（b）アレクサンドラ・プフェムフェルト（§七七）がトロツキーに宛てたロシア語直筆の手紙。日付は一九三〇年四月二日。

……オルベルクがあなたに会いに行くと聞いた時には、夫婦共々ぞっとしました。彼は耐えがたい、気の利かない、乱暴な感じのする男でした。家に迎え入れるなんてとんでもない。……トロツキーに面会する機会を得たら、有頂天になるでしょう。……人と話す時には、横柄に、腕を組み……ひと言で言えば助手にはまったく相応しくない。……（前掲資料）

（c）フランツ・プフェムフェルトからトロツキーに宛てた手紙（一九三〇年四月五日消印）は、オルベルクの反対派とのつながりに関するセドフとバウアーの証言を裏付ける。

……オルベルクのエピソードについて。彼の反対派への変身は……以下のようなものです。反対派の冊子を買う。グリレヴィチの住所が載っているのを見つける。ヴェディンク地区に足を向ける（既に「馴染み」の場所だ）。それからランダウ（§七五参照）を訪ねて行く。こうして数日もすると突然、会議に姿を現す、「プリンキポの推薦状」を持った「代理人」として。ちょっと怖い感じです。どうしてオルベルクを知るに至ったのか、彼を信用する根拠は何か、ランダウに昨日照会しました。回答＝プリンキポとヴェディンクからの手紙（原文ママ）の他には、何も知らない。

翌日には、オルベルクは二十もの名前をもつ人物として姿を現し、その次の日には最も内側の事柄にまで立ち入っているのです。（前掲資料）

（d）質問票にオルベルクの母親（名前は秘す）が直筆で記入した回答と補筆。文書の信頼性は、表紙に書かれたフランスのサロモン・シュワルツ博士の言葉によって証明されて

いる。

ニューヨーク調査委員会のパリ出身の協力者を通じてB夫人――以前はオルベルク夫人であり、ヴァレンティン、ポール兄弟の母親――の数通の手紙を委員会に提出した。オルベルク夫人は当方の照会（ストックホルム在住の前夫ポール・オルベルク氏を通じて行った）に対する回答として手紙を寄せられた。手紙が真正のものであることは、私が断じて保証します。（前掲資料）

オルベルクの母親の手紙――息子は一九三三年に初めてロシアに行きました。というのは望ましからぬ外国人としてドイツを追放されそうになったからです。ある友人（氏名の記録あり）のパスポートを使っていました。どこにも行けないナンセン・パスポート（訳注三）しか持っていなかったからです。ベルリンのインツーリスト［ソ連の国営旅行社］を通じてソ連のビザを入手しました。ビザの費用は親戚の者（氏名の記録あり）に出してもらい、私が返済しています。息子はスターリナバドで高等学校の歴史教師の職に就きました。気候の悪さ、妻の病気、自分の名前のパスポートを得て身分を合法的なものにしたいという望みから、ロシアを出ようと決心しました。一九三三年七月のことです。息子夫婦は出国の途中でリトアニアのケメルンに立ち寄り、会いに来てくれました。家族会議で、彼はプラハに行き、妻は親戚に身を寄せることが決まりました。プラハでは、経済的な理由から学生の弟ポールと一緒に暮らし、ソヴィエトの市民権を得る算段でしたが、その望みは断たれました。プラハの弁護士がホンデュラスの市民権の獲得を引き受けてくれましたが資金不足で、親戚がもう一度援助してくれました。ロシアのビザは様々な苦労の末、親戚がベルリンのインツーリストに斡旋してくれて、手に入れることができました。

モスクワでの二週間分の小遣いと宿泊費もお世話になりました。それから、二度目のソ連行きを、親戚の者に費用を出してもらい取得したビザを使って、インツーリストを通じて実現したのでした。

母親によれば、二度目の旅行中にゴーリキーで職にありついた。ロシアに三度も行っていないのは確かだ。一九三六年一月まで、毎週彼から電話があり、夫妻からは頻繁に手紙をもらった。以後は出した手紙が戻ってきて、一九三六年の裁判の新聞記事で知るまで消息が絶えた。仮に二度目の旅を終えてロシアを出国したとしたら、ヨーロッパから息子の手紙を受け取ったことだろうし、あるいは交信が妨害されていたのかもしれない、と確信している（前掲資料）。
（四）セドフ夫人の証言録取書はオルベルクとの関係に関する夫の証言を裏付けるものである。既に彼女とルシエンヌ・テデスキの証言を引用した通り（§六八）、夫人はコペンハーゲンからハンブルク経由でパリに向かった。セドフがベルリンに帰った後も、数日間はパリに残った（資料PC）。

§八〇　我々の入手した証拠とモスクワ裁判におけるオルベルク証言の間には、次のような一致点がある。
（一）オルベルクはセドフと手紙のやり取りがあり、一九三一年にセドフがベルリンに来てからも個人的に会っている。
（二）オルベルクは国外追放された反対派の活動家に手紙を書くことを引き受けている点では、ソ連とのつながりを保持していた（§七九参照）。
（三）オルベルクは一九三三年に初めてロシアに行ったが、パスポートは自分のものではなかった。スターリナバドで歴史を教える仕事に就いた。ごく短期間の滞在だった。
（四）オルベルクはホンデュラスのパスポートで二度目のロシア行きを果たした。
（五）オルベルクはゴーリキーで仕事を得た。
（六）セドフは、一九三二年にトロツキーがコペンハーゲンに滞在した期間、当地に行っていない。

§八一　他のすべての点では、完全に不一致である。当委員会に提出された証拠によれば、オルベルクのトロツキー及びセドフとの接点はグリレヴィチが段取りを付けたものではない。オルベルク自身のトロツキーへの手紙が始まりである。トロツキーとセドフに宛てた彼の手紙は、いずれも親密な関係を示唆するものではない。トロツキーへの手紙は、一九二七年ないし二八年以来、ベルリンのトロツキー派組織の一員であったという彼の証言が完全に偽りであることを示している。一方、この手紙は、彼がベルリンに「長期間」いたにもかかわらず、一九三〇年の初めにはトロツキーはもちろんのこと、ベルリンのトロツキー主義者にも知られていなかったことを示している。同様に、オルベルクは一個人として反対派に参加したことはなく、集団的に加入が認められて、その後、除名されたグループの一員としてのつながりに過ぎないことを示している。セドフによれば、参加は一九三〇年秋である。プフェムフェルトの手紙（§七九）によれば、オルベルクは早くても一九三〇年四月に「使者」として会議に姿を見せた。プフェムフェルトは間もなく、彼が反対派の事情に完全に通じてしまうことに恐れを感じた。セドフとバウアーはランダウ・グループとともに彼を反対派から追放することで意見が一致した。個人としての再加入の試みは失敗した。

　ロシアへの最初の旅と帰還の背後にある事情について、オルベルクと母親では説明がまったく違う。ホンデュラスのパスポート入手に奔走したり、費用を支払ったりしたことは一切ないというセドフの証言を、母親は裏付けている。母親は、ゴーリキーでの就職をロシアへの二度目の訪問の時期とし、三度目の可能性を頭から否定している。セドフはオルベルクの反対派再加入を仲介していないし、ベルリン出発(四)に際して、付き合いのある人間としての申し送りがなかったというバウアー証言は、一九三二年の中頃にはオルベルクとの関係を清算したというセドフ自身の証言を裏付けるように思われる。

§八二　第一次裁判におけるオルベルクの自白を裏付けるものは、ホンデュラス市民としてソ連に入国したことを証するパスポートを除けば何もない。極めて重要な点に関して、彼自身の手紙によって論駁され、プフェムフェルト夫妻、バウアー、母親、さらに引用してきたように裏付け証拠の多いトロツキーとセドフの証言によって論駁されている。

　オルベルクが「ドイツにおけるトロツキーの特使」でないことは、自身の手紙、セドフ、プフェムフェルト夫妻、バウアーなどの証言によって明らかである。グリレヴィチがトロツキーとセドフへの橋渡しをしたというオルベルクの陳述は、親密な関係なるものに信憑性を付与するための創作と思われる。つまり、一九三〇年一月に、トロツキーにも反対派にも知られていない身で、トロツキーへの接近を図ったという真実をオルベルクが語れば、その日以来の親密な関係という主張は、疑わしく見えて口にできなかっただろう。だが、橋渡しはグリレヴィチがしたのだと彼が口にすれば、一九二七年から翌年にかけてドイツ反対派に所属していたという証言に真実味をもたらし、組織の指導者に信頼されていた印象が生まれるのである。

　証言の中で、オルベルクはセドフに会ったのが一九三一年五月とした。セドフはその年の二月にベルリンに着いているから、二人が会った日付の主張が正しければ、二人が手紙のやり取りはあっても密接な関係ではなかったことを示唆しているように思われる。オルベルクが最初のパスポート（フロイディグマン名義）の入手を、トロツキーのコペンハーゲン到着（一九三二年十一月）より以前としていることにも、我々は注意を向ける。オルベルクが言うロシアへの出発の日付（一九三三年三月末）は、トロツキーのコペンハーゲン到着から四カ月以上も後のことである。この一連の説明が正しいとすれば、スターリンの命を狙う襲撃を準備せよ、との指令を実行する彼の役割が緊急を要するものでなかったことを示唆している。ロシア行きについての母親の説明は本人の供述より信用できる。モスクワ裁判の記録が、彼にドイツの市民権がなかったとの母親の証言を裏付けている。ヒトラーが権力に就いて以後、共産主義者はドイツから脱出せざるを得なかったという共通認識にかかわる事柄である。ドイツ国籍をもたない共産主義者に残留は困難であったことは間違いない。
我々がオルベルクのパスポート問題を解明している間に気付いたことだが、母親が注目すべき説明をしている。

息子が初めてソ連に行った際に、フロイディグマン名義のパスポートを使ったのは国境を越える時だけでした。ソ連国内に滞在している間は、実名ヴァレンティン・オルベルクで暮らしていました。不可欠な公的サービスを受ける際に提示する証明書類は実名で発行されていました。（資料ＰＣ）

彼女が言及している書類は、彼がロシアから最初に帰国する前に入手した証明書である。

教育人民委員部における彼の仕事の重要性について各組織が発行した。……（前掲資料）

こう見てくると、ソヴィエト当局はオルベルクの最初のロシア滞在中、パスポートが虚偽のものであることを知っていたように思われる。にもかかわらず、就業を許可し、さらには彼の仕事の重要性に関する実名での証明書まで発行した。説明に苦しむ寛容さである。オルベルクのロシア滞在期に関するすべての事実が裁判で明るみに出されたわけではないことが分かる。予備的調査が万全に行われたのであれば、検察官に知られずにいたというのは信じがたいことであるが。
訴訟記録には、二度目のロシア旅行時に旅行者用のビザしか持っていなかったために、長期滞在ができなかった、と書かれている。しかし、以下のやり取りは、三度目（仮にあったとして）のロシア行きも、旅行者用のビザによるものであったことを示唆している。

ヴィシンスキー　あなたは、二度目の帰国後にホンデュラスのパスポートを手に入れたのですね？
オルベルク　二度目もホンデュラスのパスポートで来ました。
ヴィシンスキー　旅行者用のビザで来たのですか？
オルベルク　そうです。でもホンデュラスのパスポートを持っていました。
ヴィシンスキー　二度目のパスポートの期間延長はどん

な具合にできたのですか?

オルベルク　なんとかやりくりして……（資料ZK）

オルベルクの申し立てでは、ソ連に三度行ったのであるから、三度目の旅行は二度目の帰国であることは明らかである。帰国という言葉がここではソ連への帰還を意味するとしてだが。それがドイツへの二度目の帰国を指すのであれば、ロシアへの二度目にして最後の帰還以後はパスポートを入手していないから、検察官の指す時期はホンデュラスのパスポートによる最初のロシア旅行以後の期間に違いない。オルベルクの「も」(also)という言葉の使い方は、ホンデュラス市民としての二度目のロシア行きを指しているとみられるし、ヴィシンスキーの二度目のパスポート期間延長をどう実現したのかとの質問も、また同様である。問答から、ホンデュラスのパスポートを使用した二度目は旅行者用ビザしか持っていなかったことが分かる。もし、二度目のロシア行きが、旅行者用ビザのために、数日後にはドイツに戻らざるを得ず成果がなかったならば、同じ条件による三度目の旅行の後にロシアに残留する手配をしたのはどういうことなのか、検察官が尋問しなかったのは奇妙なことである。

オルベルク証言によればセドフの妻がコペンハーゲンからの帰途に携えたというトロツキーからセドフへの手紙の運搬役は、手紙の内容の陰謀的な性格のために、ベルリンに直帰する同志ではなく、彼女になったのだと人は推量するかも知れない。だが、彼に面会したり、彼から手紙をもらったりした被告達が一様に言うトロツキーの行動の大雑把な大胆さに、こうした警戒心はそぐわない。けれどもこの場合には、彼女はパリにいるセドフに手渡し、彼はベルリンに持ち帰ったことになっている。しかし事実は、証拠が示すように、トロツキーはベルリンに帰るドイツ人の同志に息子への手紙を託したのである。セドフが、自分ならそうすると論じているように。当の手紙は我々の手元にあり、先の章で引用済みである(§六八)。この手紙の文中に、「今は朝の七時だ」とトロツキーは書いている。トロツキー夫人は同日消印の息子宛のはがきにこう書いている。

今朝、パパは急いで書いた短い手紙を、エルヴィンに託したからね。(§六八)

エルヴィンとは、「オイゲネ・バウアー」(§六八)のファースト・ネームである。バウアー及びその他の証人は、バウアーがトロツキーに同行してエスビャに行ったと述べている。バウアーは、エスビャを離れたのは一九三二年十二月三日で、トロツキー夫妻の郵便の日付と同日と述べている。セドフはフランスの調査委員会で、この父からの手紙に触れ、調査委員会に提出済みと述べているが（資料CR）、後にオルベルクについて証言をした際、オイゲネ・バウアーの手からトロツキーの手紙を受け取ったという、自身に有利な事実には言及し損なった。

一九三二年のトロツキーの公開書簡は、オルベルクによればスターリン暗殺の必要性を押し進めたものであるが、後の二二章で論じることにする。トロツキー主義者とゲシュタポのつながりについてのオルベルク証言は二四章で論じよう。ここでは、オルベルクが公開書簡の趣旨を歪めており、ゲシュタポ云々の証言は、我々が入手した証拠によって否定されていると述べるだけで充分である。

§八三　要約すれば、我々が入手した証拠は、オルベルクが以下の点で嘘をついていることを明らかにしている。（一）左翼反対派とのつながり。（二）トロツキー及びセドフとの接点を持つに至った経過。（三）ロシアからの最初の帰国の理由。（四）ホンデュラスのパスポートを入手した状況。（五）トロツキー公開書簡の意味。（六）トロツキー主義者とゲシュタポのつながり。

これらの嘘は、彼の証言のなかでも決定的な事項で吐かれていて、オルベルクが信頼できる証人ではないことを示している。多くの虚言の中でも、彼がトロツキーとセドフのロシアにおける全能の特使であった、などと信じ込むと、とんでもないことになる。無論、彼がテロ指令を母親には隠していたとの推量も可能である。実際に指令を受けたなら、そうしたであろう。だが信用のおけない彼の証言と我々の前にあるすべての証拠は、反対の結論を指し示す。トロツキーとの手紙のやり取りから、彼が左翼反対派との関係を偽ったこと、トロツキーがプフェムフェルト夫妻から否定的な報告を受けた直後に、手紙を出さなくなったことが分かる（§七九）。トロツキーの手紙は、オルベルクを秘密特使としていたのではないかとの推量にいかなる根拠も与えていない。プフェムフェルト夫妻から全面否定の報告を受けた人物に特使を任せると推量するのは難しい。同様に、セドフがオルベルクに秘密特使を任せていたと推量するのも難しい。オルベルクのセドフ宛の手紙に示され、セドフ夫妻とプフェムフェルト夫妻によって描かれている、セドフとオルベルクの関係の性格をみれば明らかである。トロツキーとセドフが、テロ謀議のスパイを使う機会があったと仮定しても、オルベルクの起用は考えられない。

§八四　したがって、オルベルクの自白は、第一次裁判におけるトロツキーとセドフに対する起訴の証拠としては価値がない、と我々は認定する。この結論を根拠とし、またオルベルクの性格、さらに彼と反対派、特にトロツキー及びセドフとの関係に関連して引用してきた証拠を根拠として、オルベルクはトロツキーとセドフのテロ指令を携えてロシアに行っていない、と我々は認定する。

【原注】

（一）一九二七年、ドイツ共産党内の左翼反対派はルート・フィッシャーとA・マスロフによって指導され、ソ連共産党の反対派ブロックを支持していたが、実際にはブロックのジノヴィエフ派寄りであった。トロツキー反対派はレーニン同盟少数派といわゆる「ヴェディンク反対派」が合体して、一九三〇年にベルリンの会議で結成された。

（二）コミンテルンの月刊誌『インターナショナル・プレス・コレスポンデンス』の略称。

（三）ソ連共産党への公開書簡。『反対派会報』一〇号、一九三〇年四月発行。『ミリタント』（ニューヨーク）同年五月二十四日、六月七日、六月十四日付（§二〇六参照）。

（四）セドフのパスポートから、在住者としてフランス入国に使ったビザの日付が一九三三年三月二十三日であることが分かる。

【訳注】

（一）現タジキスタン共和国の首都ドゥシャンベ。一九二九年、スターリンの名を冠する市名に変えられたが、六一年、旧名に復した。

（二）現ニジニ・ノヴゴロド。ロシア第四の都市。一九三二年、出身者の作家マクシム・ゴーリキーに因んで改名されたが、九〇年、旧名に復した。

（三）Nansen passport　第一次世界大戦後に発生した無国籍の難民・亡命者に国際連盟が発行した国際的な身分証明書。発案者フリチョフ・ナンセン（一八六一～一九三〇）の名に因む。

一四章　K・B・ベルマン＝ユリン及びフリッツ・ダヴィッドの証言

§八五　第一次裁判におけるトロツキー及びセドフに対する起訴の第五の根拠はK・B・ベルマン＝ユリンの自白であり、第六の根拠はフリッツ・ダヴィッド（I・I・クルグリヤンスキー）の自白である。両被告は公判において密接なつながりがある一方、他の被告との間にはいかなる関連も認められなかった。両被告のテロ行為への関与は、トロツキーのテロ指令を実行するためにロシアに行ったとの自白だけから成り立っていた。したがって、両被告を一体として考察する。

§八六　ベルマン＝ユリンの証言――トロツキーから「格

別に信頼されて」いて（資料ZK）、セドフを通じてトロツキーに会った。グリレヴィチに紹介されてベルリンで会ったセドフは、

共産党との闘いはスターリンとの闘いである、と私を説得し、確信を抱かせようと系統的に試みていました。（資料ZK）

（証言の続き）一九三一年の末にセドフから、重要な使命を帯びてモスクワに送り込む人材を探しているが、信頼できる確かなドイツ人の知り合いがいるか尋ねられ、「頑強なトロツキー派」であるアルフレッド・クントを指名した。クントは使者を引き受けて、二通の文書を受け取り（セドフ、ベルマン＝ユリンのどちらかは定かでない）、モスクワのスミルノフに手渡すよう指令を受けた。ベルマン＝ユリンによれば、文書の一つは国際情勢、特にドイツの情勢に関連するトロツキーの最近の立場を示す内容だった。もう一つの文書を注意深く読むと、次のように書かれていた。

闘争の断固たる急進的な手段の採用を準備する必要があり、トロツキーと見解を共にする決然とした人々が選抜されなければならない……ソ連共産党員で、党内序列ではトロツキー派扱いされていない同志に特別の注意……を払うべきである。組織は、厳重秘密の原則に基づき、小集団で、相互の接点なしに構築され、ある集団の発覚が組織全体の発覚に連動しないようにすべきである。（資料ZK）

クントは一九三二年の一月から二月にかけて、モスクワに向けて出発した。

スミルノフの秘密の住所が判明するまでに数日を要しました。文書を手渡し、用意されていた回答を受け取りました。しかしスミルノフはモスクワに不在で会えませんでした。（資料ZK）。

一九三二年十一月、セドフが初めてベルマン＝ユリンに打ち解けた感じで話しかけてきた。

ソ連共産党の指導者達を暗殺する準備の必要性について私が動揺していることに、セドフは気付いたのでしょう。トロツキーが短期間コペンハーゲンに滞在する予定があり、会いに行きたくないかともちかけてきたのです。私はもちろん、行きたいと表明しました。（資料ZK）

ベルマン=ユリンによれば、十一月二十五日から二十八日の間の早朝にコペンハーゲンに着いた。

グリレヴィチと駅で落ち合い、トロツキーに会いに行きました。グリレヴィチは私をトロツキーに紹介し、部屋を出ました。私は部屋に残り、トロツキーと二人きりになったのです。（資料ZK）

トロツキーは過去の活動やトロツキー主義に身を投じた理由を尋ねてきた。詳細に答えていると、トロツキーが、スターリンを物理的に滅ぼさなくてはいけない、この「歴史的任務」に一身を捧げることを厭わない人々が必要だと告げた。これで最初の会話は終わった。トロツキーは出て行き、ベルマン=ユリンはアパートの一室で彼が戻るのを待っていた。夕刻、会話を続けた。彼は、個人的テロはマルクス主義と調和し、一致するのかトロツキーに質問した。トロツキーは、問題を教条的に扱ってはならない、マルクスが予見できなかった状況がソ連に発生していると答えて、スターリン、カガノヴィチ、ヴォロシーロフを暗殺しなければならないと付け加えた。トロツキーはまた、「ソ連邦への外国干渉」が生じた場合には、敗北主義者の態度を取るべきであり、トロツキー派は軍隊に加入するがソ連邦を守らないとも言った。トロツキーは会話中も、部屋を歩き回っていた。

私が同意を表すと、彼はこう言いました。モスクワに行く支度を整えなさい。コミンテルンとの接点ができ次第、テロ行為を準備すべきだ。……テロのタイミングはできればコミンテルンの総会か大会の場がよい、そうすればスターリンに向けた銃声が大勢の参加者の前で響きわたることだろう。国境を越えてすさまじい反響を招き、全世界の大衆運動を覚醒させることだろう。世界的な意義を持つ歴史的かつ政治的な出来事となる。モスクワではトロツキー派とは一切接触せずに、単独で実行すべきです。……私は答えて、モスクワには付き合いのある人間は誰もいないし、そんな環境ではどう行動したらよいかの判断がむずかしい。フリッツ・ダヴィッドという知人と連携してはいけないか尋ねました。トロツキーは、この問題をはっきりさせるようセドフに指示しておく、と言いました。……（資料ZK）

（ベルマン=ユリン証言の続き）一九三三年三月にモスクワに行った。セドフからフリッツ・ダヴィッドを訪ねるよう指示があり、共同でテロ行為の準備に取りかかった。最初はコミンテルン第一三回中央執行委員総会の場で実行する計画を立てたが、ダヴィッドがベルマン=ユリンの入場券を手に入れることができず、コミンテルンの大会まで延期した。

大会は一九三四年九月に開かれる予定でした。私はフリッツ・ダヴィッドに自動拳銃と弾丸を渡し、隠しておくよう……（資料ZK）

ダヴィッドはまたもベルマン＝ユリンの入場券を取り損ない、ダヴィッド自身で発射することに決めたが、大勢の人々に囲まれた座席にいたために未遂に終わった。ダヴィッドの供述によれば、十二月にセドフの使者が来て、未遂に終わった理由の説明を求められた。ベルマン＝ユリンの供述によれば、一九三六年五月に再度ダヴィッドから知らせがあり、ドイツ人のセドフの使者が訪ねてきて、怠惰、優柔不断、臆病の言葉を投げつけ、スターリン暗殺のあらゆる機会を利用するよう求めて去った、とのことだった。五月末、ベルマン＝ユリンが逮捕され、テロ活動は停止した（資料ZK）。

§八七　フリッツ・ダヴィッドの証言――一九三二年八月にセドフとの連絡がついた。会話の中でセドフから、トロツキーが「ヨーロッパに来る予定があり、君に会いたがっている」と言われた。移動には虚偽のパスポートを使っていた（資料ZK）。

コペンハーゲンのトロツキーの住所を知った経緯と現地に着いた日付について彼は口を閉ざした。トロツキーとの会話の情景を、ベルマン＝ユリンとほとんど同じ言葉遣いで説明した。次の個所を除いて。

トロツキーからソ連国内での身の処し方について指導された。党の基本路線からの逸脱を匂わせないこと、報道向けの文章を書く際は党の路線を固く支持している調子を保つこと、テロの実行後はどんな状況にあっても疑惑を招かないこと等々。（資料ZK）

ダヴィッドは一九三三年三月にソ連に着き、セドフの指示に基づいてベルマン＝ユリンを捜し当てた。彼は、テロ計画とその挫折に関するベルマン＝ユリンの証言を裏付け、――一回目の失敗の理由として、スターリンが総会に姿を現さなかったことを挙げた点は違うが――居場所を捜し当て、不充分な活動を責め立ててテロ行為の促進を命じた二人の使者についての証言も立証した。検察官はダヴィッドの活動について、最終論告で次のように言っている。

……あなたは一九三五年の第七回大会の時機に同志スターリンの命を狙う襲撃を準備した。（資料ZK）

§八八　トロツキーの証言――ベルマン＝ユリン及びダヴィッドの名前を聞いたことがなく、裁判の新聞記事を見て初めて知った（資料ＰＣ）。コペンハーゲン滞在中も会っていない（資料ＰＣ）。

§八九　セドフの証言――ベルマン＝ユリンには会ったことがなく、裁判の時まで存在も知らなかった。私との会合についてはすべて完全な偽りである。裁判の後になって、ベルマン＝ユリンがベルリンではシュタウアの名で知られる共産党員であることを知った（資料ＣＲ）。『イズヴェスチャ』にダヴィッドが書いた記事を読んだことはあるが、知り合いではなく、会合に関する証言は断じて偽りである（資料ＣＲ）。

セドフはフランスの調査委員会に、一九三六年十月十一日付『ドイチェ・フォルクツァイトゥング』――プラハで発行されている共産党機関紙――を提示した。紙面にはドイツ共産党が多数の党員をトロツキー派＝ジノヴィエフ派連合との関係で除名した旨の公式声明が載っていた。除名リストの最初がフリッツ・ダヴィッド（クルグリヤンスキー）であり、三番目にベルリンのハンス・シュタウア（ベルマン＝ユリン）の名前があった（資料ＣＲ）。

§九〇　オイゲネ・バウアーの証言――ベルマン＝ユリンについては知らないし、名前を聞いたこともなかったが、裁判を機に、ベルリンの非合法共産党組織に所属し、ソヴィエト通商代表団で働いていたことを知った。彼がトロツキー主義者の運動に参加していたのであれば、自分は知っていたはずだ。ダヴィッドのことは著述家としては知っていたが、個人的な付き合いはなかった。『ローテ・ファーネ』[一]の編集者としてよく知られていた。

我々の運動に少し敵意を持っていたことは誰の目にも明らかでした。（資料ＣＲ）

§九一　トロツキーの秘書ヤン・フランケルによる、コペンハーゲンのトロツキーの生活環境に関する証言は既に紹介済みである（§六一）。友人達が組織した厳しい護衛のこと、秘書やレイモン・モリニエ及び護衛メンバーに知られずに、いかなる訪問者の面会も不可能であったことなど。フランケルは、ベルマン＝ユリンあるいはフリッツ・ダヴィッドという人物は、コペンハーゲン滞在中のトロツキーに面会を求めてこなかったし、実際に会っていない、と述べた（資料ＰＣ）。

§九二　エスター・フィールドとＢ・Ｊ・フィールドの夫妻は（§六六参照）、ベルマン＝ユリンあるいはフリッツ・ダヴィッドという人物がコペンハーゲンのトロツキーを訪ねてきたことを否認した（資料NY）。

§九三　トロツキーのコペンハーゲンにおける生活環境、諸々の活動、訪問客などが記録されている入手済みの文書資料は、先に引用した通りである（§六八（九））。ここでは、両被告に関連する個所を幾つか引用するにとどめる。

（a）アントン・グリレヴィチ（§六八（八）参照）は、宣誓供述書（プラハ）で次のように証言している。

トロツキーの講演の前日か前々日に、ベルリンの妻から、ベルリンの大きな会社で働いているシュ×××という技師が［コペンハーゲンに］向かいつつあるとの知らせがあり、駅で落ち合った。私が特に強調したいのは、シュ×××がまず私の泊まっているホテルに一緒に向かった事実だ。私はベルマン＝ユリンという人物を知らないし、駅で彼と会ったというのは作り話だ。（資料PC）

シュ×××技師は、到着の翌日か翌々日までトロツキーと接触できずにいた。現在、シュ×××はオーストリアで逮捕されて拘禁中である。

（b）ピエール・ナヴィユ（§六八（九））の証言。

もしホルツマンなりベルマン＝ユリンなる人物が、いつ、いかなる時にせよ姿を現したことがあるとすれば、既に面識があったか、怪しまれたか、そのどちらかでしょう。（前掲資料）

（c）エーリッヒ・コーン（ハンブルクの左翼反対派の元指導者）は、証言録取書（オスロ）でこう述べている。考え抜いた挙句、トロツキー主義とトロツキー派組織に距離をおくようになった。一九三二年十一月二十五日から十二月四日までコペンハーゲンに滞在し、トロツキーが出発するまで毎日一緒で、同じ部屋か至近の場所にいた。

この間、私はトロツキーの実際の訪問客すべてと接触しましたが、ホルツマン、ベルマン＝ユリンあるいはフリッツ・ダヴィッドはその中にはいなかったと確信しています。（前掲資料）

§九四　トロツキーあるいはセドフがベルマン＝ユリンないしダヴィッドを「格別に信頼して」いた根拠らしきものは訴訟記録に見当たらないが、両名が共産党員であったことは分かる（資料ZK）。もしセドフが、テロ目的でロシアに潜入する確かな人物を探していたとしても、なぜグループの一員ではなく、会ったばかりのスターリン主義者に声をかけたのか、訴訟記録を見ても分からない。グループの指導者であり、セドフにベルマン＝ユリンとオイゲネ・バウアーを紹介し（資料ZK）、本人の証言録取書によれば（資料PC）、トロツキー主義者ドイツ分派の指導者の一人であるグリレヴィチもいたというのに。この問題に関しては、ベルマン＝ユリンがセドフに「頑強なトロツキー派」として推薦したというアルフレッド・クントがトロツキー派の一員であるなら、セドフ自身が直接に接触できたとも考えられる。訴訟記録が答えてくれないもう一つの疑問がある。一九三一年末の時点でセドフがベルマン＝ユリンを充分に信頼し、スミルノフへの謀議の通信文を読むことを許し、危険な伝達役に選抜したとするならば、なぜ一年も経過してから――正確には一九三二年十一月に――、ソ連共産党の指導者を暗殺する準備に取りかかる必要性を「打ち解けた感じで話し」、打ち明けたというのだろうか？

クントがスミルノフに伝達したテロの通信文なるものに関して、訴訟記録は極めて不充分であることにも我々は着目する。指示の内容はスミルノフと連絡を付け、直接に通信文を渡すことであった。だが、ベルマン＝ユリンによれば、クントは秘密の住所に赴き、文書を引き渡して回答を受け取ったが、スミルノフはモスクワに不在で会えなかった、という。では、その回答をスミルノフ以外の誰から受け取ったのか。クントは一体誰に渡したのか、検察官はベルマン＝ユリンに尋ねなかったし、スミルノフが目の前に座っているのに、通信文のやり取りについて質問を向けていない（資料ZK）。こうしたベルマン＝ユリン証言の価値については、本書の§四七を参照されたい。

検察官が見逃した核心に触れる疑問は、ダヴィッドが偽のパスポートで使用した名前である。検察官はダヴィッドがこのパスポートでデンマークに入国した際の公式の記録を提出しなかった（容易に入手できたはずなのに）。検察官がベルマン＝ユリンに尋ねようとしなかった疑問のもう一つは、セドフの使者は一九三四年十二月、ダヴィッドにどのように要請したのか、なぜスターリンはコミンテルン第七回大会で暗殺されなかったのかということである。大会は一九三五年まで開催されず、ヴィシンスキー自身もこの事実を知っていた。

ベルマン＝ユリンによれば、セドフによってコペンハーゲンのトロツキーに引き合わされたのは、新しい「テロリスト路線」への動揺を見抜かれたからだ（資料ZK）。セドフがベルマン＝ユリンを引き合わせる理由をトロツキーに知らせない、ということがあり得るだろうか？　トロツキー及びセドフが危険なテロ・キャンペーンを開始していたと仮定すると、セドフはベルマン＝ユリンの精神状態についてトロツキーに予め注意するだろう、と誰もが考えるはずだ。したがって、自分の命をも犠牲にする絶対的な信念を必要とするスターリンへのテロ攻撃を、トロツキーが「動揺する」スターリン主義者に指令した、と考えるのは馬鹿げている。訴訟記録によるとトロツキーは、ベルマン＝ユリンとダヴィッドが、「全世界に反響する」ようコミンテルンの国際的な集まりの場で、スターリンの命を狙うべきだ、と主張した。スターリンを国際的な集会の場を選んで殺さないと人々に知られずに終わってしまう、といった馬鹿馬鹿しい含意はさておき、トロツキーが以前に会ったこともない二人のスターリン主義者、――その一人はテロリスト路線の受け容れに動揺しており、もう一人はセドフとの交際が一九三二年八月に始まったばかりの人物――に崇高な犠牲を求めたと信じるのは少し無理がある。検察官がスターリン主義者の背教者である両被告について正確な動機の解明を行っていたら、訴訟記録もぼろを出さずに済んだろう。第一三回総会でスターリン殺害計画の実行に失敗した理由と同じ位に重要な点における不一致に検察官が注意を向けたなら、せめて誠実さのうわべが保たれたことだろう。

モスクワで「フリッツ・ダヴィッドという知人」と連絡をとりたいとのベルマン＝ユリンの要請をトロツキーが認めたといわれることに関連して、トロツキーがテロ指令に匹敵する危険な極秘情報をベルマン＝ユリンに打ち明けたと仮定して、コペンハーゲンに来たか、来る予定があったダヴィッドについての情報を教えないでおくというのは非常に奇妙なことである。ダヴィッドによれば、トロツキーが会いたがっているとセドフに告げられたのである。したがって、ダヴィッドが既にコペンハーゲンにいなかったとしても、トロツキーが彼に期待していたと推量するのが筋である。しかし、訴訟記録には、トロツキーがベルマン＝ユリン訪問のことをダヴィッドに話した形跡がない。さらに、ベルマン＝ユリンはダヴィッドが既にモスクワにいたかのように話しているが、訴訟記録によれば二人とも一九三三年三月にモスクワに行っている。検察官はこの点をベルマン＝ユリンに尋ねなかった。したがって、ダヴィッドがモスクワにいることがどうしてベルマン＝ユリンに分かったのか、訴訟記録では明らかにされていない。

我々はさらに、ベルマン＝ユリンがはっきりとトロツキーの「アパート」で終日過ごしたと証言していることに注意を向ける。すでにご承知のように、トロツキーを取り囲むようにしていたフランケル、モリニエ、フィールド夫妻、その他の人々に知られずにトロツキーに会うのは絶対に不可能であり、彼等はベルマン＝ユリンの訪問を否認しているのである。最後になるが、コペンハーゲンでトロツキーに会ったと主張した第一次裁判の被告達にトロツキーがテロ指令を下したとされる主題から離れる前に、証言に細部が欠如していて真に迫るものが感じられない、というトロツキーの注釈の妥当性に着目してみたい。いつ、どのようにトロツキーが日々を過ごしていたのか、どのようにトロツキーに会いに行ったのか、どんな人々がトロツキーの周囲にいたのか、彼等の誰一人として語っていない。彼が借りていた別荘の変わった趣味の家具類について、誰も言及しない。これについては委員会の証言で充分明らかにされた。ジノヴィエフの死亡報道について誰も語らない。これも明らかなことだ。一方では、被告達が言う細部は正しくない。セドフの風采に関するホルツマンの言及と証言、トロツキーが会話中、部屋を歩き回ったというベルマン＝ユリンの証言など（トロツキーは家具が雑然としたごく小さな部屋に客を迎え入れたので、「歩き回る」のは不可能だった）。ダヴィッドは、トロツキー訪問に関する細部には何も触れなかった。

以上述べてきたすべての考察を基に、訴訟記録は、ベルマン＝ユリン及びダヴィッドのトロツキー、セドフ、及びテロリスト路線との関係に関する限り、まったく価値がないものと、我々は判定する。オルベルク、ダヴィッド、ベルマン＝ユリンの三被告は、テロの使命を帯びてロシアに行くようにとのトロツキーの指令を一九三二年十一月に受けたにもかかわらず、彼等の証言によれば、一九三三年三月までモスクワに着いていない、という興味深い事実を、核心に触れるものとしてここに書き留めておく。切迫した重要な使命の実行に、どうして長期の遅れが生じたのか？　オルベルクの母親は、ヒトラーが政権に就いて息子はドイツに残ることが不可能になり、ロシアに行ったと述べている。訴訟記録及び先に引用した除名記録から、ベルマン＝ユリンとフリッツ・ダヴィッドの両名はドイツ共産党員であった。したがって、ソ連邦への出発はオルベルクと同じ理由、すなわちナチスの下では身辺が危うくなったことによると考えるのが合理的と思われる。(二)

§九五　訴訟記録自体と本章ならびに一二章で引用した証拠に基づき、我々はベルマン＝ユリンとダヴィッドのいずれも、コペンハーゲンでトロツキーからテロリスト指令を受けていないし、当地滞在中のトロツキーに会っていない、と判定する。

【原注】

(一) ドイツ共産党中央委員会の公式機関紙。以前は日刊紙としてベルリンで発行されていた。

(二) ニューヨーク在住のドイツ人亡命者ギュンター・ライマンによる証言録取書を我々は受領した。当委員会書記によって証明済みの証言録取書（資料ＰＣ）には、次のように記録されている。――自分はトロツキー主義者の運動に参加したことはない。ベルマン＝ユリンとはベルリンで面識があった。ベルマン＝ユリンはロシア人で、かつてソ連共産党員であった。ドイツ共産党の積極的な党員でもあった。彼はベルリンのロシア共産党代表部の命令に従い、拒否すれば党を除名すると脅迫されてロシアに戻った。この命令の理由は、ロシア人共産主義者がドイツ国内で反ファシスト活動を行った場合に逮捕される可能性があり、これを避けようとしたソヴィエト政府の意向であった。

一五章　ナタン・リューレ及びモセイ・リューレの証言

§九六　残りの二人の被告、ナタン・リューレとモセイ・リューレは、テロ行為を目的にドイツからロシアに渡ったと主張しているが、第一次裁判の評決では、トロツキーとセドフの有罪決定の根拠となる証言には入っていない。だが、起訴状では、スターリン、ヴォロシーロフ、カガノヴィチ、その他を暗殺する計画の指令をトロツキー及びセドフから直接受けた秘密情報員として言及されており（資料ＺＫ）、両被告の証言をここで取り上げる。

§九七　ナタン・リューレの証言――モスクワに行ったのは一九三二年、テロを実行する目的でトロツキー派を組織する特別の使命を帯びていた。一九二七年以来の全活動は、ソヴィエト国家権力の弱体化に向けられた。一九二七年夏、トロツキー派に入って最初に親しくなったのがモセイ・リューレだった。一九三二年の早い時期に彼から、ソ連に行き、テロを実行する時が来た、と言われた。ドイツで知り合ったトロツキー派の活動家と連絡をつけ、共同でテロの実行にあたる指令を携えてソ連に入国した。ドイツ国家社会主義党員であるドイツ人の建築技師フランツ・ワイツが所属していたテロリスト・グループのコンスタント及びリプシュイッツと連絡をつけた。ワイツは、当時ヒトラー親衛隊の全国指導者、後にゲシュタポ［国家秘密警察］長官となるヒムラーによって、テロ目的でソ連に送り込まれていた。リューレのグループは一九三二年秋から翌年の春まで、ヴォロシーロフの命を狙う準備にかかった。何度か銃を持ってフルンゼ通りに行き、ヴォロシーロフの車を見つけたが、通り過ぎるのが速くて銃撃できなかった。この計画は断念し、路上での爆破に切り替えて爆発物の入手に努めた。一九三三年七月、外科医の仕事でチェラビンスクに派遣された。訪問中のカガノヴィチとオルジョニキーゼにテロ攻撃を試みたが、未遂に終わった。一九三六年一月に科学関係の仕事でレニングラードに行った。

モスクワを通過する際に、ジダーノフ襲撃を指示されているモセイに会った。五月一日のメーデー行進の折に実行しようと、自動拳銃を携えた。しかし、ウリツキー広場の示威行進にうまく入り込んだものの、ジダーノフの傍を通った時には距離が開き、銃撃できなかった（資料ZK）。

§九八　モセイ・リューレの証言――モスクワには一九三三年三月四日に行った。「トロツキー本人の指令だ」というルート・フィッシャー及びマスロフからテロの指令を受けていた。フィッシャーとは一九二四年以来のつながりがあり、一九二五年からはジノヴィエフ派で反対派として動き、マスロフとは一九二七年からつながりがあった。モスクワに着くと、かつてベルリンでジノヴィエフの個人的使者を務めていたA・V・ヘルツベルクに指令を伝えた。彼とは一九二七年十一月から一九三一年の末まで、ジノヴィエフ派の活動で接点があり、「ジノヴィエフから格別の信頼を受けていた」人物であった。一九三四年八月の初め、ジノヴィエフにこれらの指令とナタン・リューレのテロリスト・グループについての詳細を伝えた。ナタンとは一九三三年四月から一九三六年一月二日まで連絡が付いていた。ナタンへの指令は、オルジョニキーゼがチェラビンスクのトラクター工場を訪ねる際に、その命を奪おうというものであり、ジダーノフについても同様の指令があった。自分はファシストの手先フランツ・ワイツとのつながりがあった（資料ZK）。

§九九　トロツキーはモセイ・リューレとナタン・リューレのいずれとも面識がないし、いかなる関係もない、第一次裁判の公表された報告で初めて見た名前だ、と証言した（資料PC）。さらに、ルート・フィッシャーとマスロフについて、こう語った。

　二人はかつてドイツ共産党の指導者であり、私に激しく敵対したが、後に、ジノヴィエフ主義者の反対派になった。ジノヴィエフの後を追って屈服者となり、この証言をみると今や完璧な敵対者と化したようだ。（資料PC）

§一〇〇　オイゲネ・バウアーは次のように証言した。

　私はモセイ・リューレを個人的にではないが、話を聞いて知っていた。その時は、アレクサンデル・エメル[二]という名前を使っていた。私が聞いた彼の演説は事実上、トロツキー主義者の運動への攻撃であり、彼は常に運動に対する過激な敵対者の一人だった。（資料CR）

§一〇一　この二人の被告に関連して我々が入手している最も重要な資料は、以下の通りである

（一）オイゲネ・バウアーの証言録取書。特別委員会の証明がある証言で、次のように述べている。――ナタン・リューレについては聞いたことがなかった。モセイ・リューレは、ドイツ共産党ではアレクサンデル・エメルという名で理論家として通っていた。一九二七年にジノヴィエフ反対派に加入したが、その後、党に忠誠を示すようになり、一九二九年から一九三一年にかけては理論家、歴史家、宣伝者として一定の役割を果たした。彼はドイツ共産党の宣伝部局の指導者の一人だったが、一九三二年初め、党にちょっとした曲折があった時に、スケープゴートとして除名された。彼はトロツキー主義者ではない、それどころかトロツキー主義との闘いのスペシャリストだった（資料ＰＣ）。

（二）ナタン・リューレ及びコンスタントとリプシュイッツの身元に関連しては、マリア・ブルーメ博士の宣誓供述書（ニューヨーク）を入手した。博士は一九三五年三月までドイツに住んでいたが、現在はニューヨーク市に在住。委員会への手紙には、政党所属歴はなく、宣誓供述書を提出したのは真実への関心に基づくものであり、いかなる党派的動機もない、と書かれている。宣誓供述書の内容は以下の通り。

ナタン・リューレ博士とはベルリンで面識がある。夫人のネッカ・アドゥンスカヤとは付き合いが深く、ロシア領ポーランドの同じ町で生まれ、後にドイツの同じ大学で診療にあたった。リューレ博士は、ポーランド系ユダヤ人の生まれでドイツでは医学を研究し、一九二六年か翌年にベルリン大学を卒業し、後にベルリン郊外の病院に職を得た。一九三一年ないし翌年までそこで働いていたが、「すべての外国人と同様に、雇用の権利を政府命令によって奪われ」、一九三二年の初めにソ連に仕事を求めて、ドイツを離れた。年末には、夫人も合流した。夫人から、ナタン・リューレがモスクワのクレムリン病院で外科医として働いていると教えられた。夫人の妹エステル・アドゥンスカヤは、エーリッヒ・コンスタントというドイツ人労働者と結婚した。夫妻とも共産主義者で、一九二五年か翌年にソ連に渡った。知っている最後の住所はモスクワ市だった。パヴェル・リプシュイッツはロシア系ポーランド人の生まれで、ベルリンの工科大学に通い、一九三一年末に技師として卒業した。ナタン・リューレと同様に、ドイツで働く権利を奪われ、ソ連での仕事を求めてソヴィエト大使館に照会し、一九三二年初めに渡った。

知る限りでは、ナタン・リューレ夫妻、リプシュイッツの三名ともドイツ共産党員であり、公私にわたって反対派の兆しは一切見せなかった。リプシュイッツとアドゥンスカヤ一家は同じ街の住民でもあり、親しい関係を保っていた。個人

的な理解に基づく結論だが、ナタン・リューレ、コンスタント、リプシュイッツ三者の関係は基本的に親戚ないし同郷者の交わりというものであった（資料PC）。

(三) アレクサンデル・エメル（モセイ・リューレ）執筆論文の写真複製。『ザ・インターナショナル・プレス・コレスポンダンス（インプレコール）』一九三二年十一月十五日付に載った論文の趣旨――ブルジョアジーは、労働者がもはや信じていない社会民主主義よりも巧妙な反ソ宣伝者を必要としており、トロツキーがまさにこの役割を果たしている。『反対派会報』に載るソ連国内からの手紙は、反動的な西欧諸国の政府系機関紙に広く再録されている。トロツキーはポーランドの政策面での共鳴にご満悦である。その地では、彼の論文がファシストの新聞で重用され、検閲はノーチェックである。「マルクス主義の光をあてられたトロツキー主義」のような論文はポーランドでは掲載されない。検閲官の手で完全に封じられて、「没収」の一語が紙面全体に残っている（前掲資料）。

§一〇二　二人のリューレのいずれもトロツキーとの関係を明かす直接的証拠を何も提出していない。モセイ・リューレは、フィッシャーとマスロフから口頭で受けた指令が実際にはトロツキーが発したものだ、と証言した。彼が指令を授けられたとすれば、フィッシャーとマスロフの言葉通りに受け止めたのだ、と誰もが推量する。つまり、彼の証言は伝聞なのである。ナタン・リューレの場合は、もっとはっきりしない。テロ指令が「トロツキー派の組織」から発せられた、とだけ証言している。トロツキー派に加わって親しくなった最初の相手であるモセイ・リューレとの関係の始まりを一九二七年の夏の終わりとしているナタンに対して、モセイは一九三三年四月からとしている。この証言は訴訟記録ではナタン・リューレ証言の直後に載っているが、こうした矛盾する陳述を一致させようとする検察官の試みは記録されていない。

モセイ・リューレはジノヴィエフ反対派に一九二七年に加入したが、その後、党に忠誠を示すようになり、一九二九年から翌年にかけて一定の役割を果たした、というバウアーの証言は先に引用した。リューレ本人の証言では、ロシアに出発するまでジノヴィエフ派で活動したことになっている（資料ZK）。ジノヴィエフは一九二八年に屈服し、再入党したのだから（§二一）、リューレのドイツ共産党に対する貢献がジノヴィエフ派としての活動と合致していることはもちろん論理的には充分考えられる。一方、二人のリューレのいずれかがベルリンでトロツキー派の活動に従事したとするなら、ナタン・リューレはトロツキー主義者に知られず、モセイ・

リューレはスターリン主義の宣伝者としてのみ知られていた、というのは奇妙に思われる。

二人のリューレについて検察官は、ベルマン＝ユリンとダヴィッドの場合と同様、テロ行為を引き受ける動機の解明を試みていない。さらに、両証人が自白したテロ襲撃計画の性格が、信頼を託されてというより、浮かれ騒ぎを扇動するように描き出されている。

§一〇三　これらすべての考察及びこれら被告に関連して入手した証拠類を基に、モセイ・リューレとナタン・リューレをトロツキーないしトロツキー主義者の運動、あるいは「テロリスト路線」なるものに結び付けようとするジノヴィエフ＝カーメネフ裁判［第一次裁判］の試みにはいかなる根拠もない、と我々は認定する。


【原注】
（一）訴訟記録には、モセイ・イリイチ・リューレ（アレクサンデル・エメル）の名前でリストに載っている。

ピャタコフ＝ラデック裁判

一六章　「並行センター」あるいは「予備センター」

§一〇四　「反ソヴィエト・トロツキー派センター訴訟［第二次裁判］の裁判記録」における起訴内容の定義の項は、次のように始まっている。
捜査当局は、以下を立証されたものとみなす。L・D・トロツキーの指令に基づき、本件被告Y・L・ピャタコフ、K・B・ラデック、G・Y・ソコルニコフ、L・P・セレブリャコフからなる並行センターが一九三三年に組織された。その目的は、犯罪活動、反ソヴィエト活動、スパイ活動、破壊活動、テロ活動を指揮することであった……。（資料PR）
起訴状には、トロツキー派＝ジノヴィエフ派連合センター訴訟［第一次裁判］の取り調べの結果、連合センターに加えて、次のことが立証されたと書かれている。

いわゆる予備センターが存在した。L・D・トロツキーの直接の指令に基づくものであり、ソヴィエト政府機関によって正体が暴かれたトロツキー派=ジノヴィエフ派連合の犯罪活動が不測の事態に直面した場合に備えたものである。有罪が決定した連合センターのメンバーであるジノヴィエフ、カーメネフ、その他は、予備センターが、全員トロツキー派としての活動歴のあるY・L・ピャタコフ、K・B・ラデック、G・Y・ソコルニコフ、L・P・セレブリャコフから構成されていることを証言した。

本件の予備調査の結果、いわゆる予備センターは現実には並行トロツキー派センターであることが立証された。現在は国外在住のL・D・トロツキーの直接の指令に基づき組織され、統制されている。（傍点は調査委員会による）

したがって、起訴状によれば、予備センターと並行センターのいずれもトロツキーの直接指令によって結成された、同一のものである。

§一〇五　第一次裁判の連合センターの議論の中で指摘したが（§三二）、公表された訴訟記録には連合センター結成に対するトロツキー及びセドフの意向ないし役割を示す直接的証拠は存在しない。予備センターについても同様である。

実際のところ、予備センターに言及した唯一の被告はカーメネフであった（§三二）。ジノヴィエフは、カーメネフと自分に接近してきたソコルニコフを、「いわゆる『ご都合主義者』」の一人として扱っている（資料ZK）。レインゴリドは、ソコルニコフを連合センターの一員であると述べた（資料ZK）。エフドキモフは、一九三四年夏にカーメネフのアパートで開かれた会議の出席者の一人としてソコルニコフを挙げ、その会議でキーロフ暗殺の促進が決議されたと証言したが、ソコルニコフの立場には触れなかった（資料ZK）。訴訟記録では、被告の誰一人として、ピャタコフに言及していない。予備センターの指導者として選ばれた面々を供述したカーメネフ被告も、ソコルニコフ、セレブリャコフ、ラデック三人の名前しか挙げていない（資料ZK）。この件でピャタコフの名前がヴィシンスキーの陳述に登場するのは一度だけである。証人が最後に出廷した八月二十一日夕刻、ヴィシンスキーは被告尋問を終えた後の陳述で、カーメネフ、ジノヴィエフ、レインゴリドの証言によって連座した人間として数名を挙げた。その中にピャタコフの名前があった（資料ZK）。

§一〇六　第一次裁判の記録に記載された予備センターとそのメンバーについては、この程度のものだ。第二次裁判の起訴状は、第一次裁判における精査の結果、予備センターがトロツキーの直接指令に基づいて結成されたことが立証された、と明確に書いている。しかしそのことは公表された訴訟記録のどこにも見当たらない。カーメネフは、

発覚したかもしれないと気付き、テロ活動継続のために小集団を指名した。（資料ZK）

と言ったが、この小集団がトロツキーの指令で指名された、とは言っていない。それどころか第一次裁判の記録のどこにも、カーメネフがトロツキーないしセドフとの直接の交信を証言したとは書かれていない。第二次裁判の証言で披露されたセンターの起源に関する諸説も、トロツキーの扇動で始まり、メンバーも彼が選んだ、という起訴内容の立証には失敗している。この点に関して、トロツキー及びセドフとの直接の接触を主張したセンターの二人のメンバー、ピャタコフとラデックによる証言を取り上げる。

§一〇七　ピャタコフは、一九三一年十一月末にシェストフ被告経由で届いたトロツキーの手紙の論点のひとつが、「あらゆる手段を行使して、スターリンと直下の部下を解任する」ために「すべての反スターリン勢力を結集する必要性」であった、と証言した（資料PC）。「スターリンを解任する」という言葉を口にする機会があった両裁判の被告達と同様に、ピャタコフは暴力の行使を意味するものとしている。彼の証言によれば、一九三一年十一月末から翌年中頃のベルリン出張までの期間、「トロツキー派組織の連絡網と中核部隊の修復」に邁進した。特にロギノフとリフシッツに任せたウクライナが重点地区だった（ロギノフは証人、リフシッツは第二次裁判の被告）（資料PR）。このピャタコフ証言は、自らの活動を予備センター結成以前どころかメインの連合センター結成以前に位置付ける点で、極めて重要である。別の機会の証言では、一九三二年中頃、ベルリンでセドフに会った際、

展開し始めたトロツキー派＝ジノヴィエフ派連合組織の活動について知っていることを伝えました。

これは、トロツキー＝ジノヴィエフ連合の活動を、第一次裁判の起訴状及び両裁判における大部分の証言のなかで確定された結成時期より以前のものとし、さらには、ピャタコフが連合組織とその活動についてセドフから知らされる前に、すでに事情に通じていたことを示唆する発言である。さらにピャタコフの証言によれば、カーメネフが一九三二年秋モスクワに戻ると、

……結成されたトロツキー派＝ジノヴィエフ派センターについて、はっきりと明確に知らせてくれたのです。（資料PR）

検察官がこうした明らかな矛盾の解決を図る立場にありながらそうせず、当委員会はそうした立場にはないのだから、我々はただこのことを頭に入れて、ピャタコフによるカーメネフとの面談の説明に移るしかない。

［面談は］後に並行トロツキー派センターとなる予備センター結成の観点からみて、非常に重要なものでした。（資料PR）

ピャタコフによれば、カーメネフとの会話は次のようなものだった。

［カーメネフは］……連合センターに所属する多くの人々の名前を挙げ、彼等の間で、私（ピャタコフ）、ラデック、ソコルニコフ、セレブリャコフなど総じて卓越したトロツキー派としての過去を有する面々をセンターに入れるかどうかという問題が議論されてきたが、不適切であるとの結論に達したということでした。カーメネフが言うには、メインのセンターが発覚した場合に、予備のトロツキー派＝ジノヴィエフ派センターがあるのは望ましくない……センター参加についての私の意思を確認する権限を、彼は正式に与えられていました。……私は同意しました。（資料PR）

§一〇八　このピャタコフ証言から見えてくるのは、第一に、予備センターが一九三二年秋の段階では少なくとも結成の途上にあったこと。ところが起訴状は結成を一九三三年としている。第二に、それがメインの連合センターの発意によって結成されつつあったこと。第三に、それがトロツキー派でなく、トロツキー派＝ジノヴィエフ派連合のセンターであったこと。ところが、ピャタコフはこの説明の後で、第二の解釈版を開陳し、一九三二年にラデックと会話した際、こんな議論が交わされたと言う。

メインセンターではジノヴィエフ主義者が大いに優勢を占めていて、センターの構成を変える問題を提起できない雰囲気がある。（資料PR）

両者は、トロツキー派の非合法組織に無用な論議を招くような無理はできない、との結論を下した。

（その時に）メインのセンターに加えて、……我々トロツキー派自身の並行センターを持つことを考えついたのです。メインセンターが発覚した場合には、予備のセンターとして機能し、同時にトロツキー本人ないし彼のラインに従って、独立した実践活動を展開できるものです。我々が権力を掌握した後の経済の減速に関して、連合の一翼であるジノヴィエフ派とは見解が異なっており、ラデックと私は、これに対抗する組織を何か創る必要があるという考えに取り付かれていました。結局、この件に関してトロツキーの見解を求めることで一致しました。（資料ＰＲ）

ここにきて我々は、予備センターのアイディアが、ジノヴィエフ派に暗に対抗する手段としてピャタコフとラデックによって着想された、という新解釈にお目にかかっている。ピャタコフは続けて言う。

少し後になって（既に一九三三年に入ってのこと）、ラデックと会った際に、トロツキーから回答があり、ジノヴィエフ派との連合どころか完全な統一を断固として促している、と知らされました。……我々のセンターを並行センターに転換するという考えについては、勢力の糾合及びテロリズムと破壊活動の準備を加速させるだろう、というトロツキーの判断でした。（資料ＰＲ）

こう見ると、ピャタコフとラデックのトロツキーへの問いかけは並行トロツキー派センターの結成についてであり、これに対するトロツキーの回答は、「トロツキー派＝ジノヴィエフ派予備センター」のトロツキー派並行センターへの転換についてであったように思われる。ピャタコフは再度、このトロツキーとの交信について明確に述べている。

予備センターを並行センターに変えることについて、賛意を示していました。（資料ＰＲ）

§一〇九　ラデック被告はピャタコフ証言を「充分に確認し」、さらには、「表向きは連合を温存しながら、これに対抗する組織を持つこと」を両名が必要と考えた理由や、「予備センターの発想を並行センター結成に適用しようと試みた」理由を詳しく説明している（資料ＰＲ）。トロツキーの見解を問う手紙を書いたのは自分であり、当時はタス通信外国特派員だったウラジーミル・ロムを介して連絡を付けた、と述べた。したがってロム証人の証言の精査が求められる。彼は訴訟記録からは、有能な連絡役としてばかりか、綿密かつ大胆な人物としてラデックとトロツキーに仕えていたように見える。ロムは、モスクワにいた一九三二年秋に、ラデックから次のように聞いた、と証言した。

トロツキーの命令に従って、トロツキー派=ジノヴィエフ派連合は組織されたのですが、ラデックとピャタコフはセンターに参加しませんでした。ラデックは、予備センターないし並行センターを設立する考えが浮かんだのだと語りました。これができればトロツキー派は優勢を占め、活動中のセンターが発覚した場合の予備のセンターにもなる、と。(資料PR)

ここに、並行センターは「トロツキー派」主体の組織に過ぎない、という第三の解釈版が登場する。ラデックの言葉から、連絡役のロムが予備センターないし並行センターのメンバーとして予想した面々は、ラデック、ピャタコフ、セレブリャコフ、ソコルニコフであった。つまりピャタコフを除けば、明らかに、カーメネフが最初の裁判で、メインセンターないし連合センターによって予備センター向けに選抜されたメンバーとして言及した者達であり、(ピャタコフを含め)カーメネフがピャタコフに「総じて卓越したトロツキー派としての過去を有する面々」として言及した者達であった(§一〇七)。さらには、メインセンターが発覚した場合に備えた「予備のトロツキー派=ジノヴィエフ派センターを持つ」ことが望ましいという理由から、メインセンターに招請されなかった者達でもあった。

後に議論するこの重要な情報をもたらしたロムは証言を続けて、トロツキーに届けるようラデックから頼まれた手紙を書けるのはピャタコフとラデックだけであることは自明であり、彼の理解によれば、この手紙は、

並行センターを創設する考えに関連して……創るのか、創らないのか、誰を充てるのか、をはっきりと……させる指示を求めるものでした。(資料PR)

ラデックが仕掛けた議論の一つは、「活動中のセンターにおいてジノヴィエフ派が優勢であること」だった、とロムは言う。そして次の問答が続く。

ヴィシンスキー　それで、こうしたセンターの結成を決めて承認だけを求めたのですね。それともこの問題についてどう決定するかアドバイスを求めたのでしょうか?

ロム　印象としては、問題を積極的に、つまり、そうすることが必要であると決定し、手紙は承認を得るために書こう、というものでした。

ヴィシンスキー　手紙にはどんなことが書かれていたのでしょう、ご存知でしたか？

ロム　知っていました。手紙は私に渡され、一九三二年秋にジュネーブに戻る前に、ドイツ語の本の表紙カバーに隠したのですから。（資料ＰＲ）

ロムは、一九三三年七月末にパリのブローニュの森でトロツキーに会った目的について証言を続ける。

私の理解では、私がモスクワに持ち込もうとしている手紙に書かれた指令の口頭確認でした。彼は並行センターの問題から話を始めました。……彼は並行センターの着想に賛意を示しましたが、ジノヴィエフ派との連合が保持されるという必須の条件付きでした。……（資料ＰＲ）

この解釈版から見えてくるのは、こういうことだ。――ピャタコフとラデックがトロツキーに質したのは、独自のトロツキー派並行センターを結成する案でもなければ、予備センターの並行センターへの転換でもなく、トロツキー派が優勢を占める並行トロツキー派＝ジノヴィエフ派センターを設立する着想についてであった。トロツキーが承認したのは、予備センターの並行センターへの転換ではなく、「ジノヴィエフ派との連合が保持されるという必須の条件付き」の並行センターの創設であった。

§一一〇　ここで日付の問題について簡単に触れておく。一九三二年にトロツキーに渡すようラデックから預かった、とロムが言及している唯一の手紙について、九月のことだとしている（資料ＺＫ）。彼は既に、並行センターの創設について尋ねる手紙を一九三二年秋に渡されたと証言しているので、我々が九月に受け取った手紙のことと推量するのは当然だろう。既に注意しておいたが（§一〇七）、本人の証言から、ピャタコフがメインセンターの存在と活動を知ったのは、第一次裁判の起訴状にある結成の日付の数カ月前ではなく、知らされる以前に既に知っていたと思われる。ここでは、ラデックがロムに、トロツキー派＝ジノヴィエフ派センターが結成されたことを知らせて、ジノヴィエフ派の優勢を批判し、ピャタコフに同意して、並行センター創設についての意見を求めるトロツキーへの手紙を託したように思われる。それは、メインのトロツキー派＝ジノヴィエフ派センター結成をラデックが知るせいぜい一、二カ月前のことであり、「闘争の道に引き返すことを決めた」ほんの少し前のことである。というのは、一九三二年二月にトロツキーから、連合に向けての協議は進行中である旨の手紙が届いたとラデックは証言しているが（資料ＰＲ）、彼は自分が「闘争の道に引き返す」ことを決めた時期を「およそ一九三二年の九月か十月の末」とし、現実の連合成立を知った時期を同年の十月末か十一月初めとしているからである。当時、ラデックはムラチコフスキーとの会話で、「君は、どこで、どのように行動するつもりなのか？」とムラチコフスキーに尋ねた、と述べている。するとムラチコフスキーは、トロツキーからの手紙を受け取ったか、決心はついたか、と尋ね返してきた。ラデックによれば、

私は……君達とともに進むことを決めた、と答えました。それからムラチコフスキーに、闘争をどう展望しているのか、ジノヴィエフ派との合流問題はどんな経過を辿っているのかを尋ねました。……彼は、闘争はテロの局面に入った、この戦術を実行するためにジノヴィエフ派と連合したのであり、準備作業に取りかかることになるだろうと答えました。（資料ＰＲ）

しかし、訴訟記録を信じるならば、ラデックとピャタコフの「準備作業」は既に終わっていた。素晴らしい予知能力で、「活動中の」連合センターの「ジノヴィエフ派が優勢の事態」に潜む危険を察知したのだ。それも、彼等のいずれかがセンターの存在を知る前どころか、存在する前からである。さらには取り急ぎ、トロツキー派並行センター、あるいは可能ならば、ジノヴィエフの影響力を減殺するためにもトロツキー派が優勢を占めるセンターの創設について、トロツキーの「指令」を求めた。この知的かつ行動的な連合は、もしラデック証言を信じるならば、二人の出会いの約三カ月前に実現した、という点でますます印象深いのである。「その時、誰に会ったのですか？」というヴィシンスキーの問いに答えて、ラデックは言う。

できる限り会う回数を減らすことで意見が一致しました。……トロツキー派の予備センターの同志との会合に関する質問であれば、私は一九三二年十二月にピャタコフに会い、二回目は一九三三年末に、……（資料ＰＲ）

§一一　並行センターについてのピャタコフ証言ならびに後のロム証言に対するラデックの確認（資料ＰＲ）に照らして見ると、メインセンターばかりか予備センター、さらには人事構想についてもムラチコフスキーから知らされていたというラデックの証言は興味深い。

後に、ムラチコフスキーは、闘争は非常に厳しくなっており、犠牲が大きくなるだろうから、敗北つまり逮捕に備

えて一定の中核部隊を温存しておく意向があり、「これが最初のセンターに君達を入れなかった理由だよ」と言いました。私の他に、ピャタコフ、セレブリャコフを指していました。

ヴィシンスキー　彼はソコルニコフについて話しましたか？

ラデック　話しました。この時の話題はトロツキー派の動向についてでした。……（資料ＰＲ）

この解説版は、予備センターの結成と人事についてカーメネフ、ピャタコフが語った第一の解説版と辻褄が合っていることにお気付きだろう。ただし、カーメネフがピャタコフに言及しなかったこと、ピャタコフは過去の卓越したトロツキー派としてカーメネフが言及した面々にソコルニコフを含めたこと、の二点を除いて（§三二、一〇五、一〇七）。これは、予備センターないし並行センターのメンバーとされる他の二人［セレブリャコフとソコルニコフ］による解説版とも辻褄が合っている。これについては検証を進めていくが、少し考えれば、既に一九三二年九月にはラデックとピャタコフが連合センターの構成を知っていたとのロム証言をラデックができる限り完璧に否認するかのように（後には認めたが）、ヴィシンスキーの質問に答えていることが分かる。ムラチコフスキーがバカエフとレインゴリドについて何か話したか、というヴィシンスキーの問いに、ラデックはこう答えている。

連合組織の骨格を概説した際に、彼は我々の側［トロツキー派］のテロ組織の指導者としてドレイツェルの名を挙げ、ジノヴィエフ派側の指導者としてバカエフの名を挙げた。（資料ＰＲ）（傍点は調査委員会による）

さらに、ドレイツェルからジノヴィエフ派について情報を得たとも述べている。このラデックの証言は訴訟記録の中で、ピャタコフ証言とロム証言の中間に位置するものである。予備センターないし並行センターの結成に関するピャタコフの第二解説版（ラデックが確認した）と矛盾し、ロムの解説版とも矛盾している。だが、ロムの証言が終わると、ヴィシンスキーはこう述べた。

ラデック被告、ロムの説明を聞きましたね。私には、ロムの証言はあなたの証言と合致しているように思います。（資料ＰＲ）

§一一二　予備センターないし並行センターの他の二人のメンバーであるセレブリャコフとソコルニコフはトロツキー

との直接の交信をはっきりと否認したが（資料ＰＲ）、それに対する論駁の試みはなかった。両名のトロツキーないしセドフとの直接接触を示すいかなる証拠も提出されなかった。セレブリャコフによれば、一九三二年秋にムラチコフスキーが会いに来て、トロツキー＝ジノヴィエフ連合の結成とそのメンバー、さらには発覚した場合に備えて創設した予備のセンターのことを告げた（資料ＰＲ）。カーメネフ（§三二）、ピャタコフ（§一〇七）、ロム（§一〇九）、ラデック（§一一一）は、予備センターに最初に指名されたメンバーにセレブリャコフを含めており、またカーメネフを除く全員がセンターの計画された年を一九三二年と断定しているが、セレブリャコフは、一九三三年十一月末にピャタコフから初めて参加を求められたと証言しており、この時間的前後の食い違いは奇妙としか言いようがない。予備センターの結成をセレブリャコフに一年も前に知らせるムラチコフスキーの目的は、ちっぽけな陰謀話のもてあそびに過ぎないように見えてくる。けれどもことによると、予備センター結成に関するセレブリャコフの解説版はカーメネフ版と一致し、ピャタコフの最初の版及びラデックの第二版と一致することに注意するべきである。セレブリャコフは、トロツキーがセンター結成に対する指令を出した、とは述べていない。反対に、創設を「センターが決定した」と言ったのである。

§一一三　ソコルニコフ被告はセンターの四番目のメンバーであるが、トロツキーないしセドフのいずれとも直接の接触はなかったと主張したばかりか、自分と「トロツキー派出身」メンバーをはっきりと区別している。

……センターのトロツキー派出身メンバーの間には、私に対する時と違い、密接で親しげな、信頼し合った関係が見られました。……（資料ＰＲ）

ピャタコフは、過去の卓越したトロツキー派としてカーメネフが言及した面々にソコルニコフを含めたが、カーメネフ自身は第一次裁判で予備センターの計画について証言した際に、ソコルニコフを「トロツキー派」から除外した（資料ＺＫ）。ジノヴィエフは、自分とカーメネフに接近を図ったいわゆる「ご都合主義者」として彼とスミルガを挙げている（資料ＺＫ）。ラデックはソコルニコフについての証言で、ムラチコフスキーの話を伝えている。

……ソコルニコフについて話が及びました。この連絡の時の話題はトロツキー派の動向でした。（資料ＰＲ）

また、ラデックはソコルニコフを「ジノヴィエフ派の代表」

と明確に述べている。これを受け容れるならば、予備センターは並行トロツキー派センターであったという起訴状の主張、さらにはラデックが確認した並行ないし予備センターの結成に関するピャタコフの第二の解説版は無効になってしまう。

ソコルニコフは、最終抗弁においてトロツキーとの連絡を否認したばかりでなく、トロツキーの指令に関する知識がピャタコフとラデック経由であることを証言で繰り返し、こうも述べている。

……数多くの通信が……トロツキーの名前で届きました。並行センターを指導するだけでなく、関係を絶ったセンターのメンバーにも指令を出していました。

ソコルニコフの態度は、予備センターの結成については明白である。連合センターの人事とテロ目標についてはカーメネフから聞いたと証言している。

ヴィシンスキー　あなたは予備センターの設立と人事構成に関するカーメネフの提案を受け入れました。それとも人事については議論があったのですか？

ソコルニコフ　カーメネフはその時、つまり一九三二年夏の終わりですが、予備センターの結成に関する協議を指揮することになる、と言いました。（資料ＰＲ）

連合センター設立の日付を、第一次裁判の起訴状に書かれた通り「一九三二年末」と認めるとすると、ソコルニコフはカーメネフから、連合センター結成以前に予備センターの計画を聞いたことになる。この裁判の法的な性質を物語る一連の問答を見ていただこう。

ヴィシンスキー　彼［カーメネフ］が協議を指揮するだろう、と言ったのですね？　協議の相手を言いましたか？

ソコルニコフ　いいえ。

ヴィシンスキー　すると、あなたは誰がそれにかかわっているのか、尋ねなかったのですね？

ソコルニコフ　彼は普通の言葉遣いで、トムスキーと話をすることになるだろう、と言いました。しかし話を進める相手の他の個人名は出ませんでした。

ヴィシンスキー　では、あなたの考えでは、誰と話をしたのでしょうか？

［前年に銃殺されて］今は亡きカーメネフの意向についてソコルニコフの意見を求めた後で、検察官は以前の証言のひどい矛盾に話を導く。

ソコルニコフ　センターに推薦できる候補者についてですか？　後に並行センターのメンバーとなる人達とまったく同じです。

ヴィシンスキー　でも候補者の特定の名前を、カーメネフは会話の中で出しませんでしたか？

ソコルニコフ　すべての名前を言ったか、思い出せません。

ヴィシンスキー　でも誰かの名前を言ったでしょう？

ソコルニコフ　ピャタコフとラデックの名前を覚えています。

ヴィシンスキー　後に二人はセンターに参加したのですね？

ソコルニコフ　そうです。（資料ＰＲ）

ソコルニコフは、ある時には情報源としてカーメネフを挙げ、別の機会には自分が連合センターの一員であることを否認した上で、次のようにカーメネフとの法廷での対面に言及している。

カーメネフは、一九三二年夏に私と会話したことがあり、私を連合センターに入れなかったのは、私を予備として確保しておく必要を考えたからだ、と言いました。……連合センターが発覚した場合には、私を利用しようとして……これは私が連合センターに賛成しないからではなくて、予備センターに選抜されたからだ、とカーメネフは言いました。これは事実と合致しています。

再度、連合センター結成の日付に関するカーメネフ＝ジノヴィエフの解説版（§三四〜三八）、予備センターの計画の日付に関するカーメネフの解説版（二番目のもの）に話しが戻っている。ヴィシンスキーはその後で、予備審問記録におけるカーメネフの証言と称するものから、以下の部分を引用する。

ジノヴィエフとの会話を進めるうちに、発覚の事態に備えてトロツキー派＝ジノヴィエフ派センターの指導集団を創ることが必要だと確信するに至りました。私がソコルニコフとの協議を進め、全面的同意を得たのは、まさにこの点でした。（資料ＰＲ）

ソコルニコフからもカーメネフからも、トロツキーの指令に関する言葉は聞かれない。我々は、カーメネフがトロツキーないしセドフとの接触を主張していないことに注目してきた。となると、予備センターの着想の出所は、カーメネフとジノヴィエフの二人であるように思われるのである（ジノヴィエフもトロツキーとの直接連絡を主張していない）。

§一一四　こうして、結成の経緯を当然知っていたと思われる予備センターの四人のメンバーから、センター結成の経過に関して二つの異なる解説版が出されている。一つでは、センターは予備の「トロツキー派＝ジノヴィエフ派」センターとして設立され、メンバーは連合センターによって選別された。別の解説版では、並行トロツキー派センターの着想はピャタコフとラデックに「生じて」、彼等はトロツキーの見解を手紙で質した。ヴィシンスキーは、こうした互いに矛盾する解説を合致させる努力をしなかった。一つの解説版では一九三二年に結成された。別の解説版では、一九三二年に計画され、「転換」は一九三三年にトロツキーに承認された。ロム証人は、さらにもう一つの解説版を出し（ラデックが確認した）、その中でピャタコフとラデックがトロツキーに助言を求めたのは、並行トロツキー派センターについてではなく、トロツキー派が優勢を占める予備センターであり、その計画が承認されたのだ、としている。

ロム証言の記憶すべき点は、トロツキーとの会話（§一〇九）が、並行センター結成に関するラデックの質問に回答するトロツキーの手紙の内容を口頭で確認するものだったことである。このロムの回答解釈は、ラデックが「完全に確認した」ピャタコフの説明と異なることに、検察官は気付いた様子がない。また、ピャタコフの解説版によれば、トロツキーはある質問を問われて別の質問に答えたように思われることにも注意を払っていない（§一〇八）。しばらくは、ピャタコフとラデックが本当に「並行トロツキー派センター」の結成についてではなく、「トロツキー＝ジノヴィエフ予備センター」から並行センターへの転換について回答を求めたのだ、と仮定してみよう。すると、訴訟記録の確かな核心はなんだったのか、という疑問が頭をもたげる。ピャタコフとラデックはジノヴィエフ主義者を刺激せずに事が運ぶと見込んでいたのだろうか？　さらに、トロツキーの回答に関するピャタコフの説明（ラデックが確認した）には、疑問がつきまとう。トロツキーは、転換に「祝福を与えて」、「ジノヴィエフ主義者との連合だけでなく、完全な統一」の必要を「断固として主張し」、これをいかに成し遂げるか、ラデックに忠告したのだろうか？

§一一五　もう一つ別の根本的な疑問が生じる。トロツキー派＝ジノヴィエフ派センターから並行トロツキー派センターへの「転換」が意味するものは何か？　この言葉は人事構成の変化、つまりセンターからのジノヴィエフ派追い出しを意味してはいないだろうか？　だが、センターの人事構成が変更された気配はない。起訴状にははっきりと、予備センターがピャタコフ、ソコルニコフ、セレブリャコフ、ラデックによって構成されたとあり、すべての説がこれを踏襲しているのだが、例外がある。カーメネフはピャタコフを含めず、ソコルニコフはセレブリャコフを含めていない（両者とも起訴状と本人の自白によれば、トロツキー派メンバーであるが）。そのセレブリャコフは、センターについて通知を受けた一年後の一九三三年に参加したと述べている。また、ロム証人はラデックから、並行センターのメンバーはピャタコフ、ソコルニコフ、セレブリャコフ、そして自分だ！　と聞かされたことをはっきり述べている。第二次裁判で、反ソヴィエト・トロツキー派センター――起訴状によれば予備センターと一致する――のメンバーとして裁かれたのはこの四名であった。訴訟記録のどこにも、他の名前は見当たらない。

　このように、予備センターと並行センターの構成は最初から同じであったことがわかる。では何が「変わった」のか？　ことによると、ジノヴィエフ派との関係で撤回された、トロツキーの指示事項だったのだろうか？　しかしラデックによればジノヴィエフ派を代表していたソコルニコフがはっきり述べている。一九三四年初めにカーメネフが、

> トロツキーがとった敗北主義的立場について知らせてきました。……この時に、カーメネフとの会話の中で、何者かが探索目的で私に接近して来るかもしれないと警告されました。（資料ＰＲ）

また、ソコルニコフは並行センターにおける活動は一九三五年夏に始まったと述べている。その上、ピャタコフは、一九三五年の並行センターがメインセンターに取って代わろうとする努力について話す中で、こう述べる。

> ひと言で言えば、我々は一九三四年に予備センターの四名のメンバー全員に伝えられたメインセンターの決定を実行すべく躍起になっていました。カーメネフが私とソコルニコフに伝え、ムラチコフスキーがラデックとセレブリャコフに伝えた決定です。（資料ＰＲ）

§一一六　どう考えても、この説明は説得力がない。これまで我々は、検察官と裁判官に当然生じるべき疑問について話を進めてきたが、彼等にも生じていた可能性のある疑問に、目を移してみよう。この裁判の検察当局側――といっても訴訟記録に登場するのはこちらの側しかないが――を理解しようと誠実に試みる者には必ず生じるに違いない疑問だ。

ことによると、「転換」の問題には、なんらかの政治的意図が働いていたのではないか？　ジノヴィエフとカーメネフは処刑され、罪を着せるほど優れたジノヴィエフ主義者はもはや残っていないなかで、トロツキー一人に、背信、サボタージュ、テロなどの起訴事実の責任があるように見せかけることができれば政治的な効果は高くなるといった意図が、例えば考えられないか？

しかし、どうこれを実現するのか？　卓越した「トロツキー派」はもはや残り少なかった。そのうちの三名、ピャタコフ、セレブリャコフ、ラデックは連合センターの犯罪に連座していた。ソコルニコフも同様であった。トロツキー派＝ジノヴィエフ派予備センターとしてこの四人を裁くことは、第一次裁判で明らかになったメインセンターとの関係を保持しておくことになり、センターのすべての犯罪に彼等とトロツキーを巻き込める。トロツキーの「直接指令」に基づき結成され、活動している並行トロツキー派センターとして彼等を裁くことは、全活動の責任をトロツキー一人に転嫁させることになり、少なくとも訴訟記録が示す限り、何も知らずに死んでいったように見える連合センターのメンバーの数々の活動の正当化に役立つことになるかも知れない。さらに、センター結成の第二の日付――一九三三年――は、ロムを通してトロツキーをセンター結成に結び付けることに役立つだろう。それ以前ではまずい、というのもロムはパリとジュネーブの部署にいたし、トロツキーは一九三三年七月十七日までトルコにいたからである。

トロツキー派＝ジノヴィエフ派予備センターを並行トロツキー派センターに変えるという奇妙な「転換」の背後にこうした作意がある、と我々は言うつもりはない。ただ、もしそうであれば、少なくとも「転換」に関する証言の辻褄が合う点で検察当局を利するように思われる。こうした考察は転換ならざる転換の動機を提供してくれることだろう。つまり、検察当局にとっての動機だ。証言の分析の結果、現実には転換はなかったことが立証されたのであるから、被告自身の側には何も起きていなかったことは明らかである。

§一一七　繰り返すが、矛盾する証言のいずれにおいても、直接にせよ間接にせよ、トロツキーが予備センターないし並行センターの結成を扇動したとか、そのメンバーを選別したとかいう証拠は微塵もないのである。彼の役割なるものは、せいぜい他の人間の行為か提案を是認したことにある。そして、これまで分析してきたように、検察官が持ち出した証拠の内実は、主張を信じさせるには程遠く、少しの根拠にもならない代物である。

§一一八　訴訟記録から考えられるもう一つの「転換」の可能性は、並行センターから作戦行動センターへの転換である。このことに最初に言及したのはピャタコフである。

私はずっと後の一九三五年中頃に、ソコルニコフに会いました。その時、予備センターないし並行センターを作戦行動センターに変えることについて具体的な話し合いがありました。その後、メインセンターは崩壊し、メンバーは逮捕されて、刑を宣告されました。ソコルニコフが重工業人民委員部に来て、弾圧の嵐が逮捕後に鎮まったので行動に打って出るべき時機だと語りました。（資料ＰＲ）

後には、こうも述べている。

一九三五年中頃から年末年始の時期、我々の犯罪活動の特徴は、トロツキーからの指令に従って、「並行センター」をメインセンターに変えることに力を注ぎ、活動を強めていたことに尽きます。当時はソコルニコフやトムスキーと多くの会合を持ちました。……それから新しい局面が開けたのです。（資料ＰＲ）

この変化、転換についてのピャタコフの最初の説明は、一九三五年の中頃までは並行センター――実際は予備センター――だった――が効果的に稼動しなかったことを示しているように思われる。この説明はソコルニコフによって裏付けられたが、彼は並行センターでの活動は一九三四年のある委員会を除き、翌年夏に始まった、と述べている（資料ＰＲ）。後に彼は、「並行センターが活動を開始した後」である一九三五年のピャタコフとの会合について話したが（資料ＰＲ）、最終抗弁では次のように語った。

そして後の一九三五年に……並行センターがその活動を再開した時に……（資料ＰＲ）

これらすべてが意味するものを理解するのは不可能だ。並行センターは一九三五年に作戦行動センターになったのか？以前は作戦行動をしなかったことを意味しているのか？メインセンターに転換できたのか？あるいは休止していた活動を再開したのか？　先に引用したピャタコフの最初の陳述は、直後の問答（ラデックが「完全に確認した」）と並べてみると奇妙なものである。

ヴィシンスキー　したがって、「並行センター」は一九三三年から稼動していたと理解できますね？

ピャタコフ　そうです。

ヴィシンスキー　メインセンターと同時に稼動していたから、明らかに並行センターですね？

ピャタコフ　そうです。（資料ＰＲ）

ピャタコフ、ラデック、ソコルニコフ三者の証言には、並行センターが一九三五年までは機能しなかったとか、活動を休止していてその年に再開した、ということを示すものは何もない。三人とも継続的活動を供述して、始まりの時期をラデックは一九三二年の秋、セレブリャコフは一九三三年の秋とし、ピャタコフに至っては一九三一年にセドフと会った日としているが、これは起訴状の言うメインセンター結成の一年前であり、予備センター結成の二年前である。ソコルニコフは、並行センターの活動を一九三五年に「始まった」とか「再開した」と語ったにもかかわらず、その日付以前にテロリスト・グループと「接触」したと証言した。並行センターの作戦行動センターへの「転換」とか、活動の「開始」あるいは「再開」といった言葉が意味するものは、不明のままである。そして検察官はこの疑問の闇に光を当てようとはしない。

§一一九　ピャタコフが先の二番目の引用で述べている活動の強化（§一一八）が意味するものは、引用自体の中に含まれている。ピャタコフは、ソコルニコフとの会話の中で「連合ブロックを拡大する問題に多くの注意が向けられるべきだ……」と説明を続けた（資料ＰＲ）。両者は、共同して政府転覆にあたるために右翼反対派との関係を形あるものにしなければならない、と決定したという。ソコルニコフがトムスキーと会い、ピャタコフもトムスキーと話をした。十二月に、ソコルニコフがピャタコフに、「トムスキーはブロックへの組織的参加に完全に同意している」と告げると、ピャタコフは自身のトムスキーとの会話について話した。

テロやあらゆる種類の活動を組織することが大いに必要と思うが、ルイコフやブハーリンなど同志達に意見を求めなければならない、とトムスキーは言いました。協議を経て、三名の名前で回答がありました。……ラデックはブハーリンと接点がありました。（資料ＰＲ）

ソコルニコフは、カーメネフに指示された右翼反対派との交渉について知っていることに限って証言したのだが、最終抗弁ではこう述べた。

（一九三五年に）中央グループ全体から権限を認められ

ているトムスキーが代表格を務める右翼反対派は、連合ブロック参加に同意を示してきました。（資料PR）

§一二〇　ラデックの「ブハーリンとのつながり」に関する証言に目を転じると、右翼反対派のブロック参加に関する「協議」に触れていないことがわかる。「テロリズムに関する会話」を証言しているだけである。彼によれば、最初の会話はブハーリンが『イズヴェスチヤ』の仕事についた一九三四年の六月か七月、両者は「互いに行き来のある二つのセンターのメンバーとして」会話を交わした（資料PR）。キーロフ暗殺後の一九三四年十二月末にも二、三回会った両者は、「この殺害は実行者が期待したような結果をもたらさなかった」ことを確認し合った。

既にその時には、自問していた。この行為、つまり個人的テロ戦術の結果は、テロ活動の停止を求めているのか、それともテロ活動をグループ全体に広げるのか。（資料PR）

こうしてラデックは、「集団テロリズム」に関する最初の議論が一九三四年十二月に行われたとして、一九三五年のセンターの活動に関連する証言において重要な役割を果たしている。これまでラデックは、この「新しい局面」とか「新しい拡大戦術」（資料PR）に関連しては、自分とピャタコフで議論をした、と証言してきた。そしてヴィシンスキーの「するると、一九三六年一月には、ご都合主義の問題が既にあなたの中に生じていたのですか？」という問いに答えて、こう言ったのである。

それは一九三六年一月ではありません。すべては一九三五年一月に関係しています。（資料PR）

ピャタコフも、この問題をソコルニコフ、ラデック、セレブリャコフと、後にはトムスキーと議論したことを証言したが、正確な日付には触れなかった。こう述べている。

分散した打撃ではなく、集中したテロリズムが必要だというトロツキーの指令を実行する問題を我々は議論した。（資料PR）

しかしピャタコフは、トロツキーの「指令」をいつどのように受け取ったのか語っていない。けれども、ラデックが不足を補っている。

ラデック　誰も取り調べ資料を否認しないと断言します。集団テロ活動に関連するトロツキーの指令が一九三六年一月に届いたことは証明されています。
ヴィシンスキー　テロ活動、集団テロ活動に関する指令はあなたが受け取ったのですか？
ラデック　それは……。
ヴィシンスキー　指令が来る前に、国内でテロ活動の準備は進められていましたか？
ラデック　トロツキーの指令を受け取る以前は、我々独自の路線を歩んでいました。（資料ＰＲ）

これ以前にもラデックは、ドレイツェルの召集についてピャタコフと会話したことがあるか、との検察官の問いに次のように答えている。

一九三五年七月に話し合いを持ちました。キーロフ殺害後、最初に集まった時に、一人ひとりの個人の殺害は無意味ではないかとの疑問が出されました。……テロを一切放棄するのか、それとも大規模なテロ活動を組織して、権力に近づく状況を生み出すのか。（資料ＰＲ）

さらに彼は、「集団テロ」の採用を促進した判断について詳しく説明したが、これをトロツキーの「指令」に結びつけることはせずに、こう付け加える。

私はこの問題を一九三五年七月に、ブハーリンと、次にピャタコフ及びソコルニコフと議論しました。（資料ＰＲ）

一方、ピャタコフは、「利用できる勢力を確認する」努力について説明した際に、改めてはっきりと述べている。

こうしたすべてのことはトロツキーの主要指令を実行する過程で起きたことと言わなければなりません。彼は、集団テロ行為の遂行を要求していました。……（資料ＰＲ）

このように訴訟記録には、「集団テロリズム」の局面について二つの異なる解説版が入り込んでいる。その一つは、トロツキーの「指令」が届く一年以上前の一九三四年十二月にラデックとブハーリンが着想し、「指令」が届くちょうど一年前の一九三五年一月にラデックとピャタコフの間で議論され、半年前の一九三五年七月にピャタコフ、ラデック、ソコルニコフ、ブハーリンの間で議論された、というものである。ピャタコフによるもう一つの解説版は、関連する会話と「利用できる勢力を確認する」努力はすべて、「トロツキーの指令を実行する過程」で起きたことである、という。受け取った本人のラデックによれば、トロツキーの指令が届いたのは一九三六年一月である。

おのずと疑問が生じる。一九三六年一月にラデックが受け取ったというトロツキーの通信文はいかなるものだったのか？　訴訟記録を見れば、ラデックはこの点ははっきりしている。――彼が手紙を受け取った経緯を説明せず、ヴィシンスキーが尋ねなかったことを除けば。彼の証言を引用する前に、ヴィシンスキーがピャタコフのベルリンからの帰還を一九三六年のオスロ行きの後の出来事としていることに注意しておきたい（資料PR）。ラデックの証言。

> ピャタコフには口頭で伝えられた条件が書かれていたという第三の手紙なるものはなかったのです。ピャタコフはこの点で間違っています。彼が帰った後に二通の手紙が同時に届きましたが、内容は間違いなく、破壊活動と国際的な労働者運動の状況に関するものでした。私が一九三四年秋に送った照会に答えるものでしたが、明らかに輸送中に、ロンドンで時間がかかり、遅くなって一月に届いたのです。（資料PR）

これは、一九三六年に届いたとラデックが言う手紙であり、先に引用したように、「指令」が書かれていたという。「集団テロリズム」に関することは何もないのは確かだ。さらに、この大幅に遅れて届いた手紙が一九三四年秋のラデックからトロツキーへの照会――どのように送り付けたのか口を閉ざしているが――に対する回答であったとするなら、その照会が「集団テロリズム」関連のものであるためには、この件についてのラデック自身の「最初の着想」より時間的に先行していなければならない。彼は集団テロリズムの着想を一九三四年十二月末のブハーリンとの会話とはっきりと結び付けている。ヴィシンスキーは、なぜか、トロツキーの「指令」をどのように受け取ったのか、ラデックに尋ねなかった。

ピャタコフの解説版を真実とするなら、集団テロリズムについての会話が行われたのは一九三五年ではなく、トロツキーの指令を受け取った後の一九三六年に違いない。しかし、この仮説は証拠によって成立する余地がない。ピャタコフは一九三六年以後、ラデックに会っていないと言う（資料PR）。ラデックはピャタコフ、ソコルニコフ、セレブリャコフとの最後の会話は、一九三六年一月にピャタコフがトロツキーから預かった「指令」に関する議論であり、三月以後はブロックのメンバーとは誰とも会っていないと言い（資料PR）、続けて、この指令受け取りの後は、これまでしてきたことを帳消しにするために何もせず、追加的な措置も一切行わなかった、と述べた（資料ＰＲ）。ピャタコフは、以降はラデックと二人で「事なかれ主義を決め込んだ」、と述べた（資料ＰＲ）。セレブリャコフは、一九三六年一月以後はラデックにもピャタコフにも会っていないと語り（資料ＰＲ）、ソコルニコフとの会話を否認した。ソコルニコフが証言したラデック、ピャタコフとの最後の会話は一九三六年一月に行われた（資料ＰＲ）。ソコルニコフはセレブリャコフとの会話を否認した。四人の被告全員によれば、一月の会話はピャタコフに託されたトロツキーの十二月「指令」に関係していた。したがって、指令に関する説明のいずれにも、「集団テロリズム」に関連する言葉が出てこないことは事柄の核心に触れている。さらに、ラデックが集団テロリズムに関する指令は一九三六年一月に自分が受け取った、と明言していることも記憶するに値する。

次に、訴訟記録自体を根拠にして、明確になっていることを列挙する。

（一）トロツキーの集団テロリズムについての「指令」なるものは、一九三六年一月になって届いた。これを受け取ったラデックは、当月の受領を証言した二通の手紙の内容を述べる際に、これに言及しなかったし、これをどのように受け取ったかについて述べなかった。

（二）「センター」のメンバーは一九三六年一月に会合していない。

（三）したがって、「集団テロリズム」についての会話は、一九三六年七月には行われようもなかった。

（四）この件の会話が行われた日付をすべての被告が明示しており、一九三四年及び一九三五年のことである。したがって、「集団テロリズム」政策をセンターが採用したとしても、トロツキーの「指令」とは無関係であることは明らかである。

当委員会の見解では、いずれの証言をとっても、会話内容、採用された政策、届いた「指令」の内容について説得力がない。ソ連国内に反政府活動が存在したにせよ、我々が指摘してきた衝撃的な食い違いと、これまでに議論し、今後言及する事柄を考え合わせると、トロツキーとセドフの共謀の申し立てに関連する限り、裁判で行われた証言はまったく信用できないと考える。

§一二一　並行センターの訴訟［第二次裁判］では、連合センターの訴訟［第一次裁判］と同じく、トロツキーとセドフに関連する限りにおいて、証言の大部分が伝聞であるという事実に注意しなければならない。訴訟記録のほぼ全頁にわたるトロツキーとセドフへの言及の絶えざる繰り返しは一種の累積効果を発揮し、高度な注意力と分析力のある読者でなければ、トロツキーとセドフを偽りで罪に陥れる証拠の量と質が見えなくなってしまう程である。既にお分かりのように、並行センターの四人のメンバーのうちピャタコフとラデックの二人だけがトロツキーとの直接の接触を主張した。訴訟記録が示す限りでは、ピャタコフのトロツキーとの接触とは、一つは一九三一年に届いた手紙であり（資料PR）、もう一つは一九三五年の面談である（資料PR）。ラデックの場合は六通の手紙である。日付は一九三二年二月〜三月、三三年八月〜九月、三四年四月、三五年十二月、三六年一月（二通）（資料PR）。

センターのメンバー四人を除く一三人の被告は誰一人、トロツキーとの直接の接触を証言しなかった。五人の証人のうちウラジーミル・ロムだけが、一九三三年七月末にパリのブローニュの森でトロツキーに会ったと主張した。

こうして見ると、被告一七名、証人五名のうち三名だけが、トロツキーとの直接の接触を証言したわけである。センターのメンバーの中ではピャタコフだけが、セドフとの直接の接触を主張した。彼は一九三一年夏、セドフと二度面談したと証言した。被告一三名のうちムラロフだけが、三通の手紙をセドフから受け取ったと証言した（シェストフによれば一通はトロツキーからのものであるが、ムラロフはそう言っていない）（§一六三参照）。シェストフ被告は一九三一年にセドフと四回会ったことを証言し、ロム証人は一九三一年夏から三四年夏までの間にセドフと五回面談したと証言した。要約すれば、被告一七名と証人五名のうち、三名がトロツキーとの接触を、四名がセドフとの接触を、五名がトロツキーないしセドフあるいは両者との接触を主張した。トロツキーの直接の「指令」を知っていたと主張した他の面々は、証言によれば、一人あるいは二人、三人を経由して受け取ったことになる。次の通りである。

（一）セレブリャコフ被告は、ムラチコフスキー、ピャタコフ、ラデックから情報を得たと主張し、ピャタコフからの指令をリフシッツ経由で得たと主張した。彼は、クニャーゼフ被告、ムディヴァーニ（証人でも被告でもない）、その他数名を連座させた（資料PR）。

（二）ソコルニコフ被告は、カーメネフ、ラデック、ピャタコフから情報を得たと主張し、ムラロフ被告、ロギノフ証人、トムスキー、ブハーリン、ウグラーノフ（証人でも被告でもない）を連座させた（資料PR）。

（三）ロギノフ証人は、ピャタコフからすべての情報と指令を受けたと証言し、ラタイチャク被告、フラシェ被告、その他を連座させた（資料PR）。

（四）リフシッツ被告は、トロツキーの「指令」の一部を三人経由で、つまりロギノフ経由のピャタコフ経由のセドフから情報を得た、また一部を一人か二人経由で、ピャタコフとセレブリャコフ経由で得た（資料ＰＲ）。彼はクニャーゼフ被告、テュロック被告、その他を連座させた。

（五）ボグスラフスキー被告は、スミルノフからセンターについての情報を得た、破壊工作についての指令は、ピャタコフとムラロフから得た、と証言した（資料ＰＲ）。彼は、シェストフ、ストロイロフ、ドゥロブニス、その他を連座させた。

（六）ドゥロブニス被告は、スミルノフから情報を得て、ピャタコフから指令を受け、その他の情報をシェストフから得た、と証言した。だが、シェストフがセドフないしトロツキーからの情報を伝えた、とは主張していない。彼は、被告のムラロフ、ボグスラフスキー、ノルキン、ストロイロフ及びラコフスキー、スミルガ、サフォノヴァ（第二次裁判の証人）を連座させた（資料ＰＲ）。

（七）ストロイロフ被告のトロツキーとの唯一のつながりは、トロツキーの自伝『わが生涯』を日付は特定できないが読んだことである。[二] 彼は仕掛けられた二重の恐喝を通して、陰謀工作に巻き込まれたと申し立てた。二重とは、ドイツとウラルからであり、ウラルにはシェストフが絡んでいた（資料ＰＲ）。

（八）ノルキン被告は、申し立てによるとピャタコフとラタイチャクから情報と指令を受け取ったという（資料ＰＲ）。

（九）ドイツ人のシュタイン証人は、被告のシェストフを連座させたが、これとは別にドイツ人技師のサボタージュを通報した。

（一〇）アルノリド被告は、多彩な経歴と様々な偽名について主に証言し（資料ＰＲ）、シェストフを連座させた（資料ＰＲ）。そのシェストフはムラロフを連座させた（資料ＰＲ）。

（一一）クニャーゼフ被告は、リフシッツを連座させた（資料ＰＲ）。つまり、彼の証言はトロツキーとセドフからの指令に関連する限りでは、三人を経由している。

（一二）テュロック被告は申し立てによると、ピャタコフ、リフシッツ、マリャシン（証人でも被告でもない）から指令を受けた。彼は、クニャーゼフを連座させた（資料ＰＲ）。

（一三）ラタイチャク被告は、申し立てによると、ピャタコフからの指令を直接、あるいはロギノフを通じて受け取った。フラシェ、プシンその他を連座させた（資料ＰＲ）。

（一四）フラシェ被告は、チェコスロヴァキアのスパイから後にドイツのスパイに転じた、と証言した。「トロツキー主義」との関係を否認し（§一七（二））、「トロツキー派」の存在を裁判中に初めて知ったと証言した（資料ＰＲ）。彼は、ラタイチャク、ノルキン、その他を連座させた。

（一五）プシン被告はラタイチャクとタム証人を連座させた（資料ＰＲ）。

（一六）タム証人はプシンを連座させた（資料ＰＲ）。
（一七）ブハルツェフ証人は、ピャタコフのオスロ行きの準備に関してのみ、証言をした（資料ＰＲ）。

§一一二　以上の要約は重要な意味を持っている。第一に、真実を引き出すという裁判の目標に関連して、モスクワ裁判全体の手続きに光を当てる。第二に、トロツキーとセドフに対する起訴にかかわりのある証言だけが、まず第一列にピャタコフとロム、第二列にラデックとシェストフ、第三列にムラロフ、という具合に配置されていることを見事に立証している。

【原注】
（一）ヴィシンスキーが次のような偏向した質問を突き付けるのは検察当局の典型的なやり方である。「そしてあなたはこのすべてを結びつけたのです。全ロシア中央執行委員会のメンバーでありながら、同時にドイツの手先と共謀し、さらにトロツキーを読んだのですね？」

ピャタコフ＝ラデック裁判
トロツキー及びセドフに対する最終的起訴内容

一七章　Ｙ・Ｌ・ピャタコフの証言

§一一三　ピャタコフ＝ラデック裁判［第二次裁判］におけるトロツキー及びセドフに対する起訴の第一の根拠は、ピャタコフ被告の証言である。証言によれば、彼はセドフと三回面談し、トロツキーから手紙を一通受け取り、面談を一度行った。まず、セドフに関連する証言を考察する。

ピャタコフの証言によれば、一九三一年夏ベルリンで、Ｉ・Ｎ・スミルノフから、セドフがトロツキーからの特別な伝言を預かっていて、たいそう会いたがっていると知らされた。カフェで会ったセドフは、こう話したという。

……トロツキーは、スターリンの指導権に対する闘いを再開する考えを片時も放棄していない。トロツキーがいろいろな国に運動の矛先を変えることも災いして一時停滞したが、この闘いは今再開されつつある。……さらに、トロツキー派センターが結成されようとしている、あるいは、既に結成された（どちらか思い出せない）。この闘いを遂行できるすべての勢力を結集することが課題だ。可能性は、ジノヴィエフ派との連合組織（§二一参照）の再建にかかっている。

トムスキー、ブハーリン、ルイコフといった右翼反対派は武装解除しておらず、一時的に鎮静化しているだけであり、彼等との間にも関係構築が必要なことは承知している。（資料ＰＲ）

ピャタコフが闘争参加への同意を示すと、セドフは、「闘争の新しいやり方」、つまり「テロリズムと破壊工作」のあらましを話し、トロツキーが一国に限定した闘争は不合理であり、国際的な問題を避けて通れないという事実に着目している、と語った。数週間後、セドフがもう一度会いたがっている、とスミルノフから伝えられ、同じカフェで会った。セドフはドイツの商社二社、ボルジッヒ社とデマーグ社にできるだけ多く発注するよう指示した。

ソヴィエトの発注に価格を上乗せすれば、その分の全部か一部かがトロツキーの掌中に入り、反革命の目的に使える。（資料ＰＲ）

ピャタコフは、その後、二つの商社に相当量の発注を出し、過剰な支払いをしてソヴィエト政府に損失を与えた（資料ＰＲ）。三度目にセドフとベルリンで会ったのは一九三二年夏であった。

展開しようとしているトロツキー派＝ジノヴィエフ派組織の活動について私が知っていることを話し始めました。（資料ＰＲ）

だがセドフは、そのことは既に知っていて、地方部で起きていることを聞きたがったので、ピャタコフは答えた。

……ウクライナと西シベリアにおけるトロツキー派の工作に関連して、当時西シベリアにいたシェストフ、Ｎ・Ｉ・ムラロフ、ボグスラフスキーとの接触について話しました。セドフはひどく不満気で、彼によればトロツキーも、テロ活動の展開の遅さに不満を感じているということでした。（資料ＰＲ）

§一二四　セドフの証言――一九二七年以降、ピャタコフと面談したことはない。彼は真っ先に左翼反対派を出た一人で、その後、最も激しく左翼反対派を攻撃するラデック勢力と手を結んだ。

……一九三一年あるいは翌年の五月某日に、ウンター・デン・リンデン（訳注一）でピャタコフを見かけました。私に気づくと、すぐに背中を向けてしまい、「裏切り者！」と罵声を浴びせる間もありませんでした。（資料ＣＲ）

セドフは、ベルリンでのピャタコフとの遭遇については、最初、ノヴォシビルスク裁判でドゥロブニス（一）が話したものだと指摘し、そこには二人の他にスミルノフもいた事実に注意を促した（このドゥロブニス証言の報告記事が、一九三六年十一月二十二日付『プラウダ』に掲載された。我々は、記事の検証により、セドフの表現との一致を認定した）。当時ノルウェーにいたトロツキーがドゥロブニス証言を知って、顧問弁護士のミヒャエル・プンターヴォルトに手紙を書いたことを、セドフは証言した。

母親が一九三一年に私から手紙を受け取ったことを覚えていて、その手紙には、ウンター・デン・リンデンでピャタコフと出くわした時のことが詳しく書かれている、と伝えてくれたのです。父の弁護士は私に手紙をよこして、ドゥロブニスが述べた三人の会合について言うべきことがあるかと尋ねてきました。私はこの作り話を否定する答えを返しました。弁護士はウンター・デン・リンデンの出来事に一切言及しなかったのですが、最初に私の記憶をよみがえらせたのは一九三六年十二月二日付のノルウェーから届いた父の手紙でした。だから、私が弁護士にピャタコフとの遭遇に触れた手紙を書いたのは十二月十一日になってです。（資料ＣＲ）

セドフは、トロツキーがいろいろな国に運動の矛先を変えたことで闘争に中断が生じた（資料ＰＲ）、というピャタコフの主張について、フランスの調査委員会に注意を促し、当時トロツキーはまだトルコにいたのだ、と述べた。また、セドフがピャタコフに対して、ボルジッヒ社とデマーグ社への発注見返りにリベートを催促したとされる不正取引に関しては、両社を含めてドイツの貿易・産業商社とはいかなる関係も持ったことがないと否認した。さらに、この問題について尋ねられた時のピャタコフの答え方について指摘した。

こうした取引が不正に処理されて見返りを還元させる方法に関しては細部の説明を避けた、極めて注意深いものでした。（資料ＣＲ）

セドフは証言を続けて、

もし我々にこうした意のままになる財源があったならば、困難な組織経営に苦労する必要はなかったでしょうし、公開されていた関係先から心付けなどを受けとることなく、『反対派会報』が記事に取り上げる不正とは無縁かつ潔白でいたことは明らかです。（資料ＣＲ）

と言い、スミルノフとはベルリンで偶然に出くわした時（一〇章参照）を除けば、会話を交わしていないことを改めて確認し、スミルノフが第三者との仲介役を務めたことを否認した。また、スミルノフが第一次裁判では、セドフとピャタコフあるいはシェストフの会合を仲介したと言わなかったことに注意を促した。さらに、ノヴォシビルスク裁判と第二次裁判でスミルノフの名前が使われたのは、既に［第一次裁判の直後に］処刑されていたからに違いない、と述べた。もちろん、ピャタコフやシェストフは彼の住所を知る由もなかったから、連絡を付けるには仲介者が必要だったと述べた。さらにピャタコフが一九三一年の会合――セドフは否認した――について証言した際に、この会合がどのように設定されたかについては話していないことにも言及した（資料ＣＲ）。

§一二五　ピャタコフとの会合についてプンターヴォルトと手紙を交わしたことに関するセドフの証言は、トロツキー証言によって立証されている。

……息子がピャタコフに会っていないという消極的事実によって積極的事実を立証することは大変困難だ。我々の拘留の例を使って説明しよう。我々は警察、具体的にはノルウェー警察の検閲なしに手紙のやり取りはできない。私はいわば警察の仲介を通して顧問弁護士のプンターヴォルトに手紙を書き、妻の記憶を手がかりとして息子に尋ねる。妻は、二人が路上で出会った状況――ピャタコフは背中を向ける。息子は「裏切り者！」と叫ぶ――を覚えていた。プンターヴォルトは息子に「ピャタコフとの出会いはどんなでしたか？」と手紙で尋ね、息子は、父親の言う通りで間違いないとプンターヴォルトに確認した。（資料ＰＣ）

§一二六　オイゲネ・バウアーは次のように証言した。

我々の運動を経営の観点から見れば、常に逼迫していたというのが完全な真実です。トロツキーがコペンハーゲンに移動する時のこと、私の俸給全額が『反対派会報』の編集者への支払いに回されたのをよく覚えています。発行を継続するには他に方法がなかったのです。セドフは常に、我々の経営を助けるためにできる限りのことをしてくれましたが、結果はいつもまったく不充分なものでした。ピャタコフが第二次裁判で証言したような、ドイツ商社からの分け前など大きな見返りをセドフが得ていたとはまったくの初耳です。（資料PR）

§一二七　ベルリンにおけるセドフとピャタコフの出会いに関するセドフとトロツキーの証言を裏付けるものとして、我々は以下の文書資料を入手している。

（一）トロツキーがプンターヴォルトに宛てた、ドイツ語で書かれた直筆の手紙。日付は一九三六年十一月二十六日。文面はまず、ノヴォシビルスク裁判におけるドゥロブニス「証人」証言（ベルリンにおけるピャタコフ、スミルノフ、セドフの会合に関して、ピャタコフがドゥロブニスに語ったことについての証言）の新聞記事に言及している。さらに、トロツキー夫人がベルリンで勉学中のセドフからトルコのカドゥキョイ[訳注二]に届いた手紙を覚えていて、ウンター・デン・リンデンで「赤頭」（ピャタコフを指す）に出会ったこと、正面から見つめたがピャタコフは気づかない振りをして顔を背けて立ち去ったことが書かれている。さらに、トロツキーは、セドフからノヴォシビルスク裁判についての一通の短信が届く前に、息子とピャタコフとの出会いに関する説明が新聞に掲載されていることは非常に重要だ、だからこそプンターヴォルトは、トロツキー夫妻との手紙のやり取り以前に、この会合についてセドフから説明を聞くことができるのだ、と書いている。こうして二つの解説の比較が可能となる（資料PC）。

（二）弁護士プンターヴォルトがセドフに宛てた手紙。一九三六年十一月三十日、オスロの消印。

ノヴォシビルスクのサボタージュ裁判の新聞報道に、ドゥロブニス技師の証言――あなたがベルリンでスミルノフ、ピャタコフと協議をしたという趣旨――が載っています。早急にかつ正確に、これに対するあなたの声明をいただければ大変ありがたいのです。（資料CR）

（三）トロツキーがセドフに宛てた、フランス語で書かれた直筆の手紙。日付は一九三六年十二月二日。この手紙は主として、トロツキーの記録文書がパリで盗難にあったことに関係しているが、結びにこうある。

ママがプンターヴォルトに、君がベルリンでピャタコフに「出会ったこと」について書き送っているよ（彼女は私よりもよく覚えている）。君も自分の記憶を書き留めて、

比較材料としてプンターヴォルトに提供すべきだ。（資料CR）

（四）セドフがプンターヴォルトに宛てた二通の手紙の証明済み複写物。日付は一九三六年十二月三日及び十二月十一日。最初の手紙で、セドフはスミルノフ、ピャタコフとの会合を否認している。

スミルノフがピャタコフとなんらかの政治的関係を持っていたというのはまったく問題外です。というのも、ピャタコフと政治的会話を交わすことは確実にゲーペーウーに通告されることを意味しているからです。この関係は、ブルムキン銃殺におけるラデック（ピャタコフと同じ部門に所属）の役割と同様です。ブルムキンはラデックに、一九二九年イスタンブールでトロツキーに会ったことを話しました。ラデックがゲーペーウーに通報して、ブルムキンは銃殺されたのです。（資料PC）

セドフはまた、ソヴィエトの報道機関がドゥロブニス証言を解説する中で、会議が「ゲシュタポの庇護の下で開催された」と書いていることに注意を促し、ゲシュタポは一九三一年には実在しなかった、と指摘している（委員会はこの発言の正当性を確証した。一九三六年十一月二十三日付『プラウダ』）。十二月十一日の手紙でセドフは、トロツキーからの十二月二日の手紙が次の出来事を思い出させた、と書いている。

ベルリンにいた頃——一九三一年か翌年かはっきり思い出せませんが（五月一日のことで、ウンター・デン・リンデンを歩いてルストガルテン（訳注三）のメーデー行進を見物していたと思う。でも別のデモ行進だったかもしれない、メーデーとは断言できない）、ピャタコフにばったり出くわしました。彼は私を見るや否や背中を向けました、気付かなかったふうを装って。記憶違いでなければ、私は低い静かな声で、非難の言葉を投げつけました。（資料PC）

§一二八　セドフとの会合に関するピャタコフ証言に関連して、訴訟記録の欠陥と虚偽の陳述を挙げておく。

（一）ピャタコフがセドフと最初に会った時に、「トロツキー派の反革命組織に再加入する」つもりでいたことをトロツキーが知った経緯について、ピャタコフは述べていない。その時のピャタコフは政府高官の身分にある「屈服者」であり、ベルリンのソヴィエト政府機構の大集団のトップの立場にあった（資料PR）。したがって、トロツキーがセドフないしスミルノフ（接触があったと仮定して）に、ピャタコフの意向を確かめもせずに「新路線」のことを打ち明けるよう指示することは考えにくい。だがピャタコフの証言によれば、スミルノフはベルリンでの最初の会合の際に「新路線」について話し、さらに、セドフがトロツキーからピャタコフへの特別な伝言を預かっていることを告げたように見える。また、セドフは最初に会った時に、この高官の「屈服者」にテロリスト路線の全容をためらいもみせず明らかにし、外国列強との関係を示唆したようにも見える（資料ＰＲ）。テロリズムと破壊工作へのピャタコフの宗旨替えにもう少し光を当てれば、スミルノフとセドフのあり得ない軽率さが浮かび上がったことだろう。さらに、この宗旨替えの動機の解明を説得力ある形で行えば、ピャタコフによるテロリズムと破壊工作の受け容れを説得力あるものにさせたことだろう。ピャタコフによれば一九三一年までに、

指導部からのトロツキーの排除と国外追放が原因で、党指導部との意見の相違が明確になりました。さらに、カーメネフとジノヴィエフが党の指導権と政府の仕事を与えられずにいたこともそれを助長しました。（資料ＰＲ）

こうした要因は指導部に反対する動機としては理解できるが、ピャタコフの命にもかかわる謀議参加の動機にはなり得ないだろう。

（二）セドフが一九三一年に、スターリンとの闘いの「一時的停滞」の原因を「トロツキーがいろいろな国に運動の矛先を変えること」のせいにしたというピャタコフの陳述は、見え透いた嘘である。トロツキーがソ連追放以後、一九三二年十一月にコペンハーゲンに移動するまで、ずっとトルコにいたのは、誰もが知っている。セドフが知らなかったとでも言うのだろうか。

（三）既に指摘したことだが（§一〇七）、もしピャタコフが一九三二年秋にベルリンに戻った後にカーメネフから組織結成を知らされたとすれば、トロツキー派＝ジノヴィエフ派連合組織の活動について、その年の夏にセドフに教えることはできなかったはずだ。

（四）証言の通りに、ピャタコフが実際にボルジッヒ社とデマーグ社に「相当量の発注」を、しかもソヴィエト政府が他の商社に支払うよりも高い価格で行ったのであれば、検察官が比較のためにすべての商社への発注記録を裁判官に提示し、実証するのは極めて容易なことであるが、そうはしていない。証言を証拠資料で立証しようとしない検察官の怠慢は、ピャタコフの陳述の真実性に重大な疑問を投げかけている。

さらには、ピャタコフがこうした取引をどのようにして重工業人民委員部の長官であるオルジョニキーゼや同僚から隠し

通せたのか、検察官が問うのは当然のことである。ピャタコフが人民委員部でこれらの発注を司る唯一の人間でなかったことは確かだ。もし、そうしたことが同僚や上司に見過ごされていたのなら、共謀者がいたようにも思われる。ピャタコフ証言が内包する重大さに、検察官も裁判官も一切関心を示さなかった。

§一二九　第一次裁判におけるスミルノフ証言（一〇章）に関連してセドフが確認しているが、スミルノフはピャタコフとシェストフが仄《ほの》めかしたベルリンでの三者会合はなかったと述べた。スミルノフはセドフとの会話が一度きりであることを認めている。したがって、ピャタコフとシェストフの証言が、両裁判の記録を通じて、スミルノフが彼等とセドフの会談を仲介したという説の唯一の根拠である。ピャタコフ証言は、ピャタコフ、スミルノフ、セドフ三者の会合に関するドゥロブニス証言を裏付けるものではない。だが、ピャタコフは、破壊工作に非「トロツキー派」メンバーを編入させることについて、セドフ、シェストフと会話したことを記憶していると証言した（資料ＰＲ）。訴訟記録ではシェストフの証言が続き、三者とは数回会話をしたが、全員が一緒ではなく別々に、と述べた（資料ＰＲ）。したがって、ピャタコフ証言がセドフとの会合に関する唯一の直接的証拠である。

この証拠の疑わしい性格、及び一六章で述べたピャタコフ証言の著しい矛盾と虚偽性から判断して、さらには今後議論される事柄に照らして、我々はセドフに関連するピャタコフの証言については、訴訟記録のみに基づいて判断した結果、信頼性の面で価値がないものとする。

セドフがウンター・デン・リンデンでピャタコフに出会った件で先に引用した手紙のうち、セドフがプンターヴォルトに送った最初の手紙では、出会いの正確な様子を思い出せずにいることで、証拠価値が幾分か損なわれている。証拠として提出された息子への手紙で、トロツキーはこの「出会い」の性格についてなにも書いていないが、提出されていない手紙を送った可能性もあり、その中では妻の記憶に従って出会いの細部を記述し、息子の記憶と辻褄合わせをしたかも知れない。けれども、トロツキーはプンターヴォルトへの手紙で、息子が妻の記憶をいずれは立証するだろうと充分確信しているように思われること、また息子への手紙の日付が十二月二日であるのに対し、プンターヴォルトへの手紙の日付が十一月三十日であること、を書き留めておく。もしトロツキーが出会いについて詳細に書いた手紙をセドフに送って確認を求めたとすれば、プンターヴォルトへの手紙の以前でないにせよ、少なくとも同じ日付で送ったと仮定するのは理に叶っている。しかし、セドフが父からの手紙を、プンターヴォルト宛の最初の手紙の日付である十二月三日以前に受け取ったとすれば、その場合にはきっと十二月三日付の手紙に出会いの件を書いたことだろう。彼がプンターヴォルトに手紙を出した直後に、父の手紙が届いたのであれば、その場合にはきっと、十二月十一日まで待たずに、出来事を「思い出した」ことだろう。さらに、セドフとトロツキーがこの出会いの件で「でっち上げ」をしたというのであれば、父親からの手紙で思い出したことをきっとプンターヴォルトには言わなかっただろうし、ましてや十一日の手紙に「このことについては、既に十二月七日の父への手紙に書きました」という追伸を書き加えることはしなかっただろう。

また、当時トロツキーは、ノルウェー警察の厳しい監視下で暮らしていたことにも注意を払うべきだ。トロツキーはプンターヴォルトへの手紙の中で、手紙類を警察に引き渡す場合には、日時を記した受領書を受け取ることになっていると述べている。第一次裁判から他国への追放の日に至るまで、手紙のやり取りが敵対的なノルウェー政府の警察による検閲下にある時に、トロツキーが息子と共謀してでっち上げを試みたと考えるのは現実離れしている。

こうした考察の見地から、手紙のやり取りは、訴訟記録とは対照的に、どのように見ても真実のものであり、セドフとの会合に関するピャタコフ証言に対する論駁となっている、と我々は判断する。繰り返すが、ピャタコフ証言の全般的な性格から見てほとんど無用の論駁である。ボルジッヒ社とデマーグ社への発注に関するピャタコフ証言について、収賄を上司や同僚の目からどのように隠し通したのかを立証しようとしない検察官の怠慢については既に述べた（§一二八（四））。トロツキー主義者はこうした手段で金銭を手にしていないということはセドフの否認は、オイゲネ・バウアーによって立証されている。セドフはこうしたつながりや取引を拒むことだろう、また、バウアーはトロツキー派組織を離脱したとはいえ、こんなことを認めたら不名誉極まりないと証言したのだろう、と考えるのは当然のことだ。バウアーがセドフの金銭授受を知る立場になかったという議論は、国外のトロツキー支持者は彼の反革命の意図を知っていたという検察当局の主張を認めるとしても、少しの価値もない。いずれにせよ、大きな資金がトロツキー派の宣伝工作に利用できたとすれば、組織の人間は必ず気付いたことだろう。けれども、もう一つ同様に重大な疑問は、ボルジッヒ、デマーグ両商社はこうした取引で誰を後ろ盾にし、セドフは誰を後ろ盾にしていると考えたのか、ということである。彼等が単なる個人的好みでセドフに多額の資金提供を企てたとか、私的な立場で数名の革命的亡命者に対しソヴィエト体制転覆の援助に決然と取り組んだ、とは到底考えられない。また、この取引が「ゲシュタポの翼の庇護のもとで」行われたと考えることもできない。一九三一年にはゲシュタポの翼はまだ生えてもいなかったし、いずれそうなる確証もなかったのだから。ドイツの資本家が、自国の共和国体制より先にロシアのスターリン体制を転覆させるため、トロツキー派支援の有無は別として、ヒトラーに資金を預けた、と考えるのは馬鹿げている。セドフとトロツキーがそんなことをするとの想定も同様である。さらに、こうした想定は新たな疑問を生み出す。――もしトロツキー派がヒトラーと特別の関係にあったとすれば、セドフとバウアーの二人がヒトラーの権力掌握後に、ドイツを出国しなければならなかったのは一体どういうことなのか？　セドフがソヴィエト体制を弱体化してドイツ共和国政府を支援するという目的で、ボルジッヒ社とデマーグ社が多額の資金を提供した可能性は残っている。セドフと両商社の癒着の根拠に関連する質問をピャタコフに突き付けて、この疑問を解決することは明らかに検察官の義務であった。というのも、ソヴィエトの資金をセドフとトロツキーに横流しするという危険な行為を、ピャタコフが闇雲に犯していたとは考えにくいからである。したがって、検察官はこうした資金横流しの証言が抱える疑問を明らかにしなければならなかった。

ピャタコフが実際に両商社に過剰な支払いをしたのか、仮にした場合の目的は何か、当委員会は推定しない。トロツキーとセドフが有罪か無罪かの一点に関連する我々の調査の域を越える問題である。しかし、ヴィシンスキーが、資金の横流しについてのピャタコフ証言を証拠文書で立証しない怠慢、この件に関する最も明確にして必要な質問をしなかった怠慢によって、トロツキーとセドフへの利益供与ばかりでなく、横流し自体についても、訴訟記録はひどく空虚なものに映る。我々にはボルジッヒ社ならびにデマーグ社との取引、両社とセドフの関係に関するピャタコフの立証されざる証言のみが、訴訟記録とともに残されている。

§一三〇　ピャタコフ証言が訴訟記録を根拠としても信頼に値しないという結論、さらにはピャタコフとの会合に関するセドフの説明が、会合に陰謀性を持たせたピャタコフの説明に対する論駁として重要であるという結論は、既に述べた（§一二九）。さらに、テロリズムの路線を最初に吹き込み、セドフと接触させたのがスミルノフであるとピャタコフが証言したのであるから、セドフがテロリズムを提言したというスミルノフ証言が偽りであるとすれば、ピャタコフの証言も真実である余地はなくなる。セドフはスミルノフにテロリズムについて、いかなる「見解」も指令もスミルノフに伝えていない、という我々の結論は既に述べた通りである（§四六）。

こうした結論と先に述べた考察に基づき、我々は、ベルリンで行われたセドフとの会話なるものに関するピャタコフ証言は完璧な作り話であると判断する。したがって、ボルジッヒ、デマーグの両商社に対する過剰支払いについてのピャタコフ証言も、トロツキーとセドフに関連する限りにおいて虚偽である、と判断する。

§一三一　トロツキーとの接触に関連するピャタコフの証言——一九三一年にセドフと二度目に会った時に、「破壊活動の問題」でトロツキーからの「充分な説明」が聞きたいとセドフに要請した。セドフはこれに対して、既に手紙を出し、返事待ちだと答えた。その年の十二月にベルリンから帰ったシェストフ被告が国家経済最高会議の事務所に来て、一通の手紙を渡した(資料PR)。シェストフは尋問に対し、この件を認めた。その手紙は、イギリス訪問の帰途、ベルリンでセドフから預かった二通のうちの一通で、靴に隠して持ち込んだものであった。彼は手紙をピャタコフに渡したのが十二月でなく、十一月の中頃であったと主張した(資料PR)。ピャタコフはその可能性を認めた。

証拠として提出されてはいない手紙に、トロツキーは三つの「根本的な仕事」について書いていたという。第一は、「あらゆる手段を使って、スターリンとその側近を解任すること」であった。ピャタコフの言うには、「『あらゆる手段』とは、実際には暴力的な手段として理解されるべきものであった」。第二は、この闘争にすべての反スターリン勢力を結集することであった。第三は、ソヴィエト政府と党の、とりわけ経済分野におけるすべての対策の効果を減殺することであった(資料PR)。ヴィシンスキーはピャタコフに、「あなたはこの手紙をどう扱いましたか、あるいはこの手紙に関連してどのように行動しましたか?」と尋ねた。ピャタコフは手紙をどう扱ったかの方は無視し、手紙に関連した行動を話し続けた(§四七参照)。

§一三二　これらの「充分な説明」の受け容れに関するピャタコフ証言の真偽は、セドフとの二度目の会話に関する証言の真偽にかかっている。彼等はいかなる会話も交わしていないという結論と同じく(§一三〇)、トロツキーからの手紙はでっち上げである、と我々は判断する。これはトロツキー証言やセドフ証言、あるいは手紙を運んだ人物とされるシェストフ被告の証言に関する考察とはまったく別の判断である。セドフとの関係についてのシェストフ被告の証言は後の二〇章で考察する。

§一三三　ピャタコフは、トロツキーの手紙に関する証言とトロツキーとの直接の接触に関する証言の間にも、実に多くの活動について証言をしている。我々は既に一六章でこの証言の一部を考察したが、その他については今後の章で取り上げる。とりわけサボタージュ行為及びサボタージュ実行者への指令に関する証言については、その真偽を言い立てるつもりはない。繰り返して言うが、彼の証言全般に説得力はない。ただ、彼や他の被告及び証人の証言が、トロツキーならびにセドフに対する起訴内容に関連する限りにおいて、我々は関心を持たざるを得ない。ピャタコフ証言の多くは、ラデックからの「指令」に関するものであるが、ラデックはその指令をトロツキーから受けたというのだから伝聞の証拠である。我々が関心を持つのはトロツキーを直接に連座させる証言のみであるから、彼のこの部分の証言については考察の対象としない。

ピャタコフは、一九三五年の末にトロツキーから指令に関する長文の手紙がラデック経由で届き、二人とも手紙の内容に「非常に大きな不安を覚えて」、次の外国出張の機会を利用してトロツキーに会うことを決めた、と証言した（資料PR）。ラデックからは、「トロツキーと関係のある」ベルリンのブハルツェフに面会工作を依頼するのがよいと勧められたという。ピャタコフは十二月十日ベルリンに着いた。

着いた日かその翌日、ブハルツェフに会いました。彼は周りに誰もいない一瞬を利用して、数日前に私が来るのを聞き付けてトロツキーに知らせ、トロツキーの返答を待っているところだ、と言いました。翌日、トロツキーが使者を派遣してきたので、ブハルツェフはその人物と私をティアガルテンの小道でほんの数分間、引き合わせました。その人物はトロツキーの短いメモを見せました。「このメモを持参した人物は完全に信用できる」。「完全に」という語にはアンダーラインが引かれ、トロツキーの派遣した人物が彼の代理人であると推測しました。（資料PR）

ピャタコフ証言によれば、「ハインリッヒ」だか「グスタフ」という名前の使者は、トロツキーが会話を「強く希望している」と話した。この強い希望は後で分かったことだが、ラデックがトロツキーに送った最後の手紙に由来するものであった（ラデックが言及したトロツキーへの最後の手紙は一九三四年五月に送られた。ロムがラデックから預かり、セドフ経由でトロツキーに送ったと証言した最後の手紙も同年同月とされる（資料PR）。ラデックは一九三四年秋に不明の手段でトロツキーに送った「照会」のことを述べている）。「ハインリッヒ」だか「グスタフ」はピャタコフに、飛行機で旅立つ準備ができているか尋ねた。彼は「発見、暴露、その他諸々」の大きな危険を覚悟で、翌朝テンペルホーフ空港で落ち合う手はずを決めた。翌朝、空港には、「ハインリッヒないしグスタフ」が彼のために用意したドイツのパスポートを手に待っていた。

……すべての税関手続きは済ませてあり、私は署名するだけでした。我々は飛行機に乗り込み、離陸。途中どこにも寄らずに午後三時頃、オスロの空港に着陸しました。待っていた車に乗り込み、約三十分で郊外に着きました。車を降りて小さな家に入ると、家具調度品の上等な家でした。ここで一九二八年以来のトロツキーとの再会を果たしたのです。会話はこの家で行われました。（資料PR）

ピャタコフのトロツキーとの会話については、二四章で考察する。彼は細部の記憶を話しているのだが、その説明にはありふれた具体的な事柄が著しく欠如している。もし彼が本当に偽りのパスポートにある「名前を署名をした」のであれば、検察官がノルウェー政府から入国記録を取り寄せることで、その証言の真偽はいとも簡単に確かめられる。しかし、ソヴィエトの人民委員が実名で発行されたドイツのパスポートで旅行をすれば疑惑を生むことになるから、あり得ないだろう。架空の名義であれば、検察官がその氏名を、ノルウェー政府に入国記録の照会を要請して確認するのは簡単なことだ。ピャタコフはこの点についてはっきりしない、ヴィシンスキーも問うことをしない。けれども、少し手遅れの質問に対するピャタコフの答えから分かるのは、いつ、誰に、は不明だが、パスポート用の写真を渡したことである（資料PR）。彼は郊外の小さな家で他に誰かを見たかどうか述べていないが、面談時には誰もいず、「二人きりの秘密の環境が作られて」、面談はおよそ二時間続いたと言う（資料PR）。ノルウェーにどれほどの期間滞在したのか、どのようにしてベルリンに戻ったのかも語らない。彼が戻ったことを知るためには、ブハルツェフ証人の証言に頼らざるを得ない始末だ。

§一三四　このブハルツェフ証人は『イズヴェスチヤ』の「特別通信員」にしてトロツキー派組織のメンバーで、次のように証言した。

一九三五年十二月の初め、ピャタコフがベルリンに来ることを知りました。数日後、ラデックが差し向けたグスタフ・シュティルナーという人物から電話がありました。……彼はトロツキー派の人間でした。……その電話があった時に、ピャタコフが数日中に来る見込みだ、と伝えました。すると彼は、それは大変興味深い、トロツキーに知らせたら、きっと会いたがるはずだ、と言いました。（資料

PR）

ブハルツェフ証言によれば、数日後シュティルナーから再び電話があり、トロツキーがピャタコフに会いたがっている、とのことであった。シュティルナーが、ベルリンに関係先があるので段取りができると言ったので、ブハルツェフは関係先とはドイツ政府当局者の一員だろうと「推測した」。シュティルナーは、「特別機でピャタコフをオスロに往復させることになる」と言った。彼は、ベルリンには住んでおらず、連絡先はオスロの中央郵便局留だった。その後、ブハルツェフはその男に会っていないが、ピャタコフに会った際に、「よくその人物に会えたものだ」と言われた。ピャタコフはこの証言を確認した（資料PR）。

こうして我々は、ピャタコフがオスロから、往路と同じ特別機で戻ったらしいことを推測できる。けれども、飛行機の手配をしたというシュティルナーなる人物の身元については何も分からない。というのも、ブハルツェフをこのトロツキーの「代理人」と引き合わせたというラデックに、ヴィシンスキーが問い質さなかったからである。トロツキーのピャタコフとの敏速な面会は、この「代理人」がたまたまベルリンにいて、ピャタコフが来ることを知った数日後にブハルツェフがその人物に電話をしたことで、事がうまく運んだ。さもなければ、恐らくピャタコフは、まずブハルツェフに会い、要請を受けたブハルツェフがオスロの中央郵便局留のシュティルナー宛に手紙を書き、シュティルナーはトロツキーの意向を聞く、その間、待ち続ける必要があったはずだ。だが実際には、「十二月の前半」に飛行機に乗ることができた。

§一三五　ピャタコフは一月二十三日、この飛行に関して証言した。一月二十七日夕刻の法廷で、検察官はこの件を再度取り上げた。ピャタコフは質問に答えて、オスロ近くの空港に着陸したと再び主張し、尋常でない訪問の性格に興奮したあまり、空港着陸や進入許可になにか障害があったか記憶していないと語った。ヒェレルとかヒェレールという場所に聞き覚えがあるかと尋ねられると、否認した。ヴィシンスキーは「この側面からもピャタコフの証言の真偽を確かめたい」として、外務人民委員部に調査を依頼したと述べて、以下の公式通信文を訴訟記録に残すよう要請した。

「外務人民委員部の領事局はここにソ連邦代理人に対し通知する。在ノルウェー・ソ連邦大使館が受領した通知によれば、オスロ近郊のヒェレル空港は年間を通して、国際規則に従い、他国の飛行機を受け入れている。また、飛行機の着陸ならびに離陸は冬期においても可能である。」（資

料ＰＲ）

§一三六　トロツキーの証言――ピャタコフに初めて会ったのは革命の内乱期だった。彼は、一九二三年から一九二七年末まで左翼反対派の一員だったが、公然と屈服した最初のトロツキー主義者である（資料ＰＣ）。一九二七年を最後に会っていない。

　トロツキーは、一九三五年にオスロ市内ないし近郊で、あるいは他の場所でピャタコフに会ったことを否認した。また一九二七年以降、直接か間接かを問わず、交信を否認した。また、裁判以前にブハルツェフの名前を耳にしたことがなく（資料ＰＣ）、グスタフ・シュティルナーという人物と面識がないと主張した（資料ＰＣ）。

（トロツキー証言の続き）一九三五年一月から翌年の拘留（訳注四）まで、自分達夫婦はノルウェーのホーネフォスという小さな町の近くにあるヴェクサール村で暮らしていた。オスロからの険しい道を鉄道か車を使って二時間程の場所である。ノルウェー労働者党員で国会議員のコンラッド・クヌートセンの家族――コンラッド、妻のヒルダ、娘のヨルディス、息子のボルガル――と暮らしを共にし、一階にある五部屋のうち、三部屋をクヌートセン一家が使っていた。他に、住み込み料理人のノルウェー人女性がいた。一階の二部屋を自分達夫婦が使った。しばらくの間、秘書のヤン・フランケルが一緒に暮らしていたが、やがてエルヴィン・ヴォルフと代わり、ヴォルフは隣家に住んだ。仕事部屋は、両家族が使うダイニングルームの隣にあり、訪問客は、まずは台所とダイニングに通じている玄関ロビーとダイニングの二部屋を通る必要があった。クヌートセン一家とは政治的見解を異にしていたが好意的で、自分達夫婦の安全を気遣ってくれた。また通信のやり取りの面倒を見てくれて、すべての訪問客に対しても配慮を欠かさなかった。訪問者は以下の手順を踏んだ――面会希望者はホーネフォスにある娘ヨルディスの書店を訪ねるよう指示され、書店で訪問客は、コンラッドが車でヴェクサールまで案内してくれる時間を告げられる。書店はコンラッドが編集する労働者新聞の事務所と同じ建物にあった。滞在中、一二人か一三人の客を迎えたが、ロシア人はいなかった（資料ＰＣ）。一家に同行して三回か四回、一日がかりでオスロに行った。一人では決して外出しなかったし、思い立ってもできなかったことだろう。

　もし私が路上で、お手上げの人物に見つかったら……。私は人々に囲まれるようにして暮らしていた――特にノルウェーでは、言葉が分からない――お守役の数人のノルウェー人が必要だ。（資料ＰＣ）

一九三五年十二月に一度だけ家を離れて、二十日から二十二日までの短期間、クヌートセン所有の山小屋で過ごしたことがあった。ヴェクサールからオスロとは反対方向に約一時間の所で、妻、秘書のヴォルフ、ボルガル、料理人が一緒だった（資料ＰＣ）。その頃非常に悪化した健康を回復させるためであった（資料ＰＣ）。

トロツキーが第二次裁判中に全世界の報道機関に向けて発した二つの声明文（広く公表されている）が、記録として残されている。モスクワの裁判所に対しピャタコフ被告に伝えるよう具体的な質問を突き付けたものである。最初のものは、ピャタコフの飛行に関する証言の翌日、一月二十四日付である。その冒頭部分。

もしピャタコフが実名で旅行したのであれば、すべてのノルウェーの報道機関がこれを報道したことだろう。結果としては別名を名のって旅行することになったに違いない。すべての外国駐在のソヴィエト職員は、大使館や通商使節団と不断に電話や電信で連絡を取り合っていて、片時たりともゲーペーウーの監視から逃れられない。ピャタコフはどのようにして、ドイツあるいはノルウェーのソヴィエト代表部に知られずに、この旅行を実現したのだろうか？（資料ＰＣ）

続けて、トロツキーの置かれた状況と環境に関する明快な質問が列挙される。一月二十七日、トロツキーは一三項目の質問リストを報道機関に提示したが、いずれも、ピャタコフ証言に関する報道記事に基づくものであった（資料ＰＣ）。旅行の日付、時間、段取り、交通手段などに関する幾つかの質問には、報道陣に最初のリストを提示する前日の一月二十三日夕刻の開廷の公式記録に答えが載っている（§一三三、一三四）。他の質問について、検察官がピャタコフに問いかけることはなかった。次のようなトロツキーの質問である。

ピャタコフはノルウェーのビザを持っていたのか？　オスロでその晩を過ごしたのか？　どのホテルで？　ベルリンとオスロでソヴィエト当局者の目から、どうやって姿を隠しおおせたのか？　ロシアへの帰途に姿をくらましたことを、どう説明したのか？　トロツキーの家で誰に出会ったか？　トロツキーの妻には会ったか？　ベルリンからオスロに飛んだ正確な日付は？　ドイツのパスポートで使った氏名は？

トロツキーはまた、オスロのヒェレル空港の管理当局者による、一九三五年十二月に外国機が着陸していないことを示す証拠を提出した。当委員会の顧問弁護士は準備委員会で、ピャタコフの飛行が、空港管理者による着陸報告を妨害できるノルウェーのファシストと共謀したドイツ・ファシストによって仕組まれたものではないか、という問題を提起した。

また、飛行機の着陸を否認することで管理者の利益につながることがないかを問いかけた。トロツキーは論じている。

空港の管理者は、日夜、軍の巡回が慣例となっていると主張した。さて、これは嘘か真実か？　彼がファシストであるとしても、ノルウェー政府は社会主義政権だ。様々な政党がある。それらの機関紙は空港に代表者を派遣している。……事実として、飛行機は十二時間から十五時間待機していたはずだし、空港には他の人々もいたはずだ。（資料PC）

さらにトロツキーは、この飛行機が着陸したと仮定すると、ノルウェー政府は外交的理由からその事実を否認しようとするだろうか、と設問する。

ノルウェー政府は即座に嬉々として私を非難するだろうと信じる。というのも、専らソヴィエト政府のために、四カ月もの間、私を拘留していたからである。それを隠す理由がなくなれば、私に対する民事的措置を最高に正当化することだろう。政府は自国の諸政党から厳しく攻撃されていたことでもある。……政府は私の滞在を反革命宣伝に連座させる証拠があれば、そのすべてを喜んで提示したことだろう。ノルウェーの顧問弁護士が調査委員会に提出する正式な証言録取書を要請したところ、空港管理者が、「既に申し上げた通り、上級職者の許可なしにはお示しできません。お出しすることを禁じられております」と述べた理由が、これで分かるだろう。（資料PC）

§一三七　飛行についてのピャタコフ証言の真偽に関連する調査は三つに大別できる。第一は、トロツキーのノルウェーにおける生活状況は、周囲の者に知られることなくピャタコフに会う準備ができるものだったのか？　第二に、トロツキーは一九三五年十二月中、秘密の訪問客を迎え入れる立場にあったのか、あるいは側近の者の認知のもとにロシアからの訪問客を迎え入れたのか？　第三に、ピャタコフは一九三五年十二月の前半にノルウェーに飛び、オスロ近くの空港に着陸して空港から郊外に三十分間車を走らせ、トロツキーに会ったのか？

§一三八　ノルウェー滞在中のトロツキーの生活様式と政治的関心事に関連して、ニューヨーク小委員会は四人の証人から証言をとった。

A・J・ミュスト（ニューヨーク市在住）の証言——短期間だがアメリカ合衆国労働者党［the Workers' Party of the

United States〕の党員として、トロツキー主義者の組織に所属していた。この党は彼が所属したアメリカ労働者党〔the American Workers' Party〕とアメリカ・トロツキー主義者＝共産主義者同盟が合体してできたものであった。アメリカ合衆国労働者党は党員の大多数によって、解党と社会党への入党を決議した時点で存在しなくなった。彼自身はトロツキーに会った一九三六年のヨーロッパ旅行の直後に運動と縁を切った。トロツキー派組織とは相容れない立場を今も堅持している（資料ＮＹ）。一九三六年六月二十八日から七月五日まで、オスロ近くのホーネフォスにトロツキーを訪ねた。朝の十時にバスでオスロを出発し、ホーネフォスには正午頃着いた。クヌートセンに会い、トロツキーの家に車で案内してもらった。車で十五分、方向はオスロと反対側だった。合計すると、オスロからトロツキーの住む家までは二時間半程かかった。彼による家屋の描写はトロツキーの説明を裏付けるものだった。同行した妻と二人でトロツキー夫妻、クヌートセン一家と食事を共にした。家は、クヌートセン家のもので、その家族が常に近くにいた。トロツキーの書斎に入るには、ダイニングルームを通る必要があり、そこには家族の誰かがいた。各部屋は開放されていて、間仕切の開き戸を開ければ大きな空間になったから、トロツキー夫妻以外の者に知られることなくその家に入って会話を交わすことができるとは考えられない（資料ＮＹ）。

§一三九　ハロルド・アイザックス、マックス・スターリング、ヴィオラ・ロビンソン（ニューヨーク市在住）の三者は、ヴェクサールにトロツキーを訪ねた、と証言した。オスロからヴェクサールまでの距離、トロツキーの家に案内された方法、彼の生活環境に関する証言は、トロツキー及びミュストの証言を裏付けた（資料ＮＹ）。

§一四〇　ピャタコフのオスロへの飛行について我々が入手した最も重要な文書は、以下の通りである。

（一）コンラッド・クヌートセンの宣誓供述書（オスロ、妻と娘も署名に加わっている）。――トロツキー夫妻は一九三五年六月十八日から翌年八月二十七日までクヌートセン一家の客として迎えられ、オスロの病院で治療した短い中断数回を除く全期間にわたって一家と暮らしを共にした。仕事部屋と寝室を夫妻で使い、ダイニングルームは両家族で共用した。すべての訪問客について完全に把握しており、いかなる訪問者も家族に知られることなく家に入れなかった。トロツキーはすべての訪問客に家族を紹介した。電話が鳴っても、トロツキー夫妻は取らなかった。ごくまれに家を離れる時も、クヌートセンの車で出かけ、彼が同行した。したがって、一家が知らない人達にトロツキーが会えたとは到底考えられない。訪問客はチェコスロヴァキア人、ドイツ人移住者、イギリス人、フランス人、アメリカ人などであり、ロシア人はいなかった。一九三五年十二月に訪問客はなかった。十二月の二日間を森の中のバンガローで過ごした。このバンガローは一般には知られていないから、彼をそこで見かけたものはいなかったはずだ（資料PC）。

（二）トロツキーの前秘書エルヴィン・ヴォルフの宣誓供述書（ベルギー、シャルルロア）――一九三五年十一月十五日から翌年の六月二十四日まで、ホーネフォス近くのヴェクサールに行った。目的はトロツキーの秘書を務め、彼の身の安全を守ること。仕事部屋はクヌートセン一家のダイニングルームで、そこはトロツキーの仕事部屋のすぐ隣だった。薄い引き戸で仕切られていたが、鍵は付いていなかった。白衛軍、ファシスト、ゲーペーウーの手先が彼の命を狙っている危険が不断にあったため、トロツキーを長時間一人にしないというのが鉄則であった。未知の人物は、最初に自分かクヌートセン一家の誰かに引き合わされてから、トロツキーに会うことが許された。あらかじめ身元が確認されていない人物は入れなかった。各部屋は整頓されていて、クヌートセンの家族が台所から見渡せる玄関脇の小部屋とヴォルフの仕事部屋を通らずに、トロツキーの仕事部屋には入れなかった。

一九三七年一月二十五日付『マンチェスター・ガーディアン』ならびに同月二十九日付『デイリー・ヘラルド』への声明で、私は既に、トロツキーは一九三五年十二月には外国人の訪問を受けなかったこと、さらに、私だけでなく、クヌートセン一家の誰かがトロツキーのすべての足取りを知っていたからトロツキーへの秘密の訪問客など問題外だ、ということをはっきりさせました。クヌートセン家を訪ねた数人のノルウェー人がたまたまトロツキーとも言葉を交わした、ということはあり得ても、そのケースはクヌートセン家の知り合いに限られます。

ヴォルフは十一月にトロツキーを訪ねた四人の名前を挙げた。パリから来たヴァルター・ヘルト（資料PC）、フレート・ツェラー、カナダ人のケネス・ジョンストン、アール・バーニー教授（資料PC）。

一九三五年十二月にトロツキーを常に護衛していた私は、ピャタコフのトロツキー訪問は純粋な作り話であると誓って断言できます。この月に二度だけトロツキーから離れたことがありました。十九日の正午に私はオスロに出かけ、……当日の夜、九時か十時に帰りました。二回目は確か二十六日、朝の九時に出て、夜の十時に戻りました。近くでスキーを楽しんだのです。だがこの不在の間、トロツキーはクヌートセン一家と一緒にいて、食事を共にしていました。私がヴェクサールを離れたのは二回とも、トロツキー夫妻の申し出ではなく、自分の意思で決めたことですし、翌日は私が不在にすることをトロツキーが知ったのは前の晩だったことは強調しなければなりません。

ヴォルフによれば、その月にトロツキーの健康状態が悪化し、クヌートセン夫妻は、夫妻所有のバンガローでクリスマス休暇を過ごすようトロツキー夫妻に勧めた。トロツキー夫妻はずっとためらっていたが、同意が得られて、移動の日を決めた。一九三五年十二月二十日の正午頃、トロツキーはクヌートセンの運転する車でヴェクサールを離れた。同行者はトロツキー夫人、クヌートセンの息子ボルガル、料理人、ヴォルフであった。ホーネフォス経由でリンコッレン山の麓に着いた。トロツキーの体力は衰えていて深い雪の坂道を徒歩で登れそうになかったので、馬橇《そり》を借りた。車では無理だった。ヴォルフはバンガロー宿泊の様子を細部にわたり描写している。

翌朝、私とボルガルは森に入り、火をおこして朝食の準備をしました。食事は十時半から十一時にかけて取りました。片付けを終えてから、ボルガルと私は、凍結し、六〇~七〇センチの雪に覆われているオイヤンゲン湖付近にスキーに出かけました。そこには飛行機の影もありませんでした。……ピャタコフはモスクワ裁判で、トロツキーに車で会いに行ったと言っていますが、クヌートセンのバンガローを訪ねた可能性はあり得ません。最新鋭のタンク車でも鬱蒼とした森をかき分け、急な崖をよじ登ることなどできません。（資料ＰＣ）

（三）ボルガル・クヌートセンの宣誓供述書（オスロ）——一九三五年十二月二十日から二十二日までトロツキー夫妻と一緒だった。ヴォルフも交えてバンガローに泊まった。三日間、豪雪でスキーを履かずには外に出られなかった。トロツキーはスキーがなかったから、外には一歩も出なかった。トロツキーに客はなく、知らぬ間に誰かが訪ねてきたなどということはあり得ない（資料ＰＣ）。

（四）ノルウェー南部の自動車地図——コンラッド・クヌートセンが当委員会に送付したもの。オスロ郊外のヒェレル空港からホーネフォスとヴェクサールへの道筋に彼が印を付けている。クヌートセンの封書が添付されていて、ヒェレルからオスロを経由してホーネフォスとヴェクサールに行く距離は、少なくみても八六キロあり、車で二時間は難しい、と書かれていた。また、ノルウェーの道路は山道や急カーブが多く、制限速度は時速六〇キロとあった（資料PC）。

（五）a　弁護士アンドレア・ストイレンからトロツキーに宛てた手紙。消印は一九三七年三月十六日、オスロ。以下の文書を封入したとある。一、ヒェレル空港の管理者グリクセンに宛てた二月十日付の手紙の複写。二、グリクセンからストイレンに宛てた三七年二月十四日付の手紙。三、『アルバイデルブラーデ』二四号、三七年一月二十九日付。四、グリクセンからストイレンに宛てた三七年二月二十七日付の手紙（資料PC）。

b　先の一の手紙の証明済み公認英訳文。一九三七年一月二十九日付『アルバイデルブラーデ』掲載のグリクセン声明にあるように、三五年十二月のヒェレル空港には一機の飛行機も着陸していない事実を確認する書面の複写四通を提供するようトロツキー代理人ストイレンが管理者に出した要請状（資料PC）。

c　先の二の手紙の原本及び証明済み公認英訳文。

謹啓　今月十日の貴下の書状にご回答申し上げます。『アルバイデルブラーデ』に掲載された小職の声明の通り、一九三五年十二月、当空港に外国機は一機も着陸していません。しかしながら、貴下がご請求の布告文四通をお出しするにあたっては、前もって当局上級職者と協議しなければなりません。未だ然るべき者と会うことができずにおり、申し訳ございません。さらに今夕、小職はイギリスに出発し、二十二日に戻るまでご要請にお応えできません。この件につきましては、改めてということにさせていただきます。　謹白

（署名）グリクセン（資料PC）

d　先の三の記事「ピャタコフのヒェレル空港への奇妙な飛行」の原本及び証明済み公認英訳文。一九三五年十二月にヒェレル空港には一機の外国機も着陸していない事実を、管理者グリクセンがインタビューに答えて確認した報道記事。管理者はこの情報を発表する前に毎日記録されている関税登録簿を検証した。さらに飛行機が監視を逃れて着陸する可能性は問題外、と付け加えた。三五年十二月以前にヒェレル空港に着陸した最後の外国機は、同年九月十九日のイギリス機であった。三五年十二月以降、最初に着陸した外国機は翌三六年五月一日の到着であった（資料PC）。

e　先の四の手紙の原本及び証明済み公認英訳文。

謹啓　今月十日付の貴下の書状にご回答するとともに、今月十四日付の小職の書状に関して申し上げます。貴下が

ご請求の布告文四通をお出しすることは致しかねます。

貴下には一月二十九日付『アルバイデルブラーデ』で公にされているインタビューを参照されるようお願い申し上げます。　謹白

（署名）グリクセン　（資料ＰＣ）

（六）ピャタコフの飛行についての証言に関連するノルウェーの新聞各紙の抜粋。この中には、一九三七年一月二十九日付『アルバイデルブラーデ』に掲載されたコンラッド・クヌートセンからヴィシンスキーに発信された電信文があった。三五年十二月にいかなる外国機も自家用機もオスロ郊外の空港に着陸しなかったことがその日に公式に立証されたこと、さらにトロツキーを迎えた主人として、ノルウェーでトロツキーとピャタコフの間にいかなる会話も交わされていないことを確認すると通知している（資料ＰＣ）。

一九三七年一月二十五日付『アフテン・ポステン』の「ピャタコフがオスロでトロツキーに奇妙な会見」と題された記事。記事の内容――ヒェレル空港もグレスホルメン空港も三五年十二月に民間機が着陸したことを否定し、入国するロシア市民は例外なくビザ所有が義務付けられており、厳重に監視されることを強調。ピャタコフが外国のパスポートを持っていたとすれば、絶対入国していないという説明にはならないが、中央パスポート事務所長コンスタ氏はまずあり得ないと断言した。トロツキーを迎えた主人であるコンラッド・クヌートセン氏は、トロツキーがピャタコフを迎え入れることは完全に不可能であったと断言した（資料ＰＣ）。

一九三七年三月十一日付『ティーデンス・タイン』の記事は、トロツキーが山小屋に泊まった時に、ピャタコフがオイヤンゲン湖に着陸したのではないかという当紙の推論に対する、コンラッド・クヌートセンの指摘――ピャタコフのフライトの日付（十二月十日から十二月十五日の間）はトロツキーが山小屋に宿泊した日付と合致しない――を載せた。さらに、車で三十分走って郊外の別荘地区に着いた、と言うピャタコフに対する反論。

オイヤンゲン湖は鬱蒼とした森の中に位置している。当時、オイヤンゲンには一メートルの雪が積もっていた。私は飛行機には詳しくないが、雪上機でなければ着陸は不可能だということ位は分かる。それにベルリンから雪上機が飛んできたことはない。……車が待機していた、とピャタコフは言ったが、車で一メートルの雪の中をオイヤンゲンに着くのは不可能だ。しかも、道路は冬の間、閉鎖されている。さらに山小屋はオイヤンゲン湖まで徒歩で約十分の距離。車で着くのに三十分を要したというが、どう説明す

るのか?……ピャタコフは法廷では多くを憶えていなかったが、もし一メートルの雪の中をオイヤンゲン湖に着陸し、車で雪の吹き溜まりの中を突き進むことを余儀なくされたのであれば、鮮明な記憶が残るはずだ。……（資料ＰＣ）

§一四一　当委員会は、ヴィシンスキーが被告への刑の宣告以前にクヌートセンの電信を手にしていた事実に、とりわけ注目する。電信文は、先に紹介した通りの内容である。ピャタコフの他一六名の被告の命が、彼の証言の真偽にかかっていたのだから、信頼できる電信文を彼に法廷で突き付けなかったヴィシンスキーの怠慢は、我々の判断では、犯罪的な過失である。裁判全体が検察官の計画的なでっち上げであったという広く行きわたった疑惑を強力に正当化する。

我々はまたトロッキーの二度にわたる質問リストに注目する。彼が最終弁論（資料ＰＣ）で指摘したように、それはピャタコフのフライトに関する証言の核心に鋭く迫るものであり、裁判終了以前に検察官は承知していたはずだ。真実の究明に関心のある検察官であれば、必ずやトロッキーの提案を待たずに、問題証言をしたピャタコフにこうした質問を突き付けたはずである。だが検察官はそうしなかった。ピャタコフは明瞭な証言でトロッキーを連座させ、検察官はトロッキーに自らの裁判に出席する機会を与えなかったのであるから、真実への慎み深い配慮があるならば、せめてトロッキーの提案後に、この質問をピャタコフに突き付けることを余儀なくされたはずだ。ピャタコフのドイツのパスポートに関するトロッキーの質問は特に重要である（§一三三参照）。検察官は第一次裁判ではオルベルク被告のホンデュラスのパスポートを、第二次裁判ではフラシェ被告のチェコのパスポートを提出した。ところが、ピャタコフのドイツのパスポートには一貫して関心を示さなかった。ピャタコフが写真を出したかどうか尋ね、シュティルナーがどこでパスポートを入手したのかをしきりに聞き出そうとしたにもかかわらず（資料ＰＣ）、発給された名義という最も重要な疑問を質そうとしなかった検察官の怠慢は、見落としといったものではなく、意図的な恥ずべき責任回避と見なされるべきである。

ヒェレル空港に関する陳述の導入部（§一三五）は、こうした事実への冷笑的な態度を埋め合わせるものではない。検察官はそれですべての疑問が鎮まると考えて、一月二十五日付の『アフテン・ポステン』の記事を持ち出したのである（§一四〇（六））。ヴィシンスキーは一月二十七日にこの布告文——空港が年間を通して他国の飛行機を受け入れていて、冬期の離着陸も可能である——を紹介し、「ピャタコフ証言をこの側面からも検証したい」と言った。我々はこの布告を、一定の外国機が一定の月に当該の空港に着陸したという趣旨の証言を立証するものとはみなさない。ましてや、こうした飛行機が着陸したことを責任ある立場の役人が否定しているのである。ヴィシンスキーが紹介したこの布告文が役立つのは、我々の見解では、唯一の場合しかない。検察官は、ピャタコフの乗った飛行機がヒェレル空港に着陸したと推量することを、裁判官と一般の人々に期待した。そして実際に、オスロ郊外の空港に着陸したとすれば、それはヒェレル空港に違いないはずだ。というのも、グレスホルメンとボグスタ空港は水上飛行機を受け容れるが、ピャタコフが離陸したという［ベルリンの］テンペルホーフ空港は陸上機専用の飛行場なのである。

だが、たとえピャタコフがヒェレル空港に着陸し、車に乗って三十分で到着したという証言を受け容れるにせよ、ヴェクサールでトロツキーに会うことはできなかった。空港からヴェクサールまで車で二時間以下では行けないという議論の余地のない証拠がある。我々が入手している地図は、ヒェレル空港からホーネフォスへのルートがオスロを通過することを示しており、クヌートセンが距離を正しく表現したことがわかる。ヒェレル空港から三十分の「田舎の郊外地」でピャタコフに会うためには、トロツキーはあらかじめクヌートセンの家を出て、ヒェレル近くの「田舎の郊外地」にある誰かの家に身を寄せている必要があった。しかし、トロツキーが十二月前半はクヌートセン家から一歩も出なかったという、本人だけでなく、秘書、クヌートセン一家の証言がある。また、トロツキーよる手紙のやり取りの証拠もある。ピャタコフは十二月十日にベルリンに着き、当日か翌日にブハルツェフに会ったと証言した。その翌日にトロツキーの使者に会い、その翌日にオスロに飛んだ。となるとフライトは十二月の十二日か十三日ということになる。準備委員会委員長の要請に対して（資料PC）、トロツキーはその二日間に書いた手紙のすべてを当委員会のメキシコ常設代表オットー・リューレに提出した。十二月十二日にトロツキーは手紙を二通書いている。一通はノルウェーの政治家オラフ・シェフロ宛にドイツ語で書かれたもの、もう一通はパリの新聞『レヴォリュシオン』編集局宛にフランス語で書かれた長文の手紙である。シェフロへの手紙の冒頭は、次のようなものだった。

大変申し訳ないが、妻と同様に私の健康状態も芳しくなく、その日、オスロに出るのが難しい……

十二月十三日には、トロツキーは二通の手紙をフランス語で書いている。一通はフランスのボリシェヴィキ=レーニン主義者組織の政治局宛、もう一通はその組織のメンバーであるビリン宛の長文の手紙である。ピャタコフが主張する期間のある日に、ヒェレル空港から三十分の場所でトロツキーがピャタコフに会うために、クヌートセン一家と秘書の目を逃れたと仮定した場合、当然その日の相当な部分を移動に費やしたはずである。となると、仮に、尋常ならざる面会を受けたい気分になったとしても、当日、複数の長文の手紙を書く以外に多くの時間を割くのはどう考えても無理と思われる。まずは周囲の者に気付かれずに車を手配するなどの準備をした上で、誰にも知られることなく最低六時間――往復に四時間、面談に二時間――留守にできたとは、到底考えられない。

ピャタコフが空港以外の場所に着陸したという推測は、あまり愉快なものではない。彼は空港に着陸したことを二度も口にしている。最初は「オスロにある」と言い、二度目は「オスロ近くの」と言い（資料ＰＲ）、充分に明示的である。彼は空港を自分の目で識別したとみなせる。トロツキーがオイヤンゲン湖近くの山小屋にいた間に、ピャタコフが湖に着陸したという推測については、クヌートセンも先に引用した論説記事で指摘しているように、時間、地形、経路、交通手段など彼の証言と合致しない。したがって仮に、当時トロツキーとともにいて、彼が山小屋にピャタコフを迎えたことはないと語った証人の証言がなかったとしても、その推測は却下される。ヒェレル空港の当局者がトロツキーの代理人と結託してピャタコフの着陸を隠蔽したという可能性が残っている。この推測は、空港関係者――税関職員、機体整備員などが、機体の着陸及び再出発前に行うサービスの提供について沈黙を通したいという意向を前提にしている。一九三五年九月十九日から一九三六年五月までの期間、ヒェレル空港に外国機は着陸しなかったという空港管理者の陳述によって判断すると、外国機が冬期にその空港に着陸することは稀有な出来事である。ありふれた事ならともかく、稀有な出来事を隠蔽するのは難しいものである。したがって、我々はこの推測をこじつけとみなす。しかしこうしたことがたまたま起きたのだと仮定しても、ピャタコフは三十分ではヴェクサールにたどり着けなかった事実、あるいはトロツキーはクヌートセン一家やヴォルフに知られずにどこか別の場所で会うことはできなかった事実は残るのである。また、ピャタコフはヴェクサールまで車に乗った時間を勘違いしたに過ぎない――こうした記憶の誤りはよくあることだ――と仮定しても、トロツキーの居住環境からみて、クヌートセン一家の知らない客を迎えた可能性はないと述べた証人の証言や、一九三五年十二月に訪問客はいなかったというクヌートセン一家とヴォルフの証言は依然として残る。

§一四二　訴訟記録中のピャタコフの飛行に関連する証拠は、深刻な疑問を抱かせる。また、裁判期間中に公にされた、その証拠への論駁証言に直面した検察官と裁判官の沈黙は、でっち上げの疑惑を招いて当然である。訴訟記録がかき立てる疑問は、反証として提出された証拠も加わって、その飛行の事実はなかったという確実性にとって代わる。

したがって我々は、ピャタコフは一九三五年十二月にトロツキーに会っていない、いかなる指令も彼から受けていないと認定する。この決定的な点についてのピャタコフ証言に対する反証は、彼の自白全体を価値なきものとしている、と認定する。

【原注】

（一）第二次裁判の被告で、一九三六年十一月のノヴォシビルスクでのケメロヴォ技術者裁判の証人。

【訳注】

（一）ベルリン中心部のブランデンブルグ門から東に延びる大通り。門の西側は、大きな公園であるティアガルテンに通じている。

（二）トロツキーの流刑地であるブユク=アダ島の対岸北方にある地区。イスタンブールのアジア側。

（三）ベルリン市内の庭園。かつては王宮の庭園、現在は集会場や公園として公開されている。

（四）三六年九月、スウェーデン政府の決定でトロツキー夫妻はクヌートセン家を離れ、年末に亡命地メキシコに向かうまで、身柄を拘留された。後出の「四カ月間の拘留」はこの期間を指す。

一八章　カール・ラデックの証言

§一四三　第二次裁判におけるトロツキー及びセドフに対する起訴の第二の根拠は、ラデック被告の証言であった。既に述べたように（§一二一）、ラデックはトロツキーから六通の手紙を受け取り、すべて燃やした、と二度証言した（資料PR）。

ラデックは、検察官の「過去のトロツキー派としての活動について、簡潔に話してください」という要請に、詳しく答えた。――一九二三年の党内闘争でトロツキー反対派に参加し、一九二八年一月の追放処分まで指導部の一員であった。追放後も一九二九年七月にソ連共産党中央委員会に声明文を出すまで、トロツキー派の立場を堅持していた（八章参照）。この声明文は、一国における社会主義建設の不可能性に関するトロツキーの立場は誤りであり、反対派が中央委員会に浴びせたテルミドール反動という非難は事実無根であり、五カ年計画は偉大な前進に向けてのプログラムである、という確信に基づいて書いた。だが、一定の暗黙の留保を付けて党に戻ったのだ、と語った。

……将来における五カ年計画の発展の結果、党指導部の自発的選択によって、党内民主主義が拡大されるか、党の分裂の要因になるか、分岐点に行き着くと確信していました。（資料ＰＲ）

党復帰後も、トロツキー派の仲間との関係を持続していたが、五カ年計画に関する闘争が先鋭化した当時、彼等は最も悲観的な情報を流し始めて、「農村部の状況に関する私の判断に致命的な影響を与えた」。ラデックの証言は続く。

たとえ連合ブロックに所属しなかったとしても、裁判にかけられて当然の犯罪行為です。……例えば、あなたがセルゲイ・ミロノヴィチ・キーロフの殺害に関する私の責任を問うとすれば、その責任は私がブロックの指導部に加わった時というより、一九三〇年に始まったと言わなければなりません。当時密接な関係にあったサファロフが暗い顔付きでやって来て、国が破滅の危機に瀕していると私を説得しようと試みたことを私は報告しなかったのですから。

……私がサファロフの精神状態を党に報告しておけば、後にキーロフ暗殺を指導したレニングラード青年共産主義者連盟の指導者集団を把握できたことでしょう。ですから、私の責任はブロックに参加した時から始まっているだけでなく、犯罪の根本は、トロツキー派のものの見方を変えないまま復党したことに、……さらには、トロツキー派＝ジノヴィエフ派連合の中核部分との関係を続けたことにあると断言します。（資料ＰＲ）

この引用は、党の政策に対する批判を犯罪活動と同一視する傾向――裁判における被告と検察官の言葉に特徴的な傾向――の恰好の例であると同時に、キーロフ暗殺の指導者がバカエフ被告を主犯格とする「トロツキー派＝ジノヴィエフ派センター」であるという第一次裁判の起訴状の主張と証拠に矛盾しているように見える、という点で注目に値する。ラデックは証言を続けて、一九三〇年から翌年にかけて、

経済的な攻撃が広範囲にわたる前線に降りかかっていて、影響力の強い有望な分野（多数のトラクターセンターなど）の普遍的な集団化が達成していない。もし、この全般的な攻撃がやまなければ、「ワルシャワの三月のように終わる」だろうという文句が頭に浮かんだ。……経済的攻撃を食い

止め、経済前線の一定の分野に資源を集中させることが必要だ、と考えた。……私は難局に怖れをなし、労働者階級に敵対する勢力の代弁者となった。（資料ＰＲ）

証言によれば、ラデックはまず一九三二年二月から三月に届いたトロツキーからの手紙で、トロツキー派＝ジノヴィエフ派連合センター結成に向けて準備が進んでいることを知った。ここで検察官は二つの核心に迫る質問をした。第一は、トロツキーはラデックの復党を知っていたのか、第二は次の質問である。

なぜトロツキーは、復党した人間に極秘の政治情報を漏らす手紙を送るという危険を冒したのか？（資料ＰＲ）

ラデックは最初の質問に肯定し、第二の質問には次のように答えた。

……私との関係が途切れず、かつ当時トロツキーと交信をしていたトロツキー派の複数の指導者は、私が経済攻撃を食い止めることに賛成していたことを知っていた。（資料ＰＲ）

「トロツキー派の複数の指導者」は自分達の活動について、あなたに包み隠さずに話すのを恐れていたが、その理由は、

……一九二九年のトロツキーとの決別は、私とトロツキーの関係の悪化によるものでした。つまり、トロツキーは自派の分裂の責任が私にある、少なくとも最大の責任者の一人である、と考えていました。それで、彼等は私に話しかけるのを警戒し、トロツキーと私の関係改善を待つしかないと様子見していたのです。どう考えても、私の気持を知った彼等がトロツキーに知らせて、近付きやすくなるような環境作りを求めたようです。（資料ＰＲ）

§一四四　法廷でのこのやり取りは§一七（一）に引用されている。ラデック証言は、トロツキーの陰謀に関する手紙の差し出し理由を歪めて説明しており、証言の信憑性と大いに関連する。ヴィシンスキーの質問は、明確な供述の確保や空虚な説明の立証よりも、ラデック証言の解釈に関心があったように思われる。二人の人間が角を曲がるのを見ただけで、「何か企みがある」とどうして分かるのか、彼に問えば本質的な議論になったことだろう。そうはせずに、ヴィシンスキーは言う。

ひと言でいえば、彼等が既にその時点で、なんらかの非合法活動の準備にかかっている、と気付いたのですね？

そしてラデックは、「何か激しさを増すものがあって、激した感情がどこかに向かっている、と気付きました」と答えた後で、「彼等が打ち解けて話しかけてこなかった」理由を説明した。彼等が近付きもせずに、どのように彼の気分を知るに至ったのか、ヴィシンスキーは問わなかった。また他の被告達に、ラデックの「気分の落ち込み」がトロツキーの耳に届いたことを知っているかどうか尋ねなかった。それどころかトロツキー、セドフ、スミルノフと接触したと主張し、陰謀活動がメインセンター結成の一年前には始まっていたと主張するピャタコフにさえ尋ねようとしなかった。その代わりに、ラデックの空虚な供述を同じように空虚な言葉を使って繰り返し、この不合理極まりない問答にびっくりするような注釈を付けて終えたのである。

これで、あなたとトロツキーの往復書簡がなぜ始まったのか、はっきりしました。

ヴィシンスキーの言葉はいかようにも解釈できるが、その問答は事態について何一つはっきりさせていない。ラデックが「経済攻撃を食い止めることに賛成している」ことをトロツキーがごく普通の方法で知ったことから始まったと推量されるトロツキーからの手紙の提出を要求しないのは、ラデックの説明を受け容れるとしても、裁量の域を逸脱するものである。

手紙の終わりにトロツキーはおおよそ以下のようなことを書いていました。「あなたは前回の体験を心に刻んで、もはや過去に戻る術はなくなり、闘争は新しい局面に突入して、我々がソヴィエト連邦とともに滅びるのか、それとも指導部を解任する問題を取り上げるのか二者択一を迫られていることを理解しなければいけない」。テロリズムという単語はありませんでしたが、「指導部を解任する」という一節を目にした時に、トロツキーの考えがはっきりしました。（資料ＰＲ）

ヴィシンスキーの次の問いにも、ラデックは「もちろんです」と答えた。

解任する必要性……、必然的に、テロリズムを意味しているとあなたは理解したのですね？

かくして、トロツキーは一九三二年二月ないし三月に、党に復帰した一人の「屈服者」に手紙を書いたと仕立てられる。党派の分裂以降は個人的関係が悪化し、交信を絶っていた人物への久しぶりの手紙が、当の「屈服者」には、トロツキーが思い描くソ連邦指導部に対するテロリズム、及びトロツキー派とジノヴィエフ派の連合の結成を明確に示すものであったというのである。訴訟記録に描かれたトロツキーの指導の無謀さについては既に注意してきた。このラデック証言はその最たる事例である。

§一四五　ラデックは、トロツキーからの最初の手紙をウラジーミル・ロム経由で受け取ったと証言した（§一〇九～一一一、一一四。一九章）。ロムは、一九二二年以来の古い友人であり、トロツキー反対派には加わらなかったが、「中国問題では反対派を支持していた」（資料ＰＲ）。その後、五通の手紙が届いた。一九三三年九月、三四年四月、三五年十二月、三六年一月（二通）、である。ラデックは、一九三六年一月（§一二〇）に届いたという集団テロリズムについての「指令」に言及したが、どのようにして、どんな形式で受け取ったか、話さなかった。一九三三年の手紙はロム経由と述べたが（資料ＰＲ）、他の四通をどのように受け取ったか言わず、ヴィシンスキーも尋ねなかった。ロムは、トロツキーからの二通の手紙――一九三二年春と三三年八月――をラデックに渡したと証言した（ラデックとロムでは受け渡しの月が異なる）（資料ＰＲ）。

一九三三年八月ないし九月の手紙の内容に関するラデック証言は、ピャタコフ被告とロム証人による説明（§一〇八～一一二）や、トロツキーが破壊工作に当然のように言及したので仰天したというラデック自身の最終弁論との食い違いを浮き彫りにした（資料ＰＲ）。一九三四年四月と三五年十二月の手紙についての証言は、二四章で論じる。一九三六年一月の二通の手紙については、既に言及した（§一二〇）。

次に、ラデックがトロツキーに送った手紙についての証言に目を向ける。最初の手紙についての証言を確認して補足したピャタコフもラデック自身も、その時期を正確に覚えていない。一九三二年九月に送られたことを（§一〇八～一一一、一一四）、我々はロム証人から知らされた（ラデックが確認した）。二番目の手紙は、ラデックもロムも一九三四年五月とした（資料ＰＲ）。その文面については二四章で論じる。§一二〇で述べたように、ラデックは一九三四年秋にトロツキーに送った「照会」に言及したが、いかなる形式で、いかなる手段を用いて、いかなることについて、書いたのか述べていない。ロムは、一九三三年九月にラデックからトロツキーに宛てた手紙を預かったと述べたが（資料ＰＲ）、内容には触れていない。ラデックはロム証言を全般的に確認するだけで、この手紙について証言することはなかった。ヴィシンスキーもまた尋ねなかった。

§一四六　ピャタコフ被告は、一九三五年十二月前半のオスロへの飛行の直前にトロツキーの元にラデックから届いた手紙のことに二度言及した（資料ＰＲ）。トロツキーとの会話について証言する中で、こう言った。

　トロツキーはラデックの手紙を受け取った後で、ひどく興奮していました。（資料ＰＲ）

ラデックからの最後の手紙はロム経由で送ったというが、その手紙にトロツキーが依然として「ひどく興奮して」いたとは考えづらい。ロムの証言によれば、それは一九三四年五月にセドフの元に届いたのであるから、「持ち運びが遅れた」とは推量できない。また、ピャタコフが面会の一年半も前に届いた手紙について「受け取った後で」と表現するとは考えにくい。けれどもラデックはこの手紙に言及するのは適切でないとし、検察官も彼に尋ねるのを適切でないとした。したがってピャタコフ証言は手紙に関する唯一の証言であり、ピャタコフはトロツキーに会っていない、彼の供述全体に価値がない、と既に認定したのであるから、彼のこの手紙に関する証言は価値がない、ということになる。

§一四七　トロツキーの証言——一九〇九年もしくは翌年以来、ラデックと面識があったが、一九一七年まで政治的関係はなかった。ラデックはロシア共産党でなく、ドイツ共産党(一)に所属した。一九一七年にレーニンに同行して、ドイツ経由でストックホルムに行き、そのままロシア・ボリシェヴィキ党の代理人として残った（資料ＰＣ）。一九一七年の十月反乱の後、ロシアに戻り、直後にボリシェヴィキ党に加入して、ジャーナリストとして活動した。しばらくは外務人民委員部で活動していたが、お喋りな人間で、彼のいる場で何か言うと翌日には市中に知られてしまう、と外交官に不評だった。したがって、「すぐに解任された」。彼は中央委員会のメンバーになり、政治局（中央委員会のうちで最も重要な最高機関（資料ＰＣ））の会議にも出席する権利を得た。レーニンは、

　……政治局の会議を準備するに際して、半ば内密にであるが、ラデックを敬遠した。というのも、お分かりのように、政治局ではデリケートな問題が議論されるので。こうした彼の評判は、完全に定着していた。（資料ＰＣ）

（トロツキー証言の続き）一九二三年から二六年にかけて、ラデックはトロツキー派とドイツ右翼反対派の間で動揺していたが、自分との人間関係は壊れていなかった。その頃、彼はよく知られる論文「レオン・トロツキー、勝利の組織者」を一九二三年三月十四日付『プラウダ』に書いた（資料ＰＣ）――トロツキー賞賛に埋め尽くされたこの論文の抜粋は、準備委員会議事録に収録された。一九二六年、ラデックはトロツキー派＝ジノヴィエフ派連合の一員となり（§二一、二四）、一五回党大会で左翼反対派とともに除名され、シベリアに追放されたが、一九二九年に屈服した（資料ＰＲ、ＰＣ）。国外追放以後、ラデックとは一切交信がなかった。手紙は一切受け取っていないし、仲介者を通して手紙を送ったこともない（資料ＰＣ）。

トロツキーは最終弁論で次のように発言した。

> ラデックに顕著な特徴は……衝動的、不安定、信頼感に欠け、危険の兆候を見るやパニックに陥る傾向、順調な時の極端な多弁傾向などである。第一級の技術をもつジャーナリスト特有の機知に富んだ嘘つきであり、外国の通信員や旅行客には貴重な案内役であるが、陰謀家にはまったく不向き。情報通の間で、ラデックをテロ攻撃の促進者とか国際的な陰謀の組織者と形容したら首を傾げられる。（資料）

トロツキーはまた、第七回党大会におけるブレスト＝リトフスク条約（訳注一）の議論の際の、「レーニンは時間を稼ぐために空間を譲る」というラデック発言を評したレーニンの感想を引用した。

> 私は同志ラデックの発言に立ち戻り、彼はたまたまとはいえ重大な考えの表明に成功した、とこの機会に強調しておく（二）。

さらに一九二四年、レーニンの死の直前に召集された共産党協議会でのスターリンの感想を引用した。

> 普通の人間なら、頭が舌をコントロールする。ところが、ラデックの場合、舌が頭をコントロールする。

トロツキーは問う、「いったい誰が信じるというのだ」。

> 舌が頭をコントロールし、それゆえ「偶然に」しか重大な考えを表明し得ない人物に、私が壮大な陰謀の責任者を任せたなどと？（資料ＰＣ）

また、一九三六年八月の論文「ジノヴィエフ派＝トロツキー派野合ファシスト・ギャングとその首長トロツキー」（資料ＰＲ）で最高潮に達したラデックの悪名高い「反対派への中傷」を指して言う。

これは、一九三七年一月の法廷証言への前奏曲以外の何ものでもない。次なる行動は先立つ行動から展開した。検察当局側の証人としてのみ裁判にかかわったラデックを誰も信じようとしなかった理由は明らかだ。私に対する証言に重みを持たせるために、死刑というダモクレス（訳注二）の剣を彼の頭上に懸けて、ラデックを被告に仕立て上げる必要があったのだ。（資料ＰＣ）

§一四八　トロツキーとの人間関係の悪化に関するラデック証言を完全に裏付けるトロツキー提出の資料については既に引用した（§二六）。トロツキーによれば、ラデックの屈服だけでなく、彼のブルムキン告発とも関連付けて見る必要があり（§二六）、この告発を境に、ラデックは「屈服者であるのみならず、背信者となったから」左翼反対派の人々にとって最も憎むべき存在となった（資料ＰＣ）。これらすべての証拠あるいはラデックの証言の中に、トロツキーとラデックの関係修復を信じさせるものは一切ない。ましてや、ラデックが近付いて来る以前に、さらにはトロツキーの共同謀議者なるものがラデックに打診する以前に、トロツキーがラデックへの手紙でテロ行動を説得したと思わせるものも一切ない。完全には捨て切れなかった「トロツキー派の見解」や、継続した「トロツキー派のつながり」に犯罪の根がはびこっているというラデックの供述は、自らの最終弁論によって弱められている。最終弁論で次のように供述したのである。彼が「トロツキー派組織」に参加したのは、トロツキーの「取るに足らない理論」や権威を認識したからではなく、

私自身の政治的目標に対応する党派が他になかったからです。（資料ＰＲ）

だが、ラデックの言う目標がどんなものかは述べなかった。大惨事を避けるために「経済攻撃を食い止める」ことに賛成したことが、犯罪的な目標のように思えないことは確かだし、テロリズムによって指導部を暗殺する目標を受け容れる素地になっているとも思えない。言われている目標は、ラデックではなくトロツキーが定めたものなのである。

したがって、我々の見解では、謀議関与の動機に関するラデックの証言も、提出されざるトロツキーの手紙が謀議の情報を伝え、参加を促したという証言も、説得力に欠ける。ト

ロッキー自身の証言ならびに提出された裏付け資料をじっくり検討するならば、到底信じられないことが分かる。次に、トロツキーとの交信に関するラデック証言の事実面に目を向けることにしよう。

§一四九　既に指摘したように、ラデックは一九三四年四月、三五年十二月、三六年一月（計四通）のトロツキーの手紙がどのような手段で届いたのか、述べていない。付け加えて言えば、仮にソヴィエト法において重要な証拠が得られた条件や環境が法的に定められているならば（ストロゴヴィチ＝ヴィシンスキーの著書［§一七（四）参照］）、証言によればもはや存在しない重要証拠に関連する被告や証人の証言を裁判官が認める場合には、少なくとも、被告や証人が失われた証拠を知った、あるいは入手した条件や環境を検察官が注意深く確認すべきはずである。とりわけ、関連する証言が本訴訟のように食い違いを見せている時には、なおさらである（§四七参照）。

トロツキーとの間で交わされた手紙九通のうち五通の存在――トロツキーの手紙は謀議への誘引であったとされる――に関するラデック証言の真偽は、ロムの証言にかかっている。ロムが信頼に足る証人であれば、トロツキーが一九三二年二月にロム経由の手紙でラデックと接触し、ロムはその後もう一通、トロツキーの手紙をラデックに届け、ラデックの手紙三通をトロツキーに届けた、という一連の推理が成り立つことだろう。しかしながら、その手紙は証拠として提出されなかったから、その内容に関する証言すべては伝聞証拠であり、議論の余地が残る。他方、もしロムが信頼に足る証人ではないことが判明すれば、ラデック証言は疑われて然るべきものとなる。

§一五〇　ロム証人の証言に移る前に指摘しておくが、一般論として、どうやって届いたかが特定されない手紙や「指令」に関連する証拠の真偽を当委員会が精査することはもちろん不可能である。だが、一九三五年十二月のトロツキーの手紙に関するラデック証言の性質を評価することはできる。ラデック、ピャタコフ両名によれば、この手紙でトロツキーの外国列強との取引を知って驚愕し、ピャタコフのトロツキーとの面会を決断した、という（資料ＰＲ）。特にラデックはこの点で明快かつ多弁であり、両名のどちらかがトロツキーに会う必要を確信するに至った経緯をまくし立てた。もしピャタコフに海外出張の機会がなければ、ラデック自身がオスロでの講演の誘いを利用してトロツキーと会い、情勢論議を交わしたはずだ、と述べた（資料ＰＲ）。

既に述べたように（§一四二）、オスロへの飛行とトロツキーとの面会に関連するラデックとピャタコフの証言は偽りである。さらに、旅行と面会に関するラデックの証言も同様に偽りである。もしこれらの証言が虚偽であるならば、ピャタコフの飛行の必要性を彼等二人に決断させた手紙に関連するラデックの証言（あるいはピャタコフ証言）を信ずる理由は消え失せるのである。

【原注】

（一）ラデックの政治的キャリアは、ガリシア〔ウクライナとポーランドの国境にまたがる地域〕の社会民主主義運動で始まる。一九〇四年から〇八年まで、ポーランド社会民主党で活動した。ドイツの運動とのかかわりは一九〇八年に遡る。

（二）この引用を照合すると、トロツキーは一九二五年国立出版所発行の『レーニン選集』から抜粋したと思われる。一九三五年出版の『レーニン選集』第三版ロシア語版では、リャザノフの名前に代えられている。編者は変更の説明をしていないし、旧版にあったラデックの名前に触れてもいない。

【訳注】

（一）一九一八年三月、発足間もないソヴィエト政権がドイツなど中欧四カ国と締結した講和条約。これにより、ロシアは第一次世界大戦から離脱した。名称は地名に因む（現ベラルーシ共和国のブレスト）。ソヴィエト政府は、無賠償・無併合を主張したが、最終的にロシア領土の割譲など中欧側の提示条件を受諾した。ボリシェヴィキ党内でも、戦争継続と和平の選択をめぐって激論が闘わされ、分裂の危機に晒されたが、ドイツの強硬姿勢を前にレーニンの主導で締結に至った。二五章§二二七参照。

（二）ギリシャ神話のシラクサ王が、その繁栄を称えたダモクレスを玉座に座らせ、真上の天井から剣を毛髪一本で吊るした故事から、繁栄の中にも常に危険があること。

一九章　ウラジーミル・ロムの証言

§一五一　ピャタコフ＝ラデック裁判〔第二次裁判〕におけるトロツキー及びセドフに対する起訴の第三の根拠は、ウラジーミル・ロム証人の証言であった。彼の証言の重要性は、既に述べたようにラデック証言がこれに依拠しているばかりでなく、一七名の被告及び証人のうちピャタコフを除いてロムがただ一人、トロツキー本人から指令を受けたと主張していることによる。

　ロムの証言――一九二二年以来、ラデックとは旧知の仲だったが、一九二六年から翌年にかけて、「トロツキー派反党工作に参加して」つながりが深まった、と言い、ロムに責任を転嫁する一方のラデックとは異なり、トロツキー派としての過去を自白した。一九二六年後半から「一九二七年に一時離脱する」まで所属していたトロツキー派に、一九三一年、ラデックとの会話を経て復帰した。その会話でラデックから、必要が生じ次第、外国通信員としての立場を利用し、連絡役として貢献する心積もりでいて欲しいと言われた。ロムはパリとジュネーブでタス通信の記者を務めていた。一九三一年夏、プトナによってセドフに引き合わされた。ラデックとの連絡役として動けるかというセドフの問いに同意し、パリとジュネーブの住所を教えた。セドフが危険な仕事を任せても大丈夫とどうやって確かめたのか、ロムは言わなかった。ロムとセドフの面会は、ラデックがトロツキーの最初の手紙を受け取る半年前のことであり、ラデックがロムに郵便物を送ったとみなすことはできない（資料ＰＲ）。

　ジュネーブに出発する数日前に、市内で投函された手紙がタス通信のパリ事務所に届いた。中にセドフからの短いメモが入っていて、同封の書状をラデックに渡すよう要請していた。ラデックが一九三二年春にジュネーブを訪問した際に、この手紙を手渡した。その後の会話で、手紙はトロツキーからのもので、次のような内容であることが分かった。

　ソ連共産党の指導者、まずはスターリンとヴォロシーロフに対する闘争に、ジノヴィエフ派との連合やテロリストの手段を採用することについての指令が書かれていた（資料ＰＲ）

（ロム証言の続き）一九三二年秋に仕事でモスクワに戻った際、ラデックと会って以前の議論について会話をした（§一〇九）。ジュネーブへの帰途、ベルリンを通った時に、ラデックから預かってきた手紙を中に挟んである本を（§一〇九、一一〇）、セドフが教えてくれた住所、ベルリン市内の郵便局留で投函した。一九三三年七月、ジュネーブからパリに戻った数日後にセドフから電話があり、モンパルナス大通りのカフェで会う手はずを整え、セドフに会った。セドフは彼をトロツキーに会わせる段取りを決めたいと語った。数日後、セドフから電話があり、同じカフェで会い、そこからブローニュの森に行って、トロツキーに会った。七月の終わりだった。トロツキーは会話の中で、既に述べた「指令」に加えて（§一〇九）、ロムの言を信じるならば、テロリズム、破壊、陽動作戦、敗北主義などの必要性に関する陰謀めいた危険な見解を口にした。

　話の最後に、トロツキーからノヴィコフ＝プリボアの小説本『ツシマ』（訳注一）を渡され、ラデックへの手紙を表紙カバーに隠すよう言われた。一九三三年八月、この本を持ってモスクワに着くとラデックに渡した（§一〇九）。九月末に休暇から戻る際に、ラデックからドイツ語の本に隠したトロツキーへの手紙を預かり、十一月にパリでセドフに渡した。一九三四年四月に再度セドフに会ったが、間もなくモスクワに戻る予定を知ったセドフからラデックに詳細な状況報告を聞いて来るよう依頼された。五月、この依頼をラデックに伝え、ラデックから工業技術英露辞典に隠した手紙を預かった。パリでセドフに渡した手紙には、様々な活動の展開についての並行センターならびにメインセンターからの詳細な報告が書かれていた（資料PR）。

以上を要約すれば、ロムは、一九三二年春にトロツキーからの手紙をジュネーブでラデックに渡し、同年九月にラデックから手紙を預かり、翌三三年七月にトロツキーの手紙を預かり、同年九月と翌三四年五月にラデックの手紙を預かった、と証言した。その後、『イズヴェスチヤ』の記者としてアメリカに派遣されたので、運搬役は終わった（資料PR）。

§一五二　ラデックは、ロム証言が間違いないことを確認するかどうかを問われて、次の一点を除き認める、と答えた。トロツキーの最初の手紙はテロリズムについて書かれていたが、スターリンとヴォロシーロフの名前はなかった、と（資料PR）。

§一五三　ロムは、一九二三年から二七年にかけて行われた左翼反対派の多数派に対する闘いが、不快な「反党活動」の様相を帯びたとしている。つまり、彼の表現は公然たる正当な党内闘争が犯罪的な性格の烙印を押されてしまうことを暗示している。さらに、ロムが活発な反対派ではなかったというラデックの発言は、明らかにロムがこの闘争の性格を知らなかったことから生じている。ロムは証言の中で、「『トロツキー派反党活動』に参加して、ラデックとのつながりが深まった」と言っている。ヴィシンスキーが「それはどのような活動だったのですか？」と尋ねると、彼はただ「トロツキー派反党活動」と繰り返すばかりであった（資料PR）。だがこうした明らかな無知にもかかわらず、「一九三〇年秋と一九三一年春の」ラデックとの会話以降、「彼の感情が社会主義建設の苦境に動かされて、再度、以前属したトロツキー派の路線に飲み込まれていった」ことが分かる（資料PR）。自分を危険に晒した行為の動機説明は、検察官と裁判官には充分なようだが、「以前属したトロツキー派の路線」がテロリズムや破壊活動、敗北主義といかなる関係もないことを知っている人々や、セドフが一九三一年夏に（ロムの繰り返された犯罪の後である）、「新しい闘争の方法……テロと破壊活動によるスターリン指導部の暴力的転覆」のあらましを述べたというピャタコフ証言を記憶している訴訟記録の読者にとっては、決して充分とはいえない。このようにロム証言からは、テロ陰謀を引き受けるに至った理由について何も明らかにならない。また、ロムないしラデックの証言からは、トロツキーが彼等を信用して手紙で情報を漏らし、陰謀のあらゆる秘密を伝えた理由も分からない。さらにトロツキーの言葉を引用すれば、

私の「敗北主義」の立場を共有していない若者たちに、私の最も深部の思想をさらけ出した理由も明らかでない。一九二七年にロムが「中国問題について」ラデックと意見が合ったという事実にすべてが基づいているのだ。（資料PC）

§一五四　トロツキーの証言――ロムとは面識がないし、裁判まで名前を聞いたこともなかった。『イズヴェスチャ』はごくたまにしか読まないし、外国通信は全然読まない。『プラウダ』には定期的に目を通すが、紙面の外信記事は読まない。パリでウラジーミル・ロムという人物には会っていない。ラデックに届ける目的で、ロムに手紙を渡したことはないし、ロム経由でラデックから手紙を受け取ったこともない。この趣旨のロムとラデック両人の証言は完璧な偽りである（資料PC）。

トロツキーは、一九三三年七月十七日に汽船「ブルガリア号」でトルコを出国してフランスに向かったが、同行者は妻、協力者のジャン・ヴァン・エジュノール（訳注二）、アメリカ人のマックス・シャハトマンとサラ・ウェーバー、ドイツ人のアドルフ（偽名であり、実名は入手済み）であった、と証言した（資料PC）。彼によれば、フランスに向かう要因となったのは、一九三二年五月の選挙後、ダラディエ率いる急進的な政府が政権に就いたことによる政策の変化であった。ビザの問題を、在仏のフランス語翻訳者パリジャニンがフランス政府に切り出した。政府はコルシカ島に住む条件でビザを発給したが、友人の技師アンリ・モリニエが上級の役人に会い、一定の期間コルシカではなくフランス本土に住む許可を出すよう説得し、南仏の県に居住する許可を得た。後に、当局者はトロツキーの滞在認可に同意した（資料PC）。

トロツキー夫妻は、トルコ政府発行の外国人向けパスポートに記載されている妻方の姓セドフを名のって移動の旅をした（原本を確認したオットー・リューレが証明する写真複製を当委員会は入手した）。マックス・シャハトマンが管理する手荷物には、頭文字MSが印されていた（資料PC）。船は一九三三年七月二十四日、マルセイユ港に着いたが、夫妻は、船からモーターボートに乗り換えて港の外に出た。動向を察知されないための警戒策として息子のセドフとレイモ

ン・モリニエ（人物については§六八（九）a参照）が船会社と取り決めたものであった。モーターボートに乗っていたセドフが甲板に上がってきて、ヴァン・エジュノールに指示書を渡し、夫妻はモーターボートに乗り込んだ。モーターボートには、夫妻とセドフの他に、モリニエ、二人の水夫、安全総局（警察庁の前身）の代理人が乗り込み、やがてカシスという小さな町に上陸した。残りの一行は、シャハトマンが重い荷物を保管しているマルセイユに向かい、ヴァン・エジュノールは報道陣にパリに行く印象を与えるために小さな荷物を持ってリヨンに向かった。サラ・ウェーバーとアドルフは、マルセイユからパリに向かった。この段取りは、モーターボートで全員一緒に行くと考えていた一行には予想外のことだった、とトロツキーは述べた（資料PC）。

（トロツキー証言の続き）カシスに着くと、二台の車が待機しており、一台にはレイモン・ルプランス（政治的支持者ではない）が、もう一台にはフランス人のラスト（フルネームの資料あり）が乗っていた（この人物はその後、反対者に転じた）。二台の車に、トロツキー夫妻、息子、モリニエ、ルプランス、ラストが分乗し、南仏を横断してロワヤンに向かった。トロツキーは腰を痛めており、車の揺れは大変な苦痛を強いたので、トネンという小さな町のホテルに泊まった。二十五日の午後二時か三時頃、ロワヤン近くのサンパレの別荘「アンブラン」[訳注三]に辿り着いた。アンリ・モリニエの名前で七月十八日に予約済であった。到着して間もなく、別荘の近くで機関車の火花が引火して火事が起き、家の回りの植え込みや庭に建てられた夏期用の小さな家屋が焼けた。大勢の人間が集まってきたので、トロツキーは外に出て、火が鎮まるまで路上の車の座席にうずくまっていた。その出来事は地方紙で報道されたが、身元を隠していたから彼の名前は載っていない。数カ月後、バルビゾンで所在が判明した時、火事の件がパリの新聞で報道された。同年十月九日までサンパレに滞在したが、健康状態は芳しくなく、ベッドに横になったり、家で休んだり、訪ねてきた友人達と一緒に庭を散歩するなどしていた。一緒に暮らしてい面々は妻、秘書のヴァン・エジュノール、サラ・ウェーバー、その他にレイモン・モリニエの妻であるヴェラ・ラニス（一行より前に着き、七月末まで滞在）、セガル（モリニエの仕事仲間で、別荘に先着して一カ月以上滞在）、案内役のラスト、若いフランス人の同志ボシエ（一カ月以上ロワヤンの別の家に滞在）であった（トロツキーは、アドルフを見落としている（資料PC））。

一行が電話通報して以後、フランス警察が体制を整えてずっと彼の動向を記録していて、トネンでの一泊についても察知していた。トロツキーはアンリ・モリニエにこの監視記録の入手を促す手紙を書いたが、当局から提供を拒否され、特にトロツキーの場合、ソヴィエト政府との関係もあり入手は困難との返事が来た（資料PC）。

　また、トロツキーの具合が悪くなった時、変名を使っていたため地元医に往診を依頼できず、他所から友人の医者を呼んだことがあった（資料PC）。十月九日には、妻、アンリ・モリニエ、若いフランス人のメイシュレールと一緒にピレネー山脈のバニエール＝ドゥ＝ビゴールに出かけた。現地でセドフの嫁ジャンヌ・デ・パリエールが合流した。三週間滞在した後、十一月の初めにパリ郊外のバルビゾンに行き、翌年の一九三四年四月か五月まで滞在した。その時、ある出来事をきっかけに地元当局に身元が判明し、スキャンダルになった。反動的な新聞を使った排撃キャンペーンが開始され、共産党の機関紙『ユマニテ』も、トロツキーが急進社会党を支援し、フランス政府の指揮のもとにロシア侵略を準備するために滞在しているのだ、と非難を浴びせた（訳注四）。一時は、ファシスト新聞にも追われて、放浪同然の有様となった。最終的には、イゼール県グルノーブル郊外のドメーヌ村の近くに落ち着き、ノルウェーに向けて出発するまで滞在した（資料PC）。サンパレに滞在中、およそ五〇人の客を迎えた（資料PC）。

　§一五五　セドフは、ロムとはまったく面識がなく、プラウダ紙の方が好みで『イズヴェスチヤ』はめったに読まず、裁判の時になってようやくロムの存在を知った、と証言した。

　ロムの供述に関してまず初めに強調しておきます。とても信じられないことですが、スターリン政権の敵と接触するために政府系機関紙の記者を私の元に送り込むという考えを思いついたのが、ベルリン駐在のソヴィエト大使館付き陸軍武官のプトナ（個人的には知りませんが）だったことです。いずれにせよ私がロムとの接触にのめり込んだという話には、一片の真実もありません。特に、強調したいのは、私が九カ月間は何もせず役に立つ貢献がなくても良いと唆したという供述です。で、九カ月後に私が、最重要事項を書いた父の手紙を郵便で彼に送るのを待っていれば良いというのです。誰がどう考えても、郵便で送りはしないでしょう、ましてやタス通信の部局宛に送れば、代わりの者が意図的に開封する危険があります。（資料CR）

（セドフ証言の続き）一九三三年七月後半はパリにはいなかった。父親のフランス到着を知って、十四日に二人の友人とともにパリを出て、フランス政府当局者との合意に沿った父親の宿泊場所を探していた。まずノワールムティエに行き、次にオレロン島に行った後で、ロワヤンに着き、ユニヴェルス・ホテルに泊まった。十八日に、サンパレ＝シュル＝メールのピエ氏所有の別荘「アンブラン」の賃貸契約書にサインした。十九日にマルセイユに向けて出発し、翌日着き、トゥルーズに泊まった。二十一日はマルセイユで三人目の友人が加わった。共産党の『ユマニテ』がマルセイユの埠頭労働者に反トロツキーのデモを呼びかけていて、反動ロシア人によるデモの危険もあったので、船をマルセイユの外側のカシス=シュル=メール沖に停泊させ、父をモーターボートに乗船させる手はずを整えた。ボートの所有者は、旅行客にはとても見えない自分達一行に驚き、土壇場になって行くのを拒んだが、少し手間どった末に説得に応じた。

カシスからサンパレへの移動に関するセドフの証言は、到着の様子や発生した火事のことなど、トロツキーの証言を裏付けている。この日から同年十月九日まで、トロツキーはロワヤンを一歩も出ていない。八月には腰痛が悪化して、医者を呼ぶほどであったから、出ようにも出られなかったのである。

セドフは、一九三三年十一月及び翌年四月と五月にウラジーミル・ロムと会合を持ったことを否認したが、もし事実であれば、ちょうどその頃に父がバルビゾンを出ざるを得なくなったことや、新聞報道による反トロツキー・キャンペーンの話がロム証言に出てこないのはおかしい、と述べた。

§一五六　マックス・シャハトマン（ニューヨーク州在住のジャーナリスト）のニューヨーク小委員会における証言――自分の政治的立場はトロツキーに非常に近い。トロツキーには一九三〇年、トルコのプリンキポで最初に会った。当時、トロツキー派の組織であるアメリカ共産主義者連盟の一員だった。二度目に会ったのは一九三三年、汽船「ブルガリア号」でプリンキポからフランスへの移動の旅に同行した。七月十九日前後にプリンキポを発ち、二十四日にマルセイユに入港した。同行者は他に妻、サラ・ウェーバー、ジャン・ヴァン・エジュノール、ドイツ人移住者アドルフだった。一行は、トロツキーの変名使用を極力長引かせるために「マックス・シャハトマンと随行員」を装って旅をした。トロツキーはレオン・セドフを名乗っていた。マルセイユ到着前夜、船の指揮官がシャハトマンに、マルセイユの少し外側で船を停止させるように指示する内務大臣からの無線連絡を受信したことを知らせてきた。公式旗を装備したモーターボートが接近してきて、トロツキー他全員が乗り込む手はずだったが、トロツキーは先行きを不安がっていた。ボートが横付けされ、そこには息子のセドフ、レイモン・モリニエ、他に制服の男が乗っていた。船に上がったのはモリニエだった。トロツキー夫妻はボートに乗り込み、残りのメンバーはマルセイユに向かった。マルセイユにはシャハトマンが数日間残って、トロツキー夫妻の身の回り品や蔵書の保管にあたった。すべての荷箱にトルコ政府当局者の手でシャハトマンの頭文字が記されていた。それからバスルを経由して、八月一日にパリに着いた。翌日か翌々日、セドフに会った。彼は父親がパリからロワヤンまでどんなルートを辿ったか説明した。パリでトロツキーの身の回り品の預り証をアンリ・モリニエに渡した。

航海中のトロツキーの健康状態について——一時停泊したギリシャのピレウスを出港後、一転悪化し、ベッドに寝たきりの状態になった。夫人も心配したが、船上に医者はいず、ウェーバー嬢が持ち合わせた治療器具で痛みを和らげようと試みるのが精一杯で、ボートを降りた時のトロツキーは、一人で立つのも辛そうだった。

（シャハトマン証言の続き）パリの友人達は、トロツキーのロワヤン滞在をできる限り平静なものにするために、訪問客が多くなるのは感心しないと言い、数週間前にはロワヤン行きに反対した。自分はアメリカに戻る必要があり、ロワヤンには行くことなくパリを後にした。出発前にトロツキー宛に、再会できずに心残りだと表明する手紙を書いた（その写真複製を委員会は入手済み）（資料ＮＹ）。

§一五七　サラ・ウェーバー（ニュージャージー州オレンジ在住）のニューヨーク小委員会における証言——一九三三年七月から翌年二月まで、ロシア語・英語の速記タイピスト及び翻訳家としてトロツキーに仕えた。プリンキポからフランスまで同行した。汽船「ブルガリア号」でプリンキポを七月十九日か二十日に発って、二十四日にマルセイユに着いた。マルセイユ港でトロツキーが船を乗り換えたことに関する彼女の証言は、トロツキー、セドフ、シャハトマンの証言を裏付けている。彼女はマルセイユからアドルフとともにパリに行き、数日をセドフの妻とともに過ごした。七月三十日か三十一日、前日パリに着いたセドフと一緒にロワヤンに向かった。

航海中のトロツキーの健康状態に関するウェーバー嬢の証言は、トロツキー及びシャハトマンの証言を裏付けている。トロツキーの健康は悪化の一途を辿り、外国から医者を呼ぶ必要が生じた。彼女はトロツキーがロワヤンを引き払うまで側にいた。トロツキーは別荘を離れることがなかった。十一月三日からトロツキーに同行してバルビゾンに行き、翌年二月七日にパリに向かった（資料ＮＹ）。トロツキーがロワヤンで会った多数の訪問客の名前を挙げた。トロツキーへの手紙はロワヤンには直接に届かず、パリから宅配便で運ばれた（資料ＮＹ）。

§一五八　デイヴィス・ヘロン（ニューヨーク州在住）の

ニューヨーク小委員会における証言――執筆生活を送る身だが、政治的関係はない。一九三一年から翌年にかけて所属したスターリン寄りの組織である全国学生連盟代表団の一員としてロシア旅行をした後、三二年八月プリンキポにトロツキーを訪ねた。翌三三年九月、ロワヤンに再び訪ねた。この訪問はB・J・フィールドから住所を教わったナヴィユ（人物については§六八（九））が段取りをしてくれた。九月十一日にパリを発ち、ロワヤンまで一晩要した。訪れた際、トロツキーは健康が優れず、医師（フランス人ではないが、氏名不詳）と会話をしているところだった。医師の診断は、過度の体力消耗から来る神経性の発熱というものだったが、フランス政府当局がパリ近辺での治療を許可しないことを憤慨していた（資料NY）。

§一五九　一九三三年七月後半にブローニュの森でトロツキーに会ったという趣旨のロム証言に関連する多くの資料の中でも、特に重要なものを以下に挙げる。

（一）六通の手紙（証明済みの複写）と二通の電報。内容はトロツキーのフランス在住許可申請。最初の手紙は一九三三年四月三十日付でトロツキーがフランス語翻訳家モーリス・パリジャニンに送ったもの。電報が届いて驚き、フランス政府がビザを発給することを危ぶむ内容だった（資料PC）。パリジャニンへのもう一通の手紙は同三三年六月七日付で、フランスの新聞に執筆した論文を同封してあり、次のように書いている。

もしフランスの反動勢力が、トロツキーはドイツ帝国主義の代理人であり同盟者であるとの主張を続けるのであれば、私の論文はこうした白痴的言動に対する確信に満ちた論駁となるだろう。フランスの報道記事を読んでいるうちに、ヒトラーの真の計画を理解していないと確信するに至った。だが幸運な偶然のおかげで彼の仮面を剝ぐ非常に重要な文書に出くわした。（資料PC）

代議士アンリ・ゲルニュに宛てたトロツキーの手紙（一九三三年五月三十一日付、プリンキポ）は、フランス政府当局との間を仲介してくれたことに謝意を表している。同年六月二十九日付の、当時の内務大臣C・ショタンが代議士ゲルニュに宛てた手紙の文面。

貴下から著名なロシア人亡命者であり、健康上の理由でフランス滞在及びコルシカ居住許可を申請しているレオン・トロツキー氏への配慮を求められました。この外国人に関連する追放命令は取り下げられたことを貴下にお知ら

せすることができて何よりです。一行は請求次第、無理なくフランスへのビザを入手できることと存じます。（前掲資料）

アンリ・モリニエが発信したトロツキー宛の電報。ブユク＝アダ＝イスタンブールのスタンプが押され、日付は一九三三年七月七日、宛先は「セドフ」。

南仏滞在暫定、コルシカ滞在確定、調査続行中止。（前掲資料）

同日付のトロツキーがモリニエに宛てた手紙は、南仏の一時的滞在の代わりを捜すか、コルシカに直接移動するか、を論じている。

南仏のどこか、スターリン主義者（あるいは反動ロシア人）の恥ずべき行為が及ばない位に辺鄙な所に快適に落ち着き、一時的な滞在が永住に変わり、その結果重い荷物（本や保管書類）をヨーロッパ大陸に送れるようになることをお考えなら、おのずと最も好ましい解決になりましょう。しかし私には大いに問題があるように思われます。あえて口にすれば、「検討」が完璧であればよいが、ということです。（前掲ＰＣ）

（二）アンリ・モリニエ――フランスの出版社や報道機関に対するトロツキーの代理人――の証言録取書（特別委員会により証明済み）には、次のように書かれている。一九三三年にトロツキーと意見が一致して、フランス滞在に関する準備を引き受けた。すぐに安全総局に赴き、トロツキーの居住条件について指示・調整を行っているカド氏と打ち合わせた。カド氏はコルシカを提案した。これに対しモリニエは、トロツキーは通常のビザを持っており、希望する場所に住む権利を持っているはずだ、と抗議した。議論のやり取りがあった後で、

カド氏はそれまでの外交辞令的な態度から一変して、横柄な態度で言い放った。公共の秩序に大きな責任がある安全総局は、トロツキーの存在は秩序を乱す可能性があると信じており、許可した場所にしか住めないのだ。……パリ、セーヌ県、セーヌ＝エ＝オワーズ県は禁じられているし、労働者の街もだめ、リヴィエラも白系ロシア人が多いのでだめ。……という次第で、田舎の県か、取り得のない街が残った。中部フランスがお奨めだった。

数日後、最初の居住地としてロワヤンを提案した。カド

氏いわく、共産主義児童コロニーがあるオレロン島に至近距離のロワヤンを重要な厚生施設のセンターにしようと考えている、と留保された。私は、別荘「アンブラン」への居住許可を得るために論争を挑み、問題の別荘はセンター予定地から遠くにあり、隔離した場所にあることを説得した。

事故を防ぐ最良の方法は厳格に変名で通すことだ、とカド氏との間で調整がついた。安全総局の管理者は別として、居住地は一切、職員や報道関係者にも知らせず、県知事にのみ通知する、とカド氏は断言した。……

モリニエは、こうしたやり取りの要点を、マルセイユでトロツキーに落ち合う手はずになっている仲間たちに伝えた。また、最初にどんな困難が待ち構えているかを検討するために、トロツキーの旅行、装備、休息などの状況について毎日知らせるように彼等に求めた。発生した異常事をカドが把握した場合には、即座にモリニエに通知することで意見が一致していた。モリニエは変名使用が台無しになることを恐れて、セドフとトロツキーの側近に対して、外来者のロワヤン訪問をあえて不便なものにするよう何度か注意を促した。こうしてモリニエは、この期間、日記をつけ、トロツキー一行の動向を注意深く観察することを要求された。その結果、

トロツキーはマルセイユ到着後、直ちにロワヤンに向かい、後で述べる十月九日までは街を出なかったことを、極めて強固に主張できる。

第二次モスクワ裁判におけるウラジーミル・ロムの、一九三三年七月にブローニュの森でトロツキーに会ったという証言はまったくの嘘っぱちである。当時トロツキーの動向はすべて私に報告されており、ましてやその頃のトロツキーの健康は準備もなしに旅行はできない状態であったし、数日不在にすることや車の使用あるいは護衛にあたる仲間数名の移動など、私が知らぬ間にできるわけがなかった。

モリニエはトロツキー夫妻とメイシュレールに付き添ってバニエール=ドゥ=ビゴールに赴き、まずカドから許可証を入手し、メイシュレールの名前で一家族として旅行できる手はずを整えた。十月十四日までトロツキー夫妻と行動を共にしたが、パリに戻る用件があった。パリに着くとセドフ夫人にトロツキー一行に加わるよう要請し、数日後に実現させた。十月三十日もしくは三十一日に、トロツキー夫妻、セドフ夫人、メイシュレールはパリ行きの列車に乗った。モリニエはレゾブレ・オルレアンで彼等を出迎え、車でバルビゾンまで送った。その地には、隔離された別荘を借りてあり、事前に

居住許可を得ていた。トロツキー夫妻のパスポートを安全総局管理者の事務所に提出し、ビザが添付された。

モリニエは証言録取書に様々な資料を添付している（その中には、別荘「アンブラン」の家賃の領収書もある）（資料PC）。

（三）別荘「アンブラン」の場所と賃貸に関する文書資料。その中にはルプランス夫人宛の五通の絵はがきと一通の封書及びセーヌ県ロスニス゠ボアのヴァヤール夫妻宛の一通の絵はがきが含まれる。いずれもレイモン・ルプランスが一九三三年七月中に、セドフやレイモン・モリニエと同行した旅先から投函したもの。

他に、サンパレのユニヴェルス・ホテルの所有者R・ロジェが一九三七年三月二十六日に陳述し、町長が証明した証言――一九三三年七月十六日〜十八日の三日間、ルプランス夫妻、モリニエ、シルディコフが当ホテルに宿泊した（資料PC）。一九三三年七月十八日付のモリニエ宛に発行された別荘「アンブラン」の家賃の領収書もある。また、F・ルノロー夫人（別荘所有者ピエ氏の妹）と娘のL・ルノローの陳述書があり、ピエ氏がモリニエへの賃貸を認めていた、と述べている。ロワヤン警察の係員が証明したこの陳述書は、七月十八日に、金髪で外国訛りの青年を連れたモリニエに別荘が貸し出されたことを立証している（資料PC）。

（四）トロツキーのカシスからロワヤンまでの行程に関連する文書資料。

一九三七年三月一日付でコヨアカンの準備委員会に提出されたトロツキー夫人の証言録取書（資料PC）――南仏の一時滞在はフランス政府が認めたもので、居住地の選択はフランスの同志達に委ねた。到着まで居住予定地は分からなかった。蔵書などの荷物はシャハトマンの名前で一緒に運ばれ、トランクには今でも彼の頭文字が印されている（準備委員会が確認済み、資料PC）。船中でトロツキーの腰痛が悪化したが、着く頃には幾分持ち直した。

夫人のカシス上陸とフランス横断に関連する証言はトロツキーとセドフの証言を裏付けている。また、到着直後の火事騒ぎを説明し、夫妻は隣人が路上に引っ張り出した車の中で待機していた、と述べた。この後トロツキーの健康状態が悪化し、九月初めに友人のH医師に外国から来てもらい、おかげで九月末には回復した。医師からは山間部に行って休息を取ることを勧められた。バニエールに行き、十月三十日まで滞在してバルビゾンに向けて出発した。トロツキーがパリの友人を訪ねられるようになったのは十二月中旬で、一日だけパリに行ったことがある（資料PC）。

証言録取書には、レイモン・モリニエ（人物については§六八（九））、J・ラスト、レイモン・ルプランス（両人物については§一五四）の陳述書（特別委員会が証明済み）が含まれる。モリニエとルプランスは、セドフに同行してトロツキーの別荘を探し、「アンブラン」の借り入れを決めた後、トロツキーに会うためマルセイユに向かった、と述べている。ラストは、七月二十一日にマルセイユに着き、三人の同志に会った、と述べている。これらの証人全員がカシスへの移動とトロツキーの乗る汽船との待ち合わせにモーターボートを借りたことを証言している。彼等はカシスからロワヤンへの移動について詳細に語り、マルマンドゥ郊外の小さな村落での一泊やサンパレ到着の様子を説明している。到着直後の火事に全員が言及しているが、ラストの証言は特に詳しい。

七月二十五日午後四時近くのこと、列車が日照りの野原に煙と火花を散らしながら、通過しました。別荘から三百メートル程離れたところに黒煙と炎が上がるのが見え、次第に近付いて来るように思われました。トロツキーに知らせた時には、庭の植え込みが燃え始めていて、庭に置いたスーツケースと車を近隣の人達の助けを借りて路上に引き出しました。一時間後には、助け合って消火にあたった人達のおかげで静けさが戻りました。村は無傷でしたが、サンパレに向かう側の植え込みは焼けて一回り小さくなっていました。……

ラストの説明は、トロツキーの安全確保に向けての村の取り決めや対策にも及んでいる。

村の職員四、五名がトロツキー夫妻のために増員されました。セドフは翌月初めまで村を不在にしていましたが、数週間後に戻りました。マルセイユから加わった二人の同志が去る一方、プリンキポから来て、マルセイユで別れた同志（フランス人、ドイツ人、ロシア系アメリカ人）が再び加わりました。……（資料ＰＣ）

ラストが村にいた一カ月の間、トロツキーが家を出たのは数える程だった。次は、レイモン・モリニエの証言。

トロッキーが十月九日に到着して以降、ロワヤンを出たことがあるというのはまったくの偽りです。そんなことはできるわけがなかった。誰かが車でパリまで連れて行く必要があったでしょうが、車を持っていたのは私と弟だけ。パリ往復には少なくとも三日を要し、トロツキーの健康状態を考慮に入れると、人に知られずには済まなかったことでしょう。（資料ＰＣ）

ルプランスは、当時ロワヤンに滞在して、七月後半から八月前半まで毎日トロツキーを目にしていたが、セドフ、セガルと一緒にパリに戻った、と証言した（資料ＰＣ）。

一九三三年七月二十五日付『プティ・マルセイエ』に載った七月二十四日カシス発の記事は、「トロツキー第二の誘拐」の見出しで、トロツキーの同志達が「ブルガリア号」との合流を目的にモーターボートを借りたことを水夫の気乗りしない様子とともに書いて、トロツキーが朝九時にカシスに着き、一行はすぐに二台の自動車に分乗して出発したことを伝えている（資料ＰＣ）。

秘書団の一員としてトロツキーに同行したアドルフの宣誓供述書（ベルギー、シャルルロワ（資料ＰＣ））は、トロツキーの健康状態及びマルセイユへの到着に関して、これまでに引用した証言を裏付けた。ジャン・ヴァン・エジュノールが準備委員会に提出した陳述書も同様で、船が停止すると、セドフが甲板に上がって来て、エジュノールに手紙を渡すと、両親とともにモーターボートに乗り換えた、と述べている。

レオン・セドフから渡された手紙にある指示に従って、フランスの居住地は極秘扱いで、記者連中や侵入者を振り払うために、次のように取り決められました。私はマルセイユでトルコから同行した他の仲間と離れて手荷物持参でリヨンに向かうこと、リヨンで記者連中が見えなくなったら、ロワヤンに向かうこと。

ヴァン・エジュノールは七月二十四日午後、手荷物を持ってリヨンに向けて発ち、リヨンで一晩過ごした後、ロワヤンに向かったと述べている。

七月二十六日朝に到着し、すぐにトロツキーに会いました。九月初めの数日間のパリ行きまで、サンパレの村を出ていません。この期間、トロツキーは別荘生活を続けています。別荘を離れたのは唯一、八月に一～二時間のドライブに出た時だけです。（資料ＰＣ）

（五）別荘「アンブラン」の火事に関連する文書資料。その中にサンパレ消防署長スラールと署員エルヴェ・アンドレの陳述書があり、サンパレ市長が証明している。二人の証人は、三三年七月二十五日午後三時頃に別荘「アンブラン」付近から出火した火災が約二時間で鎮火したこと、その折に、別荘を予約した紳士の自動車の到着を知ったことを証言した。後に、この男性がトロツキーであることを知ったという（資料ＰＣ）。

ルノロー夫人（別荘オーナーの妹）とその娘は、火事の時に、着いたばかりのモリニエ氏の一団を見た、車の中には年配の紳士がいて（モリニエ氏の病弱の父親と言われた）、別荘予約の日にモリニエ氏に同行していた金髪の若者もいた、と述べている（資料ＰＣ）。

三三年七月三十一日付の一通の手紙の複写。ロワヤン行き列車の管理者Ａ・ヌガレッドゥから、ディオ・メ・ジボ氏とその会社に宛てたもの。この複写物はヌガレッドゥ氏が証明し、その署名はロワヤン警察の署長が真筆と認めた。手紙には、七月二十五日にピエ氏の所有する別荘に火事が発生したが、ロワヤン警察による調査の結果、電鉄会社の責任が明らかになったと書かれてあり、ディオ・メ・ジボ氏とその会社が損害を補償するよう求めている。

三四年四月二十五日付『ジュルナル』（パリ）の切り抜きには、「アンブラン」の火事にまつわる話を伝える四月二十四日ロワヤン発の記事が載っている。別荘の新しい住民の一人が車の中に座り続けたことに触れて、モリニエ氏は病弱な父親だと主張するが、この人物はトロツキーに違いなく、「アンブラン」の住民がミステリーに包まれたまま暮らす状態は十月初旬まで続いた、と報じている（資料ＰＣ）。火事の発生日は七月十八日とされている。名誉公証人にして、寄稿家、ロワヤン地元紙『ラ・フランス』編集者であるアルベール・バルドンが署名した三七年三月二十六日付の証言録取書——ロワヤン警察の署長が正当なものと認めた——を我々は入手した。バルドンは、三四年四月初めにトロツキーのサンパレ滞在に関する記事を自社の新聞に掲載し、その後、四月二十五日付『ジュルナル』にも転載されたが、この記事には重大な日付の誤りがあった、と証言した。

トロツキーのサンパレ到着を一九三三年七月十八日のことと伝えたのですが、実際の到着は七月二十五日でした。この誤りは、賃貸契約成立の日と住人が実際に着いた日との混同から生じたもの。ただし、到着の日は火事発生の日と一致しています。（資料ＰＣ）

（六）トロツキー到着時に別荘「アンブラン」にいた二人の証言録取書。特別委員会が正当性を証明した。第一は、レイモン・モリニエの妻、ヴェラ・ラニスによるもので、現在、彼女はトロツキーと政治的見解を異にしている（資料ＰＣ）。証言内容——トロツキーがロワヤンの「アンブラン」に住むことが決まり、準備を任された。七月二十二日か二十三日にパリを発って、別荘の片付けに当たり、最後の日はセガルに手伝ってもらった。トロツキー到着の日に起きた火事の現場にいた。仲間や近隣の人たちが消火作業に当たり、台所は散らかってしまった。別荘に八月末まで残って、家事を手伝った。

日に何度かトロツキーの姿を見ました。トロツキーが七月二十五日に着いたロワヤンを八月にかけて不在にしたというのはまったくの作り話です。彼は体調が芳しくなく、家に閉じこもったままで、ほとんど外出をしていません。もしトロツキーが不在なら、日に三度の料理を作り、食卓の用意をした私が気付かないはずがありません。（資料PC）

モーリス・セガルの証言――三三年七月二十四日に別荘に着き、整理役のモリニエ夫人（ラニス）の手伝いをした。トロツキー一行は翌日の昼頃に到着した。自分は数日間、別荘に残り、ルプランスと一階の部屋を共用した。トロツキーの姿は毎日見かけた。ルプランス、セドフと一緒に乗合バスでパリに戻った。途中二度ちょっとした事故に遭い、遅れが出て見通しが付かなくなり、セドフは移動を中止した。

（七）三三年七月三十一日以後に、サンパレに着いた人たちの証言録取書。八月一日か二日、パリからロワヤンに来たアドルフは、訪問客を列挙している。

ヤコブ・シュワブ。この頃の私のプライベートの手紙に書かれた感想によると、八月の十六日から十九日にかけて四、五日連続でした。オランダ独立社会党のデ・カトゥ、H・スネーフリートと一緒のオランダ革命的社会主義労働者党の代表者。……八月二十九日、イギリス独立労働党のスミスとジェニー・リー。私の記憶違いでなければ、オランダ独立社会党のP・J・シュミット。E・バウアー、ヴィッテ、L・ルソイル、G・フェレッケン、R・モリニエとH・モリニエ。背の高いベルギーの同志。W・ネルツ、ヴァルター・ヘルト。フランス共産主義者連盟の複数のメンバー。護衛付きのJ・ラストとY・クレポ。サンパレ＝シュル＝メールの伊達男グルビル。彼は以前にも近辺に住む仲間を二人連れてきたことがあり、一人はオルレアンから来ていた。また別の機会にはロワヤンからシンパの鉄道労働者を連れて来た。一時期秘書兼護衛役を務めたドイツ人分派のシュミット・ダンチッヒ。トロツキーを治療するために（外国から）来た医師。時々、理髪師のリュイエ同志がパリから来て、髪とひげを調えた。……モリニエと一緒の運転手やロワヤン・ホテルの皿洗いをしていた労働者を見かけた。パリから、ユダヤ人同志の代表団とフェローチ。作家のマルロー、パリジャニン。さらにドイツ人のエルデ。はっきり覚えていないが、他にもいたはずだ。社会主義労働者党のシュテルンベルクを忘れていた。（資料PC）

トロツキーを診療するためにロワヤンに呼ばれた医師[一]の宣

誓供述書（サンモリッツ）は、三三年九月四日から九月十七日あるいは十八日までロワヤンに滞在したと述べ、トロツキーの健康に関連する、先に引用した証言を裏付けている（資料ＰＣ）。

ピエール・ナヴィユは特別委員会が証明した陳述書の中で、三三年九月九日か十日にロワヤンのトロツキーを訪ねたと証言した。七月、八月とパリにいる間に、トロツキーから受け取った数通の手紙の抜粋を提出した（資料ＰＣ）。

Ｊ・グルビルは、市長が正当と認めた陳述書の中で、何度か「アンブラン」にトロツキーを訪ねたと述べて、

> トロツキーの生命を守るために一九三三年七月、八月にサンパレで組織された防衛システムを目にした人、そして、その時期にトロツキーがブローニュの森のベンチに座ってラデックの使者と会話をしたとして告発されたと聞いた人は、警察の創作力が馬鹿馬鹿しさと不合理の極みに達したと言う権利がある。（資料ＰＣ）

オランダのハーレムに在住するＪ・デ・カトゥによる宣誓供述書（アムステルダム）は、オランダ独立社会党の書記として三三年夏にトロツキーを訪問した時のことを述べている。

> 当時パリでトロツキーに会うのは不可能でしたから、ロワヤンまで足を運ばなければならず、八月二十四日に着いて翌日までロワヤン近郊のトロツキー宅に滞在しました。
> 八月二十七日、二十八日にパリで独立系社会主義政党・集団の国際会議があり、トロツキーがこれに出席して講演し、集結した社会主義者のリーダー達に接する機会をもつことは大いに意義のあることでした。しかし、彼がロワヤンを離れるのは不可能でした。……（資料ＰＣ）

デ・カトゥの証言――自分はトロツキー主義者でなく、トロツキー派組織を支持したこともない。現在は、いかなる政党・政治集団にも所属せず、独立社会党系の著述家、雑誌『デン・ニューウェ・ケルン』の編集者である。

アムステルダム在住のＨ・スネーフリートによる宣誓供述書（アムステルダム）――オランダ革命的社会主義労働者党の議長、三三年以来、オランダ国会議員。三三年八月十八日から二十三日にかけて、ロワヤンにトロツキーを訪問したと証言した。この証言は二四章で引用する（資料ＰＣ）。

ロンドン在住のダラム大学学術博士（Ｐｈ．Ｄ）チャールズ・アンドリュー・スミスの宣誓供述書（ロンドン）――三三年八月二十七日、二十八日にパリで開催された革命的社会主義者連合国際局主催の会議の決定として、イギリス独立

労働党の全国指導者の一人を当時南仏に住んでいたトロツキーの元に派遣し、国際情勢について議論を交わすことが提案された。この会議に出席していた独立労働党全国指導者は、ジェイムズ・マクストン、アーキボールト・フェナー・ブロックウェイ、ジョン・ペイトンの三名であった。

レオン・トロツキーは我々に会いにパリに来ることができない、と説明されました。本人も大層楽しみにしていたが、南仏からパリまでの長時間移動の負担と、脅迫や暗殺を唆すファシスト新聞の扇動のため不可能になったとのことでした。

スミスが全国運営協議会の一員としてトロツキーを訪問することが決まり、三三年八月二十八日の晩にパリを発ち、夜行でロワヤンに向かった。

レオン・トロツキーの居住地に着くと、厳重な防備が目に入り、当のトロツキーの傍には途切れることなく武装した支持者たちが控えていて、襲撃の不安を抱えながら暮らしている様子が明らかでした。……

三三年八月二十九日にトロツキーと数時間面談し、その晩にパリに戻ったと証言して、結びにこう述べた。

訪問した際の環境全体から、当時レオン・トロツキーがパリで時間を過ごすなどということは到底あり得ないとよく分かりました。……（資料ＰＣ）

イングランドのストラトフォードに在住するジョン・ペイトンによる宣誓供述書（ロンドン）――一九二七年から三三年まで独立労働党の書記長を務めた。三三年八月二十七日、二十八日、革命的社会主義者連合国際局主催の会議出席のためパリに滞在した。滞在中にトロツキーと面会することを期待したが、トロツキーが南仏を離れるのが無理と分かり、二十九日、オランダ独立社会党のＰ・Ｊ・シュミットとともに、ロワヤンを訪ねた。

トロツキーは居住地を離れられないとのことで、会うためにはロワヤンへの長時間の面倒な移動が必要と分かりました。パリで会ったオランダ独立社会党のＪ・デ・カトゥに教えられた通りでした。彼は以前レオン・トロツキーを訪ねていました。先に述べたように一九三三年八月二十九日、ロワヤンでトロツキー本人と面談できました。トロツキーはその際、フランス追放の口実を与えないよう公的な

生活を自粛し、運動の制約に堪えなければならないと述べていました。（資料ＰＣ）

アムステルダム在住のＰ・Ｊ・シュミットによる宣誓供述書（アムステルダム）——当時、独立労働党の書記長だったジョン・ペイトンに同行してトロツキーに会うためにロワヤンまで出かけた。シュミット氏はこの訪問の日付を三三年八月三十日・三十一日[二]としている（資料ＰＣ）。

ロンドン在住のジェイムズ・マクストン下院議員による宣誓供述書は、時間の余裕がなく、トロツキー訪問を断念してパリから帰国せざるを得なかったと述べ、チャールズ・アンドリュー・スミスの証言を裏付けている（資料ＰＣ）。

（八）トロツキーが書いた五通の手紙。一九三三年八月末にパリにいた人々に送ったもので、うち二通は七月三十日付、三通は七月三十一日付。この中にピエール・ナヴィユ宛の七月三十一日付の手紙がある（資料ＰＣ）。

（九）トロツキーのロワヤン滞在中の政治的関心事を物語る様々な文書資料。このうち、重要なものは本書の後段で引用される。

§一六〇　ウラジーミル・ロム証人の証言は、既に述べたように、一つの嘘、すなわち一九二六年から翌年にかけての反対派を「反党工作」と同一視することで始まっている。反対派活動の性格に関して彼が明らかに無知であったことは先に述べた。陰謀にかかわる危険な仕事を引き受けたことについての説得力ある動機の欠如、説明不足、さらにそうした仕事を引き受けて命を危険に晒す覚悟をセドフが知った経緯を、ヴィシンスキーが問い質すことをしなかった怠慢。さらに、トロツキーの最初の手紙の内容に関するラデックの証言がもたらした疑問（§一四四）は、運搬役だったというロムの証言あるいはその内容に関する説明にまで波及する。ラデックとロムが言うような手紙を、セドフがパリの「ロムが勤務する」ソヴィエト通信社宛に送ったとは信じられない話だ。ロム以外の者に開封され、陰謀が発覚する可能性は低くないのだから。また、フランスに着いたトロツキーが、ラデックに送った手紙の内容を見知らぬ連絡役に確かめるために、国土の半分を超える距離を急行したという話も、とんでもない不合理で信じられない。また、ブローニュの森での面談とその後の事態に関するロムの証言は、並行センターの結成（一六章）に関する証言について指摘したひどい矛盾を内包しており、重大な疑問を抱かせる。

したがってロムの証言には説得力がない。検察官がこの証言の裏付けを取ろうと唯一試みたのが、ラデックによる確認だが、その証言自体が最も重要な点で矛盾を呈しているのである。仮にロムが真実を語っているとするなら、もっと人を納得させる立証がありそうなものだ。既に述べてきたように、第二次裁判の運営手続きの際立った欠点の一つは、フランス滞在期のトロツキーの動向に関して、検察官がフランス警察に記録の提出を要請しなかったことにある、と当委員会は判定する。恐らく、そうした記録は友好関係にあるフランス政府から容易に入手できたことだろう。トロツキーがこの記録の入手に努めたという陳述書は先に引用した。入手に向けての六通りの試みが委員会になり代わって進められたが、そのうちの二つはフランス政府高官によるものだった。それぞれの要請に対する回答は、警察庁の管理下にあり、政府は関与できないというものだった。フランスのモスクワ裁判調査委員会も、この記録の入手を試みたが不調に終わった。フランス政府はソヴィエト政府と友好関係にあり、半ば同盟国であったから、トロツキーの動向記録があるなら、公表を躊躇しなかったろう。しかし、それを拒んだということは、友好的な事実上の同盟関係にある相手国への配慮を示すもの、と考えるのは筋が通っている。したがってフランス政府による記録の公表の拒否は、ウラジーミル・ロム証言を立証できないことを強く推定させる根拠となるもの、と我々は判断する。

ロム証言の虚偽性に関する明白な証拠は、その量と相互の関連性において圧倒的な印象を与える。それらすべて——証人の証言、手紙、電報、新聞の引用など——が一緒になって、トロツキーがフランスに滞在した最初の月の記録へと溶け込み、決定的に以下のことを立証している。

（一）トロツキーは一九三三年七月二十四日にフランスに到着した。

（二）彼は「ブルガリア号」からモーターボートに乗り換え、カシスに上陸した。上陸後、サンパレに向けて直行し、途中で一泊した。

（三）彼はその年の十月九日まで途切れることなくサンパレに滞在した。

トロツキーはロムの主張とは異なり、一九三三年の七月前半にブローニュの森でロムに会っていない、また一九三三年七月二十四日から十月三十一日の間の、いかなる時にも会っていない、このことをすべての証拠が決定的に立証している、と我々は判断する。これらの証拠はまた、セドフが同年七月後半はパリにいず、七月末か八月の初め（ウェーバーによれば七月の三十日か三十一日、シャハトマンとルプランスによれば八月初め）に戻ったことを立証している、と我々は判断する。したがって、ロムが証言したような二度の面談はありえなかった。もし最初の面談に関するロムの証言が偽りとするならば、二回目についての証言を信じる理由はない。さらに、仮にセドフが七月末にロムと会うためにパリに戻ったとしても、ロムが言うようにトロツキーと会うロムに同行してブローニュの森に行っていないことは、入手したすべての証拠から明らかである。トロツキーは到着した一九三三年七月二十五日から十月九日までの間、サンパレを離れなかったのであるから。

§一六一　したがって我々は、一九三三年七月末のトロツキーとの面会に関するロム証言は偽りであると判断する。この決定的な点に関する彼の証言が偽りである以上、一方がセドフとトロツキー、他方がラデックの間の連絡役として動いたことに関する彼の証言すべては、信用すべき価値がないものとなる。また、トロツキーとの共謀に関するラデック証言は一義的にはロム証言、二義的には同様に反証済みのピャタコフ証言に依拠するものであるから、我々はラデック証言を偽りであると判断する。したがって、トロツキーとラデックの往復書簡なるものは、ロム経由か他の手段によるかを問わず、実在しないし、書簡の内容に関するすべての証言は完璧な作り話であると、我々は判断する。

【原注】

（一）この内科医は半ファシスト国家に暮らしているため、氏名あるいは国籍を明示しない。

（二）この日付はペイトン氏の言う八月二十九日よりも可能性が高いように思われる。というのは、もしペイトン氏とシュミット氏が八月二十九日にトロツキーを訪ねたのであれば、スミス氏の訪問と同日ということになるが、双方にそうした言及はない。

【訳注】

（一）アレクセイ・シルイッチ・ノビコフ＝プリボア（一八七七～一九四四）の長篇小説『ツシマ』（三三年刊）は、日露戦争のバルチック艦隊による対馬沖の海戦を水兵の視点から描き、後に第一回スターリン賞を受賞。邦訳もロングセラーを続けている。

（二）『トロツキーとの七年間――プリンキポからコヨアカンまで』の著書がある（小笠原豊樹訳・草思社）。

（三）字義通りには、「波しぶき」荘。ロワヤンは大西洋に通じるビスケー湾に流れ込むジロンド川の広大な河口に臨むリゾート。

（四）コミンテルン＝共産党が、社会民主主義をファシズムの尖兵とみて、主要敵扱いした「社会ファシズム論」の影響である。翌一九三五年夏には、人民戦線戦術に急転回した。二四章の§二〇七を参照。

二〇章　A・A・シェストフの証言

§一六二　ピャタコフ＝ラデック裁判［第二次裁判］における トロツキー及びセドフに対する起訴の第四の根拠は、シェストフ被告の証言である。

シェストフの証言——犯罪的活動を始めたのは一九二三年末、モスクワ鉱業アカデミーの労働科学部の学生としてトロツキー派の綱領を積極的に擁護した時であった。一九二四年末に党の会議で、トロツキー主義を見限ったと公言することで「初めて党を欺いた」。その一年後には「党との積極的な闘いを再開した」（資料ＰＲ）。ここにも、政治的反対と犯罪的活動との同一視が見られる。

一九三一年二月末頃、ノヴォシビルスクから政府の仕事でモスクワに派遣された。当時は東部シベリア石炭トラスト委員会の一員であった。ピャタコフが率いる管理者の派遣団に加わって、五月の上旬か中旬にベルリン入りした。新聞に載ったピャタコフの声明文がトロツキー主義を本心から放棄した結果だったのか、それとも強要されたものか、本人に尋ねたという。ピャタコフに最新の論文を読んだかと聞かれ（どんな内容のものか特定されず）、I・N・スミルノフとの接触を勧められた。スミルノフに会うと、こう言われたという。

ソヴィエト連邦の状況は急激に変化した。公然たる闘争は不可能であることを理解しなければならない。トロツキー派の今の任務は党の信頼を勝ち取ること、それから二倍三倍の力で攻撃を再開することだ。（資料ＰＲ）

スミルノフからは、セドフと「新しい最近の路線」を議論するよう勧められた。レストランでセドフに会い、トロツキーが「我々トロツキー派の者に課した」特別の任務とは何かとシェストフが質問すると、答えて話し始めた。

……父は、唯一の正しい道、困難だが確かな道はテロリズムの手段でスターリンならびに政府指導者を暴力的に抹殺することだ、と考えていると言った。私は、見通しの悪い道に入ったからには、ある程度真実だと述べた。そのようにして、武装を解くのか、新しい闘争の道を描き出すのか、選択を迫られるようになった。（資料ＰＲ）

シェストフとの会話の効果を確信したセドフは、クズバス（クズネッツ炭田）で採掘を請け負っているフロリッヒ＝クルップフェル＝デルマン社と接触を重ねておくと、ソ連国内に郵便を送る時に役立つと勧めた。会社が好意的に応じてくれたら、情報の横流しでお返しすればよい。シェストフが異議を唱えると、「スパイになるのは私で、君はただ催促してくれればよいのだ」と答えた。セドフは、神経質になる必要はない、もしテロリズムと産業活動の弱体化を引き受けるのであれば、なぜこのことも引き受けようとしないのか理解できないと言った。彼は、スミルノフに相談して「どちらかの回答」をする、とセドフに答えた。話が終わってベルリンに行き、ボルチモア料理店に入ったが、その店でセドフからウェイターの服装をしたシュワルツマンを紹介された。セドフと連絡を取りたい時は、シュワルツマンが伝言役になるということだった（資料ＰＲ）。

訴訟記録の別の個所を見ると、セドフは、明らかに一九三一年五月のこの会話の中でシェストフに破壊活動と陽動作戦によってソヴィエト産業を弱体化させる路線について情報を提供し、この目的のためには「非トロツキー派の破壊者」を徴集することが必要だと告げたように思われる。こうしてセドフは、シェストフ証言によればこの会話の時が初対面にもかかわらず（シェストフがベルリンに来る約五カ月前、セドフがベルリンに来る一カ月前の一九三一年一月にセドフに会ったと証言している時もあるのだが）、テロリズム「新路線」の秘密を打ち明け、サボタージュの容認を軽く受けとめ、「スパイになる」ことさえ催促した。こうした軽率な言動は、シェストフが、証言によれば、ソヴィエトの役人であり、ちょうどその時には政府使節の一員としてベルリンにいたことを念頭に置くならば、無謀とは言わないまでも、かなり大胆なものである。このためらいがちなソヴィエトの役人が「スパイになる」ことに同意するか、それともゲーペーウーへの陰謀告発が自らの義務であると決断するか、はっきりするまでセドフは大分気をもんだに違いない。だがシェストフはスミルノフに相談する前に、自分自身でこの問題を解決したように見える。彼によれば、六月の初めに、

……スミルノフとセドフから聞いたことをすべて理解した後は、もう引き返せないところまで来たという結論に達しました。スミルノフ達は私のことを強固なトロツキー派として確信しており、スミルノフとの個人的つながりもあって、セドフとピャタコフはますます親密な態度を取るようになったので、私の指導者の側に立とうと決断しました。（資料ＰＲ）

（シェストフ証言の続き）七月中旬、スミルノフに会うと、それとなく「どんな調子かね？」と聞いてきた。特に変化は

ないが、トロツキーから教わったように、注意を怠らず、指令を待っている、と答えた。するとスミルノフから、「暗殺の実行——スターリン、政治局、政府に対する暴力行為——によって権力につく」という最終決定が下ったと告げられ、これに応じてシェストフは、「全身全霊をこめてこの仕事を遂行することを誓った」。フロリッヒ＝クルップフェル＝デルマン社と接触するようにというセドフの指示をスミルノフに伝え、「その際は、私がスパイになり、陽動作戦要員になる」と言った。するとスミルノフは、「『スパイ』とか『陽動作戦要員』といった目立つ言葉は慎むように」忠告した上で、反革命勢力の動員にあたっては、ドイツ人の作戦要員の徴集もあり得るとした。この会話の後、シェストフはドイツの会社との連絡体制を確立することに同意した。ヴィシンスキーは問い質した。

ヴィシンスキー　それは何年のことですか？

シェストフ　一九三一年六月中頃です。

ヴィシンスキー　二回の会合とも一九三一年に行われたのですか？

シェストフ　そうです、春です。

ヴィシンスキー　その後、ベルリンに滞在しましたか？

シェストフ　一月の初めまで外国にいて、ロンドンに行きました。（資料PR）

このように、シェストフはスミルノフとの会話の時期を、「七月中頃」「六月中頃」「春」と変えている。セドフとは二回以上会話し、そのうち一回はスミルノフとピャタコフが同席したと言い、別の時にはピャタコフとムラロフ宛の手紙が入った靴を預かった、と証言した（§一三一）。十一月にクズネッツ炭田に向かったが、出発前にフロリッヒ＝クルップフェル＝デルマン社の管理者に会って取引をした。それは、ソ連国内のトロツキー派組織との交信の継続ならびに共同の破壊工作と陽動作戦を会社が引き受け、代わりにトロツキー派組織は会社に秘密情報を提供し、陽動作戦に加わる代表者を援助する、という内容だった（資料PR）。後には、次のように証言した。——この会話の後、一九三一年十一月中頃にイギリスに向けて発ち、帰途ベルリンに約三週間滞在して、セドフと二度会った後に、ソ連に帰国した（資料PR）。次のように証言したこともある。——イギリスから戻ってシュワルツマンのもとに行くと、セドフに必ず会うように言われた。セドフとボルチモア料理店で会い、靴を一足受け取った。手紙が一通ずつ両方の靴に隠してあり、一方はピャタコフの「P」、他方はムラロフの「M」の印があった。三一年十一月七日にモスクワに着き、十一月中頃、ピャタコフに手紙を渡した（資料ＰＲ）。ノヴォシビルスクに着くとムラロフと連絡を取り、もう一通を渡した（資料ＰＲ）。シェストフはノヴォシビルスク到着を十一月二十日から三十日の間としている。だがムラロフはこの手紙を三二年に受け取ったと証言した（資料ＰＲ）。

§一六二（訳注一）　トロツキーはＡ・Ａ・シェストフと面識がなく、裁判報道で名前を初めて見た、と証言した。

§一六三　セドフはシェストフと面識がなく、会ったこともない、と証言した。シェストフはノヴォシビルスク裁判の証人として、一九三一年にピャタコフからテロ指令を受けたと証言したが、セドフには言及しなかった。このことを裏付ける資料としてセドフは一九三六年十一月二十二日付『プラウダ』の公式の裁判報告と同年十二月二十四日付同紙のソ連邦次席検事ロギンスキーによる署名記事に触れた。セドフに言及しなかったことは、三七年一月の第二次裁判におけるシェストフの主張が、ノヴォシビルスク裁判の後に練られた作り話であるという結論を正当化する、とセドフは主張した（資料ＣＲ）。

セドフはフロリッヒ＝クルップフェル＝デルマン社と接触したことがなく、シェストフ証言は真実ではないと否認した（資料ＣＲ）。さらに一九三一年一月にベルリンでセドフに会ったというシェストフの主張に注意を促して、この日はイスタンブールにいたことがパスポートで確認できるし、ベルリンに着いたのは三一年二月二十五日である、と述べた。また、このシェストフ証言と同年の五月にドイツに着いた直後にセドフと会ったという証言の食い違いを指摘した。同様に、三一年十一月初めにモスクワに行き、十一月二十日から三十日までノヴォシビルスクにいたという証言と三一年十一月中頃にイギリスに行ったという証言の食い違いも指摘した（資料ＣＲ）。

§一六四　セドフとの接触に関連するピャタコフ証言は作り話である、という我々の見解（§一三〇）を踏まえて、セドフを連座させるシェストフ証言のピャタコフによる立証には価値がない、と判断する。さらに、シェストフによれば、彼はピャタコフ及びセドフと別々に会話した。彼の証言はしたがってセドフとの面会に関する唯一の直接証言である。そしてセドフが指摘するように、また先の要約で確認されたように、その証言は、セドフとの面会や自身の行動の日付に関してとんでもない食い違いを見せている――検察官も裁判官も混乱しないのが不思議だ。我々はさらに、ノヴォシビルスク裁判のシェストフ証言に関するセドフの陳述を正当なものと認めた。裁判（十一月二十日夕刻の開廷）の公式な逐語的報告なる記事が一九三六年十一月二十二日付『プラウダ』に掲載されているがその中で、シェストフはこう証言している。

　ベルリンにいた時に、ピャタコフから直接に、クズバスの隠然たるテロ工作を実行せよとの指令を受けました。彼は私がクズバスの労働者であることを知っていて、トロツキー派組織のシベリア現地の代表であるムラロフとの間で私の活動を厳格に調整するよう言いました。

ところが、第二次裁判ではこう言っているのだ。

　……私の活動は専らムラロフの統制を受けなければならないとの指令を、セドフ、ピャタコフ、スミルノフから受けました。……（資料ＰＲ）

この供述はどうみても、『プラウダ』に載ったノヴォシビルスク裁判のシェストフ証言を確証するものではない。その証言にはセドフ、スミルノフの名前は出てこない。シェストフの起訴状、ロギンスキー検事の最終論告においても同様である。評決にも出てこない。十一月二十二日の記事では、ピャタコフ、スミルノフ、セドフの会合（§一二四）への言及はドゥロブニス証言の歪められた記録の中で改竄《かいざん》されているが、シェストフは出てこない。記事によれば、シェストフ証言はピャタコフとムラロフ両名のみを挙げている。彼のセドフ、スミルノフとのつながりは評決の三日後に、セドフが言及したロギンスキーの寄稿（十一月二十四日付掲載）の中で初めて取り上げられた。だがロギンスキーは奇妙なことにこのつながりを、先に引用したピャタコフとムラロフしか登場しないシェストフの供述を使って描き出している。このように、シェストフのセドフ及びスミルノフとの関係は検察側の後知恵であったように思われる。フロリッヒ＝クルップフェル＝デルマン社との取引なるものに関するシェストフ証言は、ボルジッヒ社・デマーグ社との取引に関するピャタコフ証言と同様に疑問が多い。誰のために、いかなる目的があって、この会社が秘密情報を収集し、ソ連国内の破壊活動と陽動作戦を遂行したのか？　外国貿易商社が契約更新のために、あるいは競合相手より優位に立つためにソヴィエトの役人に代償を提供する可能性（資料ＰＲ）は理解できる。しかし、発覚した場合には、会社の信用を損ない、ソヴィエト政府から締め出されることが確実なサボタージュへの関与とは、次元の異なる事柄だ。この種のことには政治的な動機があるに違いないと、誰もが考える。動機はなにか？　会社の管理者が「セドフの友人」であるという事実だけでは考えにくい（資料PR）。管理者の個人的関係から会社を大きな危険に晒してまで、「陽動的な犯罪活動」に手を染める会社があるとは考えられない。この会社は、「トロツキー派」が間もなく権力の座について、見返りに大きな契約仕事にありつけると信じたのだろうか？　シェストフ自身、トロツキー派は「労働者や農民の間にいかなる支持も得ていない」と言っている（資料PR）。この会社が「クズネッツ炭田に……従業員を抱えていたとすれば（資料PR）、状況を知る立場にあったに違いない。彼等はドイツ政府になり代わって行動したのだろうか？　当時のドイツはまだ民主主義体制下にありソヴィエト政府と友好的な関係にあるブリューニンク政府の時代だった。（訳注二）ブリューニンクがスターリン追放のために「トロツキー派」と共謀したのだろうか？　いかなる動機で？　こうした疑問がシェストフの証言には付きまとう。検察官はいずれも問うことはなかった。

シェストフからムラロフに渡された靴の中の手紙に関連する訴訟記録には、極めて矛盾が多い。既に述べたように、シェストフによるこの手紙の受け渡しの日付には食い違いがある。だがもっと重要なことは、この手紙の性格に関するシェストフとムラロフの間の食い違いである。ムラロフは、手紙の差出人がセドフだと述べている。

彼をよく知っており、しばしばトロツキーのアパートで会っていたし、彼にまつわることは身体的な欠陥――シェストフが確証した事実――も含めて知り尽くしています。だからこの手紙が贋物でないことは確かで、筆跡の見分けがつきました。（資料PR）

このことに関するシェストフの解説に目を向ける前に、セドフのある証言に触れておく。セドフがムラロフと知り合った青年時代には、片方の目が斜眼だったが、シェストフがベルリンで彼と会ったと主張している時期には完治していた、という証言である（資料CR）。これが事実とするなら、シェストフはセドフの過去の身体的欠陥を「確証する」ことはできないはずである。

シェストフ証言によれば、ムラロフに渡した手紙は二通あって、一通の差出人はトロツキー、他の一通は「私の判読によれば外国の部局からのもの」であった。ムラロフから、数字は目に悪いので解読してくれないかと頼まれ、「手紙と暗号表を渡された」。ムラロフとセドフが――ムラロフ証言を信じるならば、二人にはそれまで交信がなかった――、この暗号表をどのように準備したのかについては言わなかった。検察官はシェストフ、ムラロフのいずれにも聞こうとしなかった。シェストフは誰の手でこの長文の手紙が書かれたのか、あるいはタイプ打ちだったのか、言及しなかった（資料ＰＲ）。シェストフとムラロフの間の食い違いは、手紙の実在を疑わせるに充分であったにもかかわらず、ヴィシンスキーは問い質すことをしなかった。

以上のように、シェストフの証言は訴訟記録自体によるだけでも、重大な疑問に晒されている。そしてこの疑問は、ノヴォシビルスク裁判での証人としての供述と第二次裁判での被告としての供述を比較することによって増大する。

シェストフ証言に対するピャタコフの裏付けに価値がないことは、既に述べた通りである。ピャタコフ同様に、シェストフはセドフとの接触を促したのがスミルノフであると主張した。スミルノフは一九三一年に、セドフからテロリズムについてのいかなる「見解」も指令も受けていない、と我々は判断した（§四六）（検察当局もセドフと破壊工作や陽動作戦を論議したことでは、スミルノフを起訴していない）。したがってスミルノフが、テロ謀議を目的にシェストフをセドフに紹介した、あるいはテロと破壊に関するセドフとの合意をシェストフに知らせたということはあり得ない。さらに、§一三二で指摘した通り、ピャタコフがセドフに会っていないとすれば、トロツキーからの手紙を受け取ったことを信じる理由がなくなる。ピャタコフの表現によれば、「君達が私の要請に従ってくれて、大変嬉しく思う」という言葉でテロ指令を仄《ほの》めかしたという手紙である（資料ＰＲ）。だがシェストフはこの手紙の運搬役であることを自ら証言したのであるから、こうした手紙が送られていなかったことが明らかになった以上、シェストフは知っていながら嘘をついたのである。彼が嘘をついたのであれば、セドフからムラロフに宛てた手紙を同時に受領したことに関連するシェストフ、ムラロフいずれの証言についても、もはや信用する根拠は何一つ残っていない。

§一六五　これらを考察した見地に立って、我々は、セドフとの会合ならびにセドフとムラロフの間の仲介に関連するシェストフ被告の証言には価値がないものと判断する。

【訳注】

（一）原著の編集ミスと思われるが、§一六二が二つ続いている。

（二）ハインリッヒ・ブリューニンク（一八八五〜一九七〇）はワイマール共和国末期の一九三〇年に首相に就任。共和制下では変則的な、議会に立脚しない非常大権を有する大統領内閣を組織した。三二年退陣後、パーペン、シュライヒャー両内閣を経て、三三年一月にヒトラー政権が誕生する。

二一章　N・I・ムラロフの証言

§一六六　第二次裁判におけるトロツキー及びセドフに対する起訴の第四の根拠は、ムラロフ被告の証言である。彼は自らの「堕落」の時点を、四六人の声明文(一)に署名した一九二三年にまで遡らせた。彼は、党を除名されて西シベリアに追放されるまでトロツキー派組織に加わり、その後も、一五回党大会に提出された反対派綱領を支持した。確信に満ちたヴィシンスキーの質問に答えた。

そしてあなたはごく最近までこれを支持し続け、こうした政治的な立場で闘争を続けていたのですね？(資料PR)

こうして多数派の内外政策を批判した反対派綱領が、犯罪活動の根拠に仕立てられる(この綱領に関しては§一八一、一三〇を参照のこと)。

ムラロフは、政治的動機、逮捕への憤り、トロツキーとの関係から、八カ月の間、「非合法活動への参加」を否認して通した。トロツキーとの関係は、「彼が軍事人民委員で、自分がモスクワ軍事区域の司令官だった時に始まった」と説明した(資料PR)。

……およそ八カ月後、国家の利益に服すべきことを、自分に言い聞かせました。二十三年間にわたって闘い、三度の革命で果敢に闘い、幾度も命を脅かされ、これらすべては国家のためでした。(資料PR)

ムラロフは、モスクワにいた当時、スミルノフから外国でセドフと会ったことを知らされ(一〇章)、「テロリズムに頼るトロツキーの新路線について……」聞かされた、と証言した。ノヴォシビルスクに着いてからのことを、彼は証言した。

……スメツキーとボグスラフスキーに会って、イワン・ニキティチ・スミルノフから提案され、私も正しいと判断して受け容れたことを二人に伝えました。(資料PR)

ムラロフはテロリズムを受け容れた理由を述べず、ヴィシンスキーも尋ねなかった。「翌年」再び、モスクワでスミルノフに会った際、彼の口から出たのは、

……何か新しいこと、つまり経済的テロリズムの計画が

ある。……誰の路線か？　と聞くと、これもトロツキーだ、という答えが返ってきました。（資料ＰＲ）

（ムラロフ証言の続き）一九三四年と三五年にモスクワでピャタコフに会った。三四年の時は、右翼反対派との合意と予備センターの構成を聞かされた（資料ＰＲ）。三五年は、キーロフ暗殺の後だったが、集団テロの議論になった（資料ＰＲ）。ピャタコフがセドフあるいはトロツキーからの伝言を口にしたかどうかを、ムラロフは語らなかった。

セドフからは三通の手紙を受け取った。一通目はシェストフ経由（§一六四）、二通目は三二年にトロツキー派の技師シードマン経由、最後の一通は三三年だった。シードマン経由の手紙は、実際にはスミルノフ宛のもので、

……スターリン、ヴォロシーロフ、カガノヴィチ、キーロフに対するテロ行為を促進せよとの指示でした。（資料ＰＲ）

最後の三三年の手紙には、「老練な者が我々の活動には相応しい」と書かれていた（資料ＰＲ）。ムラロフによれば、セドフとの交信はシェストフを通じて続けられ、この手紙はシェストフが託したドイツ人専門家が持参した。セドフとの往復書簡のすべてがシェストフ経由であった（資料ＰＲ）。ヴィシンスキーはシェストフに尋ねた。

クズバスで働くドイツ人専門家とはどのようにして連絡をつけたのですか？　どの住所を使ったのですか？　なぜ彼等はあなたの依頼に応じたのですか？（資料ＰＲ）

シェストフは、住所には触れず、検察官はこの重要な点についての答えを強く求めなかった。またこの手紙の行方について、シェストフにもムラロフにも尋ねなかった。

§一六七　トロツキーの証言。

ムラロフは中央統制委員会の一員であり、内乱期の英雄の一人であり、モスクワ軍事区域の司令官であり、私の友人で狩猟仲間でもありました。我々は彼と非常に良好な関係にありました。彼は政治的な人間ではありません。革命的な兵士であり、非常に誠実な人間でした。彼は声明文なしに反対派を離脱しました。しかし彼は政治活動から離脱したのです。彼はピャタコフと同様に「スペッツ」（専門家）になり、シベリアに滞在しました。彼の天職は農学者です。（資料ＰＣ）

（トロツキー証言の続き）一九三一年と三二年に、ムラロフ、ラコフスキー、その他のメンバーと連絡を取ろうと何度も試みたが、監視の厳しさが増し、あきらめた。三〇年の初め、ゲーペーウーが自分と関係のある者をスパイ網で逮捕し始めたので、連絡が非常に危険になった。三一年か翌年以後は、ムラロフとの手紙のやり取りは絶えた（資料ＰＣ）。

顧問弁護士から、ムラロフが誠実な人間であったとの説明について問われ、セドフの手紙に関する自白においても誠実と思うかを尋ねられて、トロツキーはこう答えた。

彼の証言録取書は偽りのものですが、純真な兵士による偽りの証言録取書であると確信します。他の者全員を暗殺した後で、彼等は彼に言ったのです。「あなたはトロツキーの友人だが、お分かりのようにトロツキーはいない。彼は追放の身だ」。彼等は彼を脅し続ける。「スターリンが国家の首領だ。一方からは日本が、もう一方からはドイツが迫っている。トロツキーの活動は危険だ。トロツキーはジノヴィエフとカーメネフを完璧に承認している。あなたは自白すべきだ。あなたは銃殺されるのですよ」。彼は一兵士として、自白したのです。（資料ＰＣ）

自白の動機として、党に滅私の精神で仕えたいという被告の希望は考慮に入れないのか、と委員会の法律顧問から尋ねられて、トロツキーは答えた。

……ムラロフにそれを認めることはできません……戦争の精神病はいまや官僚主義の掌中で最も重要な要素になっていて、すべては戦争の危険で説明されます。ムラロフのような人々はソヴィエトの新聞しか読みません。外国語を知りません。何年もの間、私が外国からソ連邦に反対する活動をしていて、ビーヴァブルック卿やウィンストン・チャーチル（訳注一）と同盟を結んでいる、という記事を読まされています。彼等は皆言うでしょう。「それは偽りだが、すべてが真実ということがあり得るのだよ」、と。彼は私とのつながりは切れているし、……確信が揺らいでいるのです。一方、こうも言われます。「スターリンが国家の首領だ。もしドイツ、日本と戦うとなれば、スターリンの指導のもとで戦うことになる。あなたはトロツキーの友人だが、いまここに来させることはできない。非常事態の中で、彼の活動はソ連邦防衛に不利益を招いている」。

ここで、彼はためらう。一、二、三カ月ためらった。八カ月間ためらい続けた。彼等は、ある証言録取書を見せる、ある供述書を見せる、次々と。こうしてこの男は崩れ落ちた。彼はあらゆる方法で彼等の要求を満足させたのです。

（資料ＰＣ）

ムラロフがトロツキーの起訴内容を信じていると思うかとの問いかけに、トロツキーは答えた。

私の起訴理由を彼が容認しているとは考えられません、というのも彼自身が同様に虚偽の起訴事実を課せられているからです。しかし支配的カーストに抗する私の反対派活動や批判が、彼にはソ連邦防衛に不利益なこととして映るのは、あり得ることです。（資料ＰＣ）

§一六八　セドフの証言——ムラロフはオールド・ボリシェヴィキの一人で、父の追放の日まで友人であった。二度の裁判に連座した唯一の友人であり、政治活動を離脱したが公式声明は出さなかった。ムラロフには一九二七年末以降会っていないし、二八年末からは手紙のやり取りもない。ムラロフがセドフから受け取ったと証言した三通の手紙は送っていないし、ムラロフが二番目の手紙の運搬役としたシードマン技師を知らない（資料ＣＲ）。

§一六九　最初の手紙に関連して、訴訟記録自体を根拠としてもその実在が疑わしくなる矛盾については既に論じた（§一六四）。二番目の手紙については、セドフが西シベリアにいるムラロフに、スミルノフ宛の手紙を送るというのは奇妙だ。スミルノフは両裁判の記録によると、一九三二年には、テル＝ヴァガニャン被告が証言で仄めかした外国滞在の期間を除き（資料ＺＫ）、モスクワにいたように思われる。三番目の手紙の内容に関するムラロフの証言はやや奇妙なもので、指令の実行に名声と生命を賭していると思われる共謀者達の活動に対するトロツキーの不満気な様子が表現された、両裁判の記録で唯一のものである。

ムラロフが声明文を書くことなく反対派と政治活動を離脱したというトロツキーの陳述はセドフも裏付けているが、先に引用したように（§一六七、一六八）、裁判の中でムラロフは、「ごく最近まで」一九二七年の反対派綱領を支持し、「こうした政治的な立場で、闘争を続けていた」と確認した（資料ＰＲ）。後段の章で述べる機会もあるだろうが、第一に、一九二七年の反対派綱領は、ムラロフがヴィシンスキーに唆されて位置付けたような犯罪活動の根拠となるものではない。第二に、ムラロフがこの綱領を支持し続けたとするならば、——彼が正式には「屈服」しなかったから、支配的な多数派はこのことを容易に察知し得た——他の追放された反対派同様に（§一三〇）、ソヴィエト警察の常時監視下にあったに違いない。したがって彼が告白した共同謀議の活動は、この理由だけを見てもありそうもないどころか、不可能なことであった、と思われるのである。

§一七〇　スミルノフから「テロリズムに訴えるトロツキーの新路線」を知らされたと言い、破壊工作の新路線について述べたムラロフの証言は、もしスミルノフがこうした「路線」とかかわっていないとすれば、明らかに偽りである。スミルノフが偽って自白したという我々の結論は既に述べた(§四八)。したがって我々は、このムラロフ証言は偽りであると判断する。セドフからの第一番目と第三番目の手紙に関するムラロフ証言はシェストフ被告の証言に依拠している。セドフを連座させるシェストフ証言は価値がないと、既に判断を下した(§一六五)。したがって我々は、これらの手紙に関するムラロフの証言にも価値がないと判断する。すると必然的に、二番目の手紙に関する彼の証言は価値がないことになる。ピャタコフとの会話に関するムラロフ証言は、トロツキーとセドフを連座させる限りにおいて、ピャタコフの自白に関する我々の結論(§一三〇、一四二)に基づき、やはり偽りであると判断する。さらに、我々の見解では、自白の動機に関してムラロフ証言(§一六六)から引用した文言を読むと、トロツキーによる自白の解釈には説得力がある。

§一七一　以上で、一九三六年八月の第二次裁判のトロツキーとセドフに対する最終的な起訴内容に関する我々の考察を終える。これらの起訴内容総体の信頼性を議論する前に、証拠として引用されながら、法廷に提出されなかった手紙の件に立ち返る。こうした証拠の価値について述べたこと(§四七)に加えて、再度我々は、トロツキーとセドフに不利な証拠として両裁判で引用された手紙の数々が届けられた手段ならびにその後の行方について、検察官、裁判官とも著しく無関心であることに注意を払う。委員会は、これらの手紙の一通が捨てられたというならば信じることもできた。だが、すべてが廃棄されたとは考えられないし、その内容に関する様々な証人による証拠を欠いた証言だけを信用できるものとして受け容れることはできない。とりわけその証言が抱える矛盾に視点を定め、さらには手紙の一通が(「ホルツマンのスーツケースの二重蓋に隠されていた」もの)、検察官自身によって内容を改竄《かいざん》されて公表された資料であるという事実(§一七七)に視点を定めるならば、到底受け容れることはできない。

【原注】

(一) 一九二三年十月十五日、四六名の共産主義指導者がソ連共産党中央委員会に提出した意見書。メンバーは、ピャタコフ、プレオブラジェンスキー、ソスノフスキー、ビエロボロドフ、サプローノフ、ムラロフ、アントノフ＝オフセイエンコ、コシオール、セレブリャコフ、ラファエルなど。トロツキーが論争の中で主張し、今も堅持する労働者民主主義についての見解を概ね支持した。

【訳注】

（一）サー・ウィンストン・レナード・スペンサー＝チャーチル（一八七四〜一九六五）。イギリスの政治家。四〇年から四五年にかけて戦時内閣の首相としてイギリス国民を指導し、第二次世界大戦を勝利に導く。大戦終結後に再び首相となる。

第Ⅳ部　起訴内容の信憑性

二三章　テロリズムの起訴内容

§一七二　第一次裁判における起訴内容の定義によれば、トロツキー派＝ジノヴィエフ派連合の唯一の目的は、共産党とソ連邦の指導者の暗殺であった（資料ZK）。第二次裁判では、テロリズムは並行センターなるものの犯罪事実の一つであった（資料PR）。両裁判の主要被告は、トロツキーのテロ指令と様々なテロリスト・グループを知っていたと自白した。これらの「テロリスト・グループ」のリストの一部を以下に列挙する。

ジノヴィエフ＝カーメネフ裁判〔第一次裁判〕――シャツキン＝ロミナーゼ・グループ、ガエフスキー・グループ、エスターマン・グループ、ニコライエフ＝コトリノフ・グループ（あるいはルミャンツェフ＝コトリノフ・グループ（レニングラード））、ヤコヴレフ・グループ（モスクワあるいはレニングラード）。

ピャタコフ＝ラデック裁判〔第二次裁判〕――ザクス＝グラドゥネエフ・グループ（ジノヴィエフ・グループ――モスクワ）、ムディヴァーニ・グループ（トランスコーカサス）、プリゴジン・グループ（レニングラード）、フリードランド・グループ、ビェルボロドフ・グループ（ドン河沿いのロストフ）、ディトゥヤテバ・グループ（トゥーラ）、ユルリン・グループ（ウラル）、ザイデル・グループ、ウクライナ・グループ、カシュキン＝ニコライエフ・グループ（トムスク）、ホドローゼ・グループ（西シベリア）、チェレプヒン・グループ（西シベリア）。

他にも、多数の個人テロリストの名前が、様々な被告や証人から挙げられた。検察官は、これらのグループの正確なメンバーを確定させなかった。

§一七三　この不完全なテロリスト・グループのリストを見ただけでも、共同謀議なるものが広範囲――コーカサス、トランスコーカサス、ウクライナ、シベリア――に、枝状に分岐して多くの人々を巻き込んでいたことが明らかだ。証拠が真実を物語っているとすれば、五年後になってようやく発覚し（数名の被告によれば一九三一年に活動が始まっているのだから）、五年間の「激烈な活動」にもかかわらず、訴訟記録によれば、一九三四年十二月一日のS・M・キーロフ人民委員一人の暗殺にとどまった、というのは驚くべきことである。テロリストの「強烈な活動」とは会話路線のことだったのか、と人は推量したくなるし、訴訟記録もこうした推量を抱かせる。実際、訴訟記録はテロリズムに関する会話についての話に満ちていて、テロ活動の蔓延・持続とその具体的成果の少なさの極端な不均衡を、綿密に検討することから逸らそうとしているように見える。

様々な「襲撃の準備」が白状され、検察官によって「卑劣な犯罪」として丁寧に描き出されるので、ますますそう見えてくる。これらの襲撃の詳細は示されず、確信よりも疑いを助長するような実行側の計画の貧弱さや決断力の欠如が示される。実際、幾人かの主要な被告の訴訟記録には、計画性や決断力というものが微塵も見えないのである。内乱期の著名な第五連隊の指導者であり、コルチャックを打ち破ったスミルノフ。モスクワの十月革命の指導者にしてモスクワ軍事区域の司令官であったムラロフ。ウラル地方での内乱のヒーローの一人であり、ウラル軍事区域のトップにいたムラチコフスキー。内乱の一兵士であり白衛軍に二度死刑を宣告され、一度は銃を発射されながら死を免れたドゥロブニス。彼等はいずれも、共産主義革命とソヴィエト国家に仕えた勇気と決断と行動の経歴を有している。その彼等がテロリズムによってソヴィエト政府を転覆することを決断したとするなら、彼等が用いたとされるテロ攻撃の準備の素人臭いやり方はとても信じられない。同様に、例えば経歴に関する気まぐれな証言に第二次裁判の記録の多くの頁が割かれ、さらに、命を賭けることに嫌気が差して、ソヴィエト指導者――オルジョニキーゼ、モロトフ、エイへ、その他――を自動車事故と見せかけて殺害することに二度失敗したと証言した、アルノリド被告のような疑わしい代理人を彼等が選抜したというのも到底信じられないことだ（資料PR）。

命を代償にすることは間違いないテロ攻撃計画を自白した者達の側の信頼できる動機をヴィシンスキーが解明しなかった怠慢については、既に述べた。これは両裁判を通じて見られる顕著な特徴の一つである。訴訟記録によれば、主要な被告とその活動の指揮者であるトロツキーは陰謀で権力の座につくことを期待した。彼等の請負代理人が期待できるのは死だけであった。検察官は彼等にはいかなる革命的な動機も付与していない。検察官が彼等の動機の解明を試みれば、訴訟記録はより説得力を持ったことだろう。

§一七四　テロ謀議によって生じたと検察官が主張する殺害に関連して、証言の裏付けを取る苦労を検察官が厭わなければ、訴訟記録は説得力を増したことだろう。

ジノヴィエフ、カーメネフ、バカエフ、その他が、キーロフ暗殺はトロツキーの指令に基づき、連合センターが命じたものだと証言した。トロツキーが準備委員会で指摘したように（資料PC）、もしこれが真実であるならば、ソヴィエト政府はこの証言を裏付けることができる証人を擁していた。というのも、一九三五年一月二十三日に、レニングラードのゲーペーウーの責任者と一一人のゲーペーウー代理人が、「S・M・キーロフの襲撃準備に関する情報を得ておきながら……必要な措置を講じなかった」理由で、秘かに裁判にかけられて有罪を宣告され、懲役二年から十年の刑を宣告されていたからである。なぜこれらの者達を召喚し、トロツキー派＝ジノヴィエフ派テロリスト連合センターの工作について知っていることを聞こうとしなかったのか？　なぜメドヴェドとその仲間達には両裁判で言及しなかったのか？　彼等の犯罪を構成する事実の認識は、彼等自身の裁判で立証されたと想定しなければならない。というのは判決が、「あらゆる可能性があったにもかかわらず」、陰謀の「時宜を得た摘発と阻止に向けて措置を講じなかった」と述べているからである。ではなぜ、その証言はトロツキー派＝ジノヴィエフ派センターの発覚に結び付かなかったのか？　センターは無関係という証拠が彼等の裁判に提出されたか、あるいはなにか説明の付かない理由で、センターの「激烈な活動」がソヴィエト政府に察知された後、一年半もの間、刑罰を免除されて進めることが許されたか、のいずれかを想定しなければならない。言い換えれば政府側は、さらなる暗殺が生じた場合には、メドヴェドとその仲間達が宣告されたのと同じ刑事訴追の適用を用意していたのだ。

§一七五　両裁判における主要被告は、権力への手段としてテロリズムを採用したと証言したが、陰謀扇動者に仕立てられた者の証言は採用されず、求められることもなかった。権力獲得手段としての個人テロリズムに対するトロツキーの過去から現在に至る一貫した態度は、尋問なしに二度も有罪を宣告された起訴内容の信憑性を大きく左右する。

トロツキーの立場は、準備委員会での彼の証言、及び最終弁論から抜粋した以下の発言の中に示されている。

……もし我々がテロを支持し、個人テロによって労働者階級の運動を前進させることができるという見解に立つのであれば、そのことをはっきりと宣言し、労働者階級の最良の部隊に個人テロを用いることを訴えるだろう。現状がどうなっているのか、なにが求められているのか、これが私の思想と行動の第一原則だ。もし私がテロに反対するという時には、スターリンなどの警察機関を恐れるからではなく、ただ私がマルクス主義者であり、大衆行動を支持し、

個人テロを支持しないからだ。（資料ＰＣ）

……反対派においては、テロは周到な準備に基づく全勢力の集中を前提とするのであり、成功、失敗を問わず、必ずや反動として多数の最良の者達が犠牲になることが予め頭に入っている。反対派はこうした勢力の瞬間的浪費は決して認めない。コミンテルンがファシスト独裁国家においてテロ攻撃に訴えなかった理由は、これ以外にない。反対派はコミンテルンと同様、自殺的手段には少しも関心がない。（資料ＰＣ）

トロツキーは、個人テロに積極的に反対の意思を示した最初の論文は、「テロリズムの問題がロシア革命運動の中で非常に重要な問題になった」一九〇二年にロンドンで発表したものだと述べた（資料ＰＣ）。この論争の起源について、次のように証言した。

「人民の意志」党（ナロードナヤ・ヴォーリヤ）と社会革命党の二大党派は、いずれも個人テロを戦術の基本とした。ロシアにおけるすべてのマルクス主義者は個人テロとの歴史的闘いから生まれた。それはマルクス主義者にとって、神秘的な、あるいは宗教的な原理ではない。帝政という怪物に対して魂とも言うべき大衆を組織化し、教育する問題であった。テロリストの闘いは我々の革命史における極めて輝かしい一頁ではあるが、我々民衆の中の最良の若者達の大いなる犠牲を伴っていたので、マルクス主義者は、テロリズムの思想に対する恐るべきイデオロギー闘争を挑んだのであり、これも若者たちの最良の部分を労働者大衆に変身させるためであった。このマルクス主義とテロリズムの闘争は、大衆行動と個人テロの対決であり、個人テロ戦略から、組織された運動に転換する鍛錬の場でもあった。長年にわたり我々の心理学、我々の文学に浸透していた。（資料ＰＣ）

§一七六　トロツキーの政治経歴の様々な時点で書かれた典型的な文章を、出版された著述から引用する。

テロリストの活動の核心は、「崇高な瞬間」へのエネルギーの集中であり、個人的ヒロイズムを過大評価し、最終的には閉鎖的な押し隠した陰謀に到達し、……大衆の中で訴え、組織化することを完全に回避する……テロリズムに抗する闘争の中で、マルクス主義インテリゲンチャは大公の領地やツァーリ宮殿の地下に坑道を掘るために、労働者街から撤退しない権利あるいは義務を守り抜いた。（「テロルとその党の崩壊」一九〇九年五月）

テロ行為が、たとえ「成功した場合でも」、支配集団が混乱に陥るかどうかは、状況次第だ。いかなる場合でも、こうした混乱はあまり長引かない。資本主義国家は、大臣達が築き上げているものではないし、彼等が破壊できるものでもない。彼等が仕える階級は常に新しい人間を見出そうとし、メカニズムは形を変えることなく作動を止めない。だがテロ行為が労働大衆の戦列にもたらす混乱ははるかに深刻だ。もし目標到達のためにピストル武装で事足りるのであれば、階級闘争を戦い抜くのに他になにが必要なのか?……（「テロリズム」一九一一年）

テロリストの冒険主義に、社会主義革命に向けてプロレタリアートを訓練する方法論を対置させた［一九一一年の］論文に、二十三年後の今も付け加えることはない。たとえ銃弾が帝政の代理人や資本家搾取の代理人に向けられているとしても……マルクス主義者は個人テロを断固として非難したとすれば、史上初の労働者国家における官僚主義の代表者に向けられるテロ行為の犯罪的冒険主義はさらに容赦なく非難し拒絶することだろう。……（「キーロフ暗殺」一九三四年十二月）

§一七七　第一次裁判で検察官はテロリズムの起訴内容を実証するために、トロツキーの著述からほんの一部を引用した。オルベルク被告が言及し、内容を偽ったソ連邦中央執行委員会への公開書簡である（§七三、八三）。ヴィシンスキーの最終論告から引用する。

……一九三二年三月に、トロツキーは反革命の激情に駆られて、公開書簡の中に「スターリンを解任する」訴えを迸《ほとばし》らせた。……（資料ZK）

検察官はここでオルベルク被告の偽造を繰り返している。トロツキーのこの公開書簡は一九三二年に多くの言語に翻訳され、各国で出版されている。その中で、トロツキーはレーニンの最後の忠告に従ってスターリンの解任を要求した。関連する一節を引用する。

スターリンはあなた方を袋小路に追い込んだ。スターリン主義を一掃することなしに脱出する道はない。労働者階級を信頼して、頂点から底辺に至るまでの自由な批判によってソヴィエト機構全体を見直し、堆積した屑を容赦なく一掃する可能性を、プロレタリアートの前衛に与えなければならない。レーニンの切迫した最後の忠告に従い、スターリンを解任するべき時がついに来た。

この一節をスターリン暗殺の呼びかけと解釈し、あるいは自由な批判を個人テロの呼びかけと同一視するのは公正ではない。実際のところ、「レーニンの最後の切迫した忠告」はそのように解釈される余地があったかも知れない。レーニンのいわゆる遺言から引用する。

追記　スターリンはあまりに粗暴だ、この欠点は、我々共産主義者の仲間内では我慢できるとしても、書記長の地位にあっては耐えられないものとなる。したがって、その地位からスターリンを解任し、あらゆる点でスターリンと異なり、優れている別の者を指名する道を見出すことを同志たちに提案する。……（『現実のロシアの状況』マックス・イーストマン編）

ソヴィエト政府がレーニンのこの章句にテロリズムにかかわることを発見したのか、我々には分からない。スターリンがまったく自然な解釈を加えたことは、ソ連共産党中央委員会や中央統制委員会での演説からの以下の引用ではっきりしている。

問題の「遺言」の中で、スターリンを更迭し、党の書記長の地位に別の同志を指名する問題について討議するよう、レーニンが党大会に提案したと言われている。これは完全に真実です。……（『インターナショナル・プレス・コレスポンデンス』一九二七年十一月十七日付）。

レーニンの「スターリンを解任する」忠告はテロリズムを意味するものと解釈されたことはないし、トロツキーによる忠告の反復は、公開書簡の出版以後の四年間、そのように解釈されてはいなかったから、オルベルクがこれに言及した理由は明瞭である。セドフが使った「スターリンを解任する」という言葉が暗殺を指す「婉曲な表現」だというのは、検察官によるこの文書の偽造を正当化しているように見える。オルベルクの自白に価値が認められないことは、既に述べた（§一〇八）。トロツキーが「婉曲な表現」で、ソ連邦のスターリン主義者からなる執行委員会にスターリンの暗殺を提案するなどと考えるのは、我々の見解では馬鹿げたことである。

§一七八　第二次裁判の最終論告でヴィシンスキーは再び「トロツキーが『スターリン解任』という裏切りの恥ずべき呼号を発した一九三二年の書簡」に言及し、関連して引用した。

……一九三三年十月のトロツキー派の『反対派会報』

三六～三七号の中で、ソヴィエト政府との闘争手段としてのテロリズムに何度も直接言及し……トロツキー派の実践活動指針に幾年にもわたって記載されていたテロリズムの手段について、トロツキーはあからさまに発言している。その戦略的な論文に、次のような一節がある。「官僚政治は平和的な手段によって除去し得るだろうか?」 トロツキーとその派はわがソヴィエト組織を官僚主義の組織と見なしている。さらに、こう書かれている。「ソヴィエト国家の再組織化をいかに進めるかという重要な問題で」、……テロリズムの敵、暴力の敵は言うだろう、そう、平和的な手段が憲法に基づき可能であると。

だがトロツキー派はなんと言うか? 彼等はこう言うのだ。

「スターリンの官僚政治が共産党あるいはソヴィエトの大会といった方法で除去し得ると考えるのは子供じみている。通常の、合憲的な手段はもはや有力な徒党（トロツキー派が政府を中傷する呼び方）の除去には利用できないのだ」。

「有力な徒党は強制によってのみ、プロレタリアの前衛に権力を引き渡さざるを得なくなる」。（彼等は自らを前衛と称しているが、「前衛」を、殺害、破壊活動、密偵に携わる紳士達のように思い描いているのが明らかである）。

（資料PR）

これらの引用句はオリジナルの文章に確かにある。けれどもヴィシンスキーは、トロツキーが「強制」によって意味した内実を示す章句、ヴィシンスキーの解釈を完璧に無効化する章句を故意に除外した。例を挙げる。

この任務は革命的な党派によってのみ遂行し得るということを、第一に不変の公理として考えなければならない。根本的な歴史的任務は、旧い党の健全な部分の中から、青年達の中から、ソ連国内に革命的な党を創造することである。……いかなる手段で、権力を我が物とすることができるのか? 既に一九二七年にスターリンは反対派に向けて言った。「現在支配している集団は内乱によってのみ除去しうる」。この挑戦状は、本質はボナパルティストのものだが、左翼反対派ではなく、党に向けられていた。手中にすべての権力を集中した官僚政治は、プロレタリアートが二度と台頭することのないように公然と宣言する。続いて起きる出来事が、この挑戦に重みを加える。最近数年間の経験を経た後では、スターリンの官僚政治を党やソヴィエトの大会の場で除去し得ると考えるのは子供じみている。実際には、ボリシェヴィキ党の最後の大会は一九二三年の初めに行われた一二回党大会であった。その後の大会はすべて官僚主義の閲兵式に過ぎない。今日ではこうした大会も開かれなくなった。有力な徒党を除去する通常の「合憲的な」方法は残されていない。官僚政治は力によってのみ、プロレタリアの前衛の手に権力を譲ることを余儀なくされる。

すぐさまあちこちで咳払いがコーラスのように響くだろう。「トロツキー派」がカウツキーのように、プロレタリアート独裁に対する武装反乱を唱えている、と。権力を掌握する問題は、新しい党が労働者階級の大多数を自らの周りに糾合した時に初めて、実践的な問題として浮上するだろう。……

トロツキーがこの文章で、個人テロではなく革命的な大衆行動を求めていることは極めて明瞭である。そして、検察官が部分的な引用と注釈で、革命的な大衆行動を個人テロと故意に同一視していることも明瞭である。相違は誰の目にも明らかで歴史的事実に基づいている。

§一七九　人は、トロツキーがいつか、どこかで個人テロを支持した発言をしていれば、検察官は正直に引用しただろうに、と思うかも知れない。しかし、それはできなかった。なぜなら、この問題についてのトロツキーの著作すべてが個人テロを斥け、革命的大衆行動のみを正当化しているからだ。したがって我々は、トロツキーをテロの陰謀に結び付ける証言の誤りを立証する証拠を入手しているが、それとは別個に、個人テロリズムの起訴内容は立証されないだけでなく、信じられないものである、と認定する。

二三章　サボタージュの起訴内容

§一八〇　サボタージュの起訴内容は、第二次モスクワ裁判の公式記録で次のように定義されている。

四　ソ連邦の経済力や防衛力を弱体化させる目的で、このセンターは幾つかの企業や鉄道で多数の破壊活動や陽動作戦を準備の上、実行し、人命の損傷や価値ある国家財産の破損を引き起こした。（資料ＰＲ）

ヴィシンスキーは最終論告において、一九二六年の党多数派に対するトロツキー、ジノヴィエフ、カーメネフの左翼反対派連合［いわゆる合同反対派］に遡って、サボタージュの根拠を求めている。

一九二六年のトロツキー派＝ジノヴィエフ派連合は、我が国における社会主義の目標に反対し、資本主義を擁護する闘争に矛先を転じた。偽りの覆いに隠れて、時折は外向きにもっともらしい「超工業化」という「左翼的」言辞などを口にしながら、トロツキー派＝ジノヴィエフ派のギャングどもは一九二六年から翌二七年にかけて様々な提案を行った。これが採用されていたら、労働者と農民の同盟関係は弱体化し破壊されただろうし、ソヴィエト国家の基礎を掘り崩したに違いない。彼等は、農民への圧力を強め、農民の破産と強奪による「社会主義の原始的蓄積」を確かなものにする提案を行った。数多くの要求が提出されたが、これらが承認されていたら、都市と農村の結合は引き裂かれ、真の工業化は不可能になったことだろう。厳密に言えば、これらの提案と要求は現在の陽動作戦と破壊活動につながっていて、一九二六年から翌年にかけての破壊行動との間には形態上の違いしかない。……反対派の提案は、当時の歴史的状況に対応したソヴィエト国家への反対闘争の特殊形態でしかない。十年が経過し、彼等は破損と破壊工作の道を辿ったが、資本主義的要素の遺物に対する激烈な階級闘争という新しい状況に対応して、研ぎ澄まされた形態となったのである。（資料ＰＲ）

§一八一　「新反対派」の綱領の原文を検察官の解釈と比較しようと思うなら、少なくともアメリカ合衆国では書籍『現実のロシアの状況』（マックス・イーストマン編）に収録されており、入手可能である。この綱領は、当時のソ連における工業、農業、社会、政治、国際関係、軍事などの状況を論じている。表題は、「労働者階級と労働組合」、「農業向上問題と社会主義建設」「工業と社会主義建設」「ソヴィエト」「民族問題」などである。多数派の政策を鋭く批判し、幾つかの「実際的な提案」をした。「農業向上問題」という章の一節の冒頭はこうだ。

……農村部で進行中の階級闘争において党は、言葉ではなく実行面で、農場労働者、貧農、さらに膨大な基本階層である中農の先頭に立ち、クラーク（富農）の搾取の野望に抗して彼等を組織化しなければならない。……

農業の信用貸しはほとんどが村落の裕福な階層の特権であり、停止しなければならない。我々は、貧農救済が既に意義を失い、資金を使い果たしたとして、裕福層や中堅階層の利益を優先している現状に終止符を打たなければならない。

農村部における私的所有権の拡大は、集団農場をより急速に発展させることで相殺されなければならない。貧農の集団化への取り組みを系統的に、持続的に助成することが求められている。（『現実のロシアの状況』）

我々には、農民層から強奪する提案というより、農民層内部の平等化に向けての提案に見える。反対派の提案が労働者と農民の同盟を「掘り崩し」、引き裂くものであるという検察官の陳述に関しては、反対派の綱領が多数派の政策の結果に対して同様の批判を行っていることを述べておく。

農業製品価格と工業製品価格の不均衡を表現する「鋏状差」（訳注一）は、この一年半の間にさらに拡大している。農民の収入は戦前価格の一・二五倍しかなく、工業製品に対する支払いは戦前の二倍から二十倍に達している。この農民側の過重支払いの昨年の合計額は約一〇億ルーブルになり、農業と工業の対立を増大させるばかりでなく、農村部における階級分化を大いに激化させている。（前掲資料）

当時のソヴィエト政府の政策と反対派の綱領のいずれが優位に立つものかの判断はさておき、当委員会が見るところでは、検察官は反対派綱領を、第二次裁判の被告が起訴されたサボタージュに論理的に帰結するソヴィエト国家との闘争の一部と表現し、政治的対立を犯罪活動と同一視し、共産党の多数派をソヴィエト国家と同一視したのである。スターリン主義者の多数派自身が一九二六年から翌年にかけての党内闘争の時期にはこの綱領を犯罪的なものとは見ていなかったことは、党から反対派を除名したにもかかわらず、指導者を刑事訴追せず、後には「屈服した」者達を党に復帰させ、ラデック、ピャタコフ、スミルノフなど幾人かを責任ある地位に就けた事実を見ても明らかである。

§一八二　トロツキーはソ連邦の経済的発展と工業化に対する見解を、証言の中で次のように述べている。

……私は資本家的批判や社会民主主義的改良主義者の包囲からソヴィエト経済を防衛し、かつ、指導部の官僚主義的方法を批判します。（資料ＰＣ）

一九二二年から二九年までの期間、私は工業化を加速する必要性のために闘いました。一九二五年の初めに一冊の本を著し、工業の計画化と管理によって工業化の年率二〇％引き上げが可能であることの立証を試みました。当時は空想的な奴だ、超工業化論者だと非難されました。トロツキー主義者は一般には超工業化論者の名前で知られたのです。……

その後の事態の展開は、私が計画経済の可能性をあまりに慎重に見て、勇気がなかったことを明らかにしました。五カ年計画に向けての闘いでした。その始まりは、左翼反対派が五カ年計画を活用する必要性に向けた闘いを開始した一九二三年です。

ゴールドマン　スターリンはその当時、あなた方を超工業化論者呼ばわりしたのですね？

トロツキー　そうです。

ゴールドマン　彼は急速な工業化に反対したのですね？

トロツキー　一九二七年、私がドニエプルの水力発電所のための委員会の議長を務めていた時に、この発電所の建設の必要性に関する中央委員会の開催を要求しました。スターリンの答えは、公表されています。「我々がドニエプル発電所を建設することは、農民が牛の代わりに蓄音機を買うのと同じことだ……」。

五カ年計画には長い前史があり、非常に苦労して作り上げられたものです。苦労の始まりは一九二六年あるいは二五年だったと思います。最初の計画は公表されず、政治局にのみ提出されました。最初の年の成長率が九％、二年目の率が八％か七％、最終の年はたった四％でした、尻すぼみの成長曲線です。恐るべき闘いが始まりました。私はこの計画を「工業のサボタージュ」と名付けました。裁判で起訴されたような犯罪的な意味ではなく、十月革命が創造した可能性にまったく臆病な発想だという意味からです。第二の計画は一九二六年に練られましたが、五カ年全体の率を九％としました。委員会の皆さんには、我々の綱領が収録されている『現実のロシアの状況』という本でご覧いただけます。その時、私は可能性に向けて闘い、年率を二〇％にまで引き上げ、これを目標とする可能性を立証しようと試みました。……我々の批判を受けて、最初の計画は政治局から却下され、年率九％の二番目の計画が政治局に承認されたのです。……最初の年の結果は、我々が正しいことを示しています。こうして彼等は計画を変更したのです。……

二年目を通じて、官僚は四年で五カ年計画を達成しようと提案しました。『反対派会報』で私は猛烈に抗議しました。始める前は可能性を信じないのに、予期に反して可能性が現実のものになると、可能性に跳び上がり、今度は限界も考えない、というのが実際向きでない者たちの特徴です。彼等は官僚の鞭のもとで、労働者の生きた条件に注意を払うこともなく年率を引き上げ始めました。彼等は工場を建設したが、労働者の家は建設しなかった。今や三〇％とか三五％の年率を立てることが必要とされました。
ゴールドマン　予想される攻撃からソ連邦を守る準備をするために急ぐ必要があるという論点はどういうことですか？
トロツキー　こうした拙速な官僚的工業化は工業自体に内的矛盾を累積させることになるということを私は書き、それが出版されて幾つかの言語に翻訳されました。資本主義制度のもとでは、必要とされる均衡には異なる資本家同士、資本家的産業・企業同士の競争を通じて到達します。しかし計画経済では、すべての必要な均衡を予見することが必要です。抽象概念では予見はできません。人々の意見に耳を傾け、人々の経験に学び、必要を満足させる度合によって、異なる産業間の、異なる工場間の、さらには同じ工場の異なる部門間の調整によって、予見し、訂正し、完全なものに仕上げることが必要です。我々より以前に社会主義経済を築き上げた者はいないのです。歴史における初めての経験であり、最大の経験です。だからこそ、私は用心深く警告したのです。「自制を失うことは許されない。危機を招くことになる」。……
ゴールドマン　ソ連邦における工業化の成功についてのお考えを、ごく一般的に聞かせてもらえますか？
トロツキー　成功することが非常に重要だが、私はいつも成功を確信している。成功は私有財産の廃止と計画経済の可能性にかかっている。正確には言えないが、ソヴィエト民主主義が開花した体制の下ならば現状の二倍三倍の発展は可能となるはずだ。（資料ＰＣ）

集団化の質問に対するトロツキーの応答。


一定の遅れはあるが、工業化に対する見解と同様です。集団化に向けての我々の闘いは、工業化の闘いの一年ないし一年半後に始まりました。拙速な集団化に対する闘いも、拙速な工業化への闘いの一年後です。政治局が採用した五カ年計画、第二次ではなく、工業に高率を課した第三次の五カ年計画では、計画終了時点でソ連邦は集団農場に二〇～二二％の農民を擁していると想定した。しかし計画の三年目には六〇％超とされた。最初の計画では、すべての農民の集団化を決定していたのです。

我々はこんなことは不可能だと抗議しました。「トラクターなどの必要な農業機械がない。もっと重要なことは、農村部の文化水準だ。道が不足している、教育を受けた技術者が不足している、……」。

……私は集団化の成功を否定しませんでした。反対に、ブルジョア的批判や改良主義者の批判から集団化を防衛しました。しかし同時に、私はソヴィエトの官僚主義から集団化を防衛しました。五年間での完全集団化は必要な経済的結果をもたらさず、正確な数字は出ないが、何百、何千、何百万という農民の絶滅をもたらしたのです。（資料ＰＣ）

当委員会の法律顧問は、反対派が五カ年計画をサボタージュすれば、スターリン主義官僚政治の信用を損ない、転覆させる実践的な手段となったと考えるか、トロツキーの意見を求めた。

いいえ。私のマルクス主義の観点からは、すべての進歩は人類の、この場合には国家における生産力の発展に基づいています。だから、民衆による官僚政治の転覆は、民衆のより高度な政治的・文化的水準があって初めて実現できるのです。民衆を引き上げることが必要であり、彼等を低俗さへと押しこめておくことではない。経済秩序の破壊から生まれるのは社会的反動の基盤だけです。そんなことでどうして、官僚主義を打ち破ることが期待できるでしょう？（資料ＰＣ）

最終弁論におけるトロツキーの発言。

空想の産物たる「トロツキー主義者の組織……」に向けた非難と同一の欠陥が、官僚主義に冒された経済にあるという新たな事実を、一九三〇年二月以来、私が報道機関に系統的に繰り返し暴露してきたことによって、検察当局の仕事はひどく難しいものになっている。（資料ＰＣ）

……この七年間のソヴィエト通信社の報道をもとにした記事のコレクションが私の手元にあり、お示しする用意がある。私は倦むことなく、演習的な準備期間を省略したり、不完全な設備を稼動させたり、技術的訓練や正しい組織化を、熱狂的で無意味な報復行為に取り替えたり、決して稀なことではないのだが、びっくりするような報奨金を付けたりすることから生じる破滅的な結果について警鐘を鳴らしてきた。先の裁判で言及されたすべての経済的「犯罪」は、一九三〇年二月以来、近著『裏切られた革命』に至るまで、私の手で数え切れないほど繰り返し分析されている。（資料ＰＣ）

スターリンと配下の警察・検察の代理人どもの機構はきわめて単純なものだ。工場設備等で大きな事故、特に列車破損などが起きると、大体数人の従業員が銃殺される。よくあることだが、直前には高速達成で表彰された人々だ。結果は不信と不満の蔓延である。先の裁判は事故と災害の原因を私トロツキーに押し付けようとした。……ゲーペーウーにとっては、犠牲者を別のものに置き換えるなど大して難しいことではない。即座に銃殺されるか、工業・運輸部門で意識的なサボタージュをする「トロツキー主義者」になりすまして裁判を受けることに同意する条件にわずかな希望を託すか、どちらかだ。……（資料ＰＣ）

§一八三　ソヴィエト経済に関するトロツキーの数多い著作には、すぐに目を通すことができ、証言と一致していることが分かる。一例として、『反対派会報』第九号（一九三〇年二月・三月）に載った論文では、「官僚主義の方法論」を鋭く批判している。

工業は危機に向けて突進しつつある。原因はとりわけ、計画に無理やり合わせようとする不条理な官僚主義の方法論である。五カ年計画が必要な配分と保証のもとに立案されるには、すべての事業関係者、労働者、すべての部門組織、特に党自身が参加して速度と諸条件を自由に議論し、近年のソヴィエト経済の経験全体を指導部のひどい過ちを含めて自由に検証する、という条件があって初めて可能となる。……（「ソ連経済における新路線——経済的冒険主義とその危険性」）

一旦はソヴィエト経済を擁護した上で、指導部の官僚主義的方法論を批判する彼の叙述スタイルは次の引用にも表れている。

「トロツキー主義者」に現在向けられている反宣伝の激しさは、ロシア亡命者の報道機関を元気付けて、ソヴィエト権力の低落の到来という目新しい予言を生み出している。……

事実として、近付きつつある待望の「終末」に関するお喋りにはなんの根拠もない。ソ連における生産力の発展は、現代史における最も驚くべき現象である。計画された指導性の大きな優位は何者も否定できない力を誇示してきた。スターリン官僚主義の近視眼とジグザグも、方法自体の力をよりはっきりと強調しているに過ぎない。ただ復古主義マニアだけが、ロシアの汗して働く大衆が後進的ロシア資本主義の条件に戻りたがっていると想像できる。

しかしながら、経済的成功が新しい工業体制を強化することで、自動的にスターリンとその分派の政治的地位を強めている、と想像するのは誤りである。……強大な革命を達成した人々が一時的に、困難な環境の中で自分達の運命の案内役を官僚に委ねることはあり得る。だが彼等は長期にわたって政治を拒否することはできない。国家の経済状況の大いなる強化が、全能の官僚主義に対する働く大衆の敵意を強めることに目を向けないのは、無知というものである。労働者は正当に、達成された成功が自分達の力によるものと自負し、官僚主義には批判的な目を向けるようになる。……

いま拡大している「トロツキー主義者」への反宣伝は、万能を誇ったスターリン官僚主義が衰退期に入った兆しである。だが予兆とともにボリシェヴィキ権力が没落するのではなく、反対にソヴィエト体制の工業面だけでない政治や文化面での新しい隆盛が起こる。……(「弱体化しているのはスターリンかソヴィエトか?」一九三二年五月八日付『ニューヨークタイムズ』)

以下の一節では、再び指導部を批判し、民主主義に基づく統制の必要性を力説している。

ソヴィエト官僚主義の役割は、二つの部分から成っている。官僚主義自身の利害が、国内外の敵の手から十月革命が創造した新しい経済機構を防衛することを課している。……この働きの面においては、世界のプロレタリアートは、その国家的保守主義や占有本能や階級特権の精神には目を光らせつつも、ソヴィエト官僚を支持する。だが、その前進的な仕事をどんどん駄目にしていくのが、ソヴィエト官僚の特徴である。……様々な生産分野の均衡、とりわけ国家的蓄積と消費の正しい均衡は、計画作成への全民衆の積極的参加と計画を批判する自由、そして、責任を明確にして官僚を上から下に至るまでリコールする機会の保障を伴って初めて達成し得る。……部分的な危機が累積して、やがて全般的な危機に転化する。危機は忍び寄るものであり、大衆による巨大なエネルギーの消費と大いなる技術的成功にもかかわらず、経済的な達成ははるかに遅れ、人口の圧倒的大多数が貧困にあえぐ生活を送り続ける、という事実として表れる。このように一定の社会的要因がもたらした官僚主義の特異な地位が原因となって、ソヴィエトの経済・文化の基本的ニーズとの間に深刻で解決できない矛盾が増大する。こうした条件の下に、官僚独裁はプロレタリアート独裁の歪んだ表現ではあり続けるが、根源的な社会的危機に入り込んでいく。スターリン分派は、新旧の反対派の「残り屑」を「完全に」撲滅するために、さらなる暴力的手段に訴え、毒々しさを増した混合物を循環させることに常時着手せざるを得なくなる。……(「キーロフ暗殺」一九三四年十二月)。

小冊子『危機にあるソヴィエト経済』では、集団化の速度への批判が展開されている。

　集団化の記録更新に続く闇雲な競争は、農村部経済の経済的・文化的潜在力の計算もせずに行われ、実際には破滅的な結果をもたらした。小商品生産者にとっての経済刺激を、他のより高度な刺激に変えるずっと以前に、破壊してしまった。行政の圧力は、工業ではたちまち底をつき、農村経済の局面では完全に無力化している。（一九三二年十月）

トロツキーは著書『裏切られた革命』で、集団化の歴史を概観して次のように書いた。

　……集団化の真の可能性は、村落における行き詰まりの深さや政府の管理能力によってではなく、基本的には実在する生産資源によって決定される。――つまり、大規模農業に必要となる機械類を工業側が供給する能力にかかっている。この物的条件が不足している。集団農場は小規模農業専用の設備で立ち上げられており、このような環境にあっては、迅速さを誇張する集団化は経済的冒険の様相を呈してくる。……集団化は、農民の目にはなによりもまず自己の所有物の没収の形態で現れた。彼等は、馬や牛、羊、豚だけでなく、孵ったばかりの鶏の雛まで集団化した。彼等は、ある外国の特派員が書いたように、「子供の足から剝ぎ取ったフェルト製の靴に至るまで『非クラーク化（集団化）』した」。結果は、農民歌に唄われたような家畜の売却の流行、あるいは食用ないし隠匿用の家畜屠殺をもたらした。……飢餓、寒さ、伝染病、鎮圧などによる民衆の死亡者数は、残念ながら家畜の殺害数に比べて正確さに欠けるが、少なく見ても数百万にのぼる。こうした犠牲に対する責任は、集団化そのものではなく、実行の際に採られた盲目的な、乱暴で冒険的な手段にある。（一九三六年）

§一八三（訳注二）　トロツキーのソヴィエト経済についての証言や著作を検察官の主張と比較して考察すると、次のことが分かる。（一）ヴィシンスキーが一九二七年の反対派綱領を誤解していること。（二）ヴィシンスキーが政府の経済政策の批判をソヴィエト経済へのサボタージュと同一視していること。（三）トロツキーは、方法論を批判しながらも、工業化と集団化を擁護したこと。（四）トロツキーが陰謀を仕組んだとされる時期に展開した政権の経済政策への批判は、完全な失敗を回避しようとする熱意の現れである。仮に彼の起訴内容が真実であるとすれば、検察官自身が提出したカムフラージュ説（資料ＰＲ）によってのみ説明し得る。しかし、彼の批判は以前から一貫した立場で展開され、彼の経歴を通しての理論的立場と一致していて、検察官の申し立てにあるサボタージュ、破壊、陽動作戦の主張は見当たらない。以上のことから、我々はカムフラージュ説を支持しがたいものと考える。

§一八四　これらの申し立てが政権の過ちを覆い隠す試みであるというトロツキーの主張は、我々が入手した証拠によって立証される。第二次裁判でドイツ情報機関のスパイであることを自白したフラシェ被告から、デンマーク人のトロツキー主義者として名指しされた通称「ウィーンフェルド」ことイヴァル・ウィンドフェルド＝ハンセン技師は（資料PR）、長文の証言録取書を提出した（資料PC）。ソ連の化学肥料工業との職業上の関係や様々な役人との関係について述べたもので、そこにはかつて化学工業に従事しながら、破壊主義者あるいは「トロツキー派」として逮捕され、名前を挙げられた人々、フラシェ、ラタイチャク、ユシュケヴィチ、デンマーク人技師ケアウルフ＝ニールセンなどが登場する。彼はまた陳述書に関連するたくさんの記録資料も提出した。これらの資料は、彼がロシアで働いていた時期（一九三二年五月～三四年七月）あるいはそれ以前のものであり、状況を後付けで表現したと非難される余地のない資料である。フラシェ被告との往復書簡、化学工業で関係のあった役人たちへの手紙などに加え、化学工業の状況に固有の事柄についてのソヴィエト当局への報告、二回目のロシア滞在中の日誌、さらにはソヴィエトの技術情報誌『技術』及び『工業化』の記事などが含まれている。これらの資料の中から、三つの事実が明らかになった。

（一）ウィンドフェルド＝ハンセンは、化学肥料工業で使われている工程処理や計画・建設・調査の方法論に対して非常に批判的であった。より効果的と思われる外国の方法論を採用することや、計画策定に際してソ連の原材料の性質、地理的条件、輸送の問題をもっと考慮に入れるよう当局者の説得を試みた。

（二）彼は、特定の当局者と意見を異にしたとはいえ、ソ連邦に共鳴し、ソ連の肥料産業立ち上げへの支援に熱意を持っていた。使用中の方法論は失敗につながることを当局者あるいはゲーペーウーにさえ繰り返し警告した。

（三）彼の批判は、化学肥料工業界に、使用中の工程処理と劣悪な計画によって生じる影響、浪費等々に関する争いを引き起こした。この争いはソヴィエトの技術情報紙の批判的な論文に反映された。

［訳注］§一八五～§一八八は、ソ連の燐酸肥料工業の技術的発展をめぐって生産現場での技術論争が行われる中で、多くの技術者がトロツキー派のサボタージュ実行者として粛清されて

いく過程を、デンマーク人技師ウィンドフェルド＝ハンセンの証言を通して叙述している。

§一八九　ウィンドフェルド＝ハンセンの証言と提出資料は、彼を「トロツキー派」のサボタージュ実行者に仕立てたフラシェ被告の証言の虚偽性を委員会に確信させるものだった。さらにこの資料は、化学工業界における闘争を反映していて、ウィンドフェルド＝ハンセンなど批判者に「破滅的事態」の責任があると名指しした当局者が勝利者になる顛末を明らかにしている。ブリツケ［肥料科学研究所所長］、ヴォグト［同研究所技師］、ヴォルフコヴィチ［同研究所技術部門責任者］が罪を問われない一方で、彼等に反対したラタイチャク、フラシェ、ユシュケヴィチ、ウィンドフェルド＝ハンセン、ケアウルフ＝ニールセンの少なくとも五人は破壊者や「トロツキー派」の汚名を着せられ、そのうち二人は逮捕、起訴、処刑の憂き目に会った。ウィンドフェルド＝ハンセンの証言と資料は、これらの者達がスケープゴートとして犠牲になったという彼の主張の正当性を強力に立証している。

§一九〇　特異なサボタージュ行為によって引き起こされたとする、一九三六年九月のケメロヴォの中央鉱山爆発事故について、ドゥロブニス被告は一九三六年十一月のノヴォシビルスク裁判と翌年一月の第二次モスクワ裁判の二度にわたって供述している。我々は、その時ロシアを訪問していた全フランス鉱山労働者連盟代表団の見解を入手している。代表団は以下の面々である。全国書記のヴィニュ、副書記のクレベール・レゲ、カルモ鉱山組合書記のシノ、ヴェルメユ（パドカレ）の鉱山労働者代表のプランク、共産党国会議員のキネ。ドゥロブニスは、爆発は換気装置の故障と立坑にガスが滞留したことによると述べた（資料ＰＲ）。この証言に関するフランス代表団（キネを除く）の見解が一九三七年二月二十五日付のフランスの新聞『サンディカ』に、クレベール・レゲからマグドゥレヌ・パズへの手紙の形式で掲載されている。

……我々には逮捕など信じられない、と通訳のスメリングに告げた。理由はこうだ――彼等（責任ある労働組合主義者）から、鉱山の安全確保に向けて厳格な点検作業が行われていると説明された。以下のようなものだ。（一）人民委員が指名する技師。（二）労働者が指名する労働組合の地元及び地方代表。（三）労働者が指名する鉱山の立坑の代表。これらの代表が全権を掌握していると思われる。彼等が危険の恐れを認めた場合には、鉱山か産出地帯全体を停止させる力がある。こうした仕組みがありながら、技術者が数年にわたり犯罪を準備する操作を極秘裏に行えるとは理解しがたい。

鉱山の問題を知り尽くし、三十年以上にわたって鉱山に働き、そのうち十二年間はフランスで最も不安定な鉱山で労働安全のために派遣されてきた一鉱山労働者として、検査員がいなくても、どんなに間抜けでも一時間以内に表面化する危険な状態に、鉱山を計画的・組織的に放置しておくような専門家はたとえ有能でも拒否する。ケメロヴォ鉱山の安全点検の仕組みにもかかわらず察知できなかったとすれば、能力が劣っていたか欠如していたかのいずれかだ。もし能力があったならば、他の被告よりも重罪に値する。銃殺がモスクワの流儀なら、そのメンバーこそまず銃殺されるべきだ。能力が欠如していたのであれば、労働者の安全確保について嘘がまかり通っていたわけだ。……

だが点検がなかったとしても、鉱山の危険な状態が誰にも気付かれないままでいるなんてあり得ない話だ。鉱山には管理、監督の下に、危険を察知したら通報する何千という労働者が働いている。生命が危険に晒されていることを知りながら、被告の罪を確実に証明するために沈黙を守り、破滅的事態がいつ起きるとも知れない、そんなことがあり得るか？　技術的にはあらゆる可能性を認めても、長期にわたって鉱山を爆発性ガスの滞留による一触即発の状態に放置することは不可能だ。鉱山の事情を少しでも知っている者は、同じことを言うだろう。

§一九一　我々は、ウィンドフェルド＝ハンセンの証言と提出資料、クレベール・レゲの手紙に、ある技師の証言を付け加える。その人物は、長年ソ連邦で働く中で観察した工業の諸条件に関する情報を、率直かつ充分に教えてくれた。名前を明かすと批判がソ連国内の友人達への報復に及ぶことを懸念し、匿名扱いを希望した。当委員会は、彼の評判の良さ、高潔さ、ソ連の民衆と経済に対する善意を保証できる。残念だが、彼の証言の信憑性について一般の方々には我々の言葉を信じてもらうしかないが、状況を考えると他に方法がなかった。こうした措置で受け容れに留保がつく可能性を考慮に入れた上で、これを提出する。同様の匿名扱いの措置が、非公式のドイツ国会議事堂放火事件の裁判における幾人かの証人に関して採用されたことを述べておく。この裁判は、ドイツ共産党の協力を得て開催され、広く理解され、受け容れられたものであった。

ソ連の工業設備の損耗状態について、この技師はニューヨーク小委員会で次のように証言した。

証人　第一に、もちろんアメリカでもプラントで偶発する損耗は多いのです。機械が停止し、設計上の欠陥が表面化して交換が求められます。まさに同じことがロシアのプラントでも起きているのです。……まず操作の不注意と酷使で機械を壊してしまいます。劣悪な材料と劣悪な設計が原因の場合には、改めて作り直さなければなりません。少数のケースながら、明らかにサボタージュの影響が認められ、何者かによって破損されていますが、重大な影響はありません。熟練工の中には便乗する者もいます。多分なんらかの理由で不満を抱えて、事を起こしてしまうのでしょうが、非常に稀なケースで、アメリカのプラントでは、たまに起きる程度でしょう。ソ連では……アメリカ以上に設備の停止や欠陥が多く生じました。

ゴールドマン　この発生率の高さは何が問題なのでしょうか?

証人　建設時の劣悪な材料と貧弱な技量、幾つかのケースでは設計が粗雑で……実際、人々はプラントの特性とはまったく乖離した機械化の思想で取り組んでいました。過度に機械化して、プラントに多くの機械装置を詰め込むと、特に経験の浅い人々がかかわった場合、故障発生率が高くなり、修繕コストの比率が高くなるものです。

……小さな故障が絶えませんでしたが、たいていは初期に起こり、それも劣悪な材料と技量によるものです。それが次第に、生産の無理な加速が習慣化し、経験の浅い人間や機械装置がその速度に追い付けずに故障が発生するようになりました。稼動開始後、機械が調整されたにもかかわらず、過重操業による故障が絶えません。ソ連全体に及ぶプラントの特徴であり、非常に多い故障や機能停止の原因です。ウダルニキ［生産突撃隊］の思想であり、速度向上……を押し付けるスタハノフ運動の理論です。あらゆることに速度を強制し、生産量を極端に引き上げるという、全産業に見られる特徴であり、これが多くの故障を招いたのです。（資料NY）

ソヴィエトの鉱山とプラントにおける点検業務に関連して、この証人が証言した内容。――ソヴィエト中央統制委員会の管轄下で労働組合が指名する点検委員会が常設されていたが、行政とは無関係な労働者農民監査組合が労働者を代表し、一方では、中央統制委員会の点検業務が政府とトラストの立場を代表している。こうして、点検の仕事を官僚が掌握することになった。中央統制委員会が送り込む点検委員はほとんどが無能で、「ただうわべを取り繕うだけ」である（資料NY）。

ソヴィエトのプラント建設・稼動に異常な遅れが常態化しているが、直接に知り得た限りではサボタージュが原因ではなく、混乱、無能、さらには可能な範囲を超えた生産の試みによるものだった。原材料、建設資材、電力、労働力が不足していた。輸送の遅れもあったが、経験から鉄道の非能率と過重積載によるものと分かった。「ウダルニキ」「サバトゥニク」「スタハノフ」（訳注三）運動などの「速度向上」キャンペーンがロシアの産業に悪影響を及ぼした。やっつけ仕事や劣悪な技量による設備の破損という結果を招いたのである。スタハノフ運動は、スタハノフ主義者が記録を維持できるよう力仕事を与え続ける必要があることから、操業に必要な協調関係が犠牲にされ、プラントの秩序を混乱させる傾向があった。こうした労働者は平均的な労働者の収入額の十倍を手にした。アパートへの優先入居、保養所のチケットなど様々な特権が与えられ、格差は拡大した。スタハノフ労働者には勲章が授与され、新聞に顔写真が掲載される、等々。「手抜き仕事をする誘惑は避けられなかった」。ごく普通の労働者は不満を抱き、憤りを覚えるようになった（資料ＮＹ）。

　彼等は何もできない、物も言えない。党にすべてをまかせる。もちろん、スタハノフ運動のほとんどはプラントの管理者には不愉快なものです。だが、彼等はことごとくスタハノフ主義者を優先させました。そうしないと、スタハノフ運動をサボタージュし、これに反対していると通報されるかもしれないからです。深刻な事態になれば、職を失い、降格され、立場を失います。また、普通の管理者、技術監督、平均的な管理者はスタハノフ労働者に比べて収入は相当低い。こうしたことが憤懣を招きます。（資料ＮＹ）

こうした不満がサボタージュに捌け口を見つける可能性を尋ねられ、証人は答えた。

　可能性はあるが、そうした兆しは目撃しませんでした。故障の増大は目にしましたが、仕事の質の悪さによるもので、意図的なサボタージュとは思いません。労働者が仕事に対するモラルと関心を失っているだけです。

ロシア滞在中を通して、トラストの当局者とこうした方法論について論争を繰り返していた、と彼は述べた。

　しかし責任ある地位にいた人々やモスクワのスターリンの取り巻きが、どうしてこうした事態に目を向けないで、築造物の損耗にばかり目が行くのか、私には分かりません。こうした事態を見て、止めるよう指摘した技師は私一人ではありません。私は帰国に際して、組織が抱えるこの案件について多くの報告を書き残しました。しかし彼等には殆どなんの努力も見られませんでした。（資料ＮＹ）

この証人はまた、ウィンドフェルド＝ハンセン証言に直接関係のある体験を証言した。あるプラントの設計に機能面で問題があり、建設開始前に変更の必要があるという一人の外国人専門家の正当な主張を支持した三人のソヴィエト技術者が、トロツキー派のサボタージュ実行者として逮捕され、起訴された。外国人専門家の契約は更新されなかった（資料NY）。

工業の全般的非能率は、サボタージュがなくても不平不満だらけの状況を生み出したのではないかとの問いに、証人は答えた。

証人　こんな風にも考えられます。実際に制御不可能の状況に陥った場合、人にサボタージュの疑いをなすり付け、責任を取らせることが簡単にできてしまう。これが、全般的な非能率の状況というものです。

フィナティ　特定の人間に非能率の責任があることが明らかな場合、自分の非を認めるよりサボタージュのせいにするのは簡単だ、ということですか？

証人　そうです。それが状況全体を解く鍵だと思います。

（資料NY）

§一九二　当委員会は、第二次裁判の被告達にサボタージュの罪が認められるかどうかを判断する立場にはない。だが、訴訟記録を綿密に検討すると、この裁判の組み立てが堕落していて、彼等が有罪なのか無罪なのか、あるいは彼等が罪を犯したとしてその本質は何かについて、誠実な人間には結論を下すのが不可能であるといえる。本報告書の各章で、この事実を充分にお示ししてきた。ここではこの特殊な起訴内容に関連する考察を、少し付け加えておく。

トロツキーの最終弁論の引用から始める。ソヴィエトの工業で慢性化した病理が、裁判ではピャタコフ主導の陰謀の結果であることが示されたと述べた後で、こう言う。

だが、こうしたことが進行している間に、工業・財政に関連する国家機関や会計当局は何をしていたのか、まったく理解に苦しむ。党ではなく、すべての機構と企業の中心となる機関である。もし起訴状を信じるならば、経済の指導権は「愛想良くて、絶対に誤ることのない指導者」の掌中にはなくて、孤立した者、国外追放され、亡命して九年も経った者が握っていたことになる。（資料PC）

こうした議論は自白によってたっぷりと立証された。我々は、トロツキーの指令によるサボタージュの実行指導者とされるピャタコフの証言に言及した。ピャタコフは、広範囲にわたる様々な行政活動の破壊を実行するには、多数の当局者や技術者、あるいは政府や党の職員の黙認なしに不可能であることを証言した。こうしたピャタコフ証言は訴訟記録の中で例外的なものではない。

さらにソヴィエト全土の鉱山、工場、鉄道で実行されたサボタージュには、多数の労働者の消極的な協力が最低限必要であったに違いない(一例として、フランスの労働組合主義者の見解を見よ――§一九〇)。しかし、被告達は労働者の間に支援は得られなかった、と繰り返し言った。さらに、被告の動機はおしなべて納得しがたいものである。例えば、カーメネフ被告は、「当時導入されていた方法論によって鉄道の業績を改善するのは不可能」という確信が「動揺」を引き起こした主な原因と証言している(資料PR)。そのすぐ後で、鉄道の運行の不具合はトロツキー派の破壊者によるものだと知っていたと認め、さらにトロツキー派の「党に対する闘いは正しく、彼等なら別のやり方でこれらの問題を解決できるだろう」、と信じていたと述べた。自分を困らせている諸問題――しかも仕掛け人が分かっている――を解決できると考えたがゆえにサボタージュ実行者を幇助する、という明らかな不合理を検察官は無視した。しかし、少なくとも意味の通る動機を見出そうとする者にとっては、無視できるはずがない。

したがって、訴訟記録はサボタージュの起訴内容に対して重大な疑問を掻き立てる。証言によれば、サボタージュはトロツキーの指令のもとに開始され、続行されたのであるから、トロツキーと陰謀を結び付ける証拠の不在は、サボタージュ行為に関連する証言に疑いを及ぼす。一方、ウィンドフェルド=ハンセンならびに匿名の証人の証言は、被告がサボタージュの結果であるとして自白した、遅延、不均衡、浪費などがソヴィエト工業の慢性的な病理を表していて、性急、無理強い、行き過ぎ、非能率などによるものであり、スケープゴートによる欠陥の償いは政権の失策を取り繕うのによく使われる方法だ、というトロツキーの主張を裏付けている。

§一九三　これらすべての考察と引用した証拠に照らして、ソヴィエト経済をサボタージュする陰謀の起訴内容、特にトロツキーとセドフに関する部分については、証明されないばかりでなく信用できないと我々は判断する。

【訳注】

(一)　農業製品価格の低下と工業製品価格の上昇をグラフ表示すると、直線が交差して鋏の形となる様を形容して言う。一九二二～二三年のネップ初期に論議の対象となった。

(二)　原著の編集ミスと思われるが、§一八三が二つ続いている。

（三）第二次五カ年計画中、ドネツ炭鉱で働いていた労働者アレクセイ・スタハーノフ（一九〇六〜一九七七）が新しい掘削技術を考案し、一九三五年に当時の一人当たり石炭産出量ノルマの約十四倍相当を短時間で掘り出したことから、後にスタハノフ運動と呼ばれる生産性向上運動のシンボルとなった。労働英雄称号やレーニン勲章を授与され、英雄視された。

二四章　外国列強との協定の起訴内容

§一九四　第一次裁判における起訴内容の定義は、外国列強との協定には触れていない。だが、オルベルク、M・リューレ、N・リューレの三被告はドイツ・ファシズムの代理人とのつながりを自白した、と起訴状に書かれている。二人のリューレはフランツ・ワイツなる人物が組織したテロリスト・グループに所属していることを自白したが、ワイツはナチ・ゲシュタポ長官ヒムラーの代理人だったという（資料ZK）。起訴状によれば、オルベルク被告は、ゲシュタポと関係があり、その役職者と、

モスクワへの最初の入国とテロ行為の準備計画について論議したことを予備尋問で証言し、このつながりは、

セドフ経由のレオン・トロツキーの指令に従うトロツキー派の路線でした。（資料ZK）

オルベルクはホンデュラスのパスポートを、弟のポールの伝《つて》でファシスト警察の代理人ツカレフスキーの助けを借りて入手した折に（§七三、七五、七六、八二）、セドフが代金を用意してくれたと証言した（資料ZK）。また、最初のソ連行きから戻った後のことも証言した。

ベルリンのスロモヴィチを訪ねたところ、次のように言われました。――私が不在にしている間に、トロツキー派の中核部隊は小さな集団になってしまい、今では解散するか、ドイツ・ファシストと提携するか、選択を迫られている。この提携関係の基礎はソ連共産党とソヴィエト政府の指導者達に対するテロ行為の準備と実行である。トロツキーはベルリンのトロツキー派とゲシュタポの提携を認めたので、事実上トロツキー派の自由に任されている。（資料ZK）

検察官はこのスロモヴィチなる人物の身元を確認しなかった。

ベルマン=ユリンとダヴィッドの両名は、コペンハーゲンでトロツキーと会話した際に、ソ連への武力干渉が生じた場合には敗北主義者の態度を採用すべきであるとトロツキーが述べた、と証言した（資料ＺＫ）。起訴状によればドレイツェルは、一九三四年にトロツキーから手紙を受け取ったことを証言したが、その中にはトロツキー派に課せられた任務の一つが書かれていた。

戦争になったら、あらゆる後退と混乱に乗じて指導部を攻略すること。（資料ＺＫ）

ドレイツェルからこの手紙を渡されたムラチコフスキー被告は、トロツキーの手紙には、戦争に突入した場合に敗北主義者の態度をとる必要性が書かれていたと証言した（資料ＺＫ）。

§一九五　セドフは、オルベルクのホンデュラスのパスポートとのかかわりを一切否認し（資料ＣＲ）、スロモヴィチをまったく知らず、裁判までこのような人物について耳にしたこともない、と主張した（資料ＣＲ）。

§一九六　オイゲネ・バウアーはスロモヴィチという人物がドイツのトロツキー主義者運動に加わっていたことはないと否認し（資料ＰＣ）、ゲシュタポとのつながりに関して、フランスの調査委員会で証言した。

トロツキー主義者の運動とゲシュタポの関係を口にできるとは噴飯ものです。一九三四年十月まで運動に参加していた者として責任を持って証言します――こうした関係は一切存在しません。私は訴訟記録で、トロツキー主義者とゲシュタポの仲介をしたとされる五、六名の名前を見ました。そのうちの誰一人として、トロツキー主義運動には参加していません。私の知る限り、ゲシュタポの手先は我々の戦列に忍び込むことに成功しませんでした。最後に、ゲシュタポはドイツにおける反共産主義運動に向けて実行された反撃を、我々と共にすることは一切なかった事実を強調しておかなければなりません。これが虚偽宣伝であるということのもう一つの完璧な証拠です。（資料ＣＲ）

§一九七　オルベルクはスロモヴィチに関する証言の中で、「以前から彼女を知っていた」と言っている（資料ＺＫ）。関連して、オルベルクの母親の証言録取書から引用する。

この人の存在についてはまったく知りません。作られた人物という気がします。事実はこうです。一九三〇年から一九三二年の間、何回か中断はありましたが、頻繁にベルリンの息子を訪ねました。息子の家で、たくさんのお友達や知り合いに会いましたが、スロモヴィチという名前は耳にしていません。ただ、息子がまだ小さくて、一緒にリガで暮らしていた頃、同じ名前のお客さんがいました。リガを出たこともない老婦人で、政治とはなんの関係もありませんでした。しばしばヴァレンティンを集金にやったものです。こんなわけで、息子が老婦人をたまたま思い出して、頭に浮かんだ名前を口にしたのだと思います。(資料ＰＣ)

§一九八　我々が入手した文書資料の中に、ダンチッヒのトロツキー主義者の組織「国際ドイツ人共産主義者」が発行した二枚の宣伝ビラと、発行日が一九三六年九月末と十月初めの非合法出版物『スパルタクス』がある。ビラの一枚は、ファシスト警察によるダンチッヒ社会民主党の解散を取り上げて、幻想に花を咲かせたこの党は、ファシズムとの闘いからの後退によって自らの解体を招いたと論じている。もう一枚は、ポーランドとドイツのファシストがスペインのファシストに武器を送り込み、現地の労働者を撃ち殺している、と非難している。『スパルタクス』の一つの号は、ジノヴィエフ=カーメネフ裁判を取り上げ、ダンチッヒ共産党の非合法紙から引用している。

「ゲシュタポとの関係には驚かない。ダンチッヒのトロツキー主義者集団は、長期にわたりゲシュタポのスパイと挑発者のセンターだった」。

この非難に対して、『スパルタクス』は、ジノヴィエフ=カーメネフ裁判の直前に、ダンチッヒ共産党がトロツキー派組織に統一戦線を申し入れた事実を公表して応酬した。

『スパルタクス』のもう一つの号は、フランス、ソヴィエト・ロシア、カバリェロ政権によるスペイン革命の裏切り及びダンチッヒの状況を論じて、ファシストと闘う統一労働者党の必要性を訴えている。また、国家社会主義党（ナチ）のニュルンベルグ党大会を論評して、ヒトラーがソ連邦に反対する帝国主義十字軍のウランゲリ将軍《(訳注一)》もどきに自分を仕立てていると、書いている。

証拠資料の中に、ダンチッヒ国家社会主義党の機関紙『ダンチッヒ・ヴォルポステン』の一九三六年十二月九日付、翌三七年一月八日付、一月十二日付があり、スパルタクス（トロツキー主義者）メンバーの逮捕と裁判の記事が載っている。見出し部分を引用する。

ダンチッヒ「スパルタクス同盟」の末路　六〇名の共産主義者逮捕　トロツキーとの協働関係　多くの宣伝品を押収（三六年十二月九日付）

トロツキー派の「スパルタクス同盟」　ユダヤ人のフランツ・ジャクボウスキー博士が秘密組織の組織者　中傷宣伝ビラとストライキ扇動（三七年一月八日付）

トロツキー派への判決　公務員が長期刑　昨日の開廷結果（三七年一月十二日付）

スパルタクス主義者に長期刑　ユダヤ人のフランツ・ジャクボウスキー博士に三年三カ月拘置の判決　一三年の刑期を加算（三七年一月十二日付）（委員会資料）

§一九九　証拠資料の中には、トロツキーのコペンハーゲン滞在中に左翼反対派の宣伝材料として製作された映画フィルムもある。――つまり、ダヴィッドやベルマン＝ユリン被告に敗北主義の指令を出したとされる時期である。このフィルムで、トロツキーはソ連共産党の政策への鋭い批判を展開している。工業の勝利は重要であり、大衆の文化的水準は革命の十五年間で目覚ましく向上した。したがって、党内民主主義が大いに拡大されるべきであるにもかかわらず、官僚主義による妨害が生じた。またドイツ共産党の政策――社会民主主義とファシズムの同一視、統一戦線の拒絶、その結果としてのソヴィエト創設の否定――を批判し、ソヴィエトは異なる労働者諸政党・諸組織の統一戦線の組織として初めて可能となるものであると主張し、さらに続けて言う。

我々左翼反対派は今なおソ連邦とコミンテルンに忠実に献身しているが、官僚主義的多数派とは一線を画した忠誠であり、献身である。（資料ＰＣ）

委員会はこのフィルムを提出された台本と比較する機会を得た。幾つかの小さな欠落と、一個所の重大な挿入がある。終わり頃に、トロツキーが次の言葉を放つが、台本にはない。

ソ連邦は我々の祖国だ！
我々は最後までこれを擁護するだろう。

トロツキーがソ連邦擁護を絶えず主張したことを立証する証拠資料がトロツキーと他の証人から提出されており、後段で引用する。ここでは、この音声付きフィルムからの引用を続ける。というのも、コペンハーゲンのトロツキーから敗北主義の指令を受けたという第一次裁判の二人の被告の証言に直接関連するからである。

§二〇〇　ドレイツェルとムラチコフスキーの両名がトロツキーから手紙を受け取ったと証言しながら、戦争勃発の場合にとるべき態度についての指令に関して異なった説明をしていることは、法廷に提出されない資料の内容に関する証言の証拠価値が疑わしいことを物語る事実として、既に述べた（§四七）。さらに、訴訟記録と反証提出された証拠に基づき、この手紙なるものが実在しない、との結論を下した。また、ベルマン＝ユリンとダヴィッドがコペンハーゲンでトロツキーに会っていないことも立証した。したがって、トロツキーが、ソ連が戦争に巻き込まれた場合に敗北主義的態度を採用すべきだ、と彼等に告げたことはなかった。さらに、我々の見解によれば、先のフィルム及び本章の後段で引用するソ連邦擁護についてのトロツキーの態度を示す証拠によって、こうした指令の可能性は論駁されている。

オルベルク証言の虚偽性は、彼自身の手紙及び一三章で引用した証人の証言によって明らかにされた。この事実に照らして、スロモヴィチへの言及に関する母親の説明は妥当なものと我々は判断する。また、ファシストの代理人とされた弟のポール・オルベルクのロシア行きの理由に関するオルベルク証言と母親の証言は、食い違っている。オルベルクによれば、ポールに次のようにもち掛けたという。

ソ連に行き、私の足場作りを助けてくれないか。……弟は技師だから、仕事は見つけやすかった。少なくとも、私の偽造のものとは違う。真正の身分証も持っていた。（資料ZK）

母親によれば、ポール・オルベルクが一九三四年にプラハの工科大学を卒業して化学技師となったお祝いに、ロシア旅行の贈り物をするという考えを思いついたのは彼女だった。ポールに知らせることもなく、リガの国営旅行社にビザを申請し、それが下りると彼に送り届け、支度を整えて、ビザの代金とソ連滞在二週間分の費用を支払った。

ソ連に彼を送り出したが、内心はこう思っていた。うまくやっていけますように。うまくいかなかったら、戻ってくることでしょう。（資料PC）

母親によれば、ヴァレンティンはゴーリキーで仕事に就き、うまくやっていた。ソヴィエトの市民権を申請し、逮捕直前には認められる予定になっていた。

このように我々が手にしている証拠はあらゆる点において、トロツキー及び彼の支持者達とゲシュタポとのつながりに関する申し立てと食い違っている。我々はまた、証拠として認められた証言録取書の中に、ヒトラー・ドイツから国外追放されたトロツキー主義者がいることを重視する。セドフ、アドルフ、オイゲネ・バウアー、K・エルデ、ヴォルター・ヘルト、エーリッヒ・コーン、アントン・グリレヴィチ、シュネーワイス、アンナ・グリレヴィチ、ゲオルグ・ユングクラス、オスカール、ブルーノなど（完全な氏名は入手資料にあり）。我々は二名のトロツキー派亡命者の証言録取書を、厳密に証明されていないとの理由で却下した。もし、ドイツのトロツキー主義者がゲシュタポと取引をしていて、ヒトラーが権力の座に就いた後に「事実上、自由の身であった」と言うならば、なぜ彼等は共産党系の共産主義者などヒトラー政権への反対者と運命を共にしたのであろうか？　また、なぜ彼等は逮捕され、ダンチッヒの裁判にかけられたのだろうか？　ダンチッヒにおけるトロツキー主義者とヒトラー主義者双方の印刷物は（§一九八）、革命的反対派とヒトラー政権の典型的な関係を示している。

§二〇一　ロシア国外のトロツキー主義者とドイツ・ファシズムを結び付ける第一次裁判の主張は、次のような疑問を生じて当然である。もしトロツキーがゲシュタポと示し合わせて行動したとするならば、国外にいる彼の信奉者はそのことを知っていたのか？　知らなかったのか？　知っていたとすれば、新たな疑問が生じる。トロツキー派組織で様々な分裂が起きている中で（これに関しては、委員会に提出された資料の中にも多数の証拠がある）、なぜトロツキー主義者の不満分子がこの陰謀をぶちまける、というようなことが起きないのか？　もし国外の信奉者が知らなかったとすれば、トロツキーは彼等を裏切っていたことになる。とすれば、「ファシズムの手先」としてトロツキー主義者を攻撃する共産党陣営のキャンペーンは筋が通らない。これまで引用してきた証拠によれば、オルベルクや二人のリューレが主張した、トロツキーや彼の信奉者がドイツ・ファシズムの代理人と関係があったこと、及び、ムラチコフスキー、ダヴィッド、ベルマン=ユリンが証言した、トロツキーが敗北主義を唱えていたこと、を信じる理由は皆無である。したがって我々の見解では、トロツキーと彼の信奉者をファシストの手先として攻撃するキャンペーンは、いかなる証拠の裏付けもない不当なものである。

§二〇二　第二次裁判における起訴内容の定義は次の通りである。

一、すなわち、L・D・トロツキーの指令に基づき、一九三三年に本件の次の被告達、Y・L・ピャタコフ、K・

B・ラデック、G・Y・ソコルニコフ、L・P・セレブリャコフからなる並行センターを組織したこと。その目標は、犯罪、反ソヴィエト、スパイ、破壊、テロ活動を指揮することであり、ソ連邦の軍事力を弱体化し、ソ連邦への武装攻撃を加速させ、ソ連邦の領土を強奪する外国の侵略者を支援し、ソ連邦を分割し、ソヴィエト権力を転覆して資本主義とブルジョワジー支配の復活を企てたこと。

二、すなわち、L・D・トロツキーの指令に基づき、ソコルニコフとラデックを通じて、特定の外国代表部と連絡を取り合ってソ連邦に対する共同攻撃を組織化したこと。そのつながりはトロツキー派センターが引き受け、権力の座に就いた場合には、これらの外国に多くの政治的・経済的特権を付与し、領土を割譲しようと企てたこと。

三、すなわち、このセンターは自身の構成員ならびに犯罪的なトロツキー派組織の構成員を通じて、これらの国々に代わって諜報活動に携わり、最高度に重要な秘密情報を外国の情報機関に与えていたこと。

ラデック被告は、最終弁論で次のような供述を行ったが、検察官からはなんの尋問も受けなかった。

……裁判には、もう一つ別の重要な意味を有したテーマがあります。それは戦争の火元を浮き彫りにし、トロツキー派の組織が新しい世界戦争を扇動する勢力の代理業者と化したことを明らかにしました。

この事実を立証するどんな証拠があるか？　二人の証言があります。一人はトロツキーからの指令と手紙（残念なことに燃やしてしまった）を受け取った私。もう一人はトロツキーと会話したピャタコフ。他の被告達の証言はすべて、二人の証言に依拠しています。（資料ＰＲ）

§二〇三　ラデック被告は、トロツキーが二通の手紙――一九三四年四月と三五年十二月――で外国列強との協定の問題を論じていた、と証言した。ラデックによれば、三四年四月の手紙には、

……トロツキーは、ある極東の国家及びある中欧の国家と契約を交わしたこと、両国の半ば公式の集団と自由に話し合いを持ったこと、連合ブロックは彼等との取引のために闘い、また経済的・地域的な特権を持たせるために準備をしていることなどを書き記していました。（資料ＰＲ）

ラデック証言によれば、彼とピャタコフは、自分達が三流の人物としか交渉できないのでは、「交渉する権限を認める」

域を越えないと判断し、トロツキーの発言の真意が分からず、内務人民委員部の監視下での交渉継続は賢明ではないと見なした。一九三四年五月にロム経由でトロツキーに手紙を送り、連合ブロックは、ラデックが外国列強との連絡を探っている事実を認めているが、ラデック個人はこうした直接の接触は体面を損うばかりだと考えている旨を伝えた。さらにトロツキーに警告を発した、という。

戦争はブロックが権力の座に就く条件を生み出すという見解に立つのが一つの道。もう一つの道はこの戦争を引き起こそうと試みることです。（資料ＰＲ）

ラデックによれば、三五年十二月のトロツキーの手紙は、「いわゆる形態変化――平和時の権力獲得と戦時の権力獲得」の二つを論じており（資料ＰＲ）、トロツキーは前者を非現実的と見なした。

したがって現実的なプランはやはり、敗北の結果として権力を獲得する道である。……その時までは、国外のトロツキーとモスクワにいる我々は、ソヴィエト国家の枠内での経済後退について論じていたのだが、この手紙で根本的転換が明らかにされた。（資料ＰＲ）

手紙の要点は、（一）敗北は避けられないという一九三四年の観点の継続。（二）「ソ連の敗北、敗北の社会的影響、敗北に基づく協調などの不可避の結果として……今や資本主義復活の問題が公然と姿を現している」。（三）固有の資本を持たず外国資本に奉仕するファシズムであるボナパルティスト政権がソヴィエト権力に取って代わる状況。（四）ウクライナのドイツへの引き渡し、沿海州とアムール川流域の日本への引き渡しを含む国土の分割。食糧、原材料、食用油の供与による長期にわたる賠償金支払い、戦勝国への対ソ連輸出保証。（五）日本へのサハリン油田の供与と対米戦における石油の供給、日本帝国主義の中国侵略に向けての障害除去。（六）ドイツ・ファシズムの拡張に向けての障害除去。（資料ＰＲ）。

§二〇四　ピャタコフは一九三五年にオスロ郊外で会ったトロツキーとの会話に関する説明の中で、こう証言した。

トロツキーは、ファシストのドイツ政府及び日本政府との完全な最終合意に到達したこと、及びトロツキー派＝ジノヴィエフ派連合が権力を掌握した場合には、友好的な態度をとる見込みが立ったことを私に告げました。……さらに、ドイツ国家社会主義党の副党首ヘスとの交渉には時間がかかったことを明かしました。（資料ＰＲ）

ピャタコフはこれに続けて、トロツキーの言葉通りにと言いながら、ドイツの支援が期待できる条件を列挙した。総じて、ドイツの利害と国際問題に関するドイツ政府の意向に沿う対応であり、ドイツへの領土分割、ドイツによるソ連の天然資源の開発、戦時にはドイツ・ファシズムの指揮下で行動する外からの軍事力に「トロツキー派組織の破壊勢力」を協調させること、国内では資本主義の方向へ「本格的に後退させること」などであった（資料ＰＲ）。

§二〇五　外国列強との協調に関するトロツキーの指令及び列強との協調がソ連邦の領土と経済に及ぼす影響とは以上のようなものであった。ラデックによれば､トロツキーは｢破壊活動の拡大と増強」を強調し、ドイツと日本両国の連合ブロックに対する評価は、その力が強くなければ、ただの「紙屑」となるだろうし、その強さは破壊活動の程度によって測られるだろう、と指摘した。トロツキー派の破壊活動は両国の高級参謀との協調の下に取り組まれると述べ（資料ＰＲ）、「敗北主義が外国の指令と関連付けられていて」、外国の高級参謀との調整は以前にはなかった新しい特徴であった。ブロックの指導部に混乱が生じた。一九三四年には敗北が避けられないと見通していたが、今ではソヴィエト権力は強大になり、敗北主義路線の継続は危うくなっていた（資料ＰＲ）。

一九三五年のトロツキーの手紙に関するラデック証言の重要な特徴は、次の供述に表れている。

　トロツキーは、状況を支配しているのはファシズム――一方はドイツの、もう一方は極東国家の――であり、その力を借りて連合ブロックが権力に到達する、と理解していました。……我々はすべてを受け容れざるを得ない将来の見通しに直面しましたが、もし我々が生き延びて権力の座に就いたとしても、ドイツと日本の勝利による強奪と利潤の果てに他国との間で衝突が起きるだろうし、我々にも新しい展開、つまり「失地回復政策」の道が開けるだろうと思われました。しかし、これは虚構の王国からの見通しでした。（資料ＰＲ）

ラデックは、ソ連の国土分割政策をブロックの指導者全員が支持するとは見込めず、トロツキーの新しい目論見《もくろみ》による分裂を確信した、と証言した。ピャタコフと二人で相談し、この路線は持続できない、責任も持てないと会議の招集を決断したという（資料ＰＲ）。

　ピャタコフがトロツキーに会いに行ったのですが、なぜ、ピャタコフがこのことを裁判で話さなかったのか分かりません。というのも、恐らくこれがトロツキーとの会話で最も肝心な点で、その時トロツキーは、会議を開いたら事が発覚するか分裂するか、どちらかだ、と反対したのです。（資料ＰＲ）

このように、トロツキーもまた、新しい政策が分裂をもたらすことを確信していたように思われる。ピャタコフが戻った後、連合センターは会議開催を決定し、多数の召集者が承認され、これがピャタコフ、セレブリャコフ、ソコルニコフとの最後の会話となった、とラデックは証言した（資料ＰＲ）。彼は最終弁論で、この会議が開かれなかった理由について説明を濁した。テロリスト組織には様々な種類の人間がいて、外国の情報機関とつながりのある者もいるが、当時は詳しく分からなかったと言い、次のような可能性を認めた。

何者かが我々の周りをうろついている。指導部四名の統制を解いて機密を漏らした瞬間に、状況を統御する力は完全に失われることとだろう。（資料ＰＲ）

彼はドレイツェルを疑ったことを仄《ほの》めかしている。

……しかしドレイツェルが一月に姿を現さず、私からの会議招集を受けた後も、モスクワには来ていながら会いに来なかった時には——一九三五年モスクワにいながら来なかった——、はっきりしてきました。私との手紙のやり取りで、ピャタコフと私の敗北主義路線への抵抗や不安を悟ったトロツキーが、並行センターの他に何かとんでもない仕事に着手しつつあることが明らかになってきました。一九三五年にドレイツェルが我々を意識的に避けるようになった事実から、この結論に至ったのです。（資料ＰＲ）

ラデックは、会議招集を決め、多数の招集者を承認したのは、ピャタコフがベルリンから戻った後の一九三六年一月、と証言している（資料ＰＲ）。したがって、もしドレイツェルが一九三五年にラデックに会いに来なかったとしても、それは予定された会議とはなんの関係もないことは明らかである。さらに、彼とピャタコフが不安を抱いたのがトロツキーの一九三五年「十二月指令」に接してのことであるから、トロツキーが「何かとんでもない仕事に着手しつつある」ことを、一九三五年にドレイツェルが姿を見せなかったことから結論付けるというのはあり得ない話だ。ラデックは続けて、ピャタコフがオスロでトロツキーから「スターリン指導部によっても堕落しなかった人々の中核部隊が形成されつつある」と言われたことをピャタコフから聞いたと述べている。

ラデック証言によれば、オルベルクの行動を読み解いた時に、次のことがはっきりしてきたと言う。

トロツキーはドイツ・ファシズムの学校を修了した代理人達を組織しつつある。会議召集の問題が起きた時には、直接の回答が出ていた。一九二九年の場合と同様に、分裂の危険性を孕んだ体制でトロツキーの指令を受け止めていることに、もしドレイツェルが気付いたのであれば、ぐずぐずせずに身を遠ざけるべきだ、ということが私には明瞭になったのです。（資料ＰＲ）

こうして、ラデックは一九三六年八月の第一次裁判中にオルベルクの行動を読み解いた後で、トロツキーがドイツ・ファシストの代理人を使っていることを実感したようであり、一九三六年一月には、並行センターが「分裂の危険性を孕んだ体制でトロツキーの指令を受け止めている」とみて、ドレイツェルは並行センターから遠ざかったのだ、と不安に駆られたと思われるのである。したがって、ラデックによれば、会議のことを人々に知らせることができずにいた。

知らせた時には、逮捕が始まっていて、彼等を集めることは不可能でした。（資料ＰＲ）

§二〇六　少なくとも一つの事実らしきものが、「この会議の舞台裏」についてのラデックの説明から鮮明に浮かび上がる。会議は開かれなかったのである。ヴィシンスキーは最終論告で、ラデックの会議招集の失敗に注釈を加え、芝居気たっぷりに尋ねた。

彼等はこの会議で何を議論しようとしたのでしょうか？資本主義の復活？　ソ連邦の分割？　ソ連邦の領土の分配？　領土の譲歩？　日本とドイツの併合主義者への領土売却？　諜報と破壊の活動？　彼等は計画のこうした主要点を隠しているが、隠されたことは明るみに出るものだ。そして、反ソヴィエトのトロツキー連合の恥ずべき計画も明るみに出されたのです。（資料ＰＲ）

この計画の実在を立証するために、ヴィシンスキーは一九三〇年四月発行の『反対派会報』第一〇号を、「本質は同じことを含んでいる」と言って、引用した（資料ＰＲ）。我々は、彼が引用した論文を検証した結果、次のことを認定した。

（一）このトロツキー論文はソ連共産党員への公開書簡である。トロツキーがソ連邦への持ち込みに関してオルベルク被告との往復書簡で言及した手紙である（§七九、（一））。もし、この論文に発表された計画が実際に裏切り的なものであるとすれば、トロツキーが共謀者への秘密書簡でなく、『反対派会報』で広く公表するのは奇妙なことだ。ソ連共産党への公開書簡で公表するというのはさらに奇妙なことだ。だが、最も奇妙なことは、ソヴィエト政府がこの文書の裏切り的本質を発見するのに六年を要した事実である。

（二）検察官は、他の個所で引用したケースと同様、この公開書簡の核心的な部分を削除することによって内容を改竄《かいざん》した。書簡はこういう書き出しで始まる。

親愛なる同志諸君に

ソ連邦の未来とプロレタリア独裁の運命に、警鐘が大きく鳴り響くのを感じ取り、駆られるようにしてこの手紙を書く。現指導部スターリンの偏狭な集団の政策は、我が国を最も危うい危機と動乱の方向に全速力で追い込みつつある。

ヴィシンスキーによる引用でさえ、それが政府の政策に対する批判であり、ソ連邦の分割計画や資本主義の復活といった代物ではないことが明らかである。彼の引用文をお示しする。

「……にもかかわらず、後退は避けられない。早晩、始まるのは必至だ。……」

「……『大衆の』集団化に終止符を打つ。……」

「……工業化に向けての障害物競争を終える。……速度の問題を、経験の光に照らし変更する。……」

「……自給自足経済の『理想』を放棄する。世界市場との可能な限り広範な交流に備える新しい計画を策定する。……」

「……必要な退却を実行し、しかる後に、戦略的な再軍備……」

「……危機と戦闘なしに、現在の矛盾から脱出するのは不可能であろう。……」（資料ＰＲ）

次に、ヴィシンスキーが抜粋した元の文章を列記する。引用部分の言い回しが少し違うだけで重大な意味の違いになっている個所があるが、我々がトロツキーのロシア語原文から直訳した事実によるものである。

差し迫った戦術的な任務は、冒険主義の立場からの退却。退却はいかなる場合でも避けられない。したがって、早急にかつ可能な限り整然と実行することが必要である。

「無差別な」集団化に終止符を打つこと。（農民の）純粋に自発的な要求に基づく慎重な選択に置き換えること。

工業化における記録破りの飛躍を終えること。速度の問題を、経験の光に照らし、勤労大衆の生活水準を向上させる必要性の見地から再考すること。

自給自足経済の「理想」を放棄すること。世界市場との可能な限り広範な相互作用を計算に入れた、新しい計画を策定すること。

必要な退却を実行し、しかる後に戦略的再武装を図ること。過大な損耗を回避し、大局観を失うことなく――これは目標と体力を明確に認識した党によって初めてなし得る。このことは、レーニン以後の党の経験全体に対する集団的批判を要求するものである。「自己批判」の欺瞞と虚偽は、誠実な党内民主主義に置き換えなければならない。路線全般についての全般的検証――個々の適用ではなく、指導性そのものについて――ここから我々は始めなければならない！

危機と戦闘なしに、現在の矛盾から抜け出す方途をさぐるのは不可能である。世界的規模における諸勢力との関連の中での好ましき変革、言い換えれば、国際的革命の重大な成功は当然にも、ソヴィエトの内政に非常に重要な、決定的とも言える要素をもたらすだろう。しかし、「最短期間での」奇跡への期待に基づく政策の策定は許されない。

確かに、当面、特にヨーロッパとアジアの国々においては、決定的かつ革命的な状況が消えてなくなることはないだろう。しかし、このことはまだ問題の解決ではない。戦後期の敗北から学んだことがあるとすれば、階級の信頼を確保した強大で自信に満ちた党の存在なくして勝利は考えられない、ということであるが、この決定的な点においてレーニン以後の状況は大いに劣勢である。


こうした文章の展開を見て、公開書簡が裏切り的であると言えるのは、本報告書のここまでの各章で頻繁に注釈を加えたように、共産党とソヴィエト政府の指導部の政策への反対がソヴィエト国家と民衆に対する犯罪活動である、という検察官の立場を受け容れる時だけであろう。

§二〇七　トロツキーは、外国列強との協定に関する起訴内容について、準備委員会で次のように証言した。

私の見解は、今やソ連邦の状況を解く鍵はソ連邦にはなく、ヨーロッパにある、ということです。スペインの民衆がファシストに勝利し、フランスの労働者階級が社会主義への運動の地歩を築くならば、ソ連邦の労働者は官僚独裁に大いに不満を持っているがゆえに、ソヴィエトの状況は急速に変化することでしょう。袋小路に入ってしまった彼等は言う。「ヒトラーとスターリンのどちらかを選べと言われるなら、スターリンの方がましだ」。彼等は正しい。スターリンはヒトラーよりはましだ。……

フィナティ　あなたの発言から、プロレタリアートがヒトラーを手段に使ってスターリンを打倒することを促進するお考えではないことが分かります。

トロツキー　馬鹿馬鹿しい言いがかりです！　いつも繰り返し言っているが、途方にくれて反論する気も起きない。スターリンに反対する私がヒトラーを担ぎ出すと考えるなんて。なんの目的で？　これでなにを得るというのか？　ヴィシンスキーは説明しませんでした。私は自分の過去、自分の友人、自分の未来のすべてを犠牲にして、何を得るというのか？　まったく理解できない。

フィナティ　あなたの状況判断では、スターリンよりもまずはヒトラーが打倒されるべきですか？

トロツキー　そうなることを望みます。このことについて書いたすべての論文や多くのインタビューでも繰り返しましたが、戦争が到来すれば、最初の革命は日本で起きるでしょう。日本は旧帝政と同様に、政府当局が最も野蛮に組織されており、社会構成体の矛盾が爆発します。最初の革命は日本で起きるでしょう。二番目はドイツに期待します。ドイツは鎖国的な状態ですが、ホーエンツォレルン家の帝国主義戦争の時と同様に、戦争の期間中に否応なく爆発するでしょう。というのも、ドイツにはすべての矛盾、社会的・経済的矛盾がより鋭い形で解決されずに残っているからです。（資料ＰＣ）

ソ連邦擁護に関する旧来からの見解については、次のように述べた。

……左翼反対派とともに我々は何度も、スターリンとその官僚体制を支えるだろうと断言してきました。今でも同じことを繰り返すだけです。我々は帝国主義の攻撃の手から新しい所有形態を防衛するために、あらゆる努力を尽くしてスターリンとその官僚体制を支えるでしょう。同時に、我々はスターリンとその官僚体制の手から、内側の攻撃の手から、新しい所有形態を防衛することを試みる。これが我々の立場です。（資料ＰＣ）

トロツキーは、彼が主張するソ連邦擁護の立場に関して、支持者や反対派との会合を重ねたが、この問題については個人的にも組織的にも意見が対立した、と述べた（資料ＰＣ）。

ドイツには我々の関係する組織「レーニン同盟」がありました。しかし一九二九年の初めに、この問題で袂を分かちました。フランスには、我々から離れた集団の機関紙がありました。その編集者の一人が、今回重要な証人を買って出てくれているラストです。彼は私の敵対者で、とりわけこの問題に関しては私を攻撃しています。（資料PC）

ドイツ・ファシズムに対する見解に関して尋ねられて、こう答えた。

……私は一九三〇年の初めに多くの冊子、論文を出しました。私は（ヒトラーが権力に上り詰める）とてつもない危険にコミンテルンの注意を引こうとしたのです。ところが彼等は、私がドイツのナチを過大評価してパニックに陥っていると非難し、最も緊急の敵は社会ファシストである、と主張しました。

ストルバーグ　いわゆる社会ファシストのことですか？

トロツキー　社会民主主義者です。

ストルバーグ　あなたはその評価に同意しなかったのですか？

トロツキー　同意しませんでした。彼等に言わせれば、私は純粋なファシストではなく、左翼社会ファシストです。理由は、私が共産党と社会民主党の統一戦線、ヒトラーに反対する統一戦線を主張したからです。しかしご承知のように、ドイツの共産党は一九三一年八月九日、社会民主党政府に反対してプロシアでヒトラーと統一戦線を締結しました。ヒトラーが主導し、共産党が支持した、かの有名な国民投票です。……

ゴールドマン　ヒトラーの権力掌握後の、ヒトラーとソ連邦の関係に対するあなたの見解は？

トロツキー　私は戦争を挑発しようとは思いません。ただし、ソヴィエト官僚がヒトラーとの友好関係を維持しようとする期待が、絶対的な誤りであることを著作に書きました。フランスの新聞にも一九三三年か三四年に書きました――ヒトラーの真の狙いを告発する一連の論文をブルジョア新聞に書いたのです。……（資料PC）

ヒトラーの権力掌握後のソヴィエト政府の態度については、こう述べている。

スターリンは一九三三年上半期には、ドイツ・ファシストとの友好関係継続に期待をつないでいました。当時、彼に反対して書いた論文の幾つかをご披露できます。ここで一九三三年三月十五日頃（三月四日が正しい）の『イズヴェスチャ』から引用しましょう。——「ソ連邦はドイツに敵対感情を抱いていない唯一の国家であり、第三帝国政府の政体と構成から唯一独立している」。それを破ったのはヒトラーであり、スターリンではなかった。そしてヒトラーはフランスの方向に目を向け始めた。一九三三年の上半期には、私はフランス、アメリカ、イギリスの代理人であった。ヒトラーとの友好関係に固執していたスターリンの希望が崩壊した後になって、私は職業を変えたらしい。そのことを証明できる一節が『プラウダ』にあります。私は、「ミスター」トロツキーと表現されている。英語の下手な私が「ミスター」トロツキーだなんて（笑い）。

（トロツキー証言の続き）ヒトラーの勝利とスターリン及びコミンテルンの政策変更の後、つまりコミンテルンにはドイツ・プロレタリアートの敗北から教訓を引き出す能力がないと確信して以後、反対派は、コミンテルンはもはや革命的組織でなく、指導するボリシェヴィキ党も革命党ではないと宣言した。反対派は、党をソヴィエト国家の平和的改革に必要な機関と見なし、新たに革命党が存在しなければならない、官僚政治は新たな政治革命によってのみ一掃できる、と宣言した（資料ＰＣ）。

準備委員会の聴聞中に、トロツキーの顧問ゴールドマンは、トロツキーが一九一七年にドイツの代理人としてカナダで逮捕された件に関連して、同年四月十六日付『プラウダ』のレーニン論文を引用した。レーニンはこう言っている。

トロツキー、一九〇五年のサンクト・ペテルブルグ労働者代表ソヴィエトの議長——長年にわたり革命事業に無私を貫いて身を捧げてきた——その彼がドイツ政府から資金援助された陰謀に関係したという申し立てを一瞬たりとも信じることができようか？　これは革命に対する明らかな、前代未聞の、悪意の中傷である。……（資料ＰＣ）

この発言を、レーニン自身がドイツの手先として非難された事実に照らして証拠と見なし得ると思うか、と尋ねられてトロツキーは答えた。

……私の証拠は、レーニンがドイツの代理人だったと疑う人々には絶対的な証拠ではないでしょう。だが私の告発者、我が検察官は、レーニンがドイツの代理人ではなかったことを確信しています。……私の証拠は、レーニンが私のことを一九一七年には、つまり十月革命以前には、内乱以前には、共産主義インターナショナルの設立以前には、ドイツの代理人ではあり得ないことを断言した、ということです。ですから、これは検察官ヴィシンスキーと彼の上司であるスターリンに対立する私に有利な議論であると思います。（資料PC）

　トロツキーはまた、ブレスト＝リトフスク条約によってロシアの領土を割譲した時に、ソヴィエト政府は権力獲得の手段としてドイツに有利に事を進めなかったかと尋ねられた。彼は答える中で、ソヴィエト政府は領土を割譲したけれども、社会主義を救うためにそうせざるを得なかった。これに対して自分は、社会主義を資本主義に置き換えるために領土割譲に同意したとして起訴され、裁判にかけられている、と指摘した（資料PC）。

　トロツキーは最終弁論でこれらの問題を次のように整理した。

> 「トロツキー派」のドイツ、日本との同盟というありそうもない告発を補強するために、ゲーペーウーの外国人弁護士が、次のような噂を広めている。
>
> 一　レーニンは、ルーデンドルフと協定を結び、大戦中ドイツを横断した。それは、彼の革命的任務の実行を可能にするためであった。
>
> 二　ボリシェヴィキ政府は、ドイツへの巨大な領土の割譲と賠償金支払いに尻込みをしなかった。それは、ソヴィエト体制を救うためであった。
>
> 結論　トロツキーは同じドイツの高級参謀と協定したが、それは、領土の割譲によって、国の残りの部分における彼の目標の実現可能性を確保するためであった、と認められる。（資料PC）

内乱の果てにロシアが崩壊するだろうというルーデンドルフ参謀の誤った見通しを利用してドイツを横断した際に、レーニンは計画も目的も隠していたことを、トロツキーは指摘した。レーニンはスイスで様々な国の代表からなる小規模の国際会議を招集したが、集まった人々は彼がドイツを通ってロシアに戻ることに賛同した。彼はドイツ当局とはいかなる協定も結ばず、ドイツ横断中は車両に誰も入れないという条件だけを認めた。ペトログラードに着くと、ソヴィエトと労働者に対して移動の目的と性格を説明した。トロツキーは繰り返した——ボリシェヴィキ政府はブレスト＝リトフスク平和条約で広大な領土をドイツに割譲したが、残った領土でソヴィエト体制を防衛するためであり、他に選択の余地はなかった。決定は民衆の背後に隠れてではなく、公然と開かれた議論を経て採択された。ボリシェヴィキ政府は、ブレスト＝リトフスク条約が資本主義への一時的かつ部分的なプロレタリア革命の降伏を意味することを、大衆の目から決して隠そうとしなかった。

一方、第二次裁判で彼に帰せられた活動は、レーニンのこうした事例となんの共通性もない。なぜなら裁判で言われているのは、次のようなことであった。
（一）資本主義のために社会主義を拒否する協定。（二）ソヴィエト経済を破壊し、労働者と兵士を絶滅する試み。（三）世界全体から彼の真の狙いと方法論を隠蔽すること。（四）彼の公的な政治活動の全体が、ヒトラーやミカドやその代理人が加わった彼の計画の真実について労働大衆を欺くことだけに向けられていたこと。
トロツキーは語り続けた。


確かに、ゲーペーウーの弁護人の中には、スターリンの度の強すぎるワインを水で薄める傾向があります。彼等は言う、トロツキーは口先だけ資本主義の復活に同意したのかも知れない。しかし、実際には、残りの領土で彼の綱領の精神に染まった政策の実現に向けて準備しつつあったのだ、と。まずこの変わり種は、ラデックやピャタコフ、その他の自白とは違って見えますが、起訴状の形で示された公式の解説と同様に無意味なものです。反対派の綱領は国際的な社会主義の綱領です。ヒトラーとミカドが、トロツキーの反逆と忌わしい犯罪を網羅したリストを持っていながら、トロツキーに革命綱領の実現を許すなどと、経験に富んだ大人がどうして想像できるのですか？　外国の高級参謀の協力の下に、高度な反逆行為を犯して権力の座に就こうと期待するなどと、どうして考えられるのですか？

ヒトラーとミカドがこうした代理人を限界まで使い尽くした後で、絞ったレモンのように捨て去ることは、初めから分かりきったことではないですか？　レーニンの政治局にいた六名に率いられた共同謀議者はこんなことを理解できなかったのでしょうか？　告訴理由はこのように、その二つの変種——資本主義の復活を語る公式のものと、共謀者に隠された意図を付与する半公式のもの——のいずれにおいても本質的に意味のない代物で、ヒトラーとミカドを欺くには余りにお粗末なものでした。（資料ＰＣ）

§二〇八　小委員会に出席した数人の証人が、外国列強との協定の起訴内容に関する証言を行った。ゲシュタポとのつながりに関するオイゲネ・バウアーの証言は、既に引用した（§一九六）。ハーバート・ソロウ（ジャーナリスト）はニューヨーク小委員会で、一九三四年及び三五年にかけてアメリカ労働者党に加盟していたことや、幾つかの問題についてはトロツキーと意見が一致したが、同一組織に所属できないような根本的な不同意に陥る問題もあったことを証言した（資料NY）。証言によれば、ソロウは一九三〇年八月に、ソ連訪問の後、プリンキポにトロッキーを訪ねた。

……私はロシアで目撃したことに大いに失望していました……プリンキポでは、ソ連邦擁護のスローガンを掲げる者はトロツキーも含めて、実際には半端なスターリン主義者ではないか……という見解をめぐって議論が交わされました。私は基本的な問題を彼に伝えようとしたのですが、彼は私を超左翼主義者呼ばわりし、長時間の議論で、革命的・進歩的な人間はスターリンの言動に関係なく、たとえ政権のトップにスターリンがいても、ソ連邦擁護の立場に立つべきことを私に懸命に立証しようとしました。……ソ連邦の潜在力について熱中して語る様子は、ほとんどスターリン主義者の演説を聴く思いがしたものです。（資料NY）

B・J・フィールド（人物については§六六参照）は、トロツキーのコペンハーゲン滞在中、さらにはプリンキポでトロツキーと仕事を共にしたそれ以前の四カ月間に、ヒトラーに対するトロツキー派組織の見解の問題がしばしば、トロツキーも参加して論議されていた、と証言した。

……ヒトラーの前進を食い止めることとの関連で、ソ連邦擁護の問題は国際的な左翼反対派全体に共通する大変生々しい論題でした。……ドイツでヒトラーが権力を掌握する危険について、トロツキー同志の見解の一つは、ソ連邦への直接的な一触即発の危険でした。彼は、権力の座に就いたヒトラーの役割は超ウランゲリつまりソ連邦への外国干渉の急先鋒として行動することにある、と表明しました。……一方、共産党はヒトラーの権力掌握は二義的な問題で、その可能性はほとんどなく、仮に権力にありついてもほんの数日しか持たないだろう、という立場でした。……我々の見解では、スターリン主義機構はヒトラーの危険性を過小評価することでソ連邦の防衛を弱体化していました。反対に、我々反対派は反ヒトラーのキャンペーンを国際労働運動における最も焦眉の課題と見なしていたのです。（資料NY）

A・J・ミュスト（人物については§一三八参照）は、一九三六年六月にノルウェーのホーネフォス郊外で会話した折にトロツキーが表明した見解について語った。

ホーネフォスで直接に話した時も、トロツキー主義運動にかかわった期間を通じてこの件でトロツキー同志と手紙のやり取りをした時も、反対派の主張に変化はなく、その一つは、重要な反対派の仕事はソ連邦のもとでは抑圧の厳しさゆえに実現ができない、……トロツキー主義運動の任務は資本主義諸国に影響力のあるマルクス主義の指導性と組織を確立すること、というものでした。結果として、これらの国々がソ連邦に対する戦争を仕掛けることを不可能にさせるというのが、もう一つの主張でした。トロツキー同志が労働者国家と見なしたソ連邦の防衛は、常に運動全体の主目標の一つでした。それ以上に、資本主義国家に影響力のあるレーニン主義者の組織を構築することが、結局はソ連国内にも状況変化をもたらし、ソ連国内の反対派が労働者国家の防衛と今日存在する害悪の是正を確かなものにする、と言われていました。（資料ＮＹ）

§二〇九　委員会が入手した証言録取書には、トロツキーがソヴィエトの高官暗殺と政府転覆に向けてドイツ及び日本政府と陰謀を図っていたとされる時期の、トロツキーと彼の支持者のソ連邦ならびにファシズムに対する見解に言及したものが多く見られる。代表的な証言から手短に引用する。レイモン・モリニエ（人物については§六八（九）ａ参照）は次のように言う。

……コペンハーゲンにおけるトロツキーの政治活動のすべて、演説の映画録りばかりでなく、公開講演においても、悪名高いテロリスト・センターの方針には真っ向から反対していました。……トロツキーは、コペンハーゲンに居合わせた国際組織の中心的な闘士達を一堂に集めました。……こうしてインタビューが行われ、議論全体の中心は明らかにヒトラーがドイツで権力に上り詰める脅威と、これを阻止するためのプロレタリア統一戦線に向けての精力的な宣伝工作の必要性についてであり、思い出しても興味が尽きません。（資料ＰＣ）

エーリッヒ・コーンは宣誓供述書（オスロにて）で、左翼反対派のハンブルク組織の指導部の一員として、トロツキーのコペンハーゲン滞在先に赴いて日々の行動を共にしたこと、その後、トロツキー主義とその組織とは完全に決別したことを述べている。当時のソ連邦に対するトロツキーの見解に関して、彼は次のように言う。

ソ連邦に関する問題が会話の中で議論された限りでは（めったにありませんでしたが）、トロツキーとすべての同志が、ソヴィエト体制とソ連共産党の平和的改革ならびにソ連邦の無条件擁護を、支配分派に対する政治的批判の権

利を留保しつつ、断固として支持していました。（資料ＰＣ）

Ｈ・スネーフリート（人物については§一五九（九）参照）は、一九三二年十一月二十七日から二十九日にかけてコペンハーゲンのトロツキーを訪問したと証言し、当時のソ連邦に対するトロツキーの見解に関して語っている。

私とＬ・Ｄ・トロツキーの間では、多くの問題で意見が一致しましたが、大きな違いが一つありました。私とオランダの同志達は一九二九年には既に新しい革命党とインターナショナルの必要性の観点を受け容れていました。ところがトロツキーは一九三二年末になっても第三インターナショナルの党内部での反対派活動に固執していたのです。ソ連邦擁護を強く支持しながら、革命的マルクス主義の精神を表現することは自分には納得できず、これでは、モスクワの政治的な「裁判」で告発されている活動にトロツキーが責任を全うすることができないように思われました。（資料ＰＣ）

スネーフリートは、翌三三年にも八月十八日から二十日にかけて、フランスのロワヤンにトロツキーを訪ねて、面会した。

ドイツにおけるヒトラー独裁の樹立とここ数年のヨーロッパ・プロレタリアートの大敗北に対するドイツ・スターリン主義党（ドイツ共産党）の責任は、第四インターナショナル設立の不可避性の認識と他の国々における新しい革命党の存在理由に向けて、Ｌ・Ｄ・トロツキーの背中を押すことになりました。……トロツキーが完璧に革命的マルクス主義を保持し、その実践を擁護していることがはっきりしました。（資料ＰＣ）

Ｊ・ラスト（人物については§一五四・§二〇七参照）は、ロワヤン滞在中のトロツキーの政治的関心事に関して証言している。

……トロツキーは当時、共産主義インターナショナルに対する評価の変更に没頭していました。……時間の大半を新しい考え方に即した論議を執筆することに費やしていました。……ある日曜の午後、パリから車で来た同志達との会合がありました。……議論の主たるテーマは新しいインターナショナルと党の創造でした。スターリン主義者によるドイツ革命運動のサボタージュは、トロツキーの目に、共産主義インターナショナルの最終的な破産と映りました。ヒトラーの権力掌握の大部分はスターリン主義のおかげでした。トロツキーはかつてドイツに向けて提唱した統一戦線政策を思い起こさせて、スターリン主義の政治的無能さがソ連邦を日本とヒトラー・ドイツの挟撃作戦の危機に晒したことを明らかにしました。（資料ＰＣ）

§二一〇　以上のような証人陳述の他にも、我々が入手した証拠にはトロツキーのコペンハーゲン及びサンパレ滞在中の政治的関心事を示す様々な文書資料が含まれている。左翼反対派の宣伝工作のためにコペンハーゲンで製作された映画のことは、既に述べた（§一九九）。コペンハーゲン滞在中に即興的に開催された左翼反対派の会議で採択された決議文と宣言もあり、内容は主として反対派の国際的防衛組織の創設提案とスペインにおける左翼反対派の状況についての委員会報告に関連している（資料ＰＣ）。

ドイツ社会主義労働者党のＪ・シュワブが一九三三年八月一七日から二十日にかけてトロツキーと交わした一連の会話（四日目にはＨ・スネーフリートも議論に参加した）をまとめたノートから次の一節を引用する。このノートはシュワブからトロツキーに送付された。

（トロツキーは、）代表政党の提唱による世界労働大会をパリで開催する可能性は当面見込めない、という意見だった。しかし、こうした大会が開催されれば戦争の危機とファシズムに抗して闘っている組織、特にヒトラー・ドイツへのボイコットを闘う組織には大いに役立つから、大会に向けての宣伝工作だけでも成果を生み、新しいインターナショナル結成に向けてのキャンペーンになったことだろう。

（資料ＰＣ）

ジョン・ペイトン（人物については§一五九（七）参照）からの手紙――一九三七年二月十六日付『マンチェスター・ガーディアン』掲載――は、一九三三年に南仏でトロツキーに会った時のことに触れている。

もし彼が、私や彼と接点のあるすべての人々を、世界中の彼の支持者まで含めて、ごまかそうという骨の折れる役割を演じているのでなければ（信じられない無意味な愚行だ）、

トロツキーの目標と政策全体は、第二次裁判で彼に押し付けられたものとは正反対であり、最近数年のトロツキーの全活動は、

「ブルジョア政党や資本主義政府と協力する」国際労働

者階級の運動の危険性を暴露することと、ファシズムに対する真の防波堤である共産主義者の革命的活動を強化する必要性を説くことに捧げられてきた。(資料ＰＣ)

§二一一　ソヴィエトの新聞報道が以前は、イギリス、フランス、アメリカの帝国主義の同盟者としてトロツキーを非難していたという主張を裏付ける数多くの資料の中から、一九二九年三月八日付『プラウダ』がトロツキーから紹介された。同紙には「ブルジョアジーに奉仕するミスター・トロツキー」と題したヤロスラフスキー署名の論文が掲載されている。

事実として、トロツキーは諸論文でソ連邦、ソ連共産党、コミンテルンに反対する宣伝工作を行っている。彼がイギリスとアメリカから金をもらっているのは、これを見ても明らかだ。……「宣伝工作」を理由にソ連邦と決裂をした当のイギリス国王が、トロツキーの「宣伝工作」に何万ドルもの資金を支払うというのは奇妙ではないか？　……(資料ＰＣ)

トロツキーはまた、フランス共産党機関紙『ユマニテ』(一九三三年七月二四日～二十六日付、八月二十九日付)の抜粋を紹介した。フランス政府と社会民主党の代理人として彼を非難し、ソ連邦攻撃支援にフランスの隠れ家が提供されていると書かれている(資料ＰＣ)。また、八月一日付の同紙には、彼の写真が「フランスにおける反革命の高級参謀」の一人として、シリル大公、ミレル将軍、レオン・ブルム(訳注二)、ロゼンフエリト、ケレンスキー(訳注三)、ツェレテリ(訳注四)と並んで掲載されている(資料ＰＣ)。

§二一二　資本主義とファシズム、さらにソ連邦防衛に対する見解を表明したトロツキーの著作は膨大でよく知られているが、ここでは数を限定して引用する。一九三二年に出版された『次はなにか？　ドイツ・プロレタリアートへの重要な問い』では、ドイツにおけるファシズムの勃興を論じている。

ブルジョア社会におけるプロレタリア民主主義のあらゆる要素の根絶に基づく特殊な政治形態であるファシズムの役割は、共産主義の前衛を壊滅することばかりでなく、階級全体を強制的に分裂状態に置くことにある。

彼は、スターリンがプロレタリアートの反ファシズム闘争を妨害していると見なす。

状況を打破する鍵は共産党の掌中にある。ところが、スターリン主義官僚はこの鍵を革命的行動に門を閉ざす目的で使おうとする。

スターリン主義者の政策は、弱体化し混乱するドイツの大衆がファシズムから革命に転換しようとするまさにその瞬間に麻痺させ、中国においても同様に革命的高揚期にソヴィエトの組織化を妨げ、後退期になって結成を急がせ、手遅れにさせている、と彼は主張している。

ヒトラーの権力掌握後に書かれ、ドイツ・ファシズムに対するトロツキーの典型的見解を表している冊子『ヒトラーが欲しているもの』（一九三三年）から引用する。

……全体として、ヒトラーのヨーロッパ再建計画は、人種的神秘主義と民族的な残忍さの反動的ユートピアの寄せ集めである。壊滅的批判に晒すのは容易なことだ。……

……ヨーロッパは新しい組織を求めている。だが、この事業がファシズムの掌中に陥ってしまうなら、災いあれ。……

彼の日本に対する見解は、論文「日本は破局に突き進む」の抜粋に示されている（一九三三年七月）。

概括的に言うならば、経済面で日本は大戦の相手国のいずれと比較しても弱体である。日本の工業力は数百万の軍隊に数十年にわたり武器と装備を供給する能力はない。平和時に軍国主義の重みに耐えられない日本の財政は、大戦のごく初期に完璧に崩壊するだろう。日本の兵士は総じて、新しい技術と新しい戦術の駆使に必要とされる条件を満たしていない。民衆は政権に鋭く敵対している。征服の果てに、分裂した国民を統一することができなくなるだろう。動員に合わせて、何十万という革命の支持者あるいはその予備軍が軍隊に流入する。……社会的歪みは引き裂かれ、締め付けは緩んでいる。軍事独裁の鉄のコルセットを着けて、表向きの日本は強大なように思われるが、戦争は神話を無慈悲なまでに一掃するだろう。

帝国主義の干渉がソヴィエトの民衆に及ぼす影響に関するトロツキーの意見は、敗北主義あるいは武力干渉を呼び込む陰謀を働いたという起訴内容と重大な関連がある。『戦争と第四インターナショナル——国際共産主義者連盟・国際書記局によって採択された草案テーゼ』（一九三四年）には、こう書かれている。

ソ連邦では、帝国主義の干渉に対する戦争は、真の戦闘的熱狂の紛れもない爆発を招くことは疑いない。あらゆる矛盾が克服される、あるいは克服されないまでも後景に退けられるように見える。革命から出現した若い世代の労働者と農民が、驚くべきダイナミックな力を戦場で発揮するだろう。……

§二一三　我々は、ラデックとピャタコフの証言が価値のないものであることを、証拠に基づいて認定した。したがって、トロツキーとヒトラー及びミカドとの陰謀という起訴内容は、立証されないものであるし、荒唐無稽で信じがたいものに思える。もしモスクワ裁判の証言を信じるならば、トロツキーとロシア国内の共謀者はヒトラーが権力の座に就く前も後も、ヒトラーと裏切りの関係を結んでいたことになる。また、もし当時の共産党によるソヴィエト内外の報道記事を信じるならば、トロツキーはまさにその時にフランス、イギリス、アメリカの帝国主義の代理人であり、社会民主党と反革命を共謀していたことになる。これらすべての起訴事実が暗示する見境のない謀議活動は、知性ある人間というより頭のおかしな出しゃばり者に特有なものだ。人々は、トロツキーが公にしている計画とは正反対の秘密計画を受け容れるおびただしい数の献身的な支持者を、彼がソ連国内に擁していることを示していると考えるに違いない。五大列強の政府が、別の大国の転覆を目的として、支配集団に対する個人的憎悪の他には取引材料を持たない一個人と共謀を図るとはとても考えられない。だが、第一次裁判の起訴状は明確に述べている。

ソ連邦の労働者階級と働く大衆の支持をまったく得られず……反革命ブロックの指導者であるトロツキー、ジノヴィエフ、カーメネフは白衛軍思想の沼地に沈み込み、ソヴィエト権力の最も頑迷な敵と合流した。……（資料ＺＫ）

また第二次裁判の起訴状は、次のように断言している。

……ソ連邦における社会主義の完全な勝利の結果、人民大衆のあらゆる支持を失い、孤立して、政治的に挫折した無法者とスパイの集団と化し、ソヴィエトの民衆から軽蔑の烙印を押されたＬ・Ｄ・トロツキーとその共犯者達は……労働者階級と農民の利益を乱暴に裏切り、国家を裏切ってドイツと日本のファシスト勢力の代理業者になり、諜報、牽制、破壊の活動に努めた。（資料ＰＲ）

数人の被告が、大衆の支持はあてにできないと証言した。

カーメネフ被告の例。

ひどく困難な局面に国を導いた指導部を打倒するために、どんな重大な障害が国内に潜んでいるかを考えても無駄なことだった。……二つの道が残されていた――党に反対する闘いを誠実に完璧に終わらせるか、それとも闘い続けるか。しかし大衆の支持を得る望みはまったくなく、……個人テロの手段を使って。（資料ZK）

シェストフ被告は一九三二年、セドフに、「我々には労働者と農民の間にまったく支持がない」と伝えたと主張した（資料PR）。ロギノフ証人は、「……トロツキーが考えていることは……国内の労働者とプロレタリア大衆を頼りにはできない……ということだ」とピャタコフから聞いたことを証言した（資料PR）。ソコルニコフ被告は、「我々は大衆の支持を考慮に入れることはできない」と述べた（資料PR）。ピャタコフによれば、トロツキーはノルウェーでの面談の際に、こう語ったという。

……大衆闘争の組織化が不可能な第一の理由は、労働者・農民大衆は今、国で行われつつある巨大な建設事業、社会主義建設と受け取られる建設事業の催眠術にかかっているからだ。我々の側がその方向を試みても……国内にいる少数のトロツキー派の中核部隊が急速な壊滅……に至るだけだ。（資料PR）

訴訟記録にあるこれらの陳述は、被告やトロツキーが、支援の手をソ連国内に探し求めても無駄なことを悟って、外国からの支援を求めていたことを示唆している。トロツキーがヒトラーとミカドに、ロシアの大衆に対する彼の影響力を過大に伝えたと仮定しても、彼等がソヴィエト政府打倒を重大な仕事と見なしたのであれば、額面通りに受け取るとは考えられない。さらに両裁判の記録によれば、ドイツ、日本両国はロシアで動く独自の代理人を擁して、現体制の背後にあるロシアの民衆の連帯意識について的確な情報提供を受けていたと思われる。

もし両国政府が事情を把握しながら、「政治的に挫折した無法者の集団」と謀議を重ねていたとするならば、この集団はソヴィエト国家権力の贈与と引き換えに何を提供できたというのだろう？　という疑問が生じる。両裁判の起訴状と自白によれば、権力とは謀議者が命を危険に晒した賭けであった。しかし政治的経験のある者ならば分別を働かせて、こうした状況下で、このような手段で権力を手に入れようとはしないだろう。主要な被告達は権力の仕組みに大いに精通する機会を持ち、長い政治経験を有していた。彼等が野心に目が眩んで、外国の同盟者の偽りの約束に騙されてしまった、と考える人がいるかも知れない。しかしながら、トロツキーの「十二月指令」がもたらした疑問と怖れに関する被告達自身の証言が示しているのは、彼等の権力掌握を同盟国は認めないだろうし、トロツキーの日本・ドイツとの協定はソヴィエト国家が「ファシズムの付属物」になることを意味するものだ、との確信である。実際、ラデック被告は、既に見たように、こうした協定がブロックを分裂させる危険性について証言した。さらに彼は、トロツキーもこのことを察知して、予定されていた会議の招集を取りやめたことを明らかにした（§二〇五）。ピャタコフ被告は、トロツキーとの会話に触れる中で、この「路線」を「徹底的にあからさまな、高度の背信行為」と描写し、トロツキーが、公表は勿論のこと、「トロツキー派」の厳選された集団以外に伝えることも不適切であり、不可能であると警告したことを述べている（資料ＰＲ）。

ヴィシンスキーは最終論告でこう言う。

だが、いかにして「意見の一致に到達する」のか？　そもそも、ファシストは「意見の一致に到達する」ことを望んでいるのか？　彼等は世界中至る所で、あらゆるものを引ったくり、自分の身を乗り出して弱者を打ち砕き、根絶して、意見の一致などお構いなしの行動を好むのではないだろうか？　ラデックは、はっきりと述べた。

「状況の主人公はファシズムだろう。一方はドイツ・ファシズム、もう一方は極東の軍事ファシズムだ」。

もちろん、彼等の教師であるトロツキーはこのことを他の誰よりも正確に理解していた。トロツキー派センター全体も理解していた。これが彼等の「目覚ましい」計画の第二の要点だ。

検察官の多くの陳述と同様に、これもまったく不正確だ。これまで見てきたように、被告達はトロツキーの協定に驚き、議論を抜きに受け容れる用意がなかったと証言した。トロツキーはといえば、分裂の危険を充分知りつつ、この路線を支持者に押し付けようとしたことが証拠から明らかである。言い換えれば、トロツキーはひどく滑稽に見える道筋を辿っていた。さらに、もしラデックに、トロツキーが発表した「失地回復策」の可能性が「虚構の王国の可能性」であることを見抜くだけの機知があったとすれば、トロツキー自身にその機知がなかったと考えるのは少し無理がある。

§二一四　訴訟記録をトロツキーなどが反証提出した証拠と比較すると、我々は選択を迫られる。トロツキーが自滅の可能性を予め承知で権力の座に就く陰謀を企てていたと考えるか――ヴィシンスキー陳述からの引用を見よ――。それとも、謀議があったとされる時期のドイツ・ファシズム、日本帝国主義、ソ連邦防衛に対するトロツキーの見解が、彼自身及び証人の証言、先の引用資料、彼の著作などが表現する通りのものであると信じるか。他に選択の余地はない。なぜならば、被告の証言はトロツキーの目的が、ソヴィエトの領土の一部を手に入れて、マルクス主義の計画を実行することであったという仮定を排除しているのであるから。

モスクワ裁判の決定を受け容れるためには、トロツキーが歴史上最も興味深い分裂的人格の持ち主であると信じるか、さもなければ彼の広く知られた活動が、秘密の反革命陰謀を押し隠すための骨の折れるカムフラージュであった、という検察官の主張を認めなければならない。訴訟記録の考察から、トロツキーに帰せられた反革命活動なるものが、常軌を逸した愚かしさで描かれているという、トロツキーの主張が完全に正しいことが納得できる。一方、彼の公的活動の全体が、膨大な著作を含め、長い経歴を通じて一貫性のある理論的立場を辿っていて、その立場は両モスクワ裁判で告発された活動とは正反対のものであることが分かる。我々は彼が身を捧げた目標や目標達成のために追求した方法について審判を下すつもりはない。だが、彼の経歴が図抜けた知性と能力を有した人間のものであると述べておきたいと思う。驚嘆すべき彼の公的活動が、両裁判で彼に帰せられたような愚かで、馬鹿げた、虚弱な陰謀企図をただ覆い隠すためのものであると信じることは、常識を放棄することに等しい。

§二一五　したがって我々は外国列強との陰謀の起訴内容を、立証されないばかりでなく不合理である、と判断する。

【訳注】

（一）ピョートル・ニコラエヴィチ・ウランゲリ（一八七八～一九二八）。帝政期ロシアの軍人。二〇年、南ロシアで反革命勢力を指導。敗北後、国外亡命。

（二）レオン・ブルム（一八七二～一九五〇）。〇二年、ドレフュス事件を機に、フランス社会党入党。二五年、党首。三六年～三七年、人民戦線内閣の首相。

（三）アレクサンドル・フョドルヴィチ・ケレンスキー（一八八一～一九七〇）。一七年、二月革命で成立した臨時政府の法相、社会革命党を代表してペトログラード・ソヴィエトの副議長。七月、連立政権の首相に就任。十月革命後、欧米に亡命。

（四）イラクリー・ツェレテリ（一八八一～一九五九）。メンシェヴィキ指導者の一人。一七年六月の第一回全ロシア・ソヴィエト大会で中央執行委員会副議長に選出される。二月革命をブルジョワ市民革命と見なし、自由主義政党と社会主義諸政党の連立を指向する。七月、ケレンスキー政権に入閣。一八年、グルジア民主共和国樹立を主導、二一年、同共和国が赤軍によって崩壊すると、ヨーロッパに亡命した。

二五章　「歴史的なつながり」

§二一六　三章で述べたように、我々が行う調査の範囲と内容は、モスクワ裁判の訴訟手続きによって決定されたものである。検察官ヴィシンスキーは第二次裁判の最終論告で、次の二つの範疇を定義した。

起訴状の主張及び主題の検証に資する入手済みの証拠。第一に、トロツキー派の過去の活動に基づく起訴状の主題に誤りのないことをはっきりさせる歴史的なつながりがある。また我々は、証拠としての大きな重要性を体現する被告の証言も考慮に入れる。（資料ＰＲ）

この章句は最終論告の冒頭部に現れる。「歴史的なつながり」に付加された重みは偶発的なものではなく、「被告の証言」の証拠価値より優先されていることは、トロツキー主義の歴史に関する検察官の解説が延々と展開された後に、ピャタコフ、ラデック、ソコルニコフの過去に関する解説が続く事実からも明らかである。

ヴィシンスキーが過去の歴史を特に強調している個所から幾つか引用する。

逆回しの映画フィルムのように、この裁判はトロツキー派とトロツキー主義が辿ってきた歴史の小道の主要な局面を残らず思い出させ、見せてくれた。彼等は三十年余にわたる準備の末に転向を遂げ、ファシズムの嵐のような先遣隊、ファシスト警察の一部局に変身したのである。（資料ＰＲ）

トロツキー派が反ソヴィエト・ファシスト勢力の尖兵の役割を果たしているのは、偶然ではない。トロツキー主義が反ソヴィエトの地下世界に下降し、ファシスト代理業に転向したことは、歴史的展開が頂点に達したに過ぎないのである。（資料ＰＲ）

テロリズム、破壊工作、外国列強との共謀について。

トロツキー主義が労働者階級とその党、ならびにレーニンとレーニン主義に対して、長年にわたり行ってきた闘争の仕上げに過ぎない。（資料ＰＲ）

我々が闘争の転換点に立つ時、我がプロレタリア革命の急激な高まりの時、トロツキー派の指導者達が決まってバリケードの向こう側の敵の兵営にいたことを知っている。（資料ＰＲ）

こうした歴史の重大性は、次の最後の引用句に要約されている。

……転落の歴史は、彼等がいわゆる「並行」センター、犯罪的なトロツキー派＝ジノヴィエフ派の連合ブロック分派を結成するずっと以前に始まった。有機的なつながりが証明されている。また歴史的なつながりが証明されている。私が述べてきたことは、一九年前に打倒された資本主義秩序を我が国に復活することを試みて被告席に座っている彼等の……主たる起訴内容が充分に立証され、資料的にも確証されたことに対する疑いを一掃するでしょう。（資料ＰＲ）

§二一七　我々は過去の歴史をこのように概括することに、ここでは関与しない。ただ、両裁判で被告とされた指導的人物全員が、長年にわたりソヴィエト政府と党組織の責任ある地位を占めていたこと、そして両裁判の結果、国外追放中のトロツキーと権力の座にいるスターリンを除き、十月革命の指導者の生き残りの全員が公職から追放され、処刑もしくは投獄されたことを書き留めておく。検察官の歴史解釈を認めるならば、革命の敵が拠って立つ基盤はもはや、なくなったのである。

当委員会は検察官による歴史解釈を、諸事実と一致しないという理由で、容認しない。委員会メンバー全員は豊富な経験を有し、ロシア革命の歴史的展開に全員が関心を寄せてきた。我々は準備委員会の報告書にある次の一節を支持する。

この訴訟における不偏公平の原則は、当然のことながら、委員会が基本的な歴史的事実認識を放棄することを求めるものではない。（資料ＰＣ）

したがって我々は、トロツキー主義の「歴史的展開」に関する検察官の大雑把な陳述が真実かどうかを見極めるために、ロシア革命史の徹底分析にとりかかるつもりはない。それらが完璧な偽造であると述べるだけで充分である。特に、ロシア革命の歴史については、少なくともソ連邦以外の国では、ヴィシンスキー論告のような修正を施されていない諸資料を使って簡単に近付くことができるのであるから。一方、こうした歴史の概観を立証するために持ち出された証拠――すなわち被告全体、特にトロツキーに対する起訴内容の証拠――に検察官が重要性を付与しているからには、その真偽の見極めが我々に求められている。できるだけ簡潔かつ正確に論じよう。

§二一八　まず第一に、注意しなければならないことは、検察官が論告でトロツキー主義者として激しく非難し、

トロツキー主義が労働者階級とその党に対して、ならびにレーニンとレーニン主義に対して、長年にわたり行ってきた闘争

との一体性を認定した人々が、その政治的活動の期間中、同一の組織に属し、あるいは、一貫した考え方や行動路線を辿ってきたわけでないことである。これは個々の人物に即して明らかにし得ることだ。最も重要な人物であるカーメネフとジノヴィエフの場合を考えればよく分かる。公式資料から作成した両者の経歴とトロツキーの経歴（巻頭「被告の略歴」）を比較すると、大半の期間、彼等は政治的協力者ではなかった。さらに、一九二三年から二六年まで、スターリンとともにトロツキー及び左翼反対派に対する闘いを極めて荒々しく遂行したのがこの二人であった。レーニンが二度目の病に伏した時、二人はスターリンとともに党の支配的トロイカ（三頭制）を結成し、後に認めるように「トロツキー主義」という言葉を考案した。（『偽造するスターリン学派[二]』一九二七年）

我々が入手した資料の中に、冊子『レーニン主義かトロツキー主義か』（資料PC）がある。スターリン、ジノヴィエフ、カーメネフによる共著である。表題から分かるように、トロイカによる「トロツキー主義」への攻撃である。ジノヴィエフとカーメネフがスターリンと決裂し、トロツキーと合流した時、ジノヴィエフは中央委員会と中央統制委員会の合同総会（一九二六年七月）で、発言した。

……一九二三年の反対派の中心は……プロレタリア路線からの逸脱の危険性に対して、さらには組織管理体制の驚くべき肥大化に対して、的確に警告を発した。（総会議事録、『偽造するスターリン学派』収録）

トロツキー、ジノヴィエフ、カーメネフが合同して左翼反対派の綱領が策定された（『現実のロシアの状況』参照）。しかし反対派を除名した一九二七年の一五回党大会の時に、ジノヴィエフ、カーメネフはいわゆる二三人声明に署名し（十二月十八日）、この綱領を放棄して、スターリンは正しく、こ

れまでも常に正しかったと宣言した。トロツキーとの決裂は決定的となり、八章で引用した資料が示すように、共同謀議の時期にも尾を引いていた。したがって、一九三六年八月に裁判にかけられて有罪とされた二人が「トロツキー派」扱いされたのはただ処刑目的のためであると、と充分に信じられる。

§二一九　トロツキーと決裂して以後の二人に対するスターリンの態度の急変は、本章の主題に関連するがゆえに、特記に値する。スターリンの二つの演説を見比べると明瞭である。一つは、一九二四年十一月の全労働組合中央評議会総会に向けてのもの、もう一つは一九二七年十二月のソ連共産党一五回党大会への中央委員会政治報告である。最初の演説で、スターリンは反対派による攻撃からジノヴィエフとカーメネフを擁護している。十月蜂起に反対した両人の投票に言及し(レーニン、トロツキーを含む他の一〇名はこの蜂起に賛成票を投じた)、レーニンに反対したことを軽視して、次のように述べている。

二人は蜂起の支持者と同等に蜂起の政治指導組織に加わった。……分裂は起きず、意見の相違は数日しか続かなかった。理由はただ一つ、カーメネフ同志、ジノヴィエフ同志がレーニン主義者であり、ボリシェヴィキであるからだ。(スターリン著『十月革命』)

スターリンはこの演説で、レーニンが彼等を党から除名した動機に言及しなかった。だが一九二七年のスターリンによれば、この時のレーニンへの反対はメンシェヴィズムへの「転落」の始まりとなった。

……反対投票が我が国における社会主義の勝利的建設の可能性を否定するものであることは、誰の目にも明らかである。そして、この可能性の否定によってメンシェヴィキの地位に直接に公然と転落したのだ。この問題で反対派がとった路線は目新しいものではない。というのも反対派の現在の指導者であるカーメネフとジノヴィエフは十月蜂起の推進を拒否した時に、この路線を取り始めたのであるから。……カーメネフとジノヴィエフは鞭を見せられてようやく蜂起を支持した。レーニンは党を除名するという脅しの鞭で二人を動かした。……二人は足を引きずるようにして蜂起に参加せざるを得なかったのだ……(前掲書)(傍点は調査委員会による)

矛盾した言動はおのずと発覚するものだ。政治的反対派に対するスターリンの態度の目を見張るばかりの変化は、二つの文書を並べてみると明らかになる。例えば一九二四年の演説でスターリンは、党内部における意見の不一致の存在と彼等が許される範囲にあることを強調している。

内部における意見の一定の差異を許容しなければ、党はカースト的存在に堕して、革命党ではなくなってしまう。……

（十月蜂起直前の）当時、中央委員会でなんらかの意見の相違があったのか？　確かにあった、それも決して些細なものではなかった。……

反対派の鎮圧手段についての論議があり、分裂の可能性もあった。同志諸君、こうしたことはすべてナンセンスだ……鎮圧については、私は断固として反対した。（前掲書）

ところが一九二七年には、党内部に残り続ける反対派の意見の相違は、

我が国における資本主義の復活への……世界のブルジョアジーへの……屈服の精神を象徴している。（前掲書）

として、除名と追放という鎮圧行為の根拠となった。繰り返し何度も指摘してきた、政府の施策への反対意思を政府に対する犯罪活動と同一視するヴィシンスキーとさして変わらない。

§二二〇　歴史的事実にかかわるすべての事柄で政治的指導者の意見を検証する際には、意見提出時の政治的抑圧についての注意深い考察、及び関連する歴史資料との周到な比較がまずは必要となる。先に述べたジノヴィエフ、カーメネフに対するスターリンの態度の変化は無論、その間に、二人がトロツキーに合流した事実によって説明される。また党内部の反対意見に対する彼の態度の変化は恐らく、反対勢力が強くなり、自派の優位性が脅かされて新しい反対派連合が生まれそうな状況が到来したことによるものだろう。この二つの文書が言及している時期についての史料に目を転じると、一九一七年のスターリンは、一九二四年と同様に、十月蜂起へのジノヴィエフ、カーメネフの反対を軽視した。二人は党外の報道機関で反対を表明した。レーニンは中央委員会への手紙で、この行動を「限りなく恥ずべき」ものと見なし、党からの除名を提案した。同日の十月二十日に、『プラウダ』の編集者の一人であるスターリンは「編集委員会による声明」を公表したが、同じく編集者であるソコルニコフは後に、自分はかかわっていないと断言した。声明文の一節。

我々の側としては、ジノヴィエフ同志から出された声明に関して決着をつけるために、問題が検討されることに期待感を表明する（カーメネフ同志のソヴィエトでの声明についても同様に）。レーニン同志の論文の痛烈な調子も、我々が根本において一致している事実を変えるものではない。（『偽造するスターリン学派』）

事実問題として、中央委員会の大多数は、ジノヴィエフ、カーメネフの除名を拒んだ。トロツキーの証言によれば、レーニンは、

蜂起の二日後には、我々の決定に大いに満足した。（資料PC）

声明は、ジノヴィエフ、カーメネフが政治局メンバーにしてレーニンの密接な協力者であり、責任ある公職にとどまっている事実が、必然化したものである。

ジノヴィエフ、カーメネフの蜂起反対がメンシェヴィズムへの転落の始まりだったと言うスターリン演説のような非難に取り組む際にどんな注意が必要かを示すために、一九一七年にレーニンがロシアに帰国する直前の、スターリン自身のメンシェヴィズムに対する態度を引用しよう。一つの例で充分だろう。一七年年三月の党大会で、メンシェヴィキの指導者ツェレテリから出されたボリシェヴィキとメンシェヴィキの統合提案を議論している時に、スターリンは次のように述べた。

我々は進まなければならない。統合の条件に関する我々の提案を明確にする必要がある。統合は、ツィンメルワルト=キーンタール宣言の路線に沿って可能である。（『偽造するスターリン学派』）

この一節から明らかになることは、もし一九二七年のスターリンによるジノヴィエフ、カーメネフへの攻撃が正当とすれば、同じ基盤に立っていた彼自身も攻撃されて然るべきであったということである。

§二二一　レーニンが党の政策に対する批判を党員の基本的な権利と見なしたことは、彼の発言を表面的に検証するだけでも明瞭であるし、彼の政策への反対を決して反革命攻撃と見なさなかったこともはっきりしている。この点については多くの引用が可能だが、その一つを見ればこれらが書かれた特異な状況がわかる。一九二一年の第一〇回党大会は、レーニン自身の動議により、党内の分派結成と分派綱領の禁止を

非常手段として採択した。同じ大会でリャザノフが、分派綱領に基づいて今後の大会代議員選挙を行うことを禁じる提案をした。レーニンは彼に反対して、次のように発言した。

ある問題について根本的な不一致が生じた場合、党に上申する権利を党と中央委員会から剝奪することはできない。……今大会が次の大会の代議員選挙を拘束することは、いかなる方法、いかなる形態をもってしても認められない。例えば、ブレスト＝リトフスク平和条約のような問題が生じたらどうするのか？　やはり認めることはできない。綱領で争い選挙を行うことが必要になる、ということがあり得るのだ。（『レーニン全集』二六巻、ロシア語第三版、一九三五年）

先の引用から明らかなように、レーニンは党大会の権威を至上のものと見ていた。非常時においても、党員が自らの見解を党大会で表明する権利の行使を、分派綱領に基づくものであろうと、阻害しなかった。指導部に対して分派が反対表明するような重要な論争を正当化するどころか、必要なものと見なしていた。

レーニンは、政権党に対する外部からの反対意見さえ、プロレタリアートと国家の利益に不可欠なものと見ていたように思われる。一九二〇年十二月三十日、第八回ソヴィエト大会の党フラクション（党員会議）の場で行った労働組合問題に関する議論から、際立った一節を引用する。

トロツキー同志が労働者国家について話している。言わせてもらうが、それは抽象物なのだ。……それは労働者国家とは全然違う、というのはまったくの冗談にしても、そこにトロツキー同志の基本的な誤りがある。……我々の国家は実際のところ労働者国家ではなく、労働者と農民の国家だ。……我々の党の綱領から見ても、我々の国家は官僚的に変形された労働者国家というべきものだ。……

組織されたプロレタリアートは自らを防衛しなければならず、我々はこうした労働者の組織を、国家に反対する労働者の防衛のために、また労働者による国家の防衛のために利用しなければならない、これが我々の直面する現状だ。（『レーニン全集』一八巻、ロシア語版、一九二五年）

このレーニンの態度は、ヴィシンスキーがトロツキーに対して持ち出す特異な「歴史的証拠」の幾つかを検証する際に、銘記しておくべきものだ。これらの「証拠」を取り上げる前に、当委員会としては次のことを強調しておきたいと思う。我々は、レーニンを絶対無謬《むびゅう》の権威として引き合いに出すわけではない。しかし、検察官がトロツキーと幾人かの被告に対して持ち出した「歴史的証拠」の一つの中で、彼等が過去にレーニンに背いたとするからには、彼が率いた指導部の権威ならびに党員による指導部への反対表明の問題に対するレーニン自身の態度をはっきりさせておくことが適切である。

§二二二　検察官が次に引用する論点を立証するものとして挙げる歴史的「証拠」を一つひとつ考察していこう。

トロツキー派集団が、外国秘密機関と侵略者の高級参謀の指令で動く破壊主義者及び虐殺者の集団と化したのは、トロツキー主義が労働者階級とその党、ならびにレーニンとレーニン主義に対して長年にわたり行ってきた闘争の仕上げに過ぎない。……トロツキー派の政治活動の全歴史は、労働者の理想と社会主義の理想に対する裏切りの連鎖である。（資料ＰＲ）

§二二三　ヴィシンスキーは第二次裁判の最終論告から引用した先の一節の後で、次のように述べている。

周知のように一九〇四年にトロツキーは極めて卑劣な冊子『我々の政治的任務』を出版した。この冊子は、我々の偉大な教師であり、プロレタリアートの国際的指導者であるレーニンに反対し、ボリシェヴィキ、労働者階級、社会主義の勝利の道に関する偉大なレーニン主義者に反対する下品なあてこすりがたくさん詰め込まれている。この冊子でトロツキーは、マルクス主義＝レーニン主義の偉大な思想に、悪意に満ちた唾を吐いている。プロレタリアートに偏見を抱かせ、非妥協的な階級闘争の道からプロレタリアートを連れ戻そうとし、プロレタリア革命とボリシェヴィズムを中傷し、レーニンをフランス・ブルジョア革命の英雄ロベスピエールにならって「マクシミリアン」呼ばわりして中傷し、それによって国際プロレタリアートの偉大な指導者に恥をかかせようとした。（資料ＰＲ）

ロシア語で書かれたこの「卑劣な冊子」（『我々の政治的任務』）は、準備委員会に提出された（ロシア社会民主労働党による出版、一九〇四年）（資料ＰＲ）。これに関連するトロツキーの証言から引用する。

これは理論的・政治的な冊子であり、いかがわしいものではない。多くの誤りもあると思う。……この本の幾つかの章はそんなにひどい出来ではない。妥当さを欠く章も幾つかある。ご承知のように、若い頃に、レーニンを……私とは無縁の人物として描いた。しかし、……私の見解が変わったことで、私の誤りを正した。だが、いかがわしいとか、嫌悪感を催すものではない。（資料PC）

この冊子について議論する前に、著述に至る経緯を簡潔にまとめておく。一九〇三年のロンドン大会で起きたロシア社会民主党のイデオロギー的分裂（訳注一）に続いて、ロシア社会民主主義運動内部に党の政策をめぐって深刻な論戦が繰り広げられた。レーニンは強力な中央集権化を主張し、トロツキーなどはこれに反対した。この時期にレーニンを「ジャコバン（訳注二）」と攻撃したのはトロツキーだけではなかった。マルトフとアクセルロードが先んじて反対を唱えていたが、レーニンは冊子『一歩前進、二歩後退』で応酬した。トロツキーの『我々の政治的任務』の一部は、『新イスクラ』紙上でローザ・ルクセンブルグも批判したこのレーニンの著作を論じたものである。

ごく簡単な要約だが、当時の辛辣な論争スタイルで書かれたトロツキーの著作の政治的背景は、以上のようなものである。トロツキーは、党はプロレタリアートのために行動するというより、プロレタリアートを指導すべきである、と論じている。党の指導部が、いわば労働者の背後に隠れて行動している様子を論じる中で、レーニンの『なにをなすべきか』から次の一節を引用している。

「我々は……非合法のゼムストヴォ（訳注三）大会で、卑屈に嘆願するのでなく、闘うようゼムストヴォの労働者を激励(!!!)した。……我々は抗議する統計学者を激励し、スト破りをする統計学者を叱った（！）。」［感嘆符は引用者トロツキーによるもの］

トロツキー自らはこう述べる。

> これが、レーニン同志とともに「我々」がしようとしていることなのだ！　もう一歩進めば、「我々」は天体の日食や月食を「激励」し始めることだろう。

「組織化の問題」の項でトロツキーは、レーニンの組織化計画が党建設ではなく、働らく工員のほとんどが革命主義者であるような社会民主主義的工場の建設に終わってしまうだろうし、この計画が指導者の訓練を欠いている、と論じている。党内民主主義の議論ではこう述べている。

> 兵営体制を我々の党の体制とすることはあり得ない。工場が党のモデルでないのと同じことだ。

彼はレーニンの知的不一致、不快なデマ扇動、皮肉な態度を非難し、このつながりについてこう述べている。

マルクス主義は彼にとって、重大な理論的な課題を負わせる科学的な研究の方法ではなく、足跡を消す必要がある時に使われる足拭きマットであり、勇姿を誇示する背景の白いスクリーンであり、党の良心を見せつける時に便利な伸縮自在の巻尺のようなものだ。

最後のくだりはレーニンの『一歩前進、二歩後退』の引用で始まる。

「ジャコバンは階級の利害を自覚したプロレタリアートの組織と密接に結びついた、いわば社会民主主義の源流だ。」

トロツキーは、ジャコバンがブルジョアの急進的・理想主義的・合理主義的なユートピアンだと論じ、ジャコバンは真に、

非妥協的であり、我々と同様である。ジャコバンは恐るべき政治的告発の術を知っていて、穏健という言葉でこれを表現した。我々には日和見主義という非難用語がある。我々自身と日和見主義の間にプロレタリア階級イデオロギーの理論的組織の楔《くさび》をあてがい、階級闘争の一撃ごとに深く打ち込むのである。我々はこうして日和見主義から身を清める。……ジャコバンは彼等自身と穏健の間に、ギロチン刑具を置いた。階級闘争の論理は彼等に背き、彼等はその首を刎《は》ねようと努めた。狂気の沙汰！　ヒュドラの頭は増え続け、その間にも、徳と真実の理想に捧げられた頭は日に日に少なくなっていく。……ギロチンは政治的自殺の機械装置に過ぎなかったし、自殺自体は望みのない歴史的局面が宿命としてもたらしたものであった。私有財産を基礎とする平等の先駆者、階級的搾取の枠内での普遍的倫理性の告知者。

プロレタリアートの国際的運動は穏健の廉《かど》で革命裁判所に告発され、マルクスの獅子のような髪をした頭は、最初にギロチンの一撃で刎ねられたことだろう。ジャコビニズムの方法論をプロレタリアートの階級闘争に持ち込む試みは純粋な日和見主義の極みであり、一時的な成功の虚構にプロレタリアートの歴史的利害を犠牲として捧げることである。

彼はレーニンの政策をジャコバンまがいと攻撃し、ロベスピエールの政治的格言である、

> 「私は二つの党派しか知らない。こちらには善き市民、あちらには悪しき市民」がマクシミリアン・レーニンの心に深く刻まれている。

と言い、さらにレーニンのジャコビニズムに言及して、

> 彼の失敗の秘密であり、彼の狭量な猜疑心の原因

であるとした。彼はレーニンを「我々の党の反動派の指導者」と呼び、「党の階級的性格に理論的攻撃」をしていると非難して、遠回しに「機転のきく統計学者にしてずさんな法律学者」に見立てている。彼はウラルから来たレーニンの信奉者を、「プロレタリアートの独裁ではなく、プロレタリアートに対する独裁」を唱えていると非難する。トロツキーはこのような政策が成功するとは信じない。

> プロレタリアートが有する社会に対する独裁の能力は、自身への独裁に耐えられないことは明らかである。支配権力を掌握した労働者階級は、その隊列の中に政治的なくずれ者を、その貨物列車の中にイデオロギー的な厄介者を抱え込むことは疑いない。独裁の時代には、意識から偽りの理論やブルジョアの遺物を排除し、自らの隊列を政治的な美辞麗句を並べ立てる者や革命的な頑固者から解き放つことが必要になるのは、今と変わりない。……しかしこの厄介な任務は、プロレタリアートの頭上に厳選された人間集団を、さらには解任権や降格権を付与された一人の人間を置くことでは解決できない。

レーニンが率いるウラル・グループの態度は、トロツキーが思うには、地方的な「不合理」というより、もっと重要な事柄を孕んでいる。

> ウラル文書の出現よりずっと以前に、シベリア代表団は、「戒厳令」の論理に従って、解放闘争における社会民主主義の指導権は、結果として社会民主主義に対する一人の人間の指導権に帰結する、と書いたことがなかったか？　さらに、レーニンはウラル社会民主主義的ブーランジズム(訳注四)の仕組みの中で、中心的な役割に備えて身を纏う人物を知っているのではないか？　……彼はこの問題に沈黙を守っているが、たいそう表情豊かで、事前に自分の役割を承知し、こっそりと着飾っているかのように見える。

「卑劣な冊子」（『我々の政治的任務』）の内容とスタイルはこうしたものであった。当委員会は、トロツキーによるレーニン批判の妥当性如何には一切関与しないが、この冊子がヴィシンスキーの言う類のものかどうかという問題にはかかわらざるを得ない。第一に、この冊子には、プロレタリアートないしプロレタリア革命に対する誹謗中傷と解釈し得るものは何もない。「プロレタリアートに偏見を抱かせ」、「非妥協的な階級闘争の道から」連れ戻す試みと解釈し得るものは何もない。先の引用は、この非難が誤りであることを立証している。トロツキーが「マルクス主義=レーニン主義の偉大な思想に、悪意に満ちた唾を吐いている」というヴィシンスキー陳述を正当化するものも一切ない。この著作がレーニンを攻撃しているのは理論の問題ではなく、戦術の問題であり、マルクスを攻撃してはいない。先の引用から分かるように、トロツキーがレーニンを攻撃するやり方は、「下品なあてこすり」ではなく、辛辣にして率直なもので、当時のロシア革命運動の反体制勢力の間で交わされた「論争」では珍しくもなかった。今日の民主主義国家における入り乱れた政治的キャンペーンに慣れた人々にはさして衝撃的でもないだろう。我々が証拠として保有する幾つかの論文に示される今日のソヴィエトの公式報道の「論争」に比べれば、大いに温和で節度をわきまえたものである。

この分野ではレーニンも、トロツキーに引けを取らなかった。彼の著作に精通している人なら、彼が辛辣な毒舌の名手であったことは誰でも知っている。実例として、検察官が八月ブロック（訳注五）の「歴史的証拠」を論じた際に引用した文章を挙げる。

> レーニンは、このブロックが「原理原則を欠き、偽善と空疎な言辞に基づいて築かれた」ものであると書いた。……トロツキーに関しては、「ロシアにおける大衆的な労働者階級の運動がまだ覚醒していない時期に見られた、過去の歴史的構造と秩序の破壊に特有のタイプ」と書いている。（資料ＰＲ）

我々にはこの引用の出典は不明であるが、トロツキーは最初の一節について尋ねられて、こう述べた。

> この文体は絶対にレーニンのものに違いない。彼は正しかった。ブロックは不毛な試みで、レーニンはかかわりを一切拒んだ。彼は政敵に深刻な打撃を加えた。（資料ＰＣ）

その気になれば、レーニンの著述からもっと辛辣な形容句を引用できるが、紙幅にも限りがある。ここでは、トロツキーとレーニンの間の論争においても最低限の礼節は保たれていた、と述べるだけで充分である。

§二二四　一九〇五年の流産に終わった革命は、「ジャコビニズム」論争と一九一一年から一二年にかけての「八月ブロック」の間の時期の出来事である。ヴィシンスキーはトロツキーの「労働者の理想と社会主義の理想に対する裏切りの連鎖」（資料ＰＲ）を論じる際に、この一九〇五革命への論及を避けた。トロツキーはサンクトペテルブルグ・ソヴィエトの代表として、この革命を指導し、失敗後にシベリア追放の刑を受けた。検察官の主張とは鋭い対照をなす彼の政治史の一章である。トロツキーが一九〇四年に先の辛辣な言葉を向けた当のレーニンはこう言っている。

フルスタレフからトロツキーへのソヴィエトの方向転換は、計り知れない巨大な前進となるだろう。

§二二五　検察官の主張の続き。

……一九一一年から一二年にかけて、トロツキーは後のトロツキー派＝ジノヴィエフ派連合と同様のブロックを結成した。資本の従僕、メンシェヴィキ、ボリシェヴィキ党の隊列から追放された者達、軟弱な知識人、労働者階級運動のがらくたどもを集めたいわゆる「八月ブロック」である。……（資料ＰＲ）

先に、このブロックに関して、レーニンの著述のヴィシンスキーによる引用と、「かかわり」を拒んだレーニンは正しかったと言うトロツキーの発言を紹介した。トロツキーによれば、このブロックはボリシェヴィキとメンシェヴィキの和解に向けての試みであった。

レーニンは改良主義者をことごとく資本主義の従僕と呼び、会議に参加したメンシェヴィキを同様に名指しした。それは政治的評価の問題であり、犯罪的思想の問題ではない。（資料ＰＣ）

八月ブロックの歴史はレーニンとジノヴィエフ共著の冊子『社会主義と戦争』の中で、次のように語られている。この冊子は一九一五年八月に書かれ、ジュネーブで発行されている機関紙『ソツィアル・デモクラート』から出版された。

我々の党に反対する社会民主主義グループの歴史は、崩壊と退廃の歴史である。一九一二年三月、彼等のすべてが漏れなく我々を罵りながら「統合した」。だが同年八月、我々に反対するいわゆる「八月ブロック」が設立された時には、崩壊が始まった。グループの一部が脱退した。彼等は党や中央委員会を設立する立場ではなかった。彼等が設立したのは、「統一再建に向けての」結成委員会であった。実際には、この委員会はロシアの解党グループの盾にはならないことが分かった。一九一二年から一四年にかけてのロシア労働運動の目覚ましい高揚と大衆的ストライキの全期間にわたって、八月ブロックの中で大衆活動を行った唯一のグループが「ナーシャ・ザーリャ」であったが、その強みは自由な結合にあった。一九一四年初めに、八月ブロックから正式にラトヴィア社会民主党が手を引いた（ポーランド社会民主党はブロックに参加せず）。ブロックの指導者の一人であるトロツキーは非公式に脱退して、独立グループを組織した（『レーニン全集』一八巻、一九三〇年。「モスクワのレーニン研究所が唯一公認した編集版」）

レーニンとジノヴィエフは八月ブロックを「我々に反対するブロック」と呼んでいるが、その目的が「統一の再建」にあることは、ブロックに好意的でない資料からの引用でも明らかである。レーニンとジノヴィエフが一九一五年の著作でブロックを批判したのは、政治的に有効でないという理由によるものであり、犯罪的と見ているわけではないことも明らかである。この冊子の出版から二年も経たないうちに、レーニンとトロツキーは密接な協力関係を築き、それはレーニンの死まで続いたことをここに記しておく。

§二二六　ヴィシンスキーの言う「歴史的なつながり」の次なる「証拠」は、以下のようなものである。

一九一五年にトロツキーは、一国における社会主義の勝利の可能性についてのレーニン理論に反対することを表明した。このように、彼は二十年も前から資本主義に完璧に囚われていたのである！（資料ＰＲ）

「一国における社会主義」という熱烈に論争された問題に立ち入ることなしに、この告発を検証することはできない。したがって当委員会としては、社会主義が単一の孤立した国家で建設し得るという理論、あるいは幾つかの先進国におけるる社会主義革命によって支えられない限り一国における社会主義革命は成功しない、という正反対の理論のどちらが正しいかという問題には一切関与しないことを、強調しておきたい。さらに、トロツキーがこの問題あるいはレーニンと一致した他の問題で、正しかったかどうかを明らかにすることにも関与しない。しかし、ヴィシンスキーが引用個所以外でも、社会主義が単一の国で成功裏に建設し得るという理論をレーニンに由来するものとした上で、この問題でトロツキーがレーニンに反対したことを取り上げて、一貫して反対してきた歴史的証拠の一環として表現するからには、歴史的資料の参照によって、次の点をはっきりさせる必要がある。

（一）「一国における社会主義」に対するレーニンの見解。

（二）この問題でトロツキーがレーニンに反対したという告発の真偽。

　ヴィシンスキーが言うように、レーニンが一九一五年にこうした理論を展開し、トロツキーがこれに反対したとしても、検察官の言う二番目の罪状はやはり無理な推論、虚偽の推論であろう。資本主義への屈服が、社会主義が一国において可能であるという考えを受け容れない場合の唯一の選択肢とは決して言えない。さらにこの問題に関するトロツキーの膨大な著述をごく表面的に検証するだけでも、彼が一国社会主義の思想に反対して、社会主義は国際的規模においてのみ究極的に勝利し得るという思想を抱いていることが分かる。後出の引用にもあるが、スターリン自身のトロツキー攻撃の基盤に立っても明らかである。

　理論面にとどまらない重要性を持つこの論戦は一九二四年に始まり、ソ連邦の内外政策全体に影響を及ぼした。その展開を追い、判断を下すことは我々の仕事の範囲を越える。既に述べてきたように、我々の唯一の関心は、レーニンが一国社会主義の勝利の理論を展開したかどうか、そしてトロツキーがこれに「反対を表明した」かどうかを立証することである。

　一九二四年十二月にスターリンは冊子『十月革命とロシア共産主義者の戦術』を出版し、一国における社会主義の建設は可能であるという意見を主張して、この思想を権威付けるためにレーニンを引用した。冊子は八カ月前の四月に出版した『レーニン主義の基礎』に続くもので、この前著ではこう述べている。

　一国のみにおける社会主義の勝利は不可能であると思われてきた。ブルジョアジー打倒はすべての先進諸国家、少なくともその大多数におけるプロレタリアの結束した行動によってのみ到達し得るとの前提だった。この主張はもはや事実と合致していない。我々は今やこうした勝利の可能性を前提として、行動にかからなければならない。異なる資本主義諸国家間における社会発展速度の多様性（帝国主義の条件下で、飛躍と躍動が見られる国もある）、不可避的に戦争に至る帝国主義国家対立の出現のような壊滅的な矛盾の展開、世界中のあらゆる国々における革命運動の発展――これらの要素が一体となって作用し、個々の国々におけるプロレタリアの勝利を可能にしているだけでなく、必然化している。……

しかしながら、一国におけるブルジョア権力の打倒とプロレタリアート権力の樹立はそれ自体では社会主義の完全な勝利を意味しない。主たる事業である社会主義的生産の組織化がまだ前方にある。この事業は完遂し得るか？　社会主義の最終的勝利は確保できるか？　ただ一国で、幾つかの先進諸国のプロレタリアの結束した奮闘なしに。いや、問題外だ。ロシア革命の歴史は一国のみにおけるプロレタリアの強さでその国のブルジョアジーを打倒できることを示した。しかし、社会主義の最終的勝利のためには、社会主義的生産の組織化のためには、一国の強さでは（特にロシアのような農業国家では）充分ではない。そのためには、幾つかの先進諸国のプロレタリアの統一した強さが求められる。……（ヨシフ・スターリン著『レーニン主義』一九二八年、ニューヨーク）

二番目の段落は第二版ではもっと強い表現になっていて、次のような言葉が並んでいる。

これは、ただ一国の労働者が、支援もなく、外国の干渉を免れ、旧体制の復活を免れて、社会主義を明確に導入し得ることを意味しているのだろうか？　いや、絶対そうではない。そのためには、すべての国とは言えないにせよ、少なくとも幾つかの国における革命の勝利が必要だろう。……（前掲書）

一九二六年一月二十五日の日付が記されている『レーニン主義の諸問題』で、スターリンはこの二つの段落の文章を、「一国における社会主義の勝利の問題の二つの公式化[二]」と表現し、二番目の公式について以下のように書いている（彼は第一版から引用している）。

それは幾つかのレーニン主義批判に向けられ、トロツキー主義者に向けられたものである。彼等は、プロレタリアート独裁は、一国単独では、他の諸国におけるプロレタリアの勝利なくしては、「保守のヨーロッパに抗して持ち堪えることができない」と断言した。この目的の観点からは（この観点においてのみ）、公式は一九二四年四月にちょうど適合しており、疑いもなく効用を発揮した。（前掲書）

この公式の誤りを自ら述べている。

支援を受けない一国の勢力による社会主義社会の組織化は不可能である、と暗示しているように解釈される余地がある——宣言の誤りだ。（前掲書）

一九二四年十二月の『十月革命とロシア共産主義者の戦術』で、この部分は訂正された。この冊子で、スターリンはレーニンを引用して、社会主義の勝利は隔絶した国で可能であるという思想を権威付けた。彼が依拠する章句の一つは、レーニンの論文「ヨーロッパ合衆国のスローガン」にある。この論文は最初一九一五年八月、スイスの『ソツィアル・デモクラート』（当時のボリシェヴィキ党の中央機関紙）で発表された。関連する個所を引用する前に、歴史的背景を見ておく必要がある。一九一五年二月から三月にかけてベルンで開かれたボリシェヴィキ党在外支部の会議で、「ヨーロッパ合衆国」のスローガンを採択する問題が提起された。

議論は一面的に政治的な方向に走り、出版物で問題の経済的側面の分析がなされるまで、問題を先送りすることが決定された。（『レーニン全集』一八巻）

レーニンの論文は、現在の経済状況においてこのスローガンが正しくない理由を説明したものである。

……ヨーロッパ合衆国のスローガンは、ロシアを先頭とするヨーロッパで最も反動的な三つの君主国との関連で考案されたものであり、政治的スローガンとしてまったく文句の付けようがないにしても、その経済的な内容と意味合いという最も重要な問題が手付かずに残っている。帝国主義の経済的条件の観点、すなわち資本の輸出と「先進的」かつ「文明化した」植民地列強間での世界分割から見れば、資本主義のもとでのヨーロッパ合衆国は不可能であるか、反動的であるか、どちらかだ。（前掲書）

この結論に至る理由を列挙した後、論文は続けて、世界合衆国（ヨーロッパだけでない）は、社会主義との関連で構想されるべき民族統合と自由の国家形態であると述べる。さらに一国における社会主義の勝利への言及を含む一節が続く（傍点は調査委員会による）。

……民主主義的な形態を含め、いかなる国家をも消滅させる共産主義の完全な勝利によって初めて実現するものとして、（世界合衆国を）考えている。だが、独立したスローガンとしての世界合衆国は正しくない。理由の第一は、社会主義と一致してしまう。理由の第二は、一国における社会主義の勝利が不可能であると意味しているように、誤って受け取られかねない。国と国との関係について誤解を生みかねない。
不均等な経済的・政治的発展は資本主義の避けることのできない法則である。このことから、社会主義の勝利は、その始まりにおいては、幾つかの資本主義国で別個に起きても、たとえ一国でさえも、可能である。その国の勝利したプロレタリアートは、自国の資本家から財産を没収し、社会主義的生産を組織化した上で、他の資本主義世界に対して決起し、他の国々の抑圧された階級を引き寄せ、彼等とともに資本家に対する反乱を起こし、必要な場合には、搾取階級とその国家に向けて武装した軍隊を派遣するだろう。プロレタリアートが勝利した社会の政治形態は民主主義共和国であり、いまだに社会主義に移行していない国家に対する闘争の渦中にある国ないし国々のプロレタリアートの勢力をさらに集中化するだろう。抑圧された階級であるプロレタリアートの独裁なくして、階級の根絶は不可能である。他の国家に対する社会主義共和国の、程度の差こそあれ長期にわたる断固たる闘争なくして社会主義の国々の自由な連合は不可能である。（前掲書）

この二番目の段落の文章をもとに、スターリンは十二月の冊子［『十月革命とロシア共産主義者の戦術』］で推論する。

レーニン自身のプロレタリア革命の理論とは、すなわち、たとえその国の資本主義の発展が遅れている条件にある場合でも、社会主義は一国単独で勝利し得る、というものである。

レーニン「自身」のプロレタリア革命理論のこうした公式化は、スターリンの四月冊子［『レーニン主義の基礎』］における公式化と明確に異なることに注意せざるを得ない。四月冊子第二版から、これに対応する個所を引用する。

……革命が勝利した国は自らを自立したものではなく、他の国々のプロレタリアートの勝利を促進させる援助であり、手段であると見なさなければならない。レーニンはこの思想を次のように簡潔に表現した。
「いかなる国にあっても、勝利した革命は、他のあらゆる国々の革命を発展させ、支援し、覚醒させるために力の極限を尽くさなければならない。」（『レーニン全集』一五巻）（当委員会はロシア語版原文から引用した）
概括的には、レーニンのプロレタリア革命の理論の特徴はこうしたものである。（『レーニン主義』）

スターリンは十二月冊子で、トロツキーの永続革命理論(三)はスターリンの定義するレーニンのプロレタリアート革命理論と対立するものであると主張し、トロツキーの冊子『平和の綱領』(四)から次の一節を引用している。

ヨーロッパ合衆国のスローガンに対する唯一の具体的・歴史的な異議申し立ては、機関紙『ソツィァル・デモクラート』が明確にした。こういうものだ――「政治的・経済的発展における不均衡性は資本主義の究極的法則である」。ここから、同紙は、社会主義が一国単独でも勝利し得ると し、したがってプロレタリアート独裁がヨーロッパ合衆国の開始に基づく相互依存を図る必要がない、と結論付ける。しかし、この不均衡性は、それ自体、不均衡なのである！

確かに資本主義の発展度はイギリス、オーストリア、ドイツ、フランスで同じではない。にもかかわらず、アジアやアフリカとの比較では、これらの国々は社会主義革命の対象として成熟した資本主義の「ヨーロッパ」を体現している。いかなる国も、他国からの闘争参加を「待機する」余裕はない。これは繰り返し言われるべき基本的な真実であり、同時的・国際的な行動の思想を、国際的な先送りと怠惰に置き換えることはできない。我々のイニシアティヴが他国にも波及することを確信して、他国の状況を待つことなく国民的規模で闘争を開始し、継続しなければならない。こうしたことがなければ、例えば、革命ロシアが保守的ヨーロッパに直面して持ち堪える、あるいは社会主義ドイツが資本主義世界の真只中で孤立しながら持続するという期待も空しく終わることだろう。(『トロツキー全集』ロシア語版、三巻)

スターリンによれば、ここには、

……社会主義の勝利はヨーロッパの指導的な国々で同時に生じなければならない、という理論がある。この理論は、レーニンの革命理論、一国における社会主義の勝利と対立している。(『レーニン主義』)

これが次のようなヴィシンスキーの告発の出典であることは明らかである。

一九一五年にトロツキーは、一国における社会主義の勝利の可能性についてのレーニン理論に反対することを表明した。

我々には、スターリンがトロツキーから引用した章句は、レーニンのプロレタリア革命理論についてスターリンが四月冊子で展開した解説とほとんど一致している、と見える。レーニンの一九一五年の記述――一国で勝利したプロレタリアートは、「他の資本主義世界に対して決起し、他の国々の抑圧された階級を引き寄せ、彼等とともに資本家に対する反乱を起こし……」、にも類似していると思われる。トロツキーは、「我々のイニシアティヴが他国にも波及することを確信して、他国の状況を待つことなく国民的規模で闘争を開始し、継続しなければならない」と述べ、スターリンは、支援を受けない一国の労働者は社会主義を明確に導入することができないから、「……他の国々における革命の育成と支援は、革命が勝利した国にかかっている」と一九二四年の四月冊子で述べている。

闘争中の国々の社会主義的愛国者に向けられた冊子に、トロツキーはこう書いている。

　資本家政府間の協定による……ヨーロッパの統合はユートピアに終わる。

　「しかし」、経済的統合……は、ヨーロッパ・プロレタリアートの革命的事業となりつつある。（『トロツキー全集』ロシア語版、三巻）

彼は、ヴァイヤン（「臨終の日に、フランスを社会革命の約束の地と見なし、……国家防衛を最後まで支持した」人物）、レンシュのような社会主義的愛国者（訳注六）の「メシア信仰」を攻撃して、言う。

　革命の勝利が、単一の発展した国の境界内で実際に考えられるとすれば、国家防衛の綱領と一体になったこのメシア信仰も、相対的ではあるが歴史的な正当性を与えられよう。だが事実としては、こうしたことは考えられない。プロレタリアートの国際的連携を弱めるこうした方法論によって革命の国民的基盤を温存することは、実際には革命自体を弱体化することを意味する。今次大戦中に強く現われたヨーロッパ諸国の経済的・軍事的・政治的な相互依存性のもとで、革命は国民的基盤の上で開始することはできるが、完遂はできないのである。（傍点は調査委員会による）（前掲書）

この論文にはヴィシンスキーの非難を正当化するものは見当たらないが、次のことが分かる。

（二）レーニンの論文「ヨーロッパ合衆国のスローガン」は、社会主義が「初期の」決定的な局面を潜り抜けるならば、一国においても確立が可能であることを意味していると理解し得るが、議論の的になっている問題で元の文脈を歪曲した引用が行われている。

（二）トロツキーとレーニンは、社会主義革命が国民的基盤の上で開始し得るが、国際的な規模で完遂される、という点において根本的に一致している。

（三）革命が成功するには国際的規模が必要というトロツキーの主張は、検察官の所見では一九一五年に「レーニンに反対したもの」と言われるが、一九〇五年革命以前から主張されている。また、トロツキーの永続革命の理論がレーニン「自身のプロレタリア革命理論」と共通性がないことを示すために、スターリン自身がトロツキーの著書『我々の革命』（一九〇六年出版）を引用した一九二四年十二月の冊子［『十月革命とロシア共産主義者の戦術』］でも、目新しい理論でないことを明らかにしている。

既に述べたように、一国における社会主義の勝利の可能性についてのレーニンの教義にトロツキーが反対したことを検察官が強調しているので、ここでレーニンの社会主義革命に対する理解を見極めておく必要がある。レーニンとトロツキーの初期における不一致が度々語られているから、論文「社会民主主義と臨時革命政府」の引用から始めることにしよう。この論文はレーニンが編集し、許可を下して一九〇五年三月に、彼が編集長を務めていたボリシェヴィキの機関紙『フペリョード』に掲載されたものである。

民主主義革命がロシアで成功するならば、革命戦争の火の手がヨーロッパに上がることだろう。……ヨーロッパの労働者が決起する番だ。……ヨーロッパにおける革命的機運の上昇はロシアに遡及効果を及ぼす。数年の革命期は拡大し、数十年にわたる革命期に発展するだろう。（『レーニン全集』二六巻、国立出版所、一九三四）

レーニンは一九一七年四月、ロシアに向けて出発する際に書いた「スイスの労働者への別れの手紙」の中でこう言っている。

戦争によって客観的・不可避的に招来した一連の革命の火蓋を落とすという大いなる栄誉はロシア・プロレタリアートの頭上に下りました。しかし、ロシア・プロレタリアートを世界の労働者階級の中で選び抜かれた革命的プロレタリアートと見なす考え方は我々には無縁です。ロシアのプロレタリアートが他の国々のプロレタリアートに比べて、組織化が遅れており、準備が不足しており、階級的意識に乏しいことを我々は充分承知しています。大いなる栄誉は特別な性質によるというより、ロシアのプロレタリアートを一定の、恐らくはごく短い期間、全世界の革命的プロレタリアートの前衛に押し上げた歴史的状況のなせる業です。ロシアは農業国であり、ヨーロッパでも最も遅れた国の一つです。社会主義がこの地で即座に勝利を収めることはできないでしょう。しかし、この国の現状は……我々の革命を、世界社会主義革命への序幕とし、その方向への一歩前進とすることでしょう。……

ロシア・プロレタリアート単独では、社会主義革命を勝利に終わらせることができません。しかしロシア革命を強力に発展させ、社会主義革命への最良の条件を創出し、ある意味ではそれを開始させることでしょう。……帝国主義戦争という客観的状況は、革命がロシア革命という第一幕には限定されないこと、革命がロシアに限定されないことを確かなものにしています。(『レーニン全集』二〇巻、ニューヨーク)(傍点は調査委員会による)

もし、レーニンがロシア帰国後に立場を変えたと言うならば、次の引用句は決定的である。一九一七年年の二月革命と十月革命の間に、レーニンが執筆し、ボリシェヴィキ党の四月(新暦五月)全国協議会で採択された決議文(『現在の情勢について』)は次のように宣言した。

……ロシアのプロレタリアートは社会主義的変革の即時実現を目標とすることはできない。(『レーニン全集』ロシア語版二〇巻、一九三五)

しかしながら、プロレタリアートは来るべき革命における指導的役割を放棄することはできず、「社会主義を目指す一連の実践的かつ着実な方策の緊急性」の提唱を怠ることもできない、と決議文は続く。決議文を支持する演説の中で、レーニンは次のことを強調した。

決議文が取り上げた主要な問題は、世界的規模の運動が我々を社会革命に直面させる中にあって、ロシア・プロレタリアートが立ち向かう課題は何かということである。(前掲書)

同年九月のレーニン論文「ボリシェヴィキは権力を維持できるか」では、こう述べた。

ボリシェヴィキが脅えて尻込みすることなく権力の掌握に成功するならば、世界的規模での社会主義革命の勝利まで、彼等が権力を維持することを妨げるものは地球上には存在しない。(『レーニン全集』ロシア語版一四巻、国立出版所、

一九二一）

レーニンは十月革命の勝利の後で、他国の革命を支援するソヴィエト権力の極めて重要な役割を繰り返し強調した。一九一八年の「アメリカの労働者への手紙」から。

諸事情が我々ロシアの部隊を社会主義的プロレタリアートの前線に押し出したことを承知している。……我々は包囲された要塞にいるが、最後には、国際社会主義革命の他国からの部隊が救援に来るだろう。（『レーニン全集』ロシア語版二〇巻、一九三五）

以下は順に、一九一八年三月、四月、一九一九年三月、一九二〇年十一月のレーニンの発言である。

ドイツに革命が起きなければ、我々は滅びるだろう。（全集ロシア語版一五巻、国立出版所、一九二五）

他の国々の反乱に参加した労働者の強力な支援が来るまで持ち堪えなければ、我々は滅びてしまうだろう。（前掲書）

ソヴィエト共和国と帝国主義国家の共存がどの程度の期間に及ぶかは、想像もつかないことだ。（前掲書一六巻）

資本主義と社会主義が共存している間は平和な暮らしは望めない——最後はどちらかが勝利を収めるだろう。……現在は戦争の小休止に過ぎない。（全集一七巻、国立出版所、一九二三）

一九二一年七月のコミンテルン第三回大会で、レーニンはドイツ革命の挫折に言及した。

国際的な世界革命の支援がなければ、プロレタリア革命の勝利は不可能であることは、我々には歴然としている。我々は革命以前から、革命後と同様に、他の先進資本主義諸国における革命がすぐにでも、あるいはごく早期に起きるであろう、さもなければ我々は滅びてしまうことになる、と考えていた。こうした考えにもかかわらず、我々はいかなる事情があろうとも、どんな犠牲を払っても、ソヴィエト機構を維持するために最善を尽くした。なぜならば、我々は自分達のためばかりでなく、国際革命のために働いていることを承知していたからである。（全集一八巻、一九二五）

同様の引用はいくらでも増やせる。だがこうした立場は一九二四年後半までは運動全体にありふれた事であった（以前引用したように、スターリンも同年四月の冊子で同様の主張を展開した）。レーニンから二つだけ引用しよう。最初は、スターリンがレーニン理論の十二月解説版でも引用したものである。

　現実に、大規模生産手段が国家の掌中にあり、国家の諸権力はプロレタリアートの掌中にある。このプロレタリアートと何百万人に及ぶ中農・貧農の同盟関係があり、プロレタリアートによる農民への確固たる指導権がある、等々。我々は既に、ここに今、協同組合（過去においては、通商関係として論じてきたが、今日でも新経済政策の下で同様に論じることに一定の正当性がある）が生み出すすべての手段を手にしていないか？　完全に社会主義化された社会の確立に必要なすべての手段を手にしていないか？　もちろん、我々はまだ社会主義社会を確立していない。だが、確立に必要なすべての手段を有している。（『レーニン全集』ロシア語版一八巻）

この論文はレーニンの死後、公表された。したがって、レーニンが最晩年に一国社会主義の問題で立場を変えたことを示すものとして解釈するにしても、レーニンとトロツキーの間にこの問題をめぐって闘いが続いていた、という推論を裏付ける証拠として引用することはできない。同じ論文で、レーニンは「国際的規模における我々の立場のために闘争するという、我々の義務」に言及しているのであるから、スターリンが先の四月冊子で定義した初期の自説を翻したことはないように思われる。レーニン死後の出版という事情も考慮に入れるべきだろう。だが、レーニンが根本的に重要な問題について、もう一つの主題である協同組織に関する論文の中で、偶発的に、しかもそれとなく自説を翻す、というのはあり得ない話だ。

　この件に関するレーニンからの最後の引用は、検察官が一九一八年にレーニンに反対したピャタコフに言及した際に用いたものである。

　この年に、レーニンは語った。「大いなる国民的・国家的な屈辱と重荷に苦しみながらも耐え抜き、社会主義軍隊の主力部隊から孤立する結果となったが、他国の社会主義革命が支援に来るまで持ち堪えるべき社会主義部隊としての持ち場を離れずにいる」。（資料ＰＲ）

強調の傍点は当委員会が打ったものである。この独特な引用句（真正な響きのある）を、一国社会主義建設の可能性というレーニンの命題にピャタコフが反対したという告発の直後の段落に見出した時には、一種の驚きを覚えたものである。

関連する歴史的資料を綿密に検討した結果、当委員会はこの問題に関するレーニンの実際の見解は、以下のようなものであったと確信するに至った。――社会主義革命はまずは一国で勝利し得るが、他の成功した社会主義革命の支援を受けなければ究極的には成功を収めることができない。しかし一国における社会主義の最初の勝利と社会主義的生産の組織化は、革命が成功を収めた国のプロレタリアートの支援を受けた他の国々の被抑圧大衆が、権力の座にある階級に対して決起するように激励するだろう。

我々としては、レーニンの見解の正当性には関心を持たない。我々に関係するのは次の二点である。（一）検察官がレーニンの立場を偽っていること。（二）トロツキーは「一国における社会主義」の問題で、レーニンに反対するどころか根本的には一致していたこと。言うまでもないが、トロツキーがこの立場になかったとすれば、十月革命を精力的に支えることなく、代わりに反対したことだろう。

§二二七　ヴィシンスキーがトロツキーに負わせた「労働者の理想と社会主義の理想に対する裏切りの連鎖」を論証する中で、トロツキーがペトログラード・ソヴィエト代表ならびに革命軍事委員会議長として十月蜂起を指導し、さらに軍事人民委員として赤軍を組織し、内乱を勝利に導いたという、広く知られた事実を黙殺したことは重要である。現在のソヴィエト政権はこの蜂起とそれに続く内乱の勝利から誕生したのであり、自らを社会主義労働者国家と見なしているから、世界史的なその出来事が労働者階級あるいは社会主義に貢献していないという立場は取れない。その出来事でトロツキーが果たした役割が、検察官を沈黙させるのだろう。この期間全体の、さらにはレーニンの死に至るまでのレーニンとトロツキーの密接な協力関係も、この沈黙に影響していると思われる。トロツキーがレーニンに反対する闘争を継続したことを示す際に、ヴィシンスキーが時期を限定して両者の関係に言及した事実を見ると、重みを増す推測である。

トロツキーと結託したピャタコフは、ブレスト＝リトフスクの過酷な日々にレーニンに反対して立ち上がった。トロツキーと結託したピャタコフは、我が党が新経済政策に向けて錯綜して揺れ動いている時期にレーニンに反対して立ち上がった。トロツキーと結託したピャタコフは、レーニンの一国社会主義の建設計画に反対し、我が国の工業化と集団化に反対した。……（資料ＰＲ）

この検察官の最終論告における陳述は、主としてピャタコフに向けられているものだが、トロツキーに不利益な歴史的証拠となっているから、我々としてはその真偽の検証を我々に課せられている特定の起訴内容に含めて考えざるを得ない。

（一）ブレスト＝リトフスクをめぐる諸事実はよく知られている。ボリシェヴィキ指導者の大多数はドイツから提案された条項への署名に強く反対し、ブハーリンが率いる最強硬派は革命戦争としての戦争継続を支持した。レーニンとトロツキーは、革命戦争は不可能であると信じていた。レーニンは、交渉の引き延ばしを試み、ドイツの最後通牒が出た場合には即座に降伏することに賛成した。これに対しトロツキーは、交渉を引き延ばして最後通牒が出た場合には、最終的に戦争を宣言し、平和条約への署名を拒否することに賛成した。

一九一八年一月二十二日、中央委員会はトロツキーの提案を採択した。二月十四日、中央執行委員会は、トロツキーが率いるブレスト＝リトフスク代表団の中央委員会決議に基づく行動を認可した。ドイツは戦争状態の再開を通知することで応えた。レーニンが即時降伏に賛成したのに対しトロツキーは、降伏はドイツの侵略が強いたものであることをドイツと他の国々の労働者に示威するために、実際のドイツの攻撃が開始されるまでは待機することに賛成した。二月三日、新たに極めて屈辱的な条項がドイツから提示された。レーニンは受け容れるべきだと主張し、トロツキーは中央委員会の多数派を確保するために議決投票を棄権した。三月三日、ソヴィエト代表団は条約に署名した。

十月二十三日、トロツキーはソヴィエト政府代表を前にした公開演説で、レーニンはブレスト＝リトフスクに関する政策において正しく、他の者達は誤っていた、と言い放った。この「他の者達」の中に含まれるスターリンは、一九一八年二月一日の中央委員会の席上で発言した。

困難な状況からの脱出路は中期的な観点によって我々に用意された。――すなわち、トロツキーの立場に立つことだ。（一九一七年中央委員会議事録、国立出版所。『偽造するスターリン学派』所収）

ドイツが再び敵対を始めた後の、二月二十三日の会議でも、

スターリン同志　署名する必要はないが、平和交渉を始めなければならない。

レーニン同志　……署名する必要はないと言うスターリンは間違っている。こうした条件でも署名しなければならない。もし署名しなければ、三週間以内に、ソヴィエト権力の死刑宣告に署名することになる。（前掲書）

トロツキーがブレスト＝リトフスクに関してレーニンと意見が一致しなかったことは真実である。だが、レーニンに「反対して立ち上がった」というのは、トロツキーに関しては真実ではない、トロツキーの立場を後押ししたスターリンに関してならともかく。事実は、ドイツの攻撃がその採択を迫るまで、中央委員会の大多数がレーニンの立場に反対したということである。

（二）NEP《ネップ》の略称で知られる新経済政策the New Economic Policyの問題に関して、トロツキーとレーニンの間に論争は生じなかった。この政策は一九二一年の一〇回党大会で採択された。シュリアプニコフとコロンタイが率いる「労働者反対派」を除けば、意見の相違はなかった。実際、シュリアプニコフはレーニンとトロツキーをNEPの作者として無差別に攻撃した。トロツキーは大会の席上で、レーニン提案の新政策を歓迎するだけでなく、彼自身一年前に同じ骨子を提案したことを強調した（レオン・トロツキーの演説「一〇回党大会議事録」ロシア語版、国立出版所、一九二一）。引き続き開催されたコミンテルン第三回大会で、トロツキーとレーニンは結束して労働者反対派の批判からNEPを守り抜いた。ところが労働組合問題に関してトロツキーがレーニンに反対したことを取り上げて、世界の報道機関が、トロツキーはレーニンのNEPに反対していると報じた。トロツキーは、大会でこの報道に言及し、レーニンとの連帯を宣言した（「第三回大会議事録」一九二一）。レーニンは、NEPを採択した一〇回党大会の閉会演説で労働組合問題についての論争を要約しており、参考になると思われる一節を引用する。

労働者反対派は、「レーニンとトロツキーは手を結ぶだろう」、と言った。トロツキーは発言して応じた。「一体化が必要だと理解しない者は誰でも党に反対するようになる。もちろん、我々は党員であるから手を結ぶだろう」。私は異にしていた。多かれ少なかれ、中央委員会で意見が分かれた時には、党が決定する。党の意思と指令に従って一体となる方法で決定する。トロツキーと私が鉱山組合大会で発表し、この大会でも展開した内容は、まさにそれだ。……（『レーニン全集』一八巻、国立出版所、一九二五）

トロツキーが、「わが党が新経済政策に向けて錯綜して揺れ動いている時期に、レーニンに反対して立ち上がった」と言うヴィシンスキーの申し立てには、いかなる歴史的根拠もないことがわかる。トロツキーはNEPには反対しなかった。一方、ヴィシンスキーの申し立てを労働組合に関する論争に関連するものと理解するならば、先のレーニンからの引用が十分に事実を明らかにしている。

（三）トロツキーがロシアの工業化と集団化に反対したという起訴内容は、実際のところ、事実と正反対である。読者には本書の二三章及び反対派の綱領（『現実のロシアの状況』）の関連部分を参照されたい。

§二二八　検察官は、資本主義復活の計画に基づいて「トロツキー主義」が進化してきた証拠として、トロツキーの過去の言動を取り上げた。

一九二二年、当時のソヴィエト国家が必要とした信用度を確保するために、工業企業体とトラストが、我々の社会資本などの財産を私的資本家への抵当に差し出すことを認めるよう提案した。（資料ＰＲ）

ここでも他の例と同様に――とりわけ、一国における社会主義の可能性というレーニンの教義にトロツキーが反対したという起訴内容に関連しては――、ヴィシンスキーは自らが言う歴史的「証拠」を立証する資料を引用しない。我々がこの問題でトロツキーに尋ねたところ、新経済政策に関連する論議が交わされた期間に政治局に送ったが公表されないまま、政治局の保管庫にしまい込まれた書簡に検察官が言及していることが明らかだという答えが返ってきた。信用操作の局面で、工業企業体と銀行の関係はどうあるべきかが問題になり、工業企業体が流動資本に限って銀行に抵当として差し出すことを認めるべき、との提案がなされた。トロツキーの「なぜ？」という問いに答えて、ルズターク（現在、投獄中）は、固定資本の抵当設定は生産手段の非国有化のきっかけとなり得る、と言った。トロツキーは以下のことを指摘し、翌日に文章化した。――銀行も工業も国有財産であり、私的資本は国家が限定した従属的な役割しか果たしていない。工場と銀行の関係は所有権の問題ではなく、国家の簿記の問題だ。固定資本と流動資本の区別は、国有化には重要な意味を持たない。中小工業では固定資本は二五％、これに対して、基幹をなし、高度に組織化された工業では七〇～九〇％に達し、抵当設定を流動資本に限ると、最も重要で近代的設備を有する工場が少額しか借入できないという不合理な状況が現出する。したがって、この問題では、流動資本と固定資本の区別をせず、工業界では一定の水準まで、例えば二五％とか、資本全体を抵当設定することを認可すべきと主張した。この問題は公然とは論議されず、実際の以後の展開はトロツキーの提案に沿って大々的に促進された。

したがって公表された訴訟記録に記されている検察官の次の主張は真実ではない。

……トロツキーのこの提案は、資本家の役割への回帰の一歩であった。(資料PR)

一九二二年十二月、中央委員会はソヴィエト・ロシアの経済発展と世界革命の展望についてコミンテルン第四回大会に報告する責任をトロツキーに託した、というのが事実である。『トロツキー全集』ロシア語版一二巻に収録されているが、トロツキーは報告のあらましで、国家が四千の企業(平均労働者数二〇七名)を管理しているのに対し、私的資本家は約二千の企業(平均労働者数一七名)がリースを認められているに過ぎないこと、工業向け信用貸しの七五%が国有企業によって利用され、協同組合の利用は二〇%、私有企業は五%未満であることを示した。

社会民主主義者は資本主義に対するソヴィエト国家の「屈服」を断言したが、こうして現実を歴然と容赦なく変えていることが分かる。……

国家の蓄積速度が私的資本に比べて遅く、ゆえに私的資本家が競争で勝利するだろう、と信じる根拠は何もない。

§二二九　一九二六年から二七年にかけてトロツキー派が、党の指導部とソヴィエト政府に反対する闘争を街頭に展開した、あるいは展開しようとした。(資料PR)

とのヴィシンスキーの陳述は漠然としていて、スターリン指導部と政府の同一視を指摘する以外に――当時、トロツキーと反対派は、スターリンならびに追随者と同様に、ボリシェヴィキ党の相当な部分を占めていたのであるから――、言及にも値しない。恐らくヴィシンスキーは、一九二七年十一月の革命一〇周年を祝うパレードで、スローガンを書き込んだプラカードを反対派が掲げたことを指しているのだろう。スローガンは次のようなものであった。「レーニンの遺言を実行せよ!」「右翼に火を向けよ――ネップマン、富農、官僚どもに反対」「真正の労働者民主主義を!」「日和見主義反対、分裂反対――レーニンの党の団結を!」「レーニンの中央委員会を!」(資料PC)。仮に、党の中枢グループへの党内の反対が「公然たる反ソヴィエト犯罪」であると認めるにしても、反対派の行動が反革命パレードで旗を掲げる試みであったと証明する論議など無用なものである。

§二三〇　ヴィシンスキーの次の陳述については、既に二三章で論じた。

一九二六年のトロツキー派=ジノヴィエフ派ブロックは、我が国における社会主義の理想に反対し、資本主義を擁護する闘争に矛先を変えた。

繰り返し言うが、我々は多数派と反対派の闘争でどちらが正しくどちらが誤っていたのかを決定することには関与しない。反対派が提示した経済計画に最初は反対しておきながら、後には賛成して速度を上乗せすることは理論的には可能であり、この点、スターリンは反対派よりも現実の諸条件の判断に長けていたのだろう。だがこうした見解は、反対派が提案し、後に政権が採用した対策そのものが、第二次裁判で「反革命」、「陽動作戦の特殊な形態であり、プロレタリアート独裁と社会主義の理想に反対する破壊行為の形態」、「当時の歴史的状況に対応したソヴィエト国家への反対闘争の特殊な形態」、あるいは、被告達が起訴された特定の犯罪の論理的な前兆として表現された事実とは無関係である。

§二三一　第二次裁判の最終論告でヴィシンスキーは述べた。「我々は忘れてはならない」。

十年前、トロツキーはソ連邦に関する敗北主義の立場を有名なクレマンソー・テーゼ(訳注八)に言及することによって正当化した。トロツキーはこう書いている「我々は、よく知られているクレマンソーの戦術を復活させなければならない。彼はドイツ軍がパリまで八〇キロに迫っている時に、フランス政府に反対して立ち上がったのだ」。……トロツキーと彼の仲間がクレマンソー・テーゼを持ち出したのは偶然ではない。彼等は再度、このテーゼを取り上げたが、今度は理論的な命題としてではなく、外国の情報機関と提携してソ連邦を戦争で破る実行の準備、現実の準備として取り上げたのである。（資料ＰＲ）

第一次裁判でヴィシンスキーはこの「テーゼ」に言及したが、ダヴィッドとベルマン=ユリンがコペンハーゲンでの面談の際に聞いたトロツキーの「敗北主義」に関する証言の「歴史的な裏付け」としてであった（資料ＺＫ）。

いわゆるクレマンソー・テーゼが、トロツキーに対する起訴内容の「証拠」になる「歴史的なつながり」の一つとして、取り上げられているのは明白である。この場合には、彼が「敗北主義者」の立場をとっていた一九二六年にまで遡り、これがソ連邦の敗北に向けての「実行の準備」に論理的に行きつく、という証拠として。意味するものは二重である。一つは、トロツキーが一九二六年には敗北主義者であったこと、もう一つはクレマンソーが大戦中に敗北主義者であったこと。言うまでもなく、クレマンソーが敗北主義者でなければ、トロツキーが敗北主義者であるとの申し立ては無意味になる（ところで、検察官はトロツキーが実際にクレマンソーに言及した発言について検証もしないし、文書も提出していない）。先程のヴィシンスキー陳述についてのトロツキーのコメントを引用する。準備委員会での議論の最後の部分である。

彼の発言趣旨が、フランス語などの外国語に翻訳されて印刷されるなど信じられません。クレマンソーが大戦中に「フランス政府に反対して立ち上がった」と知って、フランス人が平然としていられるとでも思ったのでしょうか。……スターリン官僚主義者がソヴィエトと党に対する暴力を正当化するために、一九二六年以来戦争の危険を訴えてきたというのが事実であり、ボナパルティストの古典的ごまかしに他なりません！　これとは反対に、私は批判の自由が平和期だけでなく、戦争期にも我々に不可欠のものである、という自覚に基づいて常に意見表明を行ってきました。ブルジョア国家においてさえ、特にフランスでは、支配階級は大衆を怖れているにもかかわらず、戦争中も批判を完璧に抑止することはしない、という事実に言及しました。この関係で、私はクレマンソーの例を挙げたのです。彼はパリへの戦線の接近にもかかわらず、――というより、明らかにそのために――フランス政府の軍事政策の無価値を彼の新聞で公然と非難しました。最後にクレマンソーはよく知られているように、議会を説得し、政府の指導権を掌握して、勝利を確かなものにしました。どこに「反乱」があるのか？　どこに「敗北主義」があるのか？　どこに外国の情報機関とのつながりがあるというのか？……（資料ＰＣ）

フランスの戦時内閣にクレマンソーが反対したことに関する事実は、次のようなものである。

（一）クレマンソーは戦争初期から政府入閣を拒否したが、戦勝は不可能と考え、内閣を公然と批判できることを望んだからである。

（二）彼は精力的に内閣とその戦争遂行策を批判した。彼の論説はしばしば政府の検閲に触れて差し止められ、彼の経営する新聞は数日間、発行を禁じられた。

（三）彼の批判はドイツ及び同盟国の報道機関によって再現され、彼はフランス政府の支持者から敗北主義者という公然たる非難を浴びた。

（四）事実として、クレマンソーは勝利の利益の一点において政府攻撃を行った。遂には、武力ではなく、議会運営手続きにおける一致に基づき、倒閣に成功した。

（五）クレマンソーの権力掌握後は、戦争がより強力に遂行され、敵の敗北で終わった。

こうした事実は一般によく知られた事柄であるから、検察官による馬鹿げた偽造がなければ、言及するのも憚られる程だ。ジノヴィエフ、ラデックなどが抗議しても聞き入れられなかった、以前の偽造の焼き直しに過ぎないのだが。この偽造が広められつつあった時期のソ連邦防衛に対するトロツキーの実際の態度は、一九二七年八月一日の中央委員会と中央統制委員会の合同総会における彼の演説「戦争の危険――防衛政策と反対派」の次の一節に明瞭に述べられている。

我々反対派は社会主義の母国の防衛に疑いを抱くだろうか？　いや、これっぽっちも。防衛に加わるだけでなく、少しは他の参加者に教えることがあれば本望だ。我々は、社会主義の母国の防衛に向けてスターリンが正しい路線を描く能力を持っていることに疑いを抱くか？　そうだ、かなりの程度で。……ただの見かけ倒しでない真の反対派なら誰でも、戦争に突入した場合には、党が委任する部署を戦線の前方後方にかかわりなく進んで引き受け、最後まで義務を尽くすことだろう。しかし、反対派に加わる者は一人といえども、戦争の直前あるいは最中にあっても、党の路線の正しさを求めて闘う権利と義務を放棄しないことはこれまでと同様である。その中にこそ、勝利への最も重要な条件が存在する。要はこういうことだ。社会主義の母国のために？　そうだ！　スターリン主義路線のために？　違う！（『偽造するスターリン学派』）

ロシアのトロツキーがフランスのクレマンソーと同様に、敗北主義の利益ではなく、国土防衛の利益のために支配的集団を批判したことが、この引用ではっきりする。

§二三二　ほとんどすべてが公表された記録に記載されている事柄であり、ヴィシンスキーのいう「歴史的証拠」の信憑性を確かめることに関心を持つ者なら、ロシア国外では誰でも容易に閲覧が可能な事柄を、延々と論じなければならなかったのは残念なことだ。しかし、主としてソ連国内向けとはいえ、ヴィシンスキー自身が重大な意義を付与しているからには、偽造にこだわったのもやむを得ない。

我々の見解では、資料の検証で明らかになったこうした見境のない偽造を見ると、ヴィシンスキーの言う「トロツキー派の過去の活動の基盤に関する起訴状の主張を確証する」証拠の隅々に至るまで偽造が行われているのではないかとの推論が成り立つ。彼が偽造に頼ったという事実は裁判の手続き全体に反映し、公正な手続きによって実際の真実を立証することよりも、過去から現在に至る政治的反対派の信用を毀損《きそん》することに裁判の目的があった、という疑念を正当化しているのである。

【原注】

（一）この著書に収録された資料が頻繁にあちこちで再録され、その真正性が問われずにいることから、当委員会は参考扱いとして引用するのが正当と見なす。この著書は初め一九三二年にロシアとベルリンで出版された。第一部のトロツキーの党史事務局への手紙は一九二八年英語版の『現実のロシアの状況』（§一八一参照）で発表された。

（二）文脈から、スターリンが社会主義の勝利の二つの局面、始まりと究極目標を、取り上げていることが明らかである。

（三）トロツキーの理論。簡潔にまとめると、ロシア・ブルジョアジーの弱さとロシア経済の特殊性によって、革命のブルジョア的課題はブルジョアの指導権の下でも、独立した農民運動の指導権の下でも達成できず、プロレタリアートのヘゲモニーの下でのみ可能である。プロレタリアートは直ちに革命の社会主義的課題に取りかかるしかない。だが、一国における社会主義革命は、他の国々における一連の社会主義革命が続いて起きない限りは、成功できない。ブルジョア資本主義の干渉期間を抜きにプロレタリアートが瞬時に権力を掌握するという見方は、ボリシェヴィキだけでなくメンシェヴィキからも「トロツキー主義」のレッテルを貼られた（トロツキーの略歴を参照のこと）。

（四）『トロツキー全集』三巻第一部に収録されたこの冊子に関する注釈には、「冊子『平和の綱領』は一九一五年から一六年にかけて『ナーシェ・スローヴォ』（パリ）からＬ・Ｄ・トロツキーが出版した労作の論文集」とある。

【訳注】

（一）一九〇三年七月～八月、ブリュッセル―ロンドンで開かれたロシア社会民主労働党（本書では、ロシア社会民主党と略称されている）第二回大会における、ボリシェヴィキ（多数派）とメンシェヴィキ（少数派）への分裂を指す。ロシア共産党の事実上の結成にあたる。

（二）フランス革命期の政治党派。マクシミリアン・ロベスピエールが中心となって急進的革命を推進した。財産の平等や身分特権の廃止などを求めて次第に独裁化、恐怖政治を推進したが、テルミドールのクーデタ以降、没落の道を辿る。国民公会で議長席から見て左の席に座ったことから左翼の語源となった。名称の由来はパリのジャコバン修道院を本拠としたことによる。

（三）一九世紀後半に設立され、帝政とともに消滅したロシアの地方自治機関。地主貴族が経済、保健衛生、教育、土木、消防などの分野で権限を有した。

（四）フランスの軍人出身政治家ジョルジュ・ブーランジェ（一八三七～一八九一）が、第三共和制下の不安定な社会政治状況の中で展開した反議会主義的独裁制を志向する運動はこの名で知られる。一八八八から翌年にかけてピークを迎えた。

（五）一九一二年一月、ボリシェヴィキはプラハ会議でメンシェヴィキとの組織的分離を鮮明にしたが、これに対抗して、同年八月にトロツキー主導で組織されたブロック。
(六) エドゥアール・ヴァイヤン(一八四〇〜一九一五)。フランスの社会主義者。第二インターナショナル左派指導者、フランス社会党創始者の一人。第一次世界大戦直前には「戦争よりも蜂起を」と標榜していたが、戦争が始まると祖国防衛派になった。

パウル・レンシュ(一八七三〜一九二六)。第一次大戦前はドイツ社会民主党左派に属したが、第一次大戦勃発とともに排外主義派に。戦後はさらに右翼化して、ドイツ社会民主党を除名。
(七) アレクサンドラ・ミハイロヴナ・コロンタイ(一八七二〜一九五二)。九九年、社会民主労働党入党。一五年、ボリシェヴィキに転じる。一九年、女性初の人民委員。二〇年〜二九年まで労働者反対派として論陣を張る一方、フェミニズム・自由恋愛の主張をこめた小説や評論を執筆。
(八) ジョルジュ=ベンジャミン・クレマンソー(一八四一〜一九二九)。フランスの政治家。共和制防衛、人権擁護の言動の一方、二度の首相就任時に愛国主義の立場から社会主義・反戦運動・労働運動を弾圧。第一次世界大戦末期、「余は戦う」と宣言して、強硬な戦争指導で勝利に導いた。

第V部　最終考察

二六章　自白の問題

§二三三　訴訟記録ならびに本報告書で挙げてきた証拠を綿密に検証した結果、当委員会は、モスクワ裁判における被告と証人の供述が、犯罪活動にトロツキーとセドフを連座させる限りにおいては偽りであることを確信するに至った。しかし、トロツキーとセドフに対する起訴内容は両裁判において決定的な意味を持つため、両人を有罪に陥れた偽りの証言は、当然、裁判全体に対する不信に及んでいる。被告達が有罪であるか否か、もし有罪であるとして彼等はいかなる罪を犯したのか、当委員会は分かっていると言い張るつもりはない。我々にできること、我々が実際にすべきことは、すべての証拠に基づいて、目的はなんであれトロツキー及びセドフとの共謀に関して被告達は無罪である、と最も断定的な調子で述べることである。誠実な人間が、両裁判の記録のような矛盾と偽造に満ちた資料を根拠に、様々な起訴内容について有罪か無罪か、あるいはその犯罪の特性は何か、に関して一定の結論に到達することは不可能である、と繰り返し述べておく。

おのずと疑問が生じてくる。トロツキー及びセドフとの共謀に関して被告達が無罪であるとすれば、彼等はなぜ自白したのか？　我々には分からない。我々の調査は、トロツキーとセドフを連座させる限りにおける、被告達の自白の真偽に関係している。我々の報告は彼等が自白した理由についての推測とは一切関係がない。だが我々の入手した資料は、虚偽の自白の強要ならびに自白強要によって当人や他の人々に罪を負わせることが、ソヴィエト警察ではありふれたやり方になっているのではないか、という重大な疑問に直結している。この疑問の歴史的重要性を考慮して、以下の資料を提出することが適切と判断する。

§二三四　まずは、アントン・シリガ（人物については§二九参照）の論文から引用する。一九三七年一月の『レヴォリュシオン・プロレタリアン』に「私の見たソ連邦におけるる裁判の調査報告」という表題で掲載されたもので、フランスのモスクワ裁判調査委員会に提出した声明文とともに当委員会に送付された。

（ジノヴィエフ＝カーメネフ）裁判は、私が地上で立ち会う機会を持ち得た一連の政治的性格を帯びた裁判の中でも、直近にして最もセンセーショナルなものであった。先行する裁判（一九二九年及び三〇年の技師に対する、三一年のロシア社会民主主義者に対する）における文書作成と公開の手段は、この裁判では簡略化され、不合理の域に達した。（委員会資料）

シリガは一九三〇年三月二十一日の夜に逮捕された。夜間ひっそりと騒ぎ立てることもなく捜索・逮捕するのは普通のやり方だと彼は言う。

秘かに行動するこの方法の目的は、逮捕者の抵抗意思を弱めることにある。私に示された逮捕命令には、逮捕理由など何も記載されていなかった。このこともたまたまではない。普通のやり方なのだ。

彼の住居はキーロフなど政府高官が住んでいたレニングラードの宮殿にあったため、「特別扱い」の自家用車で刑務所まで連れて行かれた。

……秘密の警察車両が「党の御殿」の前に出現したら、大きなセンセーションを呼び起こす。私のロシアでの見聞から、官僚的司法の根本にある策略にたけた原則は、次のようなものと確信するに至った。あらゆる種類の腹立たしさ、嘘、暴力が罷り通るが、すべて音を立てずに、スキャンダルを引き起こすことなく進められなければならない。見掛けが何より大事だ。

逮捕されて三日目の夜に、予備審問治安判事の前に連れて行かれた。

逮捕者を夜間に呼び出すのがゲーペーウーのやり方である。寝ぼけ眼の人間は集中力を欠き、抵抗する心構えもできていない、といった心理学をゲーペーウー警察官はお好みだ。

「なぜ逮捕されたのか、お分かりか？　分からない？まあいいでしょう、では、何か心当たりは？」

最初の質問はこんなものだ。しばらくして私は獄中で、スペインの異端審問に関する出版物を読み、驚いた。浴びせられた質問は異端審問官が最初に放つ伝統的なものだった。

反対派として逮捕されたことを後になって知らされ、反対派を否定し、その活動を非難する宣言をすれば釈放されると誘いを掛けられた。その際に、ゲーペーウーと党は、ものの見方を変えることは求めずに、簡単な宣言で満足した、と言う。彼等は秘かに、反対派が「幾つかのことに関しては」正しいかもしれない、と認めさえした。だがそれにもまして、多数派が一〇〇%正しく、反対派は一〇〇%間違っていることを確認する宣言を出すよう強要した。党の権威を守り、強めるのが名目であった。

この事実は、ソ連邦における社会生活と政治生活のメカニズムを理解する上で、非常に重要なものである。ロシアの共産主義者は以下の二つの真実に関する理屈を完全に吹き込まれている、というより正確に言えばこれに汚染されている。一つは、秘伝を授けられた者、少数の支配的サークルにとっての本当の真実、もう一つは秘伝など預り知らぬ、巨大な民衆にとっての嘘の真実。究極において、この二つの真実の理屈は社会生活全体に行き渡り、偽善、嘘の主張と証言、「改悛者」の醜悪な裁判に至る嘘に行き着いたのである。

逮捕された時には、ソヴィエト政府が偽りの証言を手に入れるために拷問の手段を使うとは思ってもいなかった、と彼は言う。

拷問と偽りの証言、革命の名に恥じるこんな手法が、ソ連邦で使われているのか？　組織的に使われているのか？　あなた方各々が痛みを伴う困惑の中で自問することだろう。私も、投獄されるまでは、こうした事実を疑っていたどころか、この手の言明さえスターリンのロシアに反対する邪悪な中傷と思い込んでいた。……

ある晩、雑居房の仲間が耳をそばだてたので、尋ねた。「どうした？」「こもったような音が聞こえないか？」と彼が言った。すると実際に、廊下の端の方から、抑えられた響きが聞こえてきた。「なんだろう？」私が尋ねた。「誰かを拷問しているのだ」。憤りが沸いてきた。「外国の人々がこうしたことをゲーペーウーに反対して広まったプチブルジョアジーの作り話と思い込むのは理解できる、しかしここロシアでそんな話は恥知らずだ！　まあ、ゲーペーウーは帝政ロシアの政治警察とは違うさ！　間違いなく、ゲーペーウーは殺害する、敵を根絶する。必要とあればね。ところが、拷問はしないという作り話だ」。仲間は私のことを心配げに見ていたが、おもむろに口を開いた。「君がゲーペーウーの支配する場所に長く居てくれたらと思う。そうすれば、事態を理解するようになるだろう。君達外国の共産主義者は、本当は何も知らない。ロシアの共産主義者がこの種のことを口にしたら、私はただ彼との会話を止めるだけさ」。

当時の牢獄は「サボタージュ」技師で溢れんばかりで、その中に、「自白」したものが数名いた。

大変な苦労の末に少しずつ、事件の沿革、「サボタージュ」とのつながりの経緯を知ることができた。「自白」した一人が話してくれた。「奴等は五カ月間、私を隔離した。新聞なし、読むもの一切なし、郵便なし、外の世界との接触なし、家族の面会なし。空腹を抱え、孤独に苦しんだ。奴等はありもしない『サボタージュ』行為の自白を要求した。私は犯してもいない罪をかぶるのを拒んだが、奴等は、私が本当にソヴィエト権力を支持するなら、――支持していると私は言ったが、――そのソヴィエト権力が自白を必要としているのだから、この件を自白すべきだと言った。良心に恥じることはない、ソヴィエト政府は私の胸襟を開いた自白を考慮して、労働の機会と、労働によって過ちを正す機会を与えてくれる。同時に家族との面会を許され、手紙も、散歩も、新聞も解禁されるだろう、だが、黙秘を頑強に続けるならば、無慈悲な抑圧に晒され、私だけでなく、私の妻子も同じ憂き目に遭うことになる、と言った。数カ月間、抵抗した。状況は耐えられないものとなり、極限に達し、何事にも無頓着になった。そして、私は予審治安判事が求めるままに署名した……」。

数カ月をこうした「サボタージュ」技師達と一緒に過ごして、はっきりと理解できたが、これは無慈悲とはいえ、本物の恐怖の例ではない。本物の恐怖は最も憎悪すべき恐喝と一体になった憂鬱で底知れぬ恐怖である。……それは国家がその敵対者に対して、次のように言うようなものである。「我々があなた方に望むことをしなさい。良心と名誉を売り払いなさい。犯していなくても罪を被りなさい。そうすれば、地上のすべての幸運が代償として手に入りますよ」。

シリガは、超満員の房に閉じ込められた若い水夫について語っている。

……隔離された房に留置している間に、ゲーペーウーは反スターリンの陰謀（虚構）に参加した（虚構）という自白を強引に引き出そうとした。ゲーペーウーは宗教裁判のやり方を試みた。夜間に数回独房から呼び出し、犯罪が執拗なものであったから銃殺すると告げ、法廷に連れ込んで壁に向かって立たせ、その後、房に連れ帰る。「なんのかんの言っても、お前は労働者だ。我々もお前を白衛軍のように撃ち殺したいとは思わない。労働者として誠実に白状すべきだ」。あらゆる策を弄しても、水夫は自白をしなかった。だがこうした拷問を受けて、頭が変になってしまった。それからは独房に移された。この話で最も重要な点は（恐らくは）、一九三四年のキーロフ暗殺の後でなく、ずっと以前の一九三〇年に起きているということだ。この水夫の話にはもう一つ続きがあって、当時の私には理解が及ばなかったが、ジノヴィエフに対する三度の裁判を経た今日では前兆だったとも言える重要性を帯びている。彼等は――成果は得られなかったが――、トロツキー反対派に所属しているという偽りの自白を水夫から引き出そうとした。実際は、無党派の労働者で、外国貿易のソヴィエト船で働いている時に、密輸で有罪となった――これが、彼が正当に告発された唯一の犯罪である。

§二三五　シリガの論文には、後で再度触れることになる。ゲーペーウーが用いた手段のもう一人の目撃者であるフランス系ロシア人の著述家ヴィクトル・セルジュ(訳注一)はフランスの調査委員会で以下のように証言した。――一九二三年から三六年まで左翼反対派に所属し、二度逮捕された。二八年五月一日の晩と三三年三月七日か八日である。最初の時は六週間投獄されたが、待遇は特に厳しくなかった。しかし、二度目の時は、簡単には済まなかった。起訴事実が口頭でも書面でも示されず、尋問者も、初めに自分達が厳密には司法部の職員ではなく、党の武装部門の代表であると言明した。――つまり、司法的な性格を有する事実と法律の議論が基本的な問題ではなく、政治的議論の問題であった。三カ月間、独房に入れられたまま、手紙のやり取りを禁じられ、読書も運動も許されなかった。

その三カ月間、十回の尋問があった。二度を除いて、尋問は日中に行われ、取り調べは夜間に行われた。……所定の午後九時には就床させられるが、十一時過ぎに無愛想に起こされ、尋問を受けに行くように告げられる。……

尋問は最初のうちは、司法的な審理というより、心理学的な会話の様相を帯びていた。つまり、起訴事実についてなんの情報も与えず、何かの事実を立証するでもなく、私の生活や観念についてのごく全般的な議論に引き入れるために、ある時は信頼感の漂う、ある時は脅迫的な雰囲気を作り上げようとしていた。「あなたに関する真実が証明されるよう、あなたの生活について述べなさい」と彼等は言う。当然、こうしたやり方に抵抗していると、私が大事にしている人々が置かれている境遇に同情心を駆り立て、私を脅かす。面談時、傍らに弁護士が付くことはなく、会話を逐語的に記録し、報告にまとめる書記も見当たらなかったことを強調しておきたいと思う。事実として、書記役はいなかった――隣の部屋かどこかに潜んで克明に書き留め、以前の取り調べの細部を私に思い出させる必要が生じたら、裁判官に差し出せるようにしていた、という可能性など恐らくない。

……一度、他の役人に続いてルドコフスキーとやり合わなければならなかった。彼は気取った言葉を使うこともなく、途方にくれている私を救いたい、救済者として役立ちたい、と言い寄ってきた。私の義妹アニタ・ルサコヴァの陳述書と称するものを読み上げたが、極めて無意味な流儀で、私が接点を持ったとされる一連の人物、実際には誰一人知らない名前が列挙されていた。義妹をよく知っており、このやり口を話には聞いていたから、すぐに偽造を疑った。だが一点だけ、それらの人物の中に軍用都市に住んでいる者がいる事実に驚いた。他の偽造にこれも加えて、私か義妹のどちらかに重大な裁定を下そうとしていると思われた。もはや自らを抑えられずに、偽りの資料の読み上げなどお構いなく、残酷な尋問に怒りを爆発させたのは、この時だった。それどころか、義妹と対面させるように要求した。

ルドコフスキーは私からは何も得られないと悟ったのか、一杯の水を差し出し、鎮まるように促した。尋問は終わった。（資料CR）

偽りの証言録取書は意図した効果を上げることなく捨て去られた。義妹は釈放され、セルジュはオレンブルグに追放された。けれどもこの問題について彼が義妹に尋ねることはできなかった。モスクワを通過する際に会えればと思ったが、彼女もヴェルカに直前に追放されたことを知ったのである。彼女は追放五年の刑期を務めている。

セルジュは投獄中の幾つかのエピソードを書き残して、「ソ連邦における司法の領域で何が起きているか」を明らかにしている。彼が一夜を過ごしたレニングラードの監獄では、数カ月間、独房に閉じ込められているP・某に会った。

……彼等はいつも同じ方法で自白させようとする、と彼から教えられた。友人達が自白したと信じ込ませ、残された道は追認しかないと思い込ませる方法だ。当然のことだが、彼は友人達が自白していないとは断言しきれず、私としては彼を励ますのが精一杯だった。（資料CR）

セルジュは、モスクワのルビアンカ刑務所で、およそ三〇名の囚人と一緒の房に入れられた。その中に、長期にわたる取り調べに耐えている大学教授がいることが分かった。

長期の取り調べの末に期待以上のことまで自白すると、裁判官は、理解不能に陥った。その後、裁判官ともう一人の被告とともにモスクワに送還され、彼と共犯者二人で作り上げた、錯綜して怪しげな自白の複雑な筋書きを解く試みが始まる。こうした目的で判事と一緒に移動の旅をしたから、待遇は最高、寝泊りも食事も言うことなしの状況。そして滑稽の極みだが、ある日、別の共犯被告に出会った。獣医の彼は、ありそうもない馬鹿げた自白を重ねてきたことを楽しげに認めた。とりわけ伝染病拡大の自白を笑い話の種にした。到底信じられないことだ。自白ならざる自白のシステムが、現在問題にしている二度のモスクワ裁判以前（一九三二年）に、実行されていたという私の見解を確証するものである。（資料ＣＲ）

§二三六　ロシア人亡命者Ａ・タロフ（人物については§三〇参照）も、「ゲーペーウーはいかにして『事件』を捏造し、囚人を拷問するのか」という表題の文章で、ゲーペーウーの自白を引き出す方法について証言した。

ごく普通の手続きはこんなものだ。——指名リストが逮捕指令とともに上層部から下りてくる。多くの事件を捏造し、自白を強要し、刑を宣告し、銃殺する。同時に、尋問する治安判事には、政府当局が準備した訴訟の原案が渡される。（委員会資料）

タロフによれば一九三一年一月二十一日の深夜、ゲーペーウーは様々な都市や追放地で、反対派の一斉逮捕を行った。彼もアクモリンスクの追放者居留地にいたが、その夜に逮捕された。

起訴状によれば……外国のトロツキーと交信するために短波無線放送局の建設を試みたとして告発された。私は、短波も何も、無線放送局についてまったく知識がなかった。まるで漫画話だ。カザフスタンの鉄道も敷かれてない場所に、外国のトロツキーと交信する放送局を素手で建てようとした者がいたとは！　だがゲーペーウーは、一緒にその建設計画を企てたと言明した証人を「突き止めた」というのである。「証人の」居宅で証拠品の無線装置の部品まで見つけ出した。この証人はゲーペーウーの直接の代理人だった。彼は予審の期間、我々とともに監禁され、ヴェルフネ＝ウラルスクの隔離地まで我々に「同行した」。三日後、

「改宗宣言」を提出し、他所での仕事継続を可能にして釈放された。

我々はアクモリンスクからペトロパブロフスクへ移送された。訴訟に関する取り調べは、ペトロパブロフスクの獄中で行われた。我々は最初、他の服役囚と別々にされていた。予備審問が終わってからは、一般の服役囚と同じ場所になった。二〜三名用の房に、二六名から二八名の囚人が詰め込まれ、座るのがやっとだった。体を伸ばすには、ベンチの下で横になっている一人に場所を譲るよう頼み込むしかなかった。房内は空気がよどみ、拷問同然、呼吸も困難だった。暑くて息苦しく、汗にまみれ、窒息寸前の感じで、肺は締め付けられたようだった。小さな覗き穴さえ、外から閉じられていた。こうした拷問の日々を決して忘れはしない。囚人達は空気を求めて示威行動を起こしたが、廊下からは何の反応もなかった。警備員は絶対に沈黙を守るよう命令されていたのだ。彼等は私を一般の囚人の中に置き、偽りの証言をするように仕向けたのである。しかし尋問の後で、私は訴訟記録の頁に書き留めた、「私は、ゲーペーウーの代理人である証人の証言全体を、ゲーペーウーの挑発的な洗脳と見なす」。尋問は終わった。私は、一緒に起訴されたジャンティエフ、フダエフ、ポポフ、ザラエフ、二人の現地の労働者などとともに、重労働三年の刑を宣告された。他の者達はシベリアの奥地に追放された。

ゲーペーウーが誰かを路上なり居宅で逮捕する時、決して「手を挙げろ！」「動くな！」とは言わず、「横になれ！」と叫ぶ。このことを一九三一年にペトロパブロフスクで初めて知った。ゲーペーウーの片目の暗殺者（この街ではよく知られたドイツ系の人物、名前は忘れた）は、このやり方でコルホーズや労働者に対する「破壊者」を逮捕した。初めは、ゲーペーウーの機関員の前で、横になる者はほとんどいなかった。しかし、政権は容赦なく人間を破壊し、ソヴィエト市民がゲーペーウー機関員の言うままに横になることを教え込んだ。ソヴィエト市民は逮捕の瞬間から、つまり、罪が確定しない段階でこのように扱われる。

タロフは、アクモリンスク地方のある農夫について語っている。その農夫は一九三〇年に逮捕され、「国家に小麦を納付していない」ことで起訴された。村ソヴィエトの富農の手でゲーペーウーに告発されたのである。

ゲーペーウーは……小麦を隠している場所を白状させようと前代未聞の拷問をかけた。耐えられない苦痛のあまり、隠そうにも小麦を持っていない貧しい農夫は嘘の自白をした。ゲーペーウーは隠し場所を示すよう責め立て、農夫はあたかも、その場所を目指すかのようにゲーペーウー機関員を通りに案内した。彼は恐ろしい拷問から数時間だけでも逃がれようと必死だった。結局、彼は何も示せず、隠匿を決め付けているゲーペーウーの男達は逆上して、農夫を排水溝に投げ込み、水を浴びせた。氷点下の酷寒の季節である。同志に対するこの非道な扱いに、地元の貧農や農業労働者が奮い立ち、強い調子で憤りを表明した。すると公式報道機関は渋々、三カ月前に廃人同様になってしまった貧しい農夫を擁護する側に転じた。ゲーペーウー下部の人事で、「小規模の」配置転換が行われた。たまたまこのケースは報道されたが、数千にも及ぶ同様のケースは闇に葬られたままだ！

タロフは、セルジュやシリガが挙げた肉体的・精神的拷問以外の様々な威嚇手段を証言している。

ペトロパブロフスクの獄中では、反対派路線に立つ作家が、モスクワでの法廷侮辱で宣告された刑の執行がないまま半年も放置されていたが、ゲーペーウーは囚人達が毎日歩行する中庭のど真ん中に特別の組み台を作り上げて銃殺に処した。一般にゲーペーウーは、夜間の廊下を「屠殺場」(囚人はこう呼んでいた)まで餌食を引きずって行く途中で、叫び、わめき散らし、哀願し、慈悲を乞うなどの機会を囚人に与えた。他の囚人達を威嚇する目的があった。中庭に着くや、さるぐつわを噛ませ、叫び声は止んだ。銃声を数え、弾丸を数えることで、死刑執行の数が知れた。翌日、中庭を歩いて、血にまみれたこの奇妙な組み台の辺りに近づくと、誰がいなくなったかが判明した。

タロフは、一九二八年に反対派の宣伝用印刷物を配布したとして逮捕され、その出所を白状させようと拷問にかけられた反対派の活動家のことを書いている。宣伝活動は、配布役にも経路を教えないやり方で取り組まれていたから、言おうにも言えなかったのである。尋問した治安判事は、

真実に相違ない説明に納得しなかった。アンドルーシャをある房に収容し、簡易ベッドに縛りつけ、体に絶えず水が滴るようにした。夜間には、もっと恐ろしい場所に連行されて、裸にされ、弾を込めた回転銃を腹に押しつけられ、「白状しないと、七発全部ぶっ放すぞ」と脅された。この共産主義青年同盟員は降参したが、誰の名前を言ったらよいのか分からない。ゲーペーウーは「意識を取り戻す」時間を与えた。「意識を取り戻した」彼は私のことを思い出

した。というのも彼は私が反対派に属していることを知っていた（そのこと以外は何も知らなかった）。私から宣伝材料を渡されたとゲーペーウーに告げようと思い立ったが、名前も正確な住所も思い出せない。そこでゲーペーウー機関員を私の住まいまで案内してきたのだ。

タロフからもう一点だけ引用して、しばらくの間、気の滅入るような証拠とお別れしよう。

ゲーペーウーが夜分に仕事を実行するので、犠牲者が予想もしない就寝中の場合もあったことは、強調しておきたい。ゲーペーウーの囚人への振る舞いは、墓場の淵に立たせるようなものだ。ゲーペーウーのやり方は、拷問をする、だが死なせない、拷問を続けるために、というものだ。こうした中で、死は時に耐えがたい拷問からの脱出となることがある。ゲーペーウーに捕らえられて拷問される者は、この「脱出」の手段さえ奪われている。多くの者が叫び、銃殺されることを懇願する。だが、命令は拷問しか認めない。

§二三七　当委員会は、引用してきた宣誓供述書ないし証言録取書による証人の直接体験に基づく証言から、精神的・肉体的な拷問による自白の強要が、今日のソヴィエト警察ではありふれたものになっていると判断する。これらの証言は、二度のモスクワ裁判における被告と証人の自白の中に我々が指摘した途轍もない食い違い、及びトロツキーとセドフを罪に陥れる証言について我々が論証した虚偽性との関連において、自白を得る際に強要が行われているとの推測を正当化している。さらに、数人の被告の場合、強要は訴訟記録自体によって明らかにされている。この点についての例証を挙げる前に、もう一度、ソヴィエトの刑事訴訟の諸原則について、ストロゴヴィチ＝ヴィシンスキーの所説を引用する。

……被告は証言の権利を有するが、強制はされない。証人の扱いとは異なり、被告は証言を拒否しても、虚偽の証言をしても、刑事責任を負わない。被告への証言の強要は禁じられており、取り調べ中の被告への不法な証言強要の手段（暴力、脅迫、威嚇、騙し討ち等々）が認められた場合には、取り調べの責任者は布告一一五条二項に準じて刑事責任を負う。

この一節を含め編集にあたった検察官ヴィシンスキー自身が、第一次裁判の最終論告で、スミルノフ被告の証言拒否を取り調べ当局は決して認めなかったと明言した。

（スミルノフは第一に、）一切を否認した。トロツキー派の組織の存在を否認し、センターの存在を否認し、トロツキーとの関係を否認し、秘密指令が出たことを否認し、一九三六年の指令さえ否認した……。彼は一切を否認した——一九三一年のトロツキー派センターの存在を否認し、一九三二年のセンターの存在を否認した。彼は一切合切を否認した。五月二十日の取り調べ調書全体は、ただこうした言葉で占められている。「そのことは否認します、もう一度否認します、否認します」。彼に残されていることはそれしかない。

スミルノフ被告、あなたの経験、あなたの熟練した策略はあなたを裏切りました。サフォノヴァ、ムラチコフスキー、テル＝ヴァガニャンの証言で暴露された通り、センターが存在したこと、あなたもセンターの一員であったことは認めざるを得ません。否認しても無駄です。あなたはテロ指令を受けたことを否認したが、ガヴェンに暴露され、自白しました。トロツキーからの指令を受けたホルツマンに暴露されました……。スミルノフはホルツマン、ムラチコフスキー、サフォノヴァ、ドレイツェルによって、テロリストであることを暴露されました。

七月二十一日、あなた（スミルノフ）は、やや異なる証言をしました、つまり、最初はトロツキーからテロ手配の指令を受けたことを否認し、やがて認めました。否認は無に帰したのです。

ムラチコフスキーと対面した時、あなたはまだ、テロリスト・グループを手配する指令をトロツキーから受け、ムラチコフスキーに伝達したことを否認していました。ムラチコフスキーはあなたに、「どうしてだ、イワン・ニキティッチ、汚らわしい血に塗れた仕事から、きれいなシャツで抜け出そうというのか？……」と言い放って、あなたを辱めました。「作り話の誹謗だ」とあなたは答えた。でも、あなたは後に何がしかを自白しました……

あなたには予備審問でのサフォノヴァとの対面、ご承知のように大方はこの法廷で再現されたが、それが非常に特徴的だったことを思い出していただきたい。スミルノフはサフォノヴァの証言をあえて否認していない。伸縮自在の嘘のつき方を編み出している。サフォノヴァが彼を中傷するつもりはないことを彼はよく知っている、彼女は彼の前妻で、彼に個人的な恨みは持っていない。したがって、彼としても個人的恨みの証言とは弁明できない。彼は言っている、「覚えていない」。「明らかに、そういった会話があったのかも知れない」。テロの手配について、何か話し合ったことはあるのか？　との問いに彼は答えている、「なかった、でもあったかも知れない」。今自分を偽って「それに答えることは何もない」と言う時、動物的な臆病に取り付かれている。だが、こうした会話が一九三二年に交わされたこと、このことに完全な責任を負っていること、もはや責任を回避するつもりのないことを、八月十三日には、スミルノフも認めざるを得なかった。（資料ZK）

長々とヴィシンスキーを引用したのは、スミルノフ——ソヴィエト法の下では、自分に不利益な証言を強制されない——が自白を強いられた手段の説明が、ゲーペーウーの自白強要の方式に関連して引用してきた証拠と見事なまでに（ヴィシンスキーが肉体的拷問に言及していないことを除き）一致するからである。証言に対する彼の裏付けは、一度だけ彼が真実を告げたという仮説を補強する。ヴィシンスキーによれば、スミルノフの予備審問が少なく見ても五月二十日から八月十三日（裁判開始のたった六日前）まで続き、土壇場になって彼が「何がしかを自白した」ことは目を引く。

テル＝ヴァガニャン被告について、ヴィシンスキーはこう話している。

彼も最初は否認の立場をとっていた。だが、八月十四日に真実性の高い証言をした。（資料PR）

しかしながら、彼はテル＝ヴァガニャンの長期にわたる苦しい体験に注意を向けなかった。我々としては、この自白が裁判開始の五日前に行われたことを知るだけである。

スミルノフの自白を得る際に用いられた方法を検察官自身が披瀝したことを考慮すると、当委員会としては、彼が第二次裁判の数人の被告から引き出した、待遇は良く、自白を強いる圧力はなかったという趣旨の言明には納得がいかない。とりわけ、この裁判では、様々な被告達が数カ月間にわたる尋問を受け、最後になって自分達に不利益な証言に同意している形跡があり、また「法廷での対面」という制度も利用されている。例えば、ムラロフは自身の証言によれば、自白に同意するまで八カ月間拘置されていた。

およそ八カ月後、国家の利益に服すべきことを自分に言い聞かせました。三度の革命で果敢に闘い、幾度も命を脅かされ、これらすべては国家のためでした。（資料PR）

ラデックは、九月二十二日に最初に尋問され、十二月四日まで「一切を否認した」というが（資料PR）、最終抗弁で次のように述べた。

内務人民委員部で取り調べを受けている時に、取り調べ担当官の責任者……に言われました。「子供じゃあるまいし。あなたに不利益な証言をした者が一五人もいる。逃れることはできないし、分別ある人間として、そうは考えないはずだ。どうしても証言したくないと言うなら、時間稼ぎの引き延ばしか、もっとじっくり考えるためか、どちらかしかない。よく考えてくれ」。二カ月半の間、取り調べ担当官に手を焼かせたものです。……その間、無理やり取り調べをさせ、他の被告の証言をぶつけさせ、手の内すべてを出させて、自白した者としていない者、自白の中身などの見当を付けることができました。……ある日、責任者がやって来て、言いました。「あなたがもう最後です。どうして時間を無駄にして、態度決定を遅らせるのですか？　どうして、言うべきことを言わないのですか？」私は答えました。「そうだね、明日、証言を始めよう」。（資料ＰＲ）

ノルキン被告は二カ月間、証言を拒み、「対面」はあったが、「あからさまな弾圧」はなかったと供述した。ピャタコフは最終弁論で次のように述べた。

もちろん、いかなる形の抑圧も説得も私に関しては行われませんでした。（資料ＰＲ）

繰り返し言うが、被告や証人に自白を促した動機を断定するのは不可能である。だがこれも繰り返しになるが、ここまで引用してきた証拠に照らして、強迫の否認は納得しがたい。自白を強要したのと同じ圧力が、彼等に強迫の否認を強いる影響を及ぼしている、との推測が論理的には成り立つ。さらに、尋問と対面の繰り返しについての証言は、セルジュ、シリガ、タロフの証言を裏付けている。これが真実とすれば、彼等のうちの数人が、要求に応じた証言を拒んでいる間は長期に及んで尋問され、彼等に罪を被せる他の人々の自白に対面させられ、尋問と対面を繰り返した後に、四人の他は全員が命と引き換えに自白に同意したことが分かる。こうした訴訟手続きは、先の引用においてストロゴヴィチ＝ヴィシンスキーが説明しているソヴィエト法に直接違反している。我々の見解では、ソヴィエト法の下での逮捕者に認められている免責特権を侵害するこうした訴訟手続きは、用いられた可能性のある他の手段は別にしても、これ自体が強迫的な性質を有していたのであり、スミルノフ、ムラロフ、ラデックその他の場合の強迫の使用は、すべての被告の場合にも共通していると推定する根拠となっている。

【訳注】

（一）ヴィクトル・セルジュ（一八九〇～一九四七）。ジャーナリスト、作家。一九年、ロシア入国。二三年頃から、左翼反対派と交流。著書に『一革命家の回想』『スターリンの肖像』など。

二七章　歴史的なつながりの真実

§二三八　訴訟記録が明示している強迫の形跡あるいは強迫の推測を、改めて両裁判における起訴内容と証拠の特質との関連で捉えて見るならば、我々の見解では、裁判がでっち上げによるものであったという強い推量の根拠になっている。被告の犯罪活動といわれるものが一九二六年から翌二七年にかけての、あるいはそれ以前に遡る共産党の政策への反対から論理的に導かれる。この検察官の主張には繰り返し触れてきた。また、検察官が政権への政治的反対と政権を狙った犯罪行動を意図的に同一視していることを指摘した。両裁判は、左翼反対派に向けられた党の支配的多数派による一連のでっち上げの論理的結果である、というトロツキーの反論を検証することにしよう。

まず読者には、一九二四年と一九二七年における党内反対派、これに対するスターリンの態度の変化を思い起こしていただきたい（§二一九）。反対派は一九二七年十二月に除名され、大規模な逮捕と追放が直後に続いた。八章で一部を引用したセルジュ、シリガ、タロフの証言には、反対派が流刑地やソヴィエト国内の獄中で受けた待遇に関する多くの情報が含まれている。セルジュとタロフが初めて逮捕されたのが一九二八年、シリガの逮捕は一九三〇年であった。セルジュはフランスの調査委員会に、流刑五年の後、オレンブルグで刑期四年を務めているトロツキー主義運動の二人の闘士に出会ったことを語った。この二人は、キーロフ暗殺関連の逮捕につながるようなことをする立場にはなかった。にもかかわらずキーロフ暗殺後に逮捕され、裁判で五年を超える刑の宣告を受けた。もう一人別のトロツキー主義者エレザール・ソリニツェフも同様の刑を宣告された。

この闘士は、三年の刑期を宣告されていたが、その刑期を全うした時に、自分の刑罰が二年以上も増やされているのを知った。その後、追放され、キーロフ暗殺時に再度逮捕され、再度五年の刑を宣告された。彼はこれには服さなかった。理由は単純極まりない、ハンガーストライキを選び、死んだのだ。彼の妻と息子は用心深く別の場所に追放された。（資料ＣＲ）

タロフの証言は引用済みだが（§三〇、一三六）、ソヴィエトの獄中で、同志への公然たる非難や犯罪活動の偽りの自白を強要されている反対派メンバーの待遇について数多く取り上げている。

残酷な手段で脅しをかけて偽りの証言を引き出すことは、ずっと以前に、少なくとも十年前には始まっている。現在はゲーペーウー監獄の房で行われているが、一九二四年から一九二七年にかけては、党委員会と統制委員の事務所内で行われていた。（委員会資料）

反対派労働者ガザノフの拷問——一九二九年にバクーで逮捕、追放されたシベリアで再逮捕され、反対派からの離脱とバクー組織の反対派メンバーの名前を挙げるよう強要される中で、狂気に追いやられた。

彼が反対派から離脱すれば、スターリン主義機構にとっては大きな意味を持ったことだろう。なぜなら彼はバクーの労働者の間で大変な人気があったからだ。拷問の果てに、ガザノフ同志の神経系統はずたずたに切れてしまった。ゲーペーウーは痴呆状態の彼を、アクモリンスクの我々の居留地に移送した。それだけではない、ゲーペーウーは一九三一年に我々とともに再び彼を逮捕し、同じペトロパブロフスク監獄に閉じ込めた。我々は何度もモスクワのゲーペーウーとソヴィエト中央執行委員会に抗議文を送ったが、反応はなかった。精神を病んだガザノフは獄中に放置されたままだった。症状が暴力的な様相を帯びた時だけ、オムスクの精神科診療所に搬送されたのである。

反対派メンバーのグロヤン——現在、あるソヴィエト共和国の中央執行委員会の議長であるが、かつて書記を務めていた地方委員会の金庫から現金を盗んだ容疑で、党を除名され、解雇された。彼は屈服し、同志を裏切って復権し、昇進した。

この手の「訓練」に屈しない何百何千という反対派メンバーは獄中や集中収容所で苦しみを味わい、彼等の妻子は飢餓と死に晒された。こうした数千の反対派メンバーのうち、次の人達のことに触れたいと思う——クラピフスキー、ポポフ、ボルトボイ・ヴァヌッシュ、機械工のタテフシャン、錠前師のゴルニロフ。多くの者が、三人、四人、五人、時にはそれ以上の小さな子供を抱えていた。彼等一人ひとりが家族にとって唯一の支えだった。スターリン主義機構は彼等を逮捕した後で、妻子からもあらゆる市民権を剝奪した。

シリガは次のことを明らかにしている。
一九三四年十二月のキーロフ暗殺後、レニングラードの反対派全体がシベリア送りとなった。その数なんと三万家族、ほとんどが労働者であった。……
一九三三年七月、イェニセイスクで一〇人の共産主義反対派グループが逮捕された。トロツキー主義者マクシモフ、ダヴィドフとボイコ、二人のジノヴィエフ主義者リフシッツと名前を覚えていないもう一人。初めに挙げた三人は二人のジノヴィエフ主義者に宣伝工作を行ったとして告発された。起訴内容はおとぎ話のようなもので、トロツキー主義者は断固として否認した。ゲーペーウーはジノヴィエフ主義者に偽りの自白を迫ったが、失敗した。それどころか、リフシッツともう一人の人物は検察官ヴィシンスキーに、ゲーペーウーの強要と挑発のやり方に関する陳述書を送り付けた。（委員会資料）
この証言が明らかにしているように、二度のモスクワ裁判におけるヴィシンスキーの態度を特徴付ける政治的反対と犯罪の同一視は、一九二八年以来、ソヴィエト政権ではありふれたことだった。最も不快な、憤慨すべき抑圧的な手段が、反対派弾圧に使われ、家族にも向けられたのである。

§二三九　準備委員会に提出された証拠品の中には、ソ連共産党中央委員会と党員に対する声明文、手紙、左翼反対派機関紙の記事などからなる編集物があり、左翼反対派を罪に陥れる多数派の企てが一九二七年に始まり、モスクワ裁判で最高潮に達したことを明らかにしている。これらの引用は、タロフ、セルジュ、シリガの証言を裏付けており、反対派の指導者がその後の展開を危惧して共産党に警告を発していたことも明らかである。最初の企ては、左翼反対派を反革命的な軍事的謀議と結び付ける試みであった（トロツキーは準備委員会での証言で、この中央委員会に対する攻撃の影響について語った（資料ＰＣ））。一九二七年十月四日付の、トロツキー、ジノヴィエフ、バカエフ、エフドキモフ、ペテルソン、スミルガが署名して全党員に宛てた書簡から引用する。
……九月十三日、ゲーペーウーはソ連共産党中央統制委員会に文書を送った、趣旨は、反対派の「印刷工場」に働くボリシェヴィキが、ある非党員を介してウランゲリ派の将校とつながりがあり、その将校の側には「近い将来に」ソ連邦打倒を組織する狙いを持った軍事的謀議のあることが明るみに出た、というものである。中央統制委員会書記局は「反革命組織」に参加した共産主義者の捜索活動をゲーペーウーに認可した。中央委員会政治局と最高会議常任幹部会は九月二十二日に、党大会に向けて反対派綱領を印刷している反対派メンバーは反革命共謀者とつながりがある、という趣旨の特別文書を党全体に送付した。この文書は今に至るまで中心地ばかりか最も辺鄙な地域でも読まれている。反対派と軍事的謀議との「つながり」についての噂は、広範な非党員の間にも広がりつつある。この前代未聞の非難罪状はなにを根拠にしているのか？ ゲーペーウーの解説によれば、「印刷工場」の反対派メンバーの一人が、あるウランゲリ派の将校と謄写版印刷機のことで会話を交わした事実がもとになっている。

九月二十三日に、同志ジノヴィエフ、スミルガ、ペテルソンは、中央委員会とすべての党組織に向けて、次のような照会状を書いた。

「このウランゲリ派の将校とは一体誰のことか？ 名前は？ どうして隠すのか？ 彼は逮捕されたのか？」

こうした質問攻めにようやく、ゲーペーウーの議長は書状で回答し、いわゆるウランゲリ派の将校とはただゲーペーウーの代理人であり、一度ならず白衛軍の謀議発見に力のあった人物であることを明らかにした。こうして、ウランゲリ派将校や「印刷工場」と軍事的謀議とのつながりについての文書全体の虚偽性が明らかになった。……

軍事的謀議の事件は、ボリシェヴィキ＝レーニン主義者の反対派綱領とはなんの関係もない。このことは、いわゆる反対派印刷工場の当事者の裁判で完全に明らかにされた。告発者である中央統制委員会の誰一人、軍事的謀議との結び付きには一言も触れなかった。これは、ゲーペーウーの代理人が共謀者として党内を立ち回ることを見逃していたことに基づく虚言である。……「近い将来のソ連邦における軍事的転覆」の準備に関するトゥヴェルスコイの証言録取書の本質は何か？ 市民から市民への話の広まりについて、彼は言う。

「軍の中で、同志トロツキーと同志カーメネフが率いる運動が開始され、明らかに軍事的色彩を帯びており、……組織は活発である。この組織が転覆の準備を意図していることは口にはされないが、自覚されていた」。

ゲーペーウーの文書から分かるのは、トロツキーとカーメネフが率いる軍事的「運動」の存在を三人あるいは四人を経由して耳にしたことをトゥヴェルスコイがゲーペーウーに自ら申し出た、ということである。反革命組織に入ったという共産主義者とは誰なのか？ 綱領を印刷した者達か？ いや、中央統制委員会の常任幹部会は彼等に対する告発を厳然と却下した。では、言及された共産主義者とは誰のことなのか？ ひょっとしてトロツキー？ トゥヴェルスコイが名前を挙げているのは、トロツキーただ一人だ。

この不愉快なでっち上げも、トロツキー率いる軍事的陰謀につながる刺激的な二番煎じの流布には至っていないようだ。時の鐘がまだ鳴っていない、と彼等が考えているのは明らかだ。……（資料PC）

反対派の「反乱主義」についてのモロトフ演説に反論する、中央委員会と中央統制委員会の合同総会に向けた声明文の抜粋を以下に掲げる。そこには「敗北主義」の非難が目新しいものでないことが示されている。署名しているのは、カーメネフ、ジノヴィエフ、ピャタコフ、スミルガ、ソロヴィエフ、ムラロフ、トロツキー、バカエフ、アフドゥエフ、ラコフスキー、エフドキモフ、リスディン、ペテルソンの面々である。

……反対派に言及する際に「反乱主義」の用語を使うことで、スターリン主義分派中央は反対派の壊滅という観念に党を馴らそうとしている。

……反対派が「条件付防衛主義」の観点に立っている、というのは正しくない。

……反対派の道が党とソヴィエト権力に対する反乱に通じているというのは正しくない。一方、スターリン主義分派が目標到達のために、我々の肉体的破滅を強調する残酷冷血な計画を立てているのは議論の余地がない事実である。反対派の側からは反乱主義の兆しは微塵も感じられない。反対に、スターリン主義分派の側からは、党の至高の権利を強奪している明らかな兆しが窺える。モロトフの口を通して、この兆しは公然と語られている。「反乱主義」を口実に、事実上、反対派の壊滅を段階的に準備する間に、スターリン主義指導部は中央委員会と中央統制委員会のためらいがちなメンバーをなだめ、問題はさほど深刻ではない、ただ反対派を驚かす必要があるだけだと請け合っている。こうしたやり方で、スターリンのグループは周辺の広範なサークルを引きずり込み、今までの純粋な形態では彼等から敬遠されてしまうような計画に馴らしていくのである。……

……同時に、繰り返し言っておくが、我々には党内の関係を改善し、党内闘争を緩和して、党とソヴィエト政府の必要に応じて、党と中央委員会のためにあらゆる勢力の効果的な活用を促進する提案であれば受け容れる用意がある。そうしたことが党による重大な意見の相違の全般的検証と一五回党大会の正しい路線の仕上げを確かなものにするだろう。（前掲資料）

一九二八年のトロツキーなど反対派メンバーの追放について、あるロシア共産主義者が書いた私的な手紙からの抜粋を、

『現実のロシアの状況』から引用する。

反対派が警告していた経済的難局の狭間にソヴィエト政府が陥ると、彼等はこの難局を反対派に責任転嫁する。この調子で、処刑に行きつくような刑事訴追をでっち上げるまで、続けられるのだろうか?

一九二九年一月十八日、アルマ・アタに流刑中のトロツキーは、ソ連邦の国境外に追放処分となったが、その根拠は次のようなものであった。

不法な反ソヴィエト党の組織化に現れた反革命活動、最近では反ソヴィエト示威行進の提唱とソヴィエト権力との武装闘争の準備に向けられていた活動。(ゲーペーウー幹部会特別委員会議事録)

同年三月四日、トロツキーは次のように書いている。

スターリンにはまだ一つ残されている。党と反対派の間に、赤い血の線を引く試みだ。彼が絶対にしなければ気が済まないことは、反対派をテロリスト攻撃と結び付け、武装蜂起の準備と結びつけ、等々である。……(『反対派会報』一九二九年一・二号)

次の引用は、カンスクに追放中の反対派メンバーからソ連共産党一六回党大会に向けて発せられた宣言文からである(抜粋が一九三一年二月十五日付『ミリタント』に掲載された)。

二年半にわたって、ボリシェヴィキ党の前衛は無慈悲な抑圧、……中傷と挑発、捜索と逮捕、追放と単独監禁に晒され、果ては暗殺の危機に脅かされた。……

なんの証拠もなしに不条理極まりない馬鹿げた非難が反対派に浴びせられている。……至る所で頻繁に、囚人は凍るような冷水を浴びせられ(上ウラル)、危うく銃殺されるところで、幸運にも赤軍兵士の革命的良心のおかげで事に至らず(トボルスク)といった状況である。重篤な病人の医療と看護も拒まれ(トムスク、ウラリスクほか)、肉体的な抹殺を課すような環境での投獄に苦しみ(上ウラリスクでは、囚人は墓穴と同程度のスペースしか与えられていない)、メンシェヴィキ、社会革命党員、白衛軍に対して使われた断続的な取り調べを同志が来るまで単独で受けさせられ(スズダル)。……

……挑発は恥ずべき抑圧行為を覆い隠すのに使われ、闘争の犯罪性を認める誹謗中傷をけしかけられる。こうした狙いで、機構は党大会の直前になって、反対派とつながりがあるとされる「ウランゲリ派将校」の援助をでっち上げて党に脅しをかけた。……こうした狙いで、犯罪的でペテン師のヤロスラフスキーは党大会の直前に、「農民暴動の先頭に立つ」意図を反対派に負わせ、「ソ連邦全土に及ぶ反ソヴィエト組織の創出」が見られるという虚偽の非難を、逮捕されて流刑中のボリシェヴィキ＝レーニン主義者に浴びせている（カンスク）。スターリン主義分派は反対派との闘争において、増加する一方の系統的な抑圧を使用していることを、我々は一六回党大会に警告するものである。

……

一通のロシアからの手紙（『反対派会報』二五号、一九三一年十一月、二六号、同年十二月）にはこう書かれている。

……一六回党大会を前に、右派は非常に精力的な活動を展開した。これを見たスターリンは「ウランゲリ派将校」の改造版を提供することにした。右派の一連の会合がコズレフのアパートで行われていた。会合参加者の中に入り込んでいたお雇いの扇動家が、唯一の脱出路はスターリンの肉体的抹殺しかないという趣旨の発言をした。翌日、コズレフはスターリンに対する「攻撃」を「否定することを怠った」として告発された（スターリン自身の代理人によって！）。この問題は、すぐに政治局の会議で取り上げられた。この会議には、ルイコフ、ブハーリン、トムスキーが参加した。ミコヤンが、「コズレフを銃殺する」動議を提出したが、スターリンは、党からの除名で当面は充分だと答えた。

キーロフ暗殺の後、トロツキーは「アメリカの友人達への手紙」を書いた（『反対派会報』四二号、一九三五年二月）。

……孤立した観察者として遠方から見る限りでは、キーロフの死骸をめぐって展開された戦略は大きな栄誉をスターリンにもたらさなかった。だがその結果、明らかに、彼は止まることも退くこともできない。スターリンは不首尾に終わった混ぜ物を、新規の、より広範な、……今度こそ首尾よく運びそうなもので覆い隠さざるを得ないだろう。我々は充分に武装してかからなければならない。

キーロフ暗殺後、ジノヴィエフとカーメネフは逮捕され、「道義的責任」を供述した。有罪を宣告され、投獄された。アントン・シリガの獄中からの手紙（一九三五年十二月九日付）は、このカーメネフ裁判に触れている（一九三六年一月二十五日付『ニュー・ミリタント』)。

……カーメネフは新たな裁判の結果、十年に及ぶ刑を受けた。起訴内容は「彼自身」(すなわち、スターリン)に向けられた陰謀であった。主犯格はカーメネフの弟で塗装工のロゼンフェリトだった。三六名が起訴されたが、雑多で疑わしい集団だった。……カーメネフはこの事件について何も知らないと断固否認し、主立った被告達に会うのは裁判中が初めてだと主張した。にもかかわらず、カーメネフは約十年の刑を課されたばかりか、一般房に送り込まれた(全域が刑務所である北方の小島に送られ、大きな房で一二名の囚人と雑居した)。

§二四〇　本書がここまでの記述で依拠してきた膨大な資料からおのずと見えてくる結論との関係において、§二三九に引用した編集物のほとんどは、タロフ、シリガ、セルジュなどの証人の証言によって裏付けられており、二度のモスクワ裁判が政治的反対派に対する一連の弾圧手段が頂点に達したもの、という議論を実証している。我々は、実際に裁判にかけられた人のすべてがトロツキー主義者ではないと述べてきた。けれども彼等はトロツキー主義者として告発され、自白を強いられた。その自白は、彼等が実際に所属したかのように見せてトロツキー反対派の信用を傷つけ、トロツキーに敵対する者にはますます対立を深める結果となった。第一次裁判についてのシリガの手紙から再度引用する。

ゲーペーウーは、モスクワ裁判の被告で今も組織に忠実なトロツキー主義者に偽りの自白を強いることに失敗し、その代わりに、元トロツキー主義者の偽りの自白で満足せざるを得なかった。自白した彼等は四、五年前に屈服して、三、四年間を獄中で過ごした者達であった。彼等が耐えた厳しい試練と裁判演出のメカニズムは、私が述べたように、先行した裁判によって、またここ数年の間にロシアではごく普通になった方法と手段によって準備されたものであった。こうした方法が巨大なスケールで応用されており、スターリン主義者の獄中で直に目撃する機会に遭遇した。いかに多数の人々が、心身両面にわたって深い傷を負い、犠牲となったことか!

第一次裁判の後で、トロツキーはノルウェーの拘留地から、顧問弁護士のプンターヴォルドに手紙を送った(一九三六年九月十五日付)。その中で彼は、スターリンが新しい「攻撃」と「反逆」を「暴露」して自分への非難を強めるだろうし、コペンハーゲンからオスロに至るまでの「テロ活動」の基地なるものを撤去することだろうと予言した。第二次裁判におけるピャタコフの飛行に関する証言で、この予言は実際のものとなった。準備委員会の最終論議で、トロツキーは再度予言した。

明日、我々は聞かされることだろう――ファシストの支援を受けたスペインのトロツキー主義者の悪行を。こうした中傷のこだまは既にこの部屋にも聞こえてきた。明日、我々は聞かされることだろう――日本の利益に通じているアメリカのトロツキー派が、鉄道妨害とパナマ運河の障害物をいかに用意しつつあるかを。明後日、我々は知らされることだろう(訳注一)――メキシコのトロツキー派がポルフィリオ・ディアスの復帰を目指す対策を用意していることを。ディアスはずっと以前に死んだというのに？　モスクワのごた混ぜの創作者は、そんな些細なことはお構いなし。彼等は何があっても止まらない、絶対に。政治的・道義的に、彼等には生死が問われる問題だ。ゲーペーウーのスパイは、新旧を問わず世界のあらゆる国々を徘徊している。金には事欠かない。支配する徒党には、権威と権力を保持するために何千万ドル使おうが、眼中にない。このエセ紳士達は、人間の心を馬鈴薯の袋詰めを買うかのように金で手に入れようとする。我々は多くの事例で目にすることだろう。

トロツキーが事態を正しく予見したかどうか、時間の経過が明らかにするだろう。我々の見解によれば、訴訟記録自体から「右派」に対する新たな裁判への予測が読み取れる。二度の裁判で、被告達はルイコフ、ブハーリン、トムスキー（自殺）を連座させた。読者は、§一一九・一二〇を参照されたい。トロツキーの外国列強との協定に関する会議をラデックが招集しなかった理由については、§二〇五を再読されたい。ラデックは証言で、ドレイツェルをなんとかモスクワに来させようとした試みに言及している。

この訴訟で恐らく最も重要な、その理由を話そうと思う。

（資料ＰＲ）

ラデックは理由を話さなかったのか、それとも証言が印刷されなかったのか。最終弁論でこの件に触れて、次のように言っている。

……なぜ私は、十二月指令とピャタコフのトロツキーとの面会について、西欧や東洋の列強の代表者との接触に気付いていたブハーリンのような親しい者にも話さなかったのか？　私はこのことについて話そうと思う。というのはそれが後に実際上の重要性を帯び、何かが依然として未公開のままではないかという疑問への回答になるからである。私もそう思う。何かが、我々にも当局にも隠されたままで、公開されないものが残っていると考える。……（資料ＰＲ）
（傍点は調査委員会による）

さらにラデックの混乱した供述が続き（§二〇五）、トロツキーに対する推量の理由が述べられる。

彼は並行センターの他に、何かとんでもない仕事に着手しつつあった。（資料ＰＲ）

我々の調査によれば、陰謀にトロツキーを連座させる証言のすべてが虚偽のものと立証されたのであるから、こうしたラデックの仄めかしも虚偽であることは明らかである。さらに、二六章で示したように、被告は強要されて偽りの自白をしたと信じる根拠があるから、引用したラデック供述は、後に待ち構えるブハーリン、ルイコフ、その他の裁判（一）に向けて、予め人々に心構えをさせておくために、検察当局が彼の口に詰め込んだものと信じる根拠がある。

こうした根拠と様々な出来事がその正当性を立証した数々の事前警告に照らしてみると、ソヴィエト政権の反対者の前途に関するトロツキーの予見は正しいように思われる。

§二四一　第二次裁判の最終論告において、検察官は次のことに言及した。

我が国における資本家の代理人の様々な派遣隊——「産業党」、コンドラチエフ（訳注二）の「貧農党」、富農の党、「メンシェヴィキ統一局」、それらの活動は最高裁判所によって審理され、すべての組織が我が党とソヴィエト政府に敵対するトロツキーの闘争に迎合する破壊者の組織であり、破壊活動家の集団であることが暴かれた。……（資料ＰＲ）

「歴史的なつながり」の確証として持ち出されるこの陳述は、ヴィシンスキーの申し立てとは正反対の歴史的なつながりを明らかにするものとして、モスクワ裁判以前の裁判の状況に関する考察へと我々を導く。

第一に、以前の裁判の記録を検証すると、検察側の政治的動機付けは例外的なものでないことが分かる。各々の訴訟に見られる全体のパターンは——非難、自白、訴訟手続き、法律用語に至るまで——、両裁判とほとんど一致しており、政権の新たな敵の信用を損ねるために、あるいは指導的な政府高官の過ちを他人に転嫁して取り繕うために、特定の被告の

「正体が暴かれた」、というよりむしろ、予め用意された図式に適合する者として選別された疑いが強く持たれる。この疑いは、先に引用した根拠資料からも充分に裏付けられる。また、同様に、一九三〇年の産業党裁判[訳注三]の指導的「反逆者」ラムジン教授がほぼ即時に釈放されて教壇に戻ったとか（技師の「サボタージュ」についてのシリガ証言を参照、§二三四）、二人の共謀者リァブシンスキーとヴィシュネグラズキーが実行時期の少し前に死んでいたとか、あるいは一九三一年のメンシェヴィキ裁判の被告として名を馳せた流刑者アブラモヴィチが、自分を罪に陥れた証言の虚偽性を鮮やかに立証したことなど、広く知られる事実によっても裏付けられる。

この先行する二つの裁判の訴訟記録を、手短に考察する。

§二四二　各々の訴訟で、被告達（三〇年の裁判は八名[二]、三一年の裁判は一四名）はいずれも反ソヴィエト・センターを結成したとして起訴され、その目的は、ソヴィエト政権の転覆、破壊活動と軍隊内の分裂工作、ソ連邦に対する武装介入の促進にあるとされた。「産業党」裁判の起訴状の一節。

　産業党あるいは「同盟技師組合協議会」……は様々な産業分野のありとあらゆる破壊的団体を単一の組織に統合し、旧ロシア及び外国の資本家の国際組織による指図に従うだけでなく、武力介入と武力によるソヴィエト権力の転覆を立案するにあたって、フランスの支配集団と幕僚参謀に接触し、その直接指示を受けていた。（『プラウダ』一九三〇年十一月十一日付）。

起訴状は、外国帝国主義とのつながりについて、次の表題に示されるように大胆に断定した。

（a）介入の立案におけるフランス政府とその役割。

（b）トルグプロム[三]とのポアンカレとブリアンドの私的交渉。

（c）トルグプロム、破壊主義者、フランスの幕僚参謀の合同活動。

（d）イギリスの幕僚参謀との結び付き。

フランスとイギリスが、領土や様々な特権と引き換えに共謀者への援助を拡大していると非難され、疑いの余地がないものと見なされている。被告フェドトフによれば、

　ラムジンから秘密の文書が届いた。内容は、パリ滞在中に、トルグプロムがロシアを犠牲とした譲歩を、破壊組織同盟の名において受け容れざるを得なかった。すなわち、コーカサスの一部、なによりもまず原油生産地域をイギリ

スに譲り、ウクライナの右沿岸をポーランドとフランスに譲る、というものであった。

我々は、この一節と、トロツキーが領土割譲を認めたというラデックとピャタコフの証言の著しい類似性に気付く。一九三〇年には、大敵はトロツキーよりむしろポアンカレとされ、陰謀をめぐって性急に動き回る人物であったように思われる。

……実際には、フランスの支配的集団は、ポアンカレという人物を通じて、トルグプロムを目標達成の道具として使っただけだった。ポアンカレがソ連国内の破壊組織の活動を早急に強める必要を主張したのは、明確な理由があってのことだった。

裁判にかけられた被告達はすべてを自白した。主要工業における破壊活動、諜報活動。軍事産業、発電所、鉄道における破壊活動――これは外国の介入と呼応する。さらに、赤軍内における背信活動。こうした裁判での使い尽くされた説明が『プラウダ』(十一月二十五日から十二月十日まで、及びその後の幾つかの号)に掲載された。起訴状の発表から裁判の開始までの間には、外国介入の危険と帝国主義、特にフランスの役割を強調した宣伝キャンペーンが張られた。しかし、被告の自白以外になんの証拠も提出されなかった。検察官クルイレンコ(訳注四)は、この結び付きについて述べた。

どんな証拠があるのか? この点を(被告に)厳しく詰問しました。資料があるはずのすべての事例で、散逸していることが分かりました。(『プラウダ』一九三〇年十二月八日付)

§二四三 「グロマン、シェール、イコフ、スハーノフ、その他のメンシェヴィキ反革命組織」の起訴状では、被告達は一連の国家に対する犯罪で起訴されている。起訴内容は、メンシェヴィキの政治綱領からの延々とした引用で補強されていた。被告達は次のような陰謀で起訴された。

外国帝国主義のギャングどものソ連邦への武装攻撃によって資本主義制度を復活させること。(公式訴訟記録、一九三一年)

訴訟記録の序文には、以下のことが徹底的に明らかになったと書かれている。

一方では、ロシア・メンシェヴィキと国外亡命者の密接な結び付き、さらに亡命者を通じての第二インターナショナルとの結び付き。他方では、産業党、トルグプロムとの結び付き、さらにはトルグプロムを通じてのフランスの参謀幕僚及び帝国主義フランス・ブルジョアジーの支配的集団との結び付き。共通の目標は、ソヴィエト権力の武力による転覆の準備であり、ソ連邦における資本主義の武力による復活である。（前掲資料）

この「同盟」の綱領は、起訴状で次のように仔細に記述されている。

（a）ソ連邦における資本主義的取引関係の復活は、（陰謀を仕組んだ）反革命クーデターの共通の目標である。

（b）彼等はソヴィエト権力転覆のために唯一可能な手っ取り早い方法として外国からの介入に頼った。

（c）ソ連邦国内における反革命工作の主たる手段としての破壊活動に軍の分裂工作を一体化させる。

（d）物理的な手段の、特別の供給源であるトルグプロムからの受領。

（e）西欧の支配的集団との組織的つながり、特にメンシェヴィキの第二インターナショナル指導集団とのつながり。（前掲資料）

すべての被告が有罪を認めたが、各々の供述には、二度のモスクワ裁判と同様、著しい食い違いが見られた。この裁判で、クルイレンコは幾つかの「証拠」資料を提出した。イコフ被告が秘かに外国に持ち出そうとした二通の手紙は、差し迫る「でっち上げ」を警告し、非難する内容であるにもかかわらず、

被告と外国のセンターとの間に直接の接触があった事実を示す「使い尽くされた証拠」として提出された。

クルイレンコはまた、消費組合中央連合の管理者の一員であった被告ペトゥニンの二回の演説原稿を、証拠として提出した。一つは、一九二九年四月二十三日の最高会議幹部会に配布されたもの、もう一つは、同年七月十三日の労農監査人民委員部の会議でのもの。また、メンシェヴィキの綱領と在外メンシェヴィキの出版物『社会主義通報』も提出した。被告のルービンは、「破壊主義者」と帝国主義者のつながりを立証する文書があると自白したが、彼が思い出せたのは、「薄い紙に、同志諸君、という書き出しがあった」ということだ

けだった。

§二四四　この二件の裁判とモスクワ裁判の類似性は、改めて指摘するまでもない。唯一の重要な違いは、被告が身を捧げたとされる外国列強の利害関係の名目と、被告への刑罰が比較的緩やかなものであった（五年から十年の禁固刑）ことである。

被告が自白した外国との同盟の性質は、裏付けのない自白ではなく、ソヴィエトの外交関係から見る方が分かりやすい。一九三〇年―三一年という年は、よく知られる「第三期」にあたり、ソヴィエト政府がイギリス、フランスの帝国主義を主要敵と見なし、第二インターナショナルを帝国主義の同盟者と見なした時期であった。だが、一九三六年にソヴィエト政府はフランス「帝国主義」及びこれにすり寄るイギリス「帝国主義」と同盟関係を結んだ。共産主義インターナショナルは各国で社会民主主義と「人民戦線」を結成した。西ではドイツ・ファシズムが、東では日本帝国主義がソ連邦にとって最も脅威ある敵となった。一九三六年八月と翌三七年一月のモスクワ裁判のパターンは、ソヴィエトの外交関係における変化を反映したものである。

「トロツキー主義者」とヒトラー・ゲシュタポの同盟の始まりを、ゲシュタポ誕生以前にまで遡らせるやり口がこうして生まれる。一九三〇年から翌年にかけてロシア国内では、集団化と工業化の急速な展開によって緊張と重圧が増しつつあり、外国干渉の危機への扇動と干渉主義勢力に雇われた破壊主義者の処罰は――実際に正当なものかどうかとは無関係に――、政権支持に向けて大衆を再編する効果があったに違いない。また、ロシアの民衆が苦しんでいる病弊の根源が、外国列強に呼応した計画的なサボタージュにあると説得する効果もあったろう。

再度、シリガ証言から引用する。「サボタージュ」の技師から虚偽の自白を引き出すやり方について、彼はこう言う。

こうした方法を使う理由を問われるなら、ごく短かい説明で答えられる。それは非党員の専門家に対する党官僚主義の政治闘争特有のやり方なのだ、と。それは重大な影響を持つ問題と関係する。専門知識を持った知識人は、強制的な集団化に反抗する農民が「共産主義者」の官僚政治を打倒することを夢想した――この夢想には当時、実現の公算もあった。現在の権力の打倒は、彼等によれば、技師・専門家の政府樹立に通じる。スターリン主義者の政府の側では、裁判の見世物と虚偽の自白を使って、敵を肉体的に根絶するばかりか、道義的に辱め、敵を分裂させることを意図した。スターリン主義者の政府は同時に、国を混乱さ

せ窮地に陥った経済と政治の全責任を政治的敵対者になすり付けることを期待した。(委員会資料)

シリガは、メンシェヴィキ裁判における起訴内容と自白の歴然とした不合理を指摘する。

もし、技師に対する裁判の起訴事実のほとんどが虚偽であるならば、メンシェヴィキに対する裁判の起訴事実と自白のすべては一〇〇%嘘っぱちということになる。この観点から見ると、かの裁判はジノヴィエフと彼の仲間達に対する五、六年先の裁判のリハーサルであった。(前掲資料)

この裁判で刑の宣告を受けた者達は、シリガが収容されていたヴェルフネ=ウラルスクの政治犯専用監獄に送られてきた。

新顔の囚人達は、以前からの囚人とも彼等相互でも交信できないよう獄房を分散された。ゲーペーウーが何かを恐れているのは歴然としていた。にもかかわらず、交信の方法を見つけ出した。彼等への手紙で、私は問い質した。どうして、そんな馬鹿げた自白ができたのか?「こんな悪夢のような出来事が起きたなんて、自分達にも分かりません」という答えが返ってきた。ヴィクトル・セルジュはこのグループについてのより詳細な情報を、ロシア国外に持ち出した。彼の情報の一つを繰り返し書くことをお許し願いたい。「主犯格の被告の一人、著名な歴史家であり政治評論家のスハーノフは、ソヴィエト政府に対する自らの抗議文の写しを隔離された仲間達に回覧したが、それは虚偽の自白に同意したら釈放するという約束を守れ、という要求書であった」。(前掲資料)

シリガによれば、一九二九年から三一年の政治裁判は、五カ年計画が招いた経済危機のために政権が演出したものだった。一九三六年八月の第一次裁判は、計画の社会的・経済的破綻によるものだった。大衆は、五カ年計画に騙された、自分たちの犠牲の成果は誰か他人に掠め取られた、と感じていた。新たな裁判が、大衆の意識を麻痺させ、不同意を抑えるために必要とされたのだ。

一六名に対する裁判は、とりわけトロツキー主義に対する裁判であった。だが、標的はトロツキー主義に対するだけではなかった。トロツキー主義者と道連れに、反対派の共産主義者グループのすべて、右翼反対派も含めて告発された。……最近のノヴォシビルスクの裁判では、トロツキー主義者とされる者と並んで、無党派の技師達を告発した。「トロツキー主義に反対する」というスローガンが、不平不満のあるすべての社会階層及びすべての反対派政治集団に対する闘争の口実として、スターリンに使われていることが分かる。あたかもヒトラーの「共産主義に反対する」スローガンと同様に。（前掲資料）

§二四五　我々の見解では、各章で論じてきた二度の裁判の訴訟記録の分析ならびに結論の根拠となった膨大な証拠は、本章の資料と併せて見れば、シリガ証言に対する説得力ある裏付けとなっている。こうしたすべての証拠に照らし合わせると、ソヴィエト政権に敵対する謀議者に対する、広範に喧伝された一連の裁判の起訴状と自白は、各々の訴訟において――一九三六年の八月裁判と一九三七年の一月裁判を含めて――、その時点でソヴィエト政権が直面した国内の経済的・政治的難局及び対外関係に影響されている、という結論は避けられないように思われる。言い換えれば、裁判は司法ではなく、政治の目的に仕えたと我々は認定する。

§二四六　これまで検証してきたすべての証拠及びすべての結論を根拠として、我々は、一九三六年八月と一九三七年一月の裁判はでっち上げであったと認定する。

§二四七　これまで検証してきたすべての証拠及びすべての結論を根拠として、我々は、レオン・トロツキーならびにレオン・セドフを無罪と認定する。

ジョン・デューイ（委員長）
ジョン・R・チェンバレン
アルフレッド・ロスメル
エドワード・アルスワース・ロス
オットー・リューレ
ベンジャミン・ストルバーグ
ヴェンデリン・トーマス
カルロ・トレスカ
フランシスコ・サモラ
スザンヌ・ラ・フォレット（書記）
ジョン・F・フィナティ（顧問弁護士）

【原注】

（一）予測された裁判［第三次裁判］（訳注五）は一九三七年三月二日～十三日に開かれた。折しも、この報告書の最終版を委員会メンバーに配布してから、全員の承認を受け取るまでの期間と重なった。二一人の被告の中には、N・I・ブハーリン、A・I・

ルイコフ、K・G・ラコフスキーが含まれていた。先行した両裁判についての我々の調査結果から、ブハーリン=ルイコフ裁判の調査は不要と見なされた。特定の被告によるトロツキーに不利な証言に対して、極めて重要な点で論駁する委員会資料の証拠を、本国政府に伝達するよう在ワシントンのソヴィエト大使に提出できたと述べれば十分である。

（二）「センター」の一員であるL・G・ルビノヴィチは、既にシャフトイ裁判(訳注六)で刑の宣告を受けていた。産業党裁判では「連座して」ではなく、起訴状によれば「重大な犯罪が行われている組織の最後の二年間、反革命組織の活動に関与しなかった」理由で裁かれた（同様の状況は第一次裁判のI・N・スミルノフを救いはしなかったのだが）。もう一人のメンバーであるP・A・パルチンスキーは貴金属工業における破壊活動への関与でゲーペーウーに銃殺されていた。三番目のフレニコフ技師は予備調査の間に死亡した。

（三）TORGPROM　外国の商工業委員会といわれ、亡命資本家で構成されている。ラムジンと彼の仲間達が接触を重ねる「生まれつきの」反革命組織だった。

【訳注】

（一）ポルフィリオ・ディアス（一八三〇〜一九一五）。三五年にわたりメキシコを支配した独裁者。外資導入による経済発展の反面、貧富拡大を招き、サパタ蜂起など一九一一年に始まるメキシコ革命の原因となった。

（二）ニコライ・ドミートリエヴィチ・コンドラチェフ（一八九二〜一九三八）。社会革命党員の農業経済研究者として、ケレンスキー内閣の食糧副大臣を務めた後、モスクワ景気研究所の創立者・所長として、ネップを理論化。二八年、「コンドラチェフの波動循環理論」を発表。三〇年逮捕、三二年流刑、三八年処刑。

（三）経済官僚高官が大部分を占める被告八名のうち、五名が死刑を宣告されたが、直後に減刑された。フランス大統領ポアンカレなど、外国の有力政治家・資本家と交渉し、武力干渉を共謀したなどの罪状が挙げられた。

（四）ニコライ・ワシリエヴィチ・クルイレンコ（一八八五〜一九三八）。二二年、司法人民委員代理。二八年〜三一年に検事総長を務めた後、司法人民委員。三八年粛清され、銃殺。

（五）ソ連邦司法人民委員部の公式裁判記録が『ブハーリン裁判』の表題で邦訳されている（鹿砦社刊）。

（六）二八年、サボタージュの罪状で石炭産業の技師などが起訴され、被告五三名のうち一一名に死刑宣告。ヴィシンスキーが裁判長を務めたこの裁判は、自白以外の証拠が示されず、モスクワ裁判の先駆的モデルになったといわれる。

【参考資料】

（訳出及び訳注作成にあたって、参考にした資料は多数にのぼるが、主要なものを掲げる――訳者）

『英米法辞典』田中英夫編集代表（東京大学出版会）
『岩波西洋人名辞典　増補版』（岩波書店）
『世界大百科事典』（平凡社）
『追放された予言者トロツキー』アイザック・ドイッチャー著・山西英一訳（新潮社）
『共産主義とは何か』メドヴェーデフ著・石堂清倫訳（三一書房）

訳者あとがき

デューイ委員会による〈逆〉モスクワ裁判の試みが当時、アメリカのジャーナリズムや知識人の間でどのように受けとめられ、いかなる評価を受けたのか、訳者の乏しい知見の限りで素描を試みる。逐一の出所は示さないが、次の両著に負うところが大きい。

The Case of Leon Trotsky（1937）——メキシコで開催されたトロツキー聴聞会の報告記録（二章§五参照）。

Alan M.Wald.The New York Intellectuals（1987）——一九三〇年代から半世紀にわたるニューヨーク知識人、特に反スターリン主義的な左翼知識人の言動を追った論考。「モスクワ裁判」と題した章で、デューイ委員会に言及している。

＊

一九三〇年代の資本主義世界を襲った恐慌―大不況のもと、ヨーロッパ全土をファシズムが席巻する一方、ソヴィエト連邦からは計画経済（五カ年計画）の着実な成果が喧伝されて、アメリカのジャーナリスト、学者、文化人などの間では、ソ連邦を支持する者、共鳴を表明する者が急増し、「赤い三〇年代（the red decade）」とも形容されたように、進歩派の中でも親ソ的傾向が優勢であった。

デューイは一九二八年、アメリカとの国交が開かれていないソ連邦を専門分野の教育現場を視察する目的で訪れた。自由な活気に溢れる実態を目の当たりにして感銘を覚えると共に、先行き硬直的な政治体制が強いる集団主義との衝突に行き着く可能性を予見している。十年を経て七八歳の高齢に達し、哲学者・教育者として世界に名を馳せていたデューイがモスクワ裁判に関わる調査委員会への参加を表明した時、スターリンに同調するアメリカ共産党周辺からの執拗な妨害圧力が加えられる一方で、親ソ派のジャーナリズム・知識人社会には沈黙と困惑が支配し、デューイ批判の声も挙がった。

反革命の烙印のもとにソ連邦の市民権を剥奪されて十年余、亡命の旅を続けながらスターリン政権批判を展開するトロツキーに、欠席のまま死刑を宣告されたモスクワ裁判の被告として弁明の機会と場所を提供する試み自体が、ソ連邦への支持ないし共鳴を表明する人々には対応に苦慮する逸脱的な行為であり、共同して撃つべきファシスト勢力を利するものとの非難を招いた。デューイ委員会の活動を批判する作家・学者達から、「アメリカン・リベラルへの公開書簡」が発表され、署名には八八名の大勢が加わった——その中には、マルカム・カウリー、セオドア・ドライサー、リリアン・ヘルマン、ドロシー・パーカー、ポール・スウィージーなどの名前がある。

スターリン=コミンテルンは一九三五年（デューイ委員会開催の二年前）に、社会民主主義こそ主要な敵とする社会ファシズム論を捨て、広範な反ファシスト勢力の糾合を訴える人民戦線戦術への急転回を行ったが、全世界の社会・政治運動からトロツキー主義者の影響を一掃することもこの戦術採用の隠された動機であったから、この限りではアメリカの言論界でも十分な効果を発揮したことになる。同様に調査委員会が設立されたフランスにおいても調査活動への支持が大きな広がりを見ない中で、表に出ることなく支援を続けたひとりが作家アンドレ・ジッドであった。当初は熱狂的にボリシェヴィキ革命支持を表明したジッドであったが、自らの足でソ連国内を旅行する中で、随所に露見する画一的な集団主義への批判を深め、『ソヴィエト紀行』（一九三六）を発表して、ソ連体制に距離を置くに至る。スターリンの面会工作など目もくれず、さまざまな懐柔・恫喝に挫けることのなかったジッドの強靭な知性と社会意識については、もっと論じられることがあってよいだろう。

＊

トロツキーのアメリカ入国が政府当局によって拒否され、亡命先メキシコでの聴聞会開催が決まった際に、デューイの家族を初め周辺は、メキシコ市の沸騰した政治的環境の中で彼が殺害されることに怖れを感じ、共産党による妨害の試みとさまざまな策略が明らかになる中で、関係者一同が不退転の決意を固めてのメキシコ入りであった。

聴聞会場には器の大きい公会堂の使用が望まれたが、警備の都合上、当局の許可が得られず、トロツキーと親交のあった壁画家ディエゴ・リベラと伴侶フリーダ・カーロが所有する民家での開催となった。会期中、会場周辺の物理的防衛策にも会議運営に劣らぬエネルギーが費やされた。デューイは聴聞会を終えてメキシコから帰国した直後、ニューヨークで会見を行い、順調に進められている調査活動を妨害する系統的・組織的な試みに対して強い調子で告発した。

＊

聴聞会が一九三七年四月十日から八日間、十三回（延べ四十時間）にわたって開催されたことは、本文の通りであるが、冒頭の開会挨拶をデューイは次のように締めくくって、自らの決意を簡潔に示している。「私自身は、教育の仕事に生涯を捧げてきました。教育とは、社会の利益のために一般の人々を啓発する仕事です。私が今この責任の重いポストを最終的にお引き受けしてここにいるのは、もしそうしなければ自分のライフワークに対して偽ることになると認識したからです」。期間中、デューイがどれほど熱中して会議運営にあたっていたか、知人宛の手紙の文面から知ることができる。「このことだけは間違いない。――『楽しい時間』と言うと少し違うが、私の人生で最も興味深い知的体験であった」。聴聞会場は、想像力豊かな歴史家が夢見るような崇高なドラマの雰囲気を醸し出した、とも言われ、傍聴したある作家は、友人への手紙に興奮を綴った。「史上稀に見る光景だ。この場にロベスピエールやクロムウェルがいると想像してご覧よ。いやそれ以上だ。二人とも、トロツキーのような知的水準にはないのだから」。

＊

聴聞会の報告を踏まえ、周到な検証を経て採択された「モスクワ裁判はでっち上げであり、トロツキーとセドフは無罪である」との委員会評決（一九三七年九月。原著報告書の出版は翌三八年）に対しても、アメリカ言論界のネガティヴな反応に変化はなかった。こうした現実を前に、デューイはこれまで関係の深かったメディアに対しても一定の距離を置くようになる。三八年二月、つまり委員会評決から報告書公刊に至る間に、セドフはパリの病院で亡くなるが、不明な点が多く、怪死とされる。息子の死を悲しみ憤ったトロツキーも、四〇年八月、メキシコの自宅書斎でテロに斃れる。

頑強な民主主義者としての立場から、〈左右〉を問わず全体主義に共通する危険性を告発し続けたデューイの指摘は、一九三九年夏に奇妙な形で現実のものになる――独ソ不可侵条約の締結である。直後九月にドイツがポーランドに侵入し、第二次大戦が勃発する。反ファシズム人民戦線はこの衝撃に冷や水を浴びせられた形で大衆的な吸引力を失い、アメリカの親ソ派にも失望感が広がる中で、「赤い三〇年代」は終焉を迎え、戦時体制に収斂されていく。

＊

（カールトン・ビールズの委員辞任）

メキシコの聴聞会に参加した一委員の中途辞任について本書では、巻頭「小委員会の構成」で「カールトン・ビールズ（中途辞任）」と記述されているだけで、いかなる事情によるものかまったく言及されていないので、簡単に触れておく。

カールトン・ビールズ（一八九四～一九七九）は、アメリカのジャーナリストであり、ソヴィエト・タス通信の元通信員。ラテン・アメリカに関する多くの著作があり、スペイン語が堪能なことから、聴聞会では通訳の役割も務めた。

メキシコ入国直後から、他の委員との協調性を欠き、市内の宿泊先も明らかにしないまま、聴聞会開催に反対する陣営との接触を重ねていたビールズは閉会前日、第一一回聴聞会の最後に、ある質問をトロツキーに向けて、議場を混乱させる。「一九二〇年前後に、あなたは、メキシコに革命工作の使者を送り込む指令を発したのではないか」というものである。トロツキーは即座に事実を否定する反論を返すが、モスクワ裁判を検証する委員会の目的とは無関係なこの質問は、明らかにトロツキーの亡命生活を危うくする狙いによるものであった。メキシコ内政には一切干渉しないことがメキシコ政府による亡命許可の条件でもあった。翌朝の最終会合を前に、ビールズは、委員会の進行手続きが真摯な調査解明の名に値していないとして、委員長デューイに辞表を提出し、委員会がトロツキー寄りに偏向しているという一連の声明を報道機関に発表する。因みに、ロシア革命研究者の菊地昌典氏も「審査会がひらかれたが、結局トロツキーの出す材料は自己に有利なものばかりであるということでさしたる成果もあげえなかった」、との見方を残されている(『歴史としてのスターリン時代』)

＊

訳者の私事にわたる記述にお許しを願う。ジョン・デューイとモスクワ裁判との関わりを最初に知ったのは、学生時代に読んだアイザック・ドイッチャーのトロツキー伝(山西英一訳)による。「プラグマティストの老大家が、なぜ?」という疑問が頭をかすめた。以来三十余年、記憶の澱みをかき立てる本に出会った。図書館でたまたま手にしたリチャード・ローティ著『リベラル・ユートピアの希望』(邦訳〇二年刊)の巻頭エッセー「野生の蘭とトロツキー」である。ローティ(一九三一~二〇〇七)は、哲学者・リベラリストとしてデューイを最大限に評価し、その復活に力を尽くした人物だが、父親がトロツキー主義者シンパとしてメキシコ聴聞会の広報スタッフを務めたという。一昨年、勤務先を退職して、長年放置したままの疑問に踏み入る時間の余裕が生まれ、手がかりの一つとして原著に行き当たった次第である。

＊

最後になりましたが、厳しい経営環境の中で本書刊行を決断され、訳稿作成への丁重なアドバイスまでいただいた現代書館社主・菊地泰博氏に、この場を借りて深く感謝申し上げます。

翻訳の企図を伝えると、人権擁護の観点からも貴重な仕事だと強く賛同し、法律用語翻訳にあたっての注意を授けてくれた実兄の和幸(弁護士として国際人権活動にも参加)、目映い「友情」の二文字を掲げて原稿整理の助っ人を引き受けてくれた山本佳代子さん、知り合ったばかりの身に優しい手を差し伸べてくれた田場由美雄さん、得意のフランス語で力を貸してくれた娘の彩子、励ましの声援を送ってくれた友人諸氏、皆さんに厚くお礼を申し上げるとともに、編集校正、装幀など本書の制作及び流通に関わられた皆さんのご尽力に心から感謝します。

二〇〇九年春　　訳　者

❖訳者紹介
梓澤　登（あずさわ　のぼる）
1946年生まれ
1970年　早稲田大学文学部史学科卒業
現在　沖縄県那覇市在住

トロッキーは無罪だ！――モスクワ裁判［検証の記録］

2009年4月25日 第1版第1刷発行

訳　者　梓澤　登
編著者　The Commission of Inquiry into the Charges Made Against Leon Trotsky in the Moscow Trials
組　版　メイテック
印　刷　平河工業社（本文）
　　　　東光印刷所（カバー）
製　本　矢嶋製本
装　幀　伊藤　滋章

発行所 株式会社 現代書館
〒102-0072 東京都千代田区飯田橋 3-2-5
電話 03(3221)1321 FAX03(3262)5906
振替 00120-3-83725 http://www.gendaishokan.co.jp/

校正協力　迎田睦子
 ISBN978-4-7684-6995-8

現代書館

矢野　久 著
ナチス・ドイツの外国人
強制労働の社会史

慶應義塾大学教授でナチスドイツ研究の第一人者が、口語体の文章で易しく書き下ろしたナチス期の外国人労働者研究入門。ナチスの恐怖は戦争・人種差別だけにあるのではない。ヒトラー政権下の外国人労働者を通して初めて分かる史実を詳かにする。

2300円＋税

ヒュー G・ギャラファー 著／長瀬　修 訳
ナチスドイツと障害者「安楽死」計画

アウシュビッツに先き立ち、ドイツ国内の精神病院につくられたガス室等で、20万人もの障害者・精神病者が殺された。ヒトラーの指示の下で、医者が自らの患者を「生きるに値しない生命」と選別、抹殺していった恐るべき社会を解明する。

3500円＋税

W・ベンツ 著／斉藤寿雄 訳
ナチス第三帝国を知るための101の質問

「ナチス第三帝国の『第三』とは何か?」「ドイツの教会はいかにナチに協力したのか」「ニュルンベルク裁判は『勝者の裁き』に過ぎなかったのか」等、ナチスについての101のQ&Aにドイツの歴史学者が簡潔に答えるナチス学入門書。

2000円＋税

平野　洋 著
伝説となった国・東ドイツ

EUの中心国・ユーロの立役者である大国ドイツ。その見えざるもう一つの顔・旧東ドイツの実態に迫る。冷戦後の矛盾を内にかかえ、民族激動の21世紀になり排外主義が昂まる旧東独地域に密着し、国際化と国粋化が交差する揺れる欧州を活写する。

2100円＋税

早坂　隆 著
ルーマニア・マンホール生活者たちの記録

EUは東欧に拡大を続けているが、その一方で貧富の差は広がるばかり。ルーマニアのブカレストのホームレスたちのマンホール内生活に潜入し、地下での暮らしを詳述。欧州最底辺を探り、21世紀欧州の実情を赤裸々に暴くルポルタージュ。

1800円＋税

鈴木常浩 著
モスクワ地下鉄の空気
新世紀ロシア展望

ロシアの首都にはもう一つの顔がある。都市交通網として拡大を続けたモスクワ地下鉄に秘められた歴史を探り、革命と戦争、スターリン主義と冷戦を経て今日に至るロシア現代史の激流を、モスクワ長期留学を経験した日本青年が描く。

2300円＋税

岡田全弘 著
イタリア・パルティザン群像
ナチスと戦った抵抗者たち

ファシズム発祥の国イタリアでナチスを倒すための激しい戦闘が行われていた。ナチスと戦ったイタリアの抵抗者たち・パルティザン。平和のため命をかけて闘った人々の貴重な証言は、平和を自ら勝ちとる意義をいきいきと現代に伝える。

2200円＋税

（定価は二〇〇九年四月一日現在のものです。）